KB230848

기독교 효학의
이론과 실천

기독교 효학의 이론과 실천

박철호 지음

한국학술정보(주)

머리말

　한국교회에서 기독교 관점에 의한 효에 대한 논의는 그리 활성화가 되어 있지 않다. 그 이유가 다양하겠지만 일단 효에 대한 한국교회의 관심이 높지 않기 때문이다. 그럼에도 불구하고 효에 대한 기독교적 관심이 여전히 필요한데, 무엇보다 '효'는 기독교 체계에 있어서 하나의 주요한 개념적 구도를 구축해 왔기 때문이다. 출애굽기나 신명기에서 십계명의 형태로 대신계명과 대인계명의 중간 다리 역할을 하는 효(부모공경)는 구약의 곳곳에 내재되어 있으며 신약에서도 에베소서를 비롯하여 디모데후서, 골로새서 등에서 다양한 형태로 유지되어 있다.

　기독교 체계가 효에 대해 관심을 가질 수밖에 없는 또 하나의 이유는 여전히 부모 자녀 간의 행위체계가 다른 인간관계의 행위체계에 강한 영향력을 미치기 때문이다. 어릴 때부터 시작하는 부모 자녀의 관계는 자녀의 가치관을 비롯한 행위규범에 영향을 미칠 뿐만 아니라 기독교 신념 체계의 구축을 비롯한 신앙생활에도 영향을 미치게 된다.

　마지막으로 기독교 효에 관심을 가져야 할 필요성으로서 특히 관심을 가져야 할 것은 기독교의 토착화 문제이다. 토착화의 작업은 토착화 대상인 기존의 사회체계와 기독교 체계의 접촉이 필요하다.

그리고 이러한 접촉을 보다 용이하게 하기 위해 양 체계 사이를 매개하는 매개변수가 필요하다. 토착화와 관련하여 다양한 매개변수들이 논의될 수 있다. 그러나 한국적 상황에서 특히 관심을 끄는 것이 바로 '효'라는 매개변수이다. 효는 한국적 토양에 그동안 지속적으로 자리매김하였으며 여전히 한국의 사회체계 속에 하나의 주요한 개념 구도로 내재되어 있다. 이런 의미에서 기독교 체계 속에 내재된 효와 한국의 사회체계 속에 내재된 효를 매개변수로 하여 기독교의 토착화 작업을 구축하는 것도 기독교의 확산을 위한 하나의 방안이 된다.

이런 의미에서 기독교의 효를 보다 체계적으로 규명할 수 있는 학적 접근이 필요하다. 이러한 기독교 효학의 체계화는 성경의 효를 보다 구체적으로 드러내게 되며 기독교 효가 가족뿐만 아니라 교회와 사회와의 상호작용 속에서 어떻게 기능하며 관련 체계들을 변화, 존속시켜 가는가를 밝혀내게 된다.

위와 같은 관점에서 여기에 소개되는 글들은 기독교 효학의 체계화를 위한 기초구축 작업과 이러한 기초구축 작업에 이은 기독교 효학의 실천을 위한 응용과 관련된 것들이다. 기독교 효학의 기초 마련과 관련하여 이 책은 성경을 중심으로 한 '보편화 가능성의 효 체계'를 구축하였고 기독교 효학의 실천과 응용에는 '보편화 가능성의 효 체계'를 적용한 작업들을 소개하였다. 이 책의 내용 곳곳에 소개되는 '보편화 가능성의 효 체계'는 글의 성격과 강조점에 따라 그 내용이 조금씩 다르게 소개되어 있다. 이런 이유로 '보편화 가능성의 효 체계'는 반복적으로 언급된다. 그러나 이러한 차이들은 '보편화 가능성의 효 체계'가 하나의 가족 유사성을 유지하는 데 문제가 되지 않는다. 이러한 작업들은 앞으로 기독교 효가 하나의 학문으로 자리를 잡고 이를 통해 기독교 체계의 내실화와 토착화를 통한 기독교의 확산에 기여할 것으로 본다.

이 책이 나오기까지 여러모로 도와주신 한국학술정보(주)의 관계자 여러분과 성산효대학원대학원총장이신 최성규 목사님, 성산효대학원대학교 동료 교수들, 반려자로서 항상 격려를 아끼지 않는 아내 유현주 집사와 두 아들 봉윤과 성윤에게 깊은 감사를 드린다. 마지막으로 보잘것없는 미물을 노예로 삼으시어 감히 뒤를 따라가게 하신 주님의 무한하신 은혜에 깊이 감사 드립니다.

2012년 1월 간석동 연구실에서
박철호 씀

목 차

제1부

기독교 효학의 기초

제1장 | 기독교 효의 기본원리

Ⅰ. 서론

우리는 부모로부터 태어난다. 부모가 없었다면 우리의 존재도 없다. 부모는 생명의 근원이라 할 수 있다. 생명은 그 무엇과도 바꿀 수 없을 정도로 귀한 것이기에 아무리 많은 돈이나 이 세상 최고의 명예도 자기 생명과 바꿀 수 없다. 자기의 생명을 잃는다면 그 어떤 돈이나 명예도 아무 소용이 없다. 그 만큼 생영은 고귀하고 가치가 무한하다.

부모는 이처럼 가치를 매길 수 없는 고귀한 생명을 주셨지만 자녀가 태어나서 성인이 될 때까지 또한 그 자녀를 먹이시고, 입히시고, 일일이 보살펴주기까지 한다. 뿐만 아니라 항상 자녀를 위해 걱정하시고 자녀가 잘되기를 기원한다. 우리가 즐겨 부르는 노래인 「어머니 은혜」의 가사에는 우리가 태어나 자라면서 받는 부모의 은혜를 잘 드러내고 있다.

나으실 제 괴로움 다 잊으시고 기를 제 밤낮으로 애쓰는 마음
진자리 마른자리 갈아 뉘시며 손발이 다 닳도록 고생하시네.
하늘아래 그 무엇이 넓다 하리요, 어머님의 희생은 가이 없어라.

어려선 안고 업고 얼러주시고 자라선 문 기대어 기다리는 맘
앓을 사 그릇될 사 자식 생각에 고우시던 이마 위에 주름이 가득
하늘 아래 그 무엇이 넓다 하리오, 어머님의 희생은 가이 없어라.

사람의 마음속엔 온 가지 소원 어머님의 마음속엔 오직 한 가지
아낌없이 일생을 자식 위하여 살과 뼈를 깎아서 바치는 마음
하늘아래 그 무엇이 넓다 하리오, 어머님의 희생은 가이 없어라.

위의 가사에서 보다시피 어머니는 자녀를 낳으실 때 온 뼈가 흔들리고 많은 피를 쏟아 내어 큰 고통을 당한다. 자녀가 아기 때에는 기저귀를 갈아 주시고 먹을 것을 챙겨주며 밤잠을 제대로 자지 못하는 온갖 고생을 다 한다. 대다수의 부모들은 자녀가 커서도 자녀의 몸과 맘이 잘못될까 애쓰시며 일생을 자식 위해 희생한다고 해도 과언이 아니다.

이처럼 부모가 자녀에게 베풀어 주는 희생적 사랑은 아가페 사랑이라고 할 수 있다. 아가페 사랑은 대가를 바라지 않고 베푸는 사랑이다. 자신을 희생하며 타인을 위해 사랑하는 것을 의미한다. 효라고 하는 것은 이렇게 생명을 주고 키워주는 부모의 사랑과 희생에 감사하고, 보살피고 베풀어 준 은혜에 보답하는 것을 의미한다.

II. 기독교 효의 개념와 원리

1. 효의 개념

부모 은혜에 대한 보답으로 효를 구체적으로 살펴보기 위해서 우선 효라는 것이 무엇인지 한번 설명해 보기로 한다. 동양사회 특히 전통 중국사회에서 효란 한자로 풀이하면, 늙을 노(老)자에 아들 자(子)자가 합쳐져서 만들어져 있다. 이는 늙은이를 젊은이가 업고 있는

것으로 볼 수 있다. 자녀가 어렸을 때 부모가 자녀를 업고 키웠듯이 늙어 거동하기 힘든 노부모를 젊은 아들이 업어 부양한다는 의미가 들어 있다. 한자의 뜻에서 드러나듯 우리 부모들은 자녀가 어렸을 때 제대로 걷지 못하기에 어디로 가실 때마다 업고 다녔다. 정의의 원리로 본다면 이런 고마움을 자녀가 갚기 위해 거동이 불편한 부모를 업고 다니는 심정으로 잘 모시는 것이 당연한 것이다.

효를 영어로 어떻게 말하는가? 효를 영어로 흔히 표기하는 방법은 filial piety다. 물론 서양의 filial piety가 동양에서 말하는 효와 엄밀하게 같지 않다. 서양의 효 개념인 filial piety는 부모에 대한 자녀의 물질적 봉양에 초점이 맞춰져 있다. 따라서 동양의 효가 말하는 수직적 관계로서 부모의 뜻에 순종한다는 의미가 크게 부각되지 않는다. 오히려 물질적 부양의 의미가 강하다고 할 수 있다.

이 글에서 제시하고자 하는 효의 개념은 '가족의 존속과 관련된 부모와 자녀의 통합(Parents-Children Integration: P.C.I)'이라고 할 수 있다. 이를 보다 단순화하여 '부모자녀의 통합'이 새롭게 설정된 효의 개념이라고 할 수 있다. 이러한 효 개념의 규범과 관련하여 염두에 둘 것은 부모자녀의 통합이 하나의 체계로서 가족의 존속과 깊은 연관을 갖고 있다는 점이다. 그렇다면 도대체 가족체계의 존속이 의미하는 바가 무엇인가에 관심을 갖게 된다.

지금까지의 인류 상에 존재했던 모든 가족들은 그 체계의 존속에 가장 기본적인 목표를 두었다. 왜냐하면 만일 가족체계가 그 존속에 실패할 경우 그 가족체계는 해체되거나 붕괴되기 때문이다. 여기서 해체는 이혼 등으로 가족이 흩어지는 것을 의미하고 붕괴는 가족구성원 자체가 소멸하는 것이다. 따라서 가족체계의 구성원들은 이러한 해체나 붕괴를 막기 위해 그 모든 노력을 기울인다. 이러한 노력 중에서 특히 중시할 것은 두 가지이다. 즉 가족 정체성(identification) 마련과 가족 통합성(integration) 마련이다.

가족 존속을 위한 정체성의 마련을 위해 가족체계는 환경과의 상호작용을 통해 필요한 자원을 확보하고 적절히 환경의 요구를 수용하며 또한 필요한 경우 환경과의 단절이나 투쟁을 통하여 환경에 대한 가족체계의 경계를 보다 분명히 하여 그 정체성을 마련한다.

또한 가족체계는 환경과의 상호관계 속에 정체성을 마련할 뿐 아니라 가족구성원을 하나로 묶어두는 전략과 방안은 구사하여야 한다. 왜냐하면 가족구성원들이 서로 연결망을 굳게 할 경우 해체나 붕괴에 대한 위협을 사전에 제거할 수 있고 비록 가족체계에 위기가 발생하더라도 이에 대처할 수 있는 가동력이 제대로 작동하기 때문이다.

효란 바로 가족체계의 존속을 마련하기 위해 가족구성원 통합의 한 과정으로서 부모와 자녀간의 통합과 관련되는 것임을 이해할 수 있다. 물론 가족구성원의 통합에는 다양한 요소들이 관련된다. 즉 부부간 통합, 자녀 간 통합도 부모자녀간의 통합과 마찬가지로 가족체계의 존속을 위해 가족구성원의 통합에 주요한 요소임을 부인할 수 없다.

이런 이유로 효를 단지 부모와 자녀 간의 통합이라 하여 부부관계나 자녀 간의 관계를 배제하여 부모자녀 관계만을 따로 떼어내어 논할 수 없다. 따라서 부모자녀간의 통합은 하나의 체계로서 이해함이 중요하다. 이런 의미로 효라는 개념의 사용은 부모자녀간의 통합과 관련된 복합적이고 다차원적인 요소들을 규명하는 데 보다 유리한다.

그렇다면 이렇게 부모와 자녀를 통합하는 효를 구체적으로 실천하기 위해 효의 실천 원리 또는 효 실천의 법칙은 무엇일까? 바로 "대접받은 대로 대접하는 것"이다. 인간 사회체계의 존속에는 이 법칙에 의해 윤리나 도덕이 성립한다. 이런 의미에서 윤리나 도덕의 기초로서 효가 갖는 법칙 즉 효 법칙은 바로 '대접받은 대로 대접하는 것'을 발생시키고 유지하는 것을 의미한다. 이제 '대접받은 대로 대접하는 것'의 뜻이 무엇인지를 자세히 살펴보도록 하겠다.

2. 기독교 효의 기본원리

1) 대접받은 대로 대접하라

요즘 우리 사회에 반인륜적이 사건들이 많이 나타나고 있다. 그중에서 특히 자녀들이 부모에게 폭행을 하거나 상처를 입히며 내쫓기도 하고 심지어 죽이기도 한다.

보건복지부가 2005년도 17개 노인학대예방센터에 접수된 건수는 2,038건이었다고 한다. 특히 아들이 가해자인 경우가 1,182건으로 거의 50%에 해당한다. 특히 전남노인학대 예방센터에 의하면 동네를 배회하는 노인이 있다는 신고를 받고 현장조사를 한 결과 이 어머니는 아들이 사는 집에서 사실상 내쫓겨 거의 찢어진 비닐하우스에서 살고 있었다고 한다. 끼니는 구걸을 하고 있었다고 한다. 그런데 조사를 해보니 이 아들은 어머니에게 지급되는 경로연금이나 교통비를 자신의 통장으로 수령해가고 있었다고 한다.[1]

자기를 낳아 생명을 갖게 하고 생명을 지켜 유지 존속하게 하신 부모의 은혜를 저버리는 것은 사회체계의 존속에 심각한 문제를 제기

---

1) 참조, http://www.jn1389.or.kr/

한다. 이런 일이 다반사가 되면 자식을 낳고자 하는 의욕이 상실되어 저출산에 의한 사회적 위기가 닥치는 것이다. 오늘날 우리 사회의 저출산에도 이러한 사실이 심각한 영향을 미치고 있다. 과거와 같이 베풀어주어도 자식들이 이기적인 행동으로 부모를 박대하니 자식에 대한 사랑은 식어지게 마련이다.

'대접받은 대로 대접한다'는 효의 법칙은 위와 같은 반윤리적 사회 현상을 방지하고 질서가 있고 사랑이 확충된 행복한 사회를 만들어 가는 데 필수적인 법칙이다. 성경의 마태복음 7장 12절에 보면 "대접을 받고자 하는 대로 남을 대접하라"고 되어 있다. 예수의 이러한 가르침은 미래적인 것을 내용으로 하고 있다. 즉 지금 내가 어떻게 다른 사람을 대할 것인가는 앞으로 내가 다른 사람에게 어떻게 대접을 받고 싶은 것이 무엇인지를 고려하여 행동할 것을 요구한다. 문제는 어떤 상대에 대해서 앞으로 그 상대에 의한 제대로 대접을 받기 싫은 것을 근거로 지금 그 사람에 대한 대접을 거부하는 경우가 발생한다는 사실이다. 엄격히 말해 '대접받는 것'에 의해 행동의 정당성을 확보하는 방법에서 보면 대접을 받기 싫은 것을 조건으로 상대를 대접하지 않는 것에 대해 어떤 대처 방안은 없다. 자칫 악한 의도를 가진 사람에게 이러한 논리는 비윤리적 상황을 초래할 가능성을 열어 놓는 결과를 가져 온다. 여기에 대한 대응 방안은 없는 것인가?

이러한 문제점을 해결하는 방안을 다시 성경에서 찾아볼 수 있다. 마태복음 18장 33절과 34절에 의하면 빚을 탕감 받은 종에게 주인은 빚을 탕감 받은 만큼 종도 다른 사람의 빚을 탕감할 것을 요구한다. 즉 대접을 받았다면 마땅히 대접받은 것을 다른 사람을 위해 대접하는 것이 정당하다는 것이다. 이러한 대접받은 만큼 대접하라는 것은 지금 자신의 존재가 가능한 원인을 찾고 이러한 원인의 제공자에게 고마움과 감사하는 것을 의미한다고 볼 수 있다. 지금의 자신의 존재를 가능하게 한 원인에는 기독교적 관점에서 보면 하나님도 가능하고 국가나 사회, 자연이나 이웃, 가족 그리고 부모도 가능하다. 특히 하나님과 부모는 다른 어떤 원인 제공자보다 더 자신의 존재를 가능케 하는 데 결정적인 원인을 제공한 분들이다.

하나님과 부모는 이러한 보답의 제1 그리고 제2의 대상이다. 하나님과 부모는 나의 존재의 기초라 할 수 있다. 하나님은 나의 생명의 창조자이고 부모는 이 생명의 전달통로이다. 이 두 원인 제공자가 없다면 나의 존재는 결코 가능하지 않았을 것이다. 따라서 윤리나 도덕은 하나님과 부모께서 베풀어주신 은혜에 대해 이를 보답하는 것에서 발생하고 존속한다고 할 수 있다. 그런데 이러한 하나님과 부모의 은혜에 대한 보답하는 것이 효인데 하나님은 우리가 당연히 행해야 할 이러한 효에 대해 놀라운 복의 비밀을 우리에게 허락하고 있다.

2) 복의 근원으로서 부모

구약성경의 창세기를 보면 아브라함이 자기 고향을 떠나 하나님이 지시하시는 가나안 땅으로 향해가는 장면이 등장한다. 아마도 아브라함은 하나님이 이러한 명령을 받았을 때 불안과 걱정이 마음속에 있었을 것이다. 당시만 해도 고향을 떠나 아무 연고도 없는 외국 땅에 살아간다는 것은 매우 힘든 일이었기 때문이다.

그러한 아브라함을 위해 하나님은 약속을 한다. "너를 축복하는 자는 내가 축복을 하고 너를 저주하는 자는 내가 저주를 하리라."(창 12:3) 이러한 하나님의 약속에는 아브라함을 복의 근원으로 삼는다는 것을 의미가 들어 있다. 즉 아브라함을 통해 주변의 사람들은 복을 받는 기회를 갖게 된다. 아브라함은 결국 복의 통로인 복의 근원이다.

사람들은 복의 근원인 아브라함을 존경하고 그를 섬기지 않을 수 없다. 왜냐하면 아브라함에게 잘 해주면 복을 받게 되기 때문이다. 되도록이면 아브라함과 잘 지내며 그의 말을 따르는 것이 여러모로 자신에게 유리하기 때문이다. 이런 의미에서 우리는 주변에 복의 근원인 사람이 있다면 그에게 어떻게 하든 좋은 관계를 유지하며 그에게 좋은 호감을 심어주도록 노력해야 할 것이다.

문제는 우리 주변에 복의 근원을 찾기가 힘들다는 사실이다. 즉 누가 복의 근원인지를 알기가 매우 힘들다. 누가 하나님이 인정하는 '복의 근원'이라고 징표를 가지고 있지 않는 한 복의 근원을 찾기가 힘들다. 이런 경우 복의 근원을 통해 복을 받고자 하는 사람들은 한 가지 복을 받는 방법이 있는데 이는 자기 주변의 사람 중에 명백히 드러나지 않았지만 복의 근원이 있다고 믿고 주변의 모든 사람들에게 잘 대해주는 방법이다.

이 방법은 매우 현실적이고 바람직한 방법이다. 되도록이면 모든 사람들과 화평하고 잘 지내도록 하는 것(히 12:14)이 바로 이 방법이다. 이러한 방법을 통해 예수님의 지상 명령인 하나님 아버지에 대한 사랑과 이웃사랑이 실천될 수 있다. 즉 복을 받고자 하는 사람은 복의 근원의 원초적 근원인 하나님을 사랑하지 않을 수 없고 또한 복의 근원인 이웃을 사랑하지 않을 수 없다. 이런 의미에서 복의 근원을 구하는 과정은 하나님 아버지와 이웃사랑의 실천과정인 것이다.

그런데 이러한 복의 근원을 구하는 사람들에게 예외적으로 하나님께서는 복의 근원을 명백하게 제시하고 있다. 즉 복의 근원을 알 수 있게 한 것이다. 그렇다면 하나님께서 복의 근원으로 명백하게 누구나 알 수 있게 제시한 것은 무엇인가? 바로 십계명의 제5계명에 내포되어 있는 우리의 부모다. 즉 부모는 하나님께서 우리에게 명백하게 제시한 복의 근원이다. 십계명의 제5계명에 의하면 하나님은 부모를 사랑하는 자에게 이 땅에서 잘되고 장수하는 복을 허락하고 있다. 세상의 복 중에서 이 땅에서 잘되고 즉 하는 일마다 형통하고 건강하여 오래 사는 복만큼 큰 복이 어디 있겠는가! 바로 이런 복을 부모를 통해 받을 수 있도록 하나님께서 우리에게 약속하신 것이다.

사랑이 풍성하신 하나님께서는 우리 인간들에게 복을 누리도록 하기 위해 인간인 우리 모두에게 복의 근원을 바로 곁에 두신 것이다. 따라서 누구나 하나님의 복을 풍성하게 받도록 하신 것이다. 이 얼마나 놀라운 하나님의 사랑의 비밀인가? 이러한 하나님의 사랑의 비밀을 깨닫게 되면 복의 근원을 찾기 위해 일부러 노력할 필요가 없다. 바로 복의 근원인 부모가 우리 곁에 계시기 때문이다.

십계명에 의한 바와 같이 효는 부모를 사랑하는 것이고 따라서 효는 복의 근원인 부모를 통해 하나님의 복을 받는 것이다. 따라서 효는 복과 연결되어 있기에 기독교의 효는 효복사상으로 그 특성을 드러낼 수 있다. 그렇다면 우리는 어떻게 부모를 공경하여 효를 행할 수 있을까?

Ⅲ. 기독교 효의 실천 방안

기독교적 관점에서 성경적 효를 제대로 실천하기 위한 성경적 효의 방법들을 도출하기 위한 작업으로서 우선 성경적 효가 내재되어 있는 성경으로 돌아가는 것이 중요하다. 또 성경에서 효를 도출할 때 고려해야 할 것은 되도록이면 포괄적으로 효의 내용을 포함하도록 변수들을 도출하는 것이다. 즉 보다 포괄적으로 성경적 효의 내용을 포함하는 변수들의 개념적 구도를 도출하는 것이다. 물론 성경에 드러난 효와 관련된 내용들은 복잡하며 복합적이다.

이런 이유로 성경적 효를 제대로 파악하기 위해 '축소' 혹은 '선별'의 과정을 필요로 한다.[2] 즉 복합적 관계망 가운데 아주 적은 몇 가지 '의미 있는' 가능성들이 선택되어 그에 따라 구조가 이루어지게 된다. 여기서의 의미는 선별 선택의 기준으로서 연관가능성이 있는 특정한 요소들을 선택하고 불확실하거나 지나치게 광범위한 주변적인 것들은 배제시키게 한다. 이러한 의미화(process of meaning)를 통해 체계의 구조화가 구축된다. 이렇게 의미화의 과정을 통해 선별된 특정한 성경의 효의 내용을 포괄적으로 수용하게 된다.

이처럼 성경적 효를 보다 포괄적으로 포함하고 있는 변수들의 개념적 구도 또는 체계는 구체적으로 어떻게 도출할 것인가? 이는 성경적 효의 하위변수들이 보다 밀접하게 상호관계의 망을 형성하여 포괄적으로 성경적 효의 내용을 담보하는 성경의 부분을 밝혀내는 작업에서 비롯된다. 이러한 개념적 구도를 형성하는 성경 구절에서 성

---

2) 최재정, 「니클라스 루만의 '체계이론'과 그 교육학적 수용의 문제」, 『교육철학』제29집, 2003, Vol. 29. 7.

경적 효를 도출방법은 비트겐슈타인(Ludwig Wittgenstein)의 '가족 유사성(family resemblance)'의 논리에서 보다시피3) 단편적이고 산발적인 성경적 효의 내용을 포함하는 개별적 개념들로 구성된 성경의 부분을 선택하는 것보다 더 나은 접근법이다.4)

이러한 면들을 고려하여 성경에서 효의 변수들을 도출하는 작업을 수행하기에 가장 적절한 곳은 역시 에베소서다. 에베소서에 나타난 효의 내용들은 출애굽기, 신명기에서 드러나듯 구약의 효의 내용이 압축된 십계명의 내용을 포함하고 있을 뿐만 아니라 신약의 예수와 관련한 효의 내용도 포함하고 있다. 이런 의미에서 에베소서에서 성경적 효의 변수들을 제대로 도출할 수 있다. 성경에서 에베소서만큼 효의 내용이 포괄적이며 체계적인 곳은 없다.

위와 같은 사항을 고려하여 성경적 효 체계의 개념구도를 구축과정을 규명하기 위한 분석틀을 에베소서의 효 관련 구절인 6장 1~4절에서 네 가지 효를 실천하는 방법을 구축할 수 있다.

1. 순종: 부모의 뜻을 따라

부모에게 효하는 것은 우선적으로 부모의 뜻에 순종하는 것이다. 그런데 부모의 뜻에 순종하는 방법에는 두 가지 종류가 있다. 첫째가 절대적으로 부모의 뜻에 순종하는 것이요, 다음이 상대적으로 부모의 뜻에 순종하는 것이다.

---

3) Ludwig Wittgenstein, translated G. E. M. Anscombe, *Philosophical Investigation*(Oxford: A Blackwell Paperback, 1978), 32.

4) 이는 산발적으로 그리고 단편적으로 흩어져 있는 성경 일부분에서의 효의 개념들을 묶어 개념적 구도를 마련하는 것도 역시 비트겐슈타인의 가족 유사성의 논리에 의하면 문제가 있다.

1) 절대적으로 부모의 뜻을 따르기

부모의 은혜에 보답하기 위해 우리는 무엇을 해야 할까요? 물론 효를 실천하기 위해 필요한 것이 많이 있다. 그중에서 우선 부모의 말씀을 잘 듣고 순종하는 것이 필요하다.

부모는 우리에게 어려서부터 올바르고 행복한 삶을 살도록 가르치시고 인도하십니다. 이런 부모께서 우리에게 하시는 말씀은 부모의 뜻이 들어 있다. 이러한 부모의 뜻이 담긴 말씀에는 부모의 개인적 바람도 있지만 대부분 우리를 올바르게 하고자 하시는 말씀이다. 즉 부모께서는 우리가 올바른 사람이 되도록 사회생활을 하는 데 꼭 필요한 말씀을 하십니다. 부모의 사회적 삶의 경험을 통해서 깨달으신 이런 말씀은 거의 도덕이나 윤리적인 말씀들이다.

"남을 먼저 배려해라", "남의 아픔을 위로 하라", "불쌍한 사람을 도와주어라" 그리고 "거짓말 하지 마라", "남을 해치지 마라", "남의 물건을 탐내지 마라" 등등… 이런 윤리적·도덕적 말씀은 자신을 위해서뿐만 아니라 부모를 위해서라도 부드러운 마음으로 받아들여야 한다.[5]

간혹 부모는 자식의 부도덕한 것 때문에 다른 사람들로부터 부끄러움을 당하시기도 한다. 이럴 경우 부모의 가슴은 무척 아픈 것이다. 왜냐하면 자식이 도덕적으로 비난을 받을 경우 부모께서는 자신이 비난을 받는 것처럼 여기시기 때문이다. 바로 도덕적인 순종은 자녀인 우리들의 잘못으로 주변사람들로부터 부모가 비난을 당하지 않게 하는 것을 의미한다.

우리는 부모의 말씀 즉 가르침에 순종을 함에 있어서 다른 무엇보다

---

5) 특히 성경의 10계명 중 제6계명부터 10계명에 이르는 것들을 부모에게 행하는 것은 절대적 순종에 벗어 난 절대적 불효에 해당한다.

윤리나 도덕적 가르침에 순종하는 자세가 필요하다. 이를 위해서는 평소에 부모의 가르침을 중히 여기고 존중하도록 노력하여야 한다. 부모의 말씀은 우리가 사회생활을 하는 데 삶의 기초가 되기 때문이다.

2) 상대적으로 부모의 뜻을 따르기

우리가 부모의 말씀에 순종하는 데에는 위에서 이야기된 '도덕적 순종' 즉 절대적으로 부모의 뜻을 따르는 것 이외에 부모의 개인적 요구에 순종하는 것이 있다. 이러한 부모의 개인적 요구에 응답하는 순종을 '사실적 순종' 즉 상대적으로 부모의 뜻에 따르는 것이라 한다.

사실적 순종은 도덕적 순종과 차이가 있다. 왜냐하면 도덕적 순종은 사회생활을 함에 있어서 사회 여러 구성원들의 요구에 응답하라는 부모의 뜻에 순종하는 것이라면 사실적 순종은 도덕적 문제와 깊은 관련이 없는 자녀에 대한 부모 개인적 요구에 응답하는 것이기 때문이다.

여기서 사실적 순종의 '사실적'이라는 것은 '도덕적'인 것과 구별한 것으로, 도덕적 문제와 큰 관련이 없는 것을 의미하다. 즉 도덕적인 것이 사회 여러 사람들과 관련된 행동을 의미한다면 사실적이라는 것은 개인적 차원에서 단순한 바람과 요구에 따라 행해진 행동을 의미한다. 따라서 부모의 개인적 뜻이나 요구에 순종하는 것은 사실적 순종에 해당한다.

사실적 순종에 해당하는 것으로서 예를 들어 보면 "공부를 열심히 해라", "이런 학과를 선택하라", "이런 사람과 결혼하라" 등이 여기에 해당한다. 이러한 부모의 요구는 엄격히 말해 도덕적인 것은 아니다.

부모의 우리들에 대한 개인적 바람에 해당한다.

우리는 이러한 부모의 뜻에 되도록이면 순종하는 것이 바람직하다. 왜냐하면 부모께서 우리들을 향한 뜻은 우리의 행복을 위한 것임은 부인할 수 없기 때문이다. 그러나 간혹 부모의 개인적 바람이나 요구가 자녀인 우리들이 원하는 것과 다를 경우가 있다. 이 경우 어떻게 하면 좋을지 고민이 되지 않을 수 없다.

여기서 우리가 되새겨둘 것은 부모의 뜻을 항상 따르는 것이 자녀인 우리의 바람직한 도리이지만 부모의 뜻이 우리의 것과 다를 경우 이에 무조건 따른다는 것이 좋다고만 할 수 없다.

왜냐하면 부모께서 우리들에 대해 갖고 계신 개인적 바람이 우리들의 행복을 위한 것임은 사실이나 부모께서 우리의 행복을 위해 갖고 계신 구체적인 방법에 대해서는 우리들과 차이가 있을 수 있기 때문이다. 따라서 우선 부모와 충분한 대화로써 서로 갈등하는 문제를 상의하는 것이 필요하다. 그럼에도 의견의 차이를 좁히지 못할 경우에는 부모의 뜻을 고려하면서 자신의 뜻을 실행하는 것도 무방하다.

예를 들어 대학 진학 시 부모께서 자신이 원치 않는 '전공학과'를 선택하도록 강요하실 경우가 있다. 자녀인 우리들은 우선 자신이 왜 그 전공을 선택할 수 없는 이유를 충분히 부모께 설명하는 것이 필요하다. 그럼에도 부모와 의견의 합치가 이루어지지 않을 경우 자신이 원하는 전공학과를 선택하는 것도 가능하다. 이러한 선택을 하고 난 이후 부모께 자신의 선택이 옳았음을 증명하기 위해 더욱 열심히 공부하고 노력하는 것이 필요하다.

2. 친애: 부모와 친하기

부모와 잘 화합하고 하나가 되기 위해서는 부모와 항상 상호작용하는 것이 필요하다. 여기서 상호작용이란 부모나 자녀 일방의 요구로 관계를 맺는 것이 아닌 서로가 요구하고, 서로 응답하는 것을 의미한다. 무리한 요구가 아닌 적절한 요구는 오히려 부모를 기쁘시게 한다. 이러한 부모와 자녀의 상호작용에 의한 효의 형태는 지지적 친애의 효와 요구적 친애의 효가 있다.

1) 부모를 지지하기

부모와 오랫동안 사랑하며 친밀하게 지내는 것이 친애의 효다. 아리스토텔레스는 그의 책『니코마코스 윤리학』에서 부모와 자녀의 관계를 친애로써 설명하고 있다. 친구관계처럼 친애로서 서로 사랑하고 지지하는 부모와 자녀는 오랫동안 서로의 관계가 아름답게 유지된다는 것이다. 친애의 효는 부모를 사랑하고 부모와 친구처럼 허물없이 지내며 어려운 일을 도와주며 서로 올바른 길을 갈 수 있도록 조언하는 것을 의미한다.

이러한 친애의 효에는 크게 지지적 친애의 효와 요구적 친애의 효가 있다. 우선 지지의 친애는 부모를 깊이 사랑하며 부모께서 자신에게 베풀어주신 사랑을 보답하기 위해 물질적으로 또는 마음으로 성원하는 것을 의미한다. 부모의 사랑은 앞에서 이미 말한 바와 같이 너무나 깊고도 넓다. 이러한 부모의 사랑에 미치지 못할지라도 부모가 하시는 사업이나 일을 도와주는 것이 지지적 친애의 효다.

또한 지지의 친애는 물질적(경제적) 지지, 육체적 지지 그리고 정신적 지지로 나누어 볼 수 있다. 물질적 지지는 부모의 하시는 일에 돈이나 물질로서 도와주는 것이며, 육체적 지지는 자신의 몸 즉 노동으로 부모를 도와주는 것을 의미한다. 부모께서 하시는 일이 잘되도록 필요한 경우 직접 힘으로 협력하여 도와주는 것은 가족의 화합을 위해 매우 중요한 것이다.

물론 공부를 해야만 하는 시기에 있는 학생들은 아직 경제적으로 물질적 지지를 부모께 하기는 어렵다. 이러한 물질적, 경제적 지원은 나중에 돈을 벌게 되면 할 수 있는 효다. 그러나 우리의 육체로서 부모를 잘 도와드리는 것은 가능하다. 부모를 돕기 위해 몸으로 할 수 있는 일은 얼마든지 있다. 적게는 작은 심부름을 열심히 하는 것도 육체적 지지의 효다.

정신적 지지란 부모께 마음을 다해 정신적으로 후원하는 것을 의미한다. 정신적으로 후원하는 것은 무엇보다 부모와 마음을 같이 하는 것이 중요하다. 물질적 지지와 육체적 지지도 중요하지만 진정으로 부모와 마음으로 하나 되지 못한다면 효의 이념인 부모와 자녀의 통합으로 가족이 하나가 되는 것은 어렵게 된다.

미국의 효 연구자인 렌츠 여사가 지은 『어제는 나의 아이, 오늘은 내 친구』라는 책에서 보다시피6) 우리는 나이가 들어갈수록 부모와 허물없이 지내는 친구처럼 부모와 한 마음을 갖도록 노력해야 한다. 즉 마음을 같이 하는 친구처럼 서로 깊은 신뢰 속에 사랑하는 관계를 부모와 갖도록 해야 한다. 부모께 좋은 친구로서 조언과 격려를 함으로써 부모께서 자부심과 용기를 갖도록 하는 것도 필요하다.

---

6) Elinor Lenz, 을지번역실 역, 『어제는 나의 아이, 오늘은 내 친구』(서울: 을지출판사, 1983), 80.

부모와 친하게 지내기 위해서는 부모와 깊이 있는 대화를 하는 것이 중요하다. 따라서 학교 성적문제, 친구문제 등의 고민을 부모와 상의하며 마음을 터놓고 애기하는 것도 필요하다. 부모와 따뜻한 마음으로 나누는 대화만큼 진솔한 대화는 이 세상에서 드물 것이다. 비록 부모께서 여러 가지 사정으로 우리들과 충분한 대화를 나누지 못할 경우가 있다. 이럴 경우 이메일이나 전화 등으로 대화를 시도해 볼 수 있다. 또 짧은 순간이지만 부모와 따뜻하고 친밀한 눈빛으로 서로 마음을 전하는 것도 괜찮은 일이다.

친구처럼 서로에 관심을 가지고 부모와 마음을 같이 한다는 것은 자녀인 우리는 부모의 마음과 함께하기 위해 부모께서 기뻐하실 때 함께 기뻐하며 부모께서 슬퍼하실 때 슬픔을 같이 하여 부모를 위로하는 것이다. 이렇게 정서적으로 긴밀한 관계를 가지고 부모와 따뜻한 사랑을 나누는 것이 정신적 지지의 효에 있어서 무엇보다 중요하다. 이제부터 이런 효를 실천하도록 노력해야 한다.

2) 부모께 요구하기

친애의 효를 실천함에는 지지의 친애와 함께 부모께 옳지 못한 일을 못하게 하거나 우리 자신에게 필요한 것을 해 주시도록 요구하는 요구의 친애가 있다. 요구의 친애는 필요한 경우 부모께 요구하는 것이 부모를 위하고 자녀인 우리들이나 사회에 도움이 된다는 것이다.

요구의 친애는 윤리적 요구와 사실적 요구가 있다. 먼저 윤리적 요구의 효는 마치 허물없는 친구를 위해 잘못된 것을 알게 하고 그 잘못된 것을 하지 못하게 하는 것과 같이 부모께 잘못된 것을 아뢰고 그것을 하지 못하게 하는 효이다. 따라서 윤리적 요구란 부모나 자녀가 사회의 도덕원리나 규칙 그리고 약속 앞에서 동등한 인격체로서 서로 존중하며 올바른 길을 가도록 도와주는 것을 의미한다. 오늘날 자녀는 부모와의 관계에 있어서 사회의 기본 질서 안에서 효를 행하는 것이 필요하다. 여기서 서로 존중한다는 것은 부모께서 우리의 인격을 존중해주시듯 우리도 부모를 모실 때 비록 부모가 못 배우시고 육체나 정신적으로 허약하시더라도 부모를 무시하지 않고 존중해 주는 것이 효를 실천하는 길이다.

공자님의 말씀에 간언(諫言)의 효가 있다. 간언이란 웃어른이나 임금에게 옳지 못하거나 잘못된 일을 고치도록 하는 말을 의미한다. 따라서 간언의 효는 부모께 올바른 길을 가시도록 하는 것인데 이는 바로 오늘날 윤리적 요구의 효를 의미한다.

부모도 완벽할 수 없는 인간이다. 따라서 제대로 알지 못하시고 행하시는 일들이 있기 마련다. 특히 그 일이 윤리나 도덕과 관련된 것이라면 이를 자녀인 우리가 아뢰어 이를 못하게 하는 것이 필요하다.

효를 현대 민주사회 속에 자리 잡게 하는 데는 이러한 윤리적 요구의 효가 중요하다. 자칫 가족의 집단적 이기심으로 윤리나 도덕적으로 문제되는 것을 효라는 명목으로 눈감고 넘어가게 하는 경우가 있다. 그런데 부모의 부도덕을 자녀라고 잠자코 침묵으로 동의하는 것은 진정한 효가 아니다.

한편 사실적 요구의 효는 자녀로서 우리가 필요한 것, 예를 들어 '먹을 것', '입을 것' 그리고 공부하는 데 필요한 '학용품' 구입 등 우리가 생활하는 데 꼭 필요한 것을 요구하는 것이 바로 사실적 요구다. 이처럼 사실적 요구는 윤리적 요구가 추구하는 것과 달리 우리 자신이나 부모의 필요를 위해 우리들이 개인적으로 원하는 것을 부모께 아뢰는 것이다.

그런데 이러한 사실적 요구는 나이가 들수록 줄여가도록 하는 것이 중요하다. 즉 부모께 요구하는 것이 학업시절까지는 어쩔 수 없지만 학업을 마친 후에는 혼자 경제적 문제 등을 해결하여 부모께 요구하는 양이 줄어드는 것이 바람직하다.

3. 존속: 부모의 장수를 위해

부모께 효를 함에 있어서 큰 관심을 가져야 할 것이 부모께서 건강하게 오래 오래 장수하시게 하는 것이다. 부모를 건강하게 그리고 오래 사시게 하는 것 즉 부모의 생명의 존속과 관련하여 부모의 생명이 오랫동안 지속되게 하는 자녀의 도리를 존속의 효라고 한다. 존속의 효에는 우선 부모의 외적 건강과 관련된 양구와 양체의 효가 있으며 부모의 내적 건강과 관련된 것으로서 양안과 양영이 있다. 그리고 이러한 존속의 효를 보다 확대한 것으로 양생(養生)의 효가 있다. 이제 이들을 하나씩 살펴보기로 하겠다.

1) 양구와 양체의 효

우선 부모의 생명 존속을 위한 외적 건강으로서 양구와 양체의 효를 먼저 살펴보기로 하다. 양구(養口)의 효에서 '구(口)'란 입을 의미하다. 입을 봉양한다는 것은 부모의 음식을 책임지는 것이다. 따라서 우리는 부모의 생계유지를 남의 도움을 빌리지 않고 자녀인 도리로서 마땅히 해드려야 한다. 간혹 신문이나 방송을 보면 자녀들이 돌보지 않아 비참한 생활을 하는 부모들의 이야기를 접할 수 있다. 그런데 법에는 자녀가 있는 부모들은 기초생활 대상자가 아니어서 국가의 도움을 받지 못하게 되어 있다. 왜냐하면 자녀들이 있는 경우 마땅히 자녀들이 돌보는 것으로 간주하기 때문이다. 따라서 자녀들이 도움을 주지 않으면 부모들은 기본 의식주조차 해결할 수 없는 상황이다. 우리는 최소한 부모의 식량 문제를 해결하는 양구의 효를 필연적으로 실천해야 할 것이다.

양체의 효는 부모의 건강을 돌보는 효이다. 여기서 체(體)란 몸을 의미한다. 부모의 몸을 건강하게 잘 모시는 것이 양체의 효이다. 부모는 나이가 들수록 약해지기 마련다. 몸이 약해지면 병을 자주 앓으시기도 한다.

우리가 어릴 때 부모는 우리의 연약한 몸을 위해 노심초사하시며 보살펴주셨다. 이러한 부모께서 우리의 몸 건강을 위해 애쓰심을 생각할 때 그 고마움을 잊을 수 없다. 이제 우리는 부모의 건강을 생각하며 부모를 위해 작은 것부터라도 도와드리도록 노력해야 하겠다.

특히 부모께서 직장이나 가정에서 열심히 생활하시다 보면 팔이나 다리가 아프실 경우가 많이 있다. 이때 부모의 팔이나 다리를 주물러드리는 것이 효이다. 간혹 자신의 일을 핑계로 부모께서 힘들어하시는 데도 모른 체하는 경우가 있는데 이는 잘못된 것이다. 부모의 은혜를 생각해서 우선적으로 부모의 건강을 챙겨드리도록 노력해야 할 것이다. 부모의 건강을 위해 함께 운동을 하는 것도 부모의 건강을 지켜드리는 길이다.

옛 성인들은 아침과 저녁마다 부모의 건강을 살펴보는 것을 게을리 하지 않았다. 혹시 어디 아픈 곳이 없는지 여쭤보기도 하고 방바닥을 살펴보아 주무시는 데 불편하지 않으신지 살펴보기도 하였다. 우리도 아침저녁으로 부모의 몸에 편찮은 곳이 없는지 항상 관심을 갖도록 하여야 하겠다. 이런 의미에서 양체의 효에는 옷이나 거주할 집을 제대로 살펴보는 것도 중요함을 알 수 있다.

결국 부모께서 건강하시도록 하기 위해서는 평소에 건강한 몸을 유지하시도록 도와드려야 한다. 식사를 제대로 하시는지 살펴보며 그리고 몸이 허약하지 않도록 건강에 좋은 음식을 먼저 드리고 의복이나 거주할 곳을 챙겨드리는 우리가 되어야겠다. 부모의 건강이 악화되어 가정이 큰 어려움을 당하는 것을 주변에서 종종 볼 수 있다. 부모와 우리의 행복을 위해서 우리는 부모의 건강을 항상 챙겨드리도록 노력해야 할 것이다.

2) 양안과 양영의 효

부모의 건강과 장수를 위한 존속의 효에는 내면적인 것으로서 양안(養安)의 효와 양영(養靈)의 효가 있다. 양안의 효는 부모의 마음을 편안하고 기쁘게 하는 것이다. 이를 통해 생명력이 왕성해지는 것이다. 흔히 마음이 병들면 몸이 병든다는 말을 한다. 우리들 때문에 마음이 불편하고 근심 걱정 때문에 기쁨이 없다면 부모 건강도 약해지기 마련이다.

그러나 우리들 때문에 부모 마음에 기쁨과 평안이 있다면 이것이 부모를 더욱 건강하게 할 것이다. 부모의 마음에 기쁨을 드리는 양안의 효에는 세상에 나아가 입신출세하는 것도 있겠지만 평범한 생활 속에서 부모께 근심 걱정을 끼쳐드리지 않는 것이 더욱 필요하다. 지금의 우리는 직장인이면 직장 일을, 학생이면 학업을 부지런히 하고 본분에 맞게 생활하는 것이 부모를 기쁘게 하는 것이다.

그러나 우리가 문제를 일으키는 사람이 된다면 이는 분명히 부모의 걱정과 근심을 쌓이게 할 것이고 결국 부모의 건강을 해치는 일이 된다. 항상 내 행동으로 부모의 마음에 상처를 주어 부모의 건강에 해로움이 되지 않도록 세심한 주의가 필요하다. 부모의 건강을 지켜가는 방법 중에는 또한 우리 몸이 건강한 것도 포함한다. 우리가 병들면 부모의 근심이 된다. 옛 성인들은 우리의 몸에 상처를 내지 않는 것이 효라고 하였다. 우리의 몸은 모두 부모가 주신 것이므로 조심하여 부모의 걱정을 끼쳐드리지 않도록 노력해야 할 것이다.

우리는 부모의 마음을 잘 헤아려 조그만 것에서도 얼마든지 부모의 마음을 기쁘게 할 수 있다. 즉 식사를 제때하고 정해진 운동을 하며 공부를 열심히 하는 것도 부모를 기쁘게 하는 것이다. 귀가시간에 집에 제때 돌아오는 것이나 만약 늦을 경우 부모께 연락을 드리는 것도 양안의 효 실천이다. 그리고 평소에 근검절약하는 생활 태도를 가져 부모께서 우리의 장래에 대해 안도감을 갖도록 하는 것도 부모를 기쁘게 하는 것이다.

양영의 효란 부모의 종교 생활을 잘 하게 도와 드리어 생명의 영속 즉 영생을 갖게 하는 효다. 여기서 영(靈)이란 신앙심을 의미한다. 즉 양영의 효란 부모의 신앙생활을 잘 받들어 부모께서 살아계실 동안에 영적인 평안과 기쁨을 갖도록 도와드리는 것이다. 양영은 부모께서 내세에 대한 준비를 통해 죽음을 두려움 없이 맞아들이게 하는 것도 포함된다. 연세가 드실수록 부모들은 내세에 대한 막연한 두려움이 생기게 마련다. 이러한 부모께 천국의 소망을 통해 내세의 두려움을 이기고 영생하게 도와주는 것은 자녀로서 우리들이 해드릴 수 있는 효이다.

　물론 양영의 효를 행하기는 자녀인 우리와 부모가 같은 신앙심을 갖고 있는 경우가 서로 다른 신앙을 가진 경우보다 더 나을 것이다. 그러나 간혹 부모의 종교와 자녀인 우리와 서로 다른 종교를 가질 경우가 있다. 이 경우 같은 종교를 갖도록 노력하는 것도 필요하다. 그럼에도 서로 다른 종교를 가지고 있을 경우에는 우선 자녀들은 부모의 종교를 존중하고 종교가 다르다는 이유로 부모와 갈등하지 않도록 조심하는 것이 중요하다. 그러나 부모를 구원하여 영원한 생명 즉 영생을 얻게 하는 것이 진정한 양영의 효에 의한 존속의 효다.

　지금까지 살펴본 양구와 양체의 효 그리고 양안과 양영의 효 이외에 이러한 효의 내용들을 모두 포함하는 포괄적인 존속의 효로서 양생의 효가 있다. 이 양생(養生)의 효는 부모에 대한 존속의 효를 행함에 있어서 또 하나의 중요한 효의 형태다. 양생의 효에서 '생'은 생명을 의미하다. 양생의 효는 부모의 생명을 대를 이어 지속시켜나가는 것을 의미한다. 물론 부모의 생명은 우리들의 조상으로부터 시작되었다. 이러한 생명은 우리에게 이어졌고 뒤에 우리의 후손에게 전해집니다. 부모는 이러한 생명의 지속을 통해 이 세상 속에 계속 존속해 가십니다. 우리는 이러한 생명의 지속을 위해 효를 실천함이 필요하다.

　양생의 효에는 우선 결혼하여 자녀를 출생시켜 가문을 이어가게 하는 것이 중요하다. 물론 사정에 따라 결혼과 출생을 할 수 없을 경우가 있다. 그러나 특별한 경우를 제외하고 결혼을 통해 자녀를 양육하여 대를 이어가는 것이 자녀로서의 도리다. 우리 옛 조상들은 이러한 양가(養家), 즉 가문을 이어가게 하는 효를 중시하여 자녀 특히 아들을 낳는 것을 매우 중시하였다. 그러나 아들이든 딸이든 생명을 이어갈 수만 있다면 양생의 효를 실천한다고 할 수 있다.

양생의 효를 실천해가는 데는 생명을 존속시키기 위해 생명의 그릇인 사회나 국가를 지켜가는 것도 필요하다. 따라서 사회나 국가를 위해 봉사하는 것도 궁극적으로 생명의 존속을 위한 양생의 효다. 이런 의미에서 특히 애국심은 효심의 한 형태라 할 수 있다.

전통적으로 효는 충과 연결시켜 생각하였다. 그런데 여기서 충은 당시 나라의 임금을 섬기는 것이었다. 나라를 바로 임금 자신이라고 생각했던 것이다. 따라서 부모를 섬기는 마음을 임금을 섬기는 마음과 같은 것으로 보았다. 그러나 오늘날 충은 나라의 임금이 아니라 과거로부터 지속되어 온 현재의 우리의 생명을 미래에도 지키기 위해 필요한 국가나 사회를 지키는 것이다. 결국 충은 양생의 한 형태라고 봄이 타당하다.

양생과 관련하여 마지막 한 가지 더 고려해야 할 것은 자연을 사랑하는 것이다. 엄격히 말하면 우리가 살고 있는 환경은 우리의 생명을 보전시키는 것이다. 생명을 사랑하고 지켜나가고자 하는 양생의 효는 당연히 자연환경을 고려하지 않을 수 없다. 자연이 파괴되면 생명의 존속이 위협받게 된다. 이는 결국 생명을 지켜가고자 하는 존속의 효를 다하지 못하는 것이다. 생명사랑과 생명 존속을 중시하는 양생의 효는 자연환경을 보전하고 이를 깨끗이 사용하여 후손에게 잘 물려주는 것과 상호 관련 있음을 이해해야 한다.

4. 대리: 성령의 뜻에 따라

부모께 효를 행할 때 우리 자신의 뜻에 따라 하는 것이 아니라 자연의 이치에 따라, 사회관습에 따라, 그리고 하나님의 뜻과 가르침에 따라 효를 행하는 것이 중요하다. 특히 기독교에서는 하나님의 뜻과 관련하여 성령에 의해 효를 하는 것을 강조한다. 즉 하나님의 뜻에 순종하여 하나님께서 맡겨주신 부모에게 효하는 것이 기독교의 효다. 이를 흔히 대리의 효라고 한다. 즉 하나님을 대리하여 하나님의 명령에 순종하여 부모를 섬기는 것이다. 여기서의 대리는 무엇을 대신하여 행하는 것을 의미한다.

우리는 내가 좋아서, 내 필요에 따라 효를 행하는 생각을 버려야 한다. 우리는 하나님께서 원하는 바를 대신하여 효를 행한다는 효심을 가져야 한다. 하나님을 대리한다는 것은 다음 네 가지 의미를 지닙니다. 즉 하나님께서 제정하신 자연법으로서 자연의 이치에 따른 효와 교회관습에 의한 효, 성경의 가르침에 의한 효, 그리고 성령에 의한 효 등이다.

1) 자연이치에 의한 효

자연 속에서 효하는 이치를 배울 수 있다. 왜냐하면 자연의 이치 속에는 하나님의 뜻이 내포되어 있는 자연법적 내용이 들어 있기 때문이다. 자연법에는 대접받은 대로 대접하는 것이 당연하고 정당하다는 정의의 원리가 드러난다. 특히 이러한 법칙이 잘 드러나는 것이 동물 세계다. 즉 동물 중에서 효하는 동물이 있다. 반포지효(反哺之孝)라는 말이 이러한 사실을 잘 드러낸다. 이 말은 까마귀 새끼가 자라서 늙은 어미에게 먹이를 물어다주는 효(孝)를 일컬어 하는 말이다. 까마귀가 보은을 하는 이러한 자연현상 속에서 효의 이치를 우리는 배울 수 있다. 하찮은 동물도 이렇게 자기 부모를 섬기는데 인간이 어찌 부모 섬기기가 싫다고 효를 그만둘 수 있겠는가 반문하게 된다.

이처럼 효는 자기감정이나 이해타산으로 하는 것이 아니다. 당연히 해야 하는 자연의 법칙과 같은 것이다.

간혹 신문이나 방송을 통해 부모가 자기의 아이들을 고아원이나 해외에 입양을 시키는 경우가 있음을 보게 된다. 그런데 고아원이나 입양된 곳에서 성장한 후에 부모를 찾는 사람들이 종종 있다. 나이가 들어 자기들을 떠나보낸 부모들을 찾는 것은 혈연에 의한 자연적 순리가 있기 때문이다. 자신을 버렸지만 인간의 정서 속에 부모를 찾아보려는 자연적 욕구는 막을 수 없다.

이렇게 자연의 순리에 따라 효하는 것이 자연의 이치에 따른 대리의 효이다. 이처럼 대리의 효에 의하면 효라는 것은 우리 마음대로 해도 좋고 안 해도 좋은 그런 것이 아님을 알 수 있다. 자연의 순리에 따라 마땅히 해야 하는 것이 효이다.

2) 교회관습에 의한 효

교회 관습에 따라 효를 하는 것도 대리에 의한 효다. 이렇게 교회 관습에 따라 효를 행하게 되는 것은 자기 주관에 따라 효를 행하려는 것을 막는 길다. 우리는 전통적으로 내려오는 교회의 오랜 관습 속에 효를 함이 마땅함을 깨닫게 된다.

탈무드와 같이 교회 관습이란 오랜 시간 동안 우리 믿음의 선조들에 의해 지속된 삶의 지혜다. 효는 이러한 교회 유산으로서 관습으로 인정받아 왔다. 따라서 효는 우리 믿음의 삶을 질서 있게 하고 삶을 지탱시킨 원동력이다. 우리 교회가 가지고 있는 관습적 효의 정신을 기초로 효를 실천하도록 노력해야 할 것이다.

특히 중세시대로부터 오랜 관습으로 효는 지켜져 왔다. 아우구스티누스와 아퀴나스와 같은 성인들은 효를 강조하였다. 이러한 가르침을 기초로 교회는 효를 중시하였으며 근세에 와서 이러한 전통은 종교개혁자들에게도 전해져서 캘빙도 이러한 효를 매우 강조하였다. 이러한 믿음의 조상이나 선배의 가르침에 의한 교회 관습을 받들어 효를 하는 것이 대리의 효이다.

결국, 효의 실천에는 우리들의 현재의 생각이나 평가도 어느 정도 고려해야 하지만 더욱 중요한 것은 교회 전통으로 내려온 관습적 효의 정신을 기반으로 하여 우리들의 구체적인 효의 실천방안을 마련하는 것이 필요하다. 이처럼 관습적 효의 정신을 기반으로 효를 행하는 것은 우리 조상의 뜻을 대신 또는 대리하여 효를 행하는 것이라고 할 수 있다.

3) 성경의 가르침에 의한 효

효를 성경의 가르침과 관련하여 살펴보면 기독교에는 효가 곳곳에 배여 있다. 기독교의 『성경』에는 구체적으로 효의 실천하는 방안이 들어 있다. 이렇게 성경의 가르침 속에 들어 있는 효의 내용은 이러한 가르침을 따라서 우리들이 효를 행해야 함을 강조한다. 이렇게 성경적 효의 정신을 따라 효를 행할 때 우리는 자연스럽게 우리의 감정이나 주관에 따라 효하는 것을 피하게 된다.

특히 구약의 출애굽기나 신명기 그리고 신약의 에베소서나 골로새서 등에는 효에 대한 강조가 나타나고 있다. 이미 앞에서 언급한 바와 같이 십계명은 성경의 효에 대한 내용을 구축하는 데 기초가 되고 있다. 따라서 십계명을 잘 이해하고 이에 순종하여 효를 행할 때 대리의 효가 행해진다고 할 수 있다.

4) 성령에 의한 효

앞에서 대리의 효에 대한 세 가지 원리를 설명했다. 그런데 이러한 세 가지 대리의 효 원리도 이제 언급할 성령에 의하지 않으면 제대로 그 실천이 어렵다. 이런 의미에서 이제 성령에 의한 대리의 효를 살펴보도록 하겠다.

기독교 효에 있어서 대리의 효에서 특히 중요한 것은 효의 대상인 부모의 인품이 어떠하든 효를 해야 한다는 점이다. 간혹 부모가 범죄자인 경우도 있고, 주변에서 비난받는 사람인 경우도 있다. 이러한 부모를 존경하고 공경하기가 쉽지 않다.

그러나 기독교인이라면 비록 부모가 반사회적 인물로 낙인이 찍혔을지라도 부모의 위치를 점하고 있는 분이라면 그 자녀들은 마땅히 그 부모를 섬겨야 한다. 즉 기독교적 신앙심은 이러한 경우 인간적인 판단이나 감정을 극복하게 한다. 우리가 기독교적 신앙을 가지고 있다면 하나님의 가르침을 심도 있게 깨달아 효를 실천하는 사람이 되는 것이 중요하다.

그러나 인간인지라 부모가 자신을 어릴 때에 고아원 등에 버렸을 경우나 부모가 자신을 무시하고 학대했을 경우, 부모 중 한 분이 가족을 버리고 떠났을 경우, 심지어 부모가 범죄자요 사회 사람으로부터 지탄을 받는 살인자일 경우 이러한 부모를 모신다는 것은 매우 힘든 사실이다.

이 경우 성령의 역사에 의존하여야 한다. 성령의 도우심이 없다면 이런 상황에서 부모를 모시는 것은 거의 불가능하다. 인간의 감정으로 아무리 주변의 권유나 효하라는 가르침이 있다고 하드라도 효하기란 쉽지 않다. 다만 성령만이 이를 행하게 한다. 성령만이 인간의 한계를 넘게 한다. 부모를 원수같이 여길 지라도 성령이 임하면 이러한 분노나 수치심, 증오와 시기심이 극복된다.

기독교의 효는 성령의 효이다. 성령이 없다면 기독교의 효는 제대로 그 기능을 행사할 수 없다. 성령의 역사함을 통해 기독교의 효가 다른 종교의 효보다 더욱 심층적임을 증명할 수 있다.

지금까지 부모를 잘 공경하기 위한 성경의 효의 네 가지 실천 방안을 설명하였다. 이제 이러한 네 가지 실천 방안을 그림으로 그려보면 다음과 같다. 여기서 화살표는 상호작용의 연결을 의미한다.

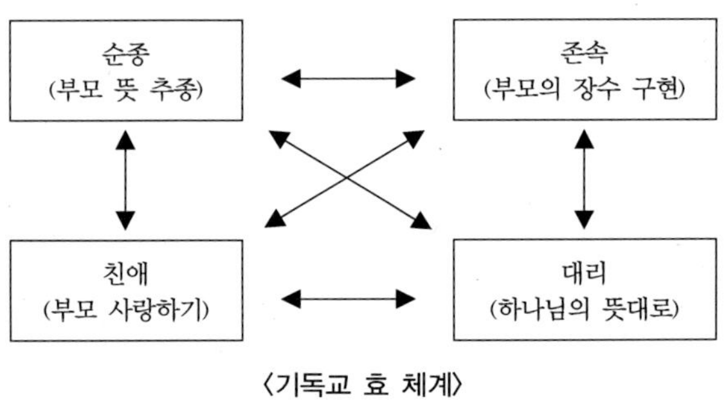

〈기독교 효 체계〉

IV. 결론

기독교의 효는 중생의 효다. 여기서 중생이란 말은 거듭남을 의미하는 데 물론 중생이란 예수님의 십자가에 의한 죄 사함을 통해 기독교인으로 됨을 의미한다. 기독교의 효는 바로 예수님의 십자가의 구속을 기초로 하여 구축된 효로서 기존의 우리 사회에 존재했던 유교나 불교 등의 효와 기본적인 차이를 지닌다.

전통적인 한국의 효는 중생되지 않는 효이었기에 세상적이고 불완전하였다. 이러한 이유로 한국사회에 널리 퍼졌던 불교나 유교의 효 그리고 민간신앙 속에 내재된 도교의 효는 제대로 존속을 하지 못하고 균열과 붕괴의 위기를 맞았다.

기독교 효는 이러한 상황에서 한국사회에 새로운 효의 터전을 구축하고 한국사회에 효정신과 효 문화의 중핵으로 자리 잡을 수 있는 기회를 맞게 되었다. 기독교는 효의 종교로서 한국사회에 있어서 기독교의 인식을 새롭게 구축할 수 있게 하였다. 기독교 효는 이제 한국사회의 중생의 효이며 한국사회의 윤리적 위기를 극복하고 이에 대한 새로운 대안을 구축하는 하나의 메커니즘이 될 것임을 확신한다. 이러한 의미에서 앞에서 언급한 효의 네 가지 방법은 기독교 효로서 중생의 효의 성격을 마련하고 있다. 이를 보다 확충하는 작업을 통해 한국사회에 있어서 기독교 효에 의한 선교 작업을 제대로 마련하는 노력이 필요하겠다.

1. 효복사상의 개념 분석

성경의 출애굽기 20장 12절에 나타나는 십계명의 제5계명에 의하면 부모를 공경하는 사람은 이 땅에서 잘되고 장수한다. 그런데 이러한 부모공경, 즉 효는 하나님의 약속으로서 이 땅에서 잘되고 장수하는 복의 원인이 된다. 왜 하나님은 이러한 복을 우리에게 내려주신다고 약속을 했을까? 이는 그만큼 효가 중요했기 때문이다.

여기서 드러나는 것은 부모가 복의 근원 즉 복이 생성되는 근원지가 된다는 것이다. 부모를 제대로 봉양할 때 하나님은 효를 행하는 자녀에게 복을 주기 때문에 자녀는 복을 받기 원한다면 부모공경의 효를 행할 필요가 있다는 의미이다.

이는 마치 아브라함이 복의 근원이 되어(창 12:2-3)[1] 아브라함을 축복하는 자는 복을 받고 저주하는 자는 저주를 받는 원리와 동일하다. 즉 부모를 축복하고 부모를 공경하는 자는 복을 받게 되고 부모를 제대로 모시지 않고 부모를 저주하는 자는 저주를 받게 된다는 것이다. 그렇다면 효하는 사람이 받게 되는 복의 내용은 구체적으로 무엇인가?

우선 이 세상에서 '잘되는 것'이다. 그렇다면 이 세상에서 '잘 된다

---

1) "내가 너로 큰 민족을 이루고 네게 복을 주어 네 이름을 창대케 하리니 너는 복의 근원이 될지라. 너를 축복하는 자에게는 내가 복을 내리고 너를 저주하는 자에게는 내가 저주하리니 땅의 모든 족속이 너를 인하여 복을 얻을 것이니라 하신지라."

는 것'은 또한 무엇을 의미하는가? 여기에 대해 다양한 논의가 가능하나 한마디로 만사형통의 의미를 포함한다고 봄이 타당하다. 즉 건강과 물질, 그리고 소위 출세하는 것 등에서 잘되는 것이다. 또 장수란 바로 오래 사는 것을 의미한다. 여기서의 장수도 병 고생 등을 하면서 오래 사는 것이 아니라 건강하게 오래 사는 것을 의미한다.[2]

위와 같은 것을 고려하여 기독교의 효복사상을 정의하게 되면 결국 효복사상이란 '효를 복과 연결하여 인간과 사회와 우주를 이해하는 사고체계'라고 할 수 있다. 이제 이러한 개념 정의를 그 구성요소와 관련하여 보다 구체적으로 살펴보기로 한다.

2. 효복사상의 구성요소

기독교의 효복사상에는 신본주의와 같은 인간 초월성에 대한 관념이 내재되어 있다. 즉 효는 복과 연결되어 있어 효를 행하는 자는 복을 받게 되겠지만 엄격히 따져 실제 복을 주는 것은 인간인 부모가 아니라 하나님이다. 물론 부모가 자기 자녀에게 당장 물질적인 것을 베풀거나 그밖에 어떤 혜택을 줄 수 있다.

그러나 이러한 부모에 의한 복은 하나님이 베푸시는 복과 비교하여 한계가 있다. 즉 부모에 의한 복들은 부모가 이 세상을 떠나게 되면 끝이 난다. 즉 더 이상 부모로부터 새로운 복이 주어지지 않는다.

---

2) 도교의 효에서도 두드러지게 효를 장수와 연결시킨다. 즉 효는 우선 부모의 장수를 염려하는 것으로 정의된다는 것이다. 효는 연로하신 부모님의 죽음을 염두에 두고 장수를 위하여 실천하는 것을 의미한다. 이런 의미에서 모범적 효자란 부모가 늙어서 죽을 지를 염두에 두고 홀로 한가한 곳에서 거처하여 부모가 늙어서 죽는 것을 염려하며, 어디선지 불사의 기술을 얻을 것인가를 생각하며, 부모를 거기에 몸소 가서 거처할 수 있게 한다. "然 上善第一孝子者, 念其父母且老去也, 獨居閒處念思之, 常疾下也, 於何得不死之術, 鄕可與親往居之(太平經 卷47 '上善臣子爲君父師仙方訣', 134-135). 그러나 도교의 효에는 기독교의 효와 달리 이 땅에서 잘된다는 부귀영화의 내용은 없다.

그리고 장수의 복과 같은 것은 도저히 부모가 자녀에게 베풀 수 있는 복이 아니다. 인명은 재천이라는 말이 이를 잘 대변한다.

이런 의미로 효자가 복을 받는다는 것은 하나님을 배제하고 논할 수 없다. 따라서 진정한 효란 하나님의 뜻에 따라 행하는 효이다. 신약의 에베소서 6장 1절에서 3절에는 주 안에서 효가 행해질 것을 바울이 강조하고 있다. 단지 인간적 노력만으로도 복을 받을 것이라고 생각할 수 없다는 것이다.

또한 기독교의 효복사상에는 공동체 정신이 내재되어 있다. 즉 효복사상은 개인과 개인의 상호작용에 의한 공동체의 존속기반을 구축하고 있다. 일단 효를 행하는 사람은 부모를 위한 행동을 하게 되는데 이것은 내가 아닌 다른 사람 즉 부모에게 도움을 주는 것을 의미한다. 이는 하나의 공동체(가족)를 이루는 주요한 요소이다. 남에게 필요한 도움을 먼저 행하는 것을 전제하는 것이 효이기 때문에 상호작용에 의한 공동체가 가능하다.

물론 효복사상에 의하면 이렇게 부모를 배려한 행동에는 복이 따르게 마련이다. 그러나 이 복은 직접 부모로부터 흘러나오는 것은 아니다. 바로 하나님께서 이렇게 남을 우선 배려하는 공동체적 행동, 즉 효에 대해 보상을 행한다. 만일 남을 우선 배려하는 행동이 아닌 자신의 이익을 바라는 욕망으로 효를 행하는 것은 제대로 그에 따른 보상을 기대할 수 없다. 왜냐하면 이러한 사람의 효행은 하나님의 판단하에 진정한 의미의 효로서 인정받지 못해 복을 받기 힘들기 때문이다. 따라서 진정한 효는 계산된, 다시 말해 복을 기대하고 가식적 효를 행하는 것이 아니다. 여기서 효에 따른 보상 즉 복의 기대 없이 무조건 효를 행하는 것이 더욱 높은 평가를 받는다는 논리가 도출된다.

이렇게 남을 위한 배려의 하나로서 부모를 위한 효는 그 부모의 범주를 웨스터민스터 신앙고백에 의한 바와 같이 단순히 친부모만을 가리키는 것이 아니라, 웃어른이나 스승들까지 의미하는 말로 이해할 수 있다. 왜냐하면 성경은 종종 이러한 자들에 대하여서도 '아버지'로 호칭하고 있기 때문이다(왕하 2:12;13:14).

이렇게 되면 일차적으로 가족공동체에서의 부모에 대한 효는 2차적으로 공동체 사회의 부모에 대한 효로 확산되고 3차적으로 이에 해당하지 않는 사람들에게도 도움을 제공하는 배려의 윤리가 자리 잡게 된다. 이럴 경우 하나님의 복은 가족공동체의 효에서 사회적 효로 확대되어 결국 효하는 공동체(가족, 국가, 교회 등)는 하나님의 복을 받아 잘되고 오래 존속한다는 논리가 구축된다. 따라서 이러한 효복사상은 개인과 공동체의 통합을 이루는 것에 초점을 두게 되는 민주주의 논리와 정합성을 형성하게 된다.

그런데 이러한 공동체 정신과 관련된 기독교의 효복사상은 유가의 효충사상(孝忠思想) 또는 충효사상과 차이가 있다. 우선 효충사상에는 뚜렷한 복의 관념이 들어 있지 않다. 다만 권위주의 체계 속에서 가족에 있어서는 자녀들이, 사회와 국가에 있어서는 피지배계층이 권위구조의 가치체계에 종속하는 것이 미덕이 된다.3) 이러한 가족공동체적 효나 사회공동체적 효에 의한 공동체 통합은 효복사상에서 구축하는 공동체의 통합보다 그 강도가 약하다. 이는 인간성과 관련하여 효를 논할 때 더욱 분명해진다.

---

3) 그런데 유교의 제사문제에서 보다시피 효를 죽은 귀신과 관계시킨다. 이는 귀신에게 제사의 효를 행함으로 복을 받고자 한 데에 기인한다. 그러나 이러한 제사의 효는 유교의 정통성에서 벗어난다고 봄이 타당하다. 왜냐하면 공자는 귀신에 대한 효를 거부했기 때문이다. 胡適, 역, 민두기 외, 『중국고대철학사』(대한교과서 주식회사, 1990), 144.

기독교의 효복사상은 인간성의 깊은 욕구와 관련된다. 인간은 지속적으로 욕구를 추구하는 존재이다. 이는 인간이 결핍된 존재임을 의미한다. 그 결핍의 정도를 깊이 깨닫는 사람은 더욱 강하고 복합적인 욕구를 추구하기 마련이다. 그런데 이러한 욕구들이 결코 본능적으로 고착된 불변적이라고 이해할 필요는 없다. 다양한 변화 속에 욕구의 성격과 수준도 달라질 수 있기 때문이다.

이러한 인간의 욕구 중에는 이 세상에서 잘되고 오랫동안 생명을 연장하는 복을 추구하는 것이 역사적으로 매우 강한 것으로 인정받아 왔다. 따라서 하나님이 인간의 이러한 욕망을 기초로 효를 시행하고자 한 것은 이해가 가능하다. 또한 앞에서 언급한 바와 같이 결핍적인 존재는 자신의 결핍을 더욱 심화시키는 행동을 억제하기 때문에 부귀와 장수의 복을 바라는 인간성에 기초한 효복사상은 그 정당성을 갖는다.4) 이런 의미에서 효를 훈육 등으로 강화하여 충을 통해 사회의 통합을 이루는 전략보다 부귀나 장수의 욕구와 관련된 효를 자연스레 형성시켜 사회통합을 이루는 전략이 더 효과적임을 알 수 있다.

3. 효복사상과 효 교육 그리고 선교전략

이미 살펴본 바와 같이5) 기독교의 효는 유교의 충효사상에서의 효처럼 일방적으로 부모에게 효를 행할 것을 강요당하는 것이 아니다. 그리고 충효사상에 나타난 효와 같이 인간이 가지고 있는 기본적 욕

---

4) 다만 이 복이 자신의 행위에 의해 주어지기도하고 배제되기도 한다는 논리는 어느 정도 타당성을 갖기도 하지만 결국 이러한 논리는 하나님의 주권을 침해할 가능성이 있기에 배척함이 정당하다.

5) 박철호, 「보편화 가능성의 효 윤리체계」, 『초등학교 효 교육 길라잡이』(인천광역시교육과학연구소, 2002), 3-8.

망 체계를 경시하지 않는다

엄격히 따져 대체로 인간은 부모나 남을 위해 잘되고 장수하고 싶은 것은 아니다. 인간은 그 자신을 위해 잘되고 장수하고픈 욕망을 강하게 가지고 있다. 더구나 이 욕망은 현대인에게는 더욱 그 강도가 강하다. 따라서 현대인에게 효를 행할 것을 교육하는 방법으로는 효를 행한 것에 대한 보답으로 복이 주어짐을 이해시키는 방법이다. 따라서 부모에게 효를 행하는 것과 그에 따라 하나님으로부터 복이 내리게 된다는 효복사상을 기초로 효 교육을 실시할 때보다 더 확산된 효과를 거둘 수 있다.

마지막으로 한국기독교의 토착화에는 이러한 효복사상에 의한 선교전략이 필요하다. 그동안 한국인의 삶 속에 내재된 효와 기독교적 효복사상을 연결시킨다면 복음의 전파에 도움이 될 것이다. 따라서 나와 부모 그리고 하나님과의 3자 관계를 기반으로 한 기독교의 효복사상을 기초로 구체적인 선교전략과 전술을 구축하는 작업이 필요한 때이다.

제3장 | 한국기독교 효의 역사

I. 서론

1. 연구 목적

성경적 효가 한국사회에 제대로 그 체계를 구축하고 정착하기에 어느 정도의 시간적 경과가 필요함은 사실이다. 이렇게 성경적 효 체계의 한국사회 속의 정착과 관련하여 충분한 역사적 과정이 필요하다는 사실은 기독교가 구한말에 전래되어 성경적 효의 지적 토대를 구축하는 과정을 살펴보면 제대로 이해될 수 있다. 즉 성경적 효가 한국의 현실에 뿌리를 내리고 정착하려는 작업이 지속되었지만 그 처한 환경 때문에 이 작업은 결코 만만찮았다는 것이다.

이처럼 성경적 효가 하나의 체계 즉 효 체계로서 한국사회 속에 그 인식의 망을 구축하고 변화하는 과정에는 당시 한국사회의 정치, 경제, 종교, 문화 등의 복합적 현상이 하나의 환경으로서 작동하였다. 그리고 이러한 환경의 다양한 변수들은 현실세계 속에 성경적 효 체계가 구축되고 변화하는 과정에 중요한 요인이 되었다. 이러한 환경적 변수들은 복합적 조합을 형성하고 또 그 영향력을 행사했다.

그런데 이러한 한국의 현실적 삶 속에 성경적 효 체계가 구축되고 변화해가는 과정의 규명에는 언급한 성경적 효 체계의 환경적 주요

변수들과 아울러 성경적 효 체계가 내포하고 있는 내적 변수들도 제대로 분석하는 작업 또한 필요하다. 이러한 성경적 효 체계의 내적 변수 분석 작업이 필요한 이유는 성경적 효 체계가 구축되는 과정과 관련된 체계 환경의 변수들이 내적 변수들과 상호복합적으로 작용하여 한국사회 속에 성경적 효 체계의 구축을 가능케 했기 때문이다.

이처럼 한국사회 속에 성경적 효 체계의 구축과정 속에는 체계 내적 변수들과 환경적 변수들의 상호복합적 작동이 관련됨을 전제하게 될 때 한국사회의 성경적 효 체계의 구축과정 분석에는 관련된 복합적 변수들을 제대로 분석하고 이들의 복합적 상호작동 과정을 규명하는 작업이 주요한 과제가 된다.

위와 같은 관점에서 본 연구는 성경적 효 운동의 변천과정과 관련하여 한국사회 속에 성경적 효 체계의 구축과정을 규명하기 위해 성경적 효 체계의 내적 변수들과 그 환경과의 복합적 관계망을 시간 추이에 따라 단계별로 분석하고 이를 통해 한국에서의 성경적 효 체계의 변화과정을 밝히는 데 연구의 목적을 둔다.

2. 연구 방법

그동안 효에 대한 다양한 논의들은 효를 환원론적 또는 단편적인 변수로서 설명해왔다. 그런데 성경적 효와 같이 다양한 요소들이 관련된 복합적 개념 구도는 단순한 한두 가지 변수들로 분석하고 규명하기에는 한계가 있다. 따라서 성경적 효를 하나의 체계로 규명함이 타당하다.

효를 체계로 규명함은 체계론적 접근을 시도함을 의미한다. 체계론은 효와 같이 복합적이고 다차원적인 개념구도를 분석하고 효가 하나의 체계로서 존속하는 과정과 그 변화과정을 분석하는 데 적합하다. 왜냐하면 체계론은 지속적 존속을 목적으로[1] 외부환경과의 상호관계를 통해 정체성을 마련하며[2] 내적으로 하위변수들의 복합적 상호작동을 통해 통합성을 구축하는 과정을 제대로 규명하는 데 있어서 여타 접근법보다 탁월하기 때문이다.

본 연구는 위와 같은 관점에서 성경적 효가 한국사회에서 규범으로 제도화되는 구축이 역사 과정 속에 어떻게 진행되었는가를 규명하기 위해 성경에서 효의 체계를 도출하고 이러한 효 체계와 단계별 역사 과정을 상호 관련시켜 한국사회 속에 어떻게 변화되어 가는가를 체계이론의 항상성(homeoestasis) 개념과 투입(input)과 산출(output) 모형 등을 동원하여 분석하기로 한다.

여기서 유념할 것은 그리스도교의 전래시기에 대한 다양한 논의가 있지만 본 연구는 주로 조선조 구한말에 성경적 효 체계가 한반도에 유입되는 것을 중심으로 논의를 전개하였다. 이유는 본 연구의 주제인 성경적 효 운동의 전개와 관련하여 볼 때 이 시기가 본격적인 성경적 효에 대한 논의가 구체화되었고 관련된 논의들이 많기 때문이다.

---

1) C. West Churchman, *The Systems Approach*(New York: Dell, 1972), 29.

2) Arther Koestler, *Janus*(London; Hutchinson, 1978), 57; Fritjof Capra, *The Turning Point*, 이성범・구윤서 역, 『새로운 과학과 문명의 전환』(서울: 범양사출판부, 1990), 43.

II. 분석의 틀

  현실세계 속에 성경적 효 체계의 구축과 이와 관련된 변화과정을 규명하기 위해서는 이를 규명하는 체계이론에 의한 분석의 틀이 필요하다. 이처럼 체계론에 의한 분석틀을 제대로 마련하기 위해서는 두 가지 작업이 필요한데 우선 성경에서 효를 도출하는 작업이며 다음, 이미 앞에서 언급한 체계론에 의한 접근을 통해 이렇게 도출된 성경적 효의 하위체계를 하나의 틀로 묶는 작업이다. 이 두 작업은 분리되어 진행되는 것이 아니라 동시에 복합적으로 작동하여 분석의 틀을 구축하게 된다. 즉 성경에서 효의 내용을 담지하고 있는 부분에서 변수들을 밝히고 이 하위변수들이 상호복합적으로 작동하는 틀을 구성하는 것이다. 그렇다면 우선 성경적 효의 변수들을 어떻게 도출할 수 있는가?

  성경적 효를 제대로 규명하기 위한 성경적 효의 하위변수들을 도출하는 작업으로서 우선 성경적 효가 내재되어 있는 성경으로 돌아가는 것이 중요하다. 그런데 성경에서 효를 도출할 때 고려해야 할 것은 되도록이면 포괄적으로 효의 내용을 포함하도록 변수들을 도출하는 것이다. 즉 보다 포괄적으로 성경적 효의 내용을 포함하는 변수들의 개념적 구도를 도출하는 것이다. 물론 성경에 드러난 효와 관련된 내용들은 복잡하며 복합적이다. 이런 이유로 성경적 효를 제대로 파악하기 위해 '축소' 혹은 '선별'의 과정을 필요로 한다.[3] 즉 복합적 관계망 가운데 아주 적은 몇 가지 '의미 있는' 가능성들이 선택되어

---

3) 최재정, 「니클라스 루만의 '체계이론'과 그 교육학적 수용의 문제」, 『교육철학』제29집, 2003, Vol. 29. 7.

그에 따라 구조가 이루어지게 된다. 여기서의 의미는 선별·선택의 기준으로서 연관 가능성이 있는 특정한 요소들을 선택하고 불확실하거나 지나치게 광범위한 주변적인 것들은 배제시키는 기능을 한다. 이러한 의미화(process of meaning)의 과정을 통해 체계의 구조화가 구축된다. 이렇게 의미화의 과정을 통해 선별된 특정한 요소들은 성경의 효의 내용을 포괄적으로 수용하게 된다.

그렇다면 이처럼 성경적 효를 보다 포괄적으로 포함하고 있는 변수들을 묶어내는 개념적 구도 또는 체계는 구체적으로 어떻게 구축할 것인가? 이는 성경적 효의 하위변수들이 보다 밀접하게 상호관계의 망을 형성하여 포괄적으로 성경적 효의 내용을 담고 있는 성경의 부분을 밝혀내는 작업에서 비롯된다. 이러한 개념적 구도를 형성하는 성경 구절에서 성경적 효 체계의 구축방법은 비트겐슈타인(Ludwig Wittgenstein)의 '가족 유사성(family resemblance)'의 논리에서 보다시피[4] 단편적이고 산발적인 성경적 효의 내용을 포함하는 개별적 개념들로 구성된 성경의 부분을 선택하는 것보다 더 나은 접근법이다.[5]

이러한 면들을 고려하여 성경에서 효의 변수들을 도출하는 작업을 수행하기에 가장 적절한 곳은 역시 에베소서이다. 에베소서에 나타난 효의 내용들은 출애굽기, 신명기에서 드러나듯 구약의 효의 내용이 압축된 십계명의 내용을 포함하고 있을 뿐만 아니라 신약의 예수와 관련한 효의 내용도 포함하고 있다. 이런 의미에서 에베소서에서 성경적 효의 변수들을 제대로 도출할 수 있는 적절한 영역이다. 한마디로 성

---

4) Ludwig Wittgenstein, translated G.E.M. Anscombe, *Philosophical Investigation*(Oxford: A Blackwell Paperback, 1978), 32.

5) 이는 산발적으로 그리고 단편적으로 흩어져 있는 성경 일부분에서의 효의 개념들을 묶어 개념적 구도를 마련하는 것도 역시 비트겐슈타인의 가족 유사성의 논리에 의하면 문제가 있다.

경에서 에베소서만큼 효의 내용이 포괄적이며 체계적인 곳은 없다.

위와 같은 사항을 고려하여 성경적 효 체계의 개념구도를 구축과정을 규명하기 위한 분석틀을 에베소서의 효 관련 구절인 6장 1-4절에서 아래 그림과 같이 네 가지 변수, 즉 순종, 친애, 존속, 대리 등과 체계 외적 환경을 중심으로 구축할 수 있다.

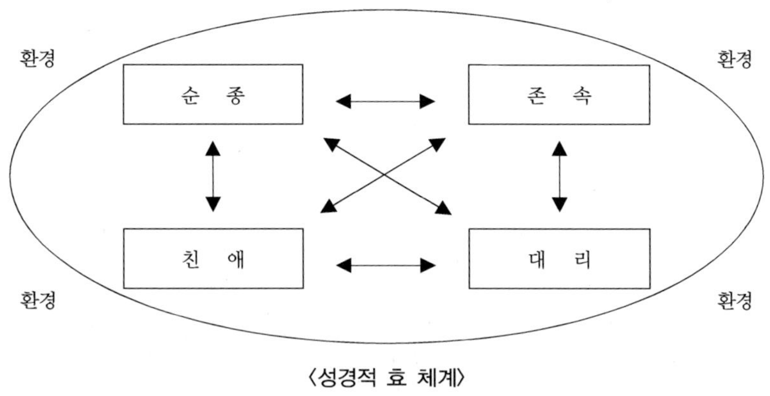

〈성경적 효 체계〉

이제 구체적으로 에베소서 6장 1절부터 4절까지의 내용을 살펴보면 다음과 같다.

> "자녀이신 여러분, 주 안에서 여러분의 부모에게 '복종'하십시오. 이것이 옳은 일입니다(1절). '네 부모를 공경하여라'한 계명은 약속이 딸려 있는 첫째 계명입니다(2절). '네가 잘 되고, 땅에서 오래 살 것이다'한 약속입니다(3절). 또 아버지이신 여러분, 여러분의 자녀를 노엽게 하지 말고, 주님의 훈련과 훈계로 가르치십시오(4절)."(표준새번역)

위에서 보다시피 우선 에베소서 6장 1절에는 동서양의 효의 일반원리인 부모에 대한 '순종'이 강조되고 있다. 이러한 부모에 대한 복종 또는 순종은 동서양의 효에 있어서 대표적으로 강조되는 내용이다.[6]

이와 관련하여 아우구스티누스(Augustinus)의 삼위일체론에 나타난 성부와 성자의 개념을 원용한[7] 브리태니커 사전에 의한 바와 같이[8] 전통적으로 부모는 페이터(pater)적 성격과 제니터(genitor)적 성격이 있고 바로 이러한 부모의 성격에 따라 자녀의 도덕적 내용도 달리함을 보여준다.[9]

여기서 페이터적 부모는 자녀와의 불평등 관계에 의해 권위적이고 명령적이다. 왜냐하면 이러한 부모의 위치는 자녀의 도덕적 불완전성과 위법 가능성에 기초하여 자녀에게 도덕성을 내면화하는 작업과 관련되기 때문이다.

이를 통해 자녀들이 페이터적 부모의 뜻에 순종함으로써 이를 통해 사회질서를 존중하고 이를 준수하는 기본적 사회질서 의식을 갖게 된다. 이러한 페이터적 부모에 대해 갖추어야 할 자녀의 효의 내용은 한마디로 복종이며 성경적 효 체계의 하위변수인 '순종'이다. 순종은 전통적으로 양지(養志)의 효로서 설명될 수 있다. 양지란 부모님

---

6) 유교에서는 가장 기본적인 인간관계는 부모자녀 관계이고 따라서 순종의 효를 『효경』 등을 통해 지극히 강조하고 있다. 이해영, 「유학이란 무엇인가?」, 『강좌 한국철학』(서울: 예문서원, 2001), 30. 도교에서는 유교의 효와 거의 일치하여 순종의 효를 강조한다. 이러한 사실은 무엇보다도 사회를 구성하는 기본단위로 가족을 강조하는 『태평경』에 잘 나타난다. 참조, 윤찬원, 『도교의 철학』(서울: 돌베개, 1998), 181. 불교도 『부모은중경』을 통해 유대교도 10계명을 통해 순종의 효를 강조하고 있다.

7) 브리태니커 사전에 나타난 부모 개념으로서 pater와 genitor는 아우구스티누스의 『삼위일체론』에 의한 성부와 성자의 개념에서 원용되었다. 아우구스티누스는 성부 하나님을 Pater와 Genitor라 하고 이와 관련하여 예수님의 명칭을 Filius와 Genitus로 하고 있다. 참조, Augustinus, *De trin.* II, 1, 2; *De fide et sym.* IX, 16.

8) *Encyclopaedia Britannica*, VII(1973-1974), 754.

9) 페이터적 부모의 성격은 자녀를 훈육하여 사회화를 통해 공동사회의 구성원으로 자라게 하는 것을 의미한다. 이러한 부모는 가부장제(patriarchy)에서 보다시피 권위적이고 위계적이다. 반면 제니터(genitor)로서 부모의 성격은 자녀와 수평적 관계를 유지하면서 인격적인 애정과 친애의 성격을 지니는 부모를 의미한다. 참조, 박철호, 『효 윤리학』(인천: 도서출판 좋은세상, 2000), 69.

의 뜻이나 의지에 따라 섬기는 것이며 단순히 부모의 뜻을 수용하여
이에 따른다는 의미보다 적극적으로 부모의 뜻을 받들어 나아가는
것을 의미한다.[10] 이런 의미에서 순종의 효는 동양의 유교에서도 가
장 중시하는 덕목이다. 이런 의미에서 성경의 효와 유교의 효가 순종
의 덕목에 의해 대화가 가능함을 이해할 수 있다.

한편 브리태니커 사전에 의한 바와 같이 부모와 자녀의 관계에는
페이터적 부모와 자녀 관계 외에 제니터적 부모와 자녀의 관계가 있
다. 제니터적 부모와 자녀 관계는 원칙이나 약속 앞에 상호 평등적으
로 이루어지는 관계이다. 따라서 부모자녀 관계는 수평적이고 인격적
이며 애정과 사랑의 성격을 지닌다. 동일한 인격체로서 서로 존중하
며 친구와 같은 우정을 나누는 것이 제니터적 부모와 자녀의 관계이
다.[11] 이는 부모와 자녀 관계에 있어서 상호주의적 대응관계를 구축
하고자 한 것에서 비롯된다. 이러한 제니터적 부모와 자녀관계에 의
한 효의 덕목은 '친애'이다. 친애의 효는 순종의 효가 수직적이며 권

---

10) 부모의 뜻을 적극적으로 따른다는 것에는 다시 두 가지 형태, 즉 절대적으로 부모의 뜻을 따르는 것과 부
모의 뜻에 따르면 좋지만 따르지 않는다 하더라도 불효의 허물을 벗을 수 있는 상대적인 효가 있다. 전자
즉 절대적인 효는 자녀라면 누구나 지켜야 할 효이다. 따라서 이러한 절대적인 효는 일반적으로 부모라면
누구나 자녀들이 지키기를 원하는 것이다. 이러한 절대적 효는 십계명의 6-10계명에 해당하는 바와 같이
살인, 도둑질, 사기 등의 죄를 범하지 않는 것이다. 따라서 반사회적 행위로 부모의 명예를 떨어뜨리는 것
이 여기에 해당한다. 이러한 절대적인 효는 최소한의 효로써 자녀라면 최소한 반사회적 범죄를 짓지 않는
것을 의미한다. 그런데 부모의 뜻에는 위와 같은 절대적인 효가 있을 수 있지만 지키면 좋고 비록 지키지
못하더라도 불효자로서 낙인이 되는 것이 아닌 효의 유형이 있다. 이 효의 형태는 부모의 뜻과 자녀의 뜻
이 비록 어긋나더라도 반사회적 문제를 일으키는 것이 아닌 경우이다. 예를 들어 진로문제나 결혼문제에
서 부모가 원치 않는 결정을 자녀가 하는 경우이다. 물론 자녀는 부모의 뜻에 자기의 뜻을 부합시키게 되
면 효를 더욱 잘 행하는 것이다. 바로 최대의 효를 지향하게 된다. 그러나 상대적인 효의 문제로 부모와
의견일치를 보지 못해 자녀가 자신의 결정을 밀고 나간다고 하더라도 이것이 자녀의 인격과 자유를 보장
하는 의미에서 사회 통념상으로 수용함이 타당하다.

11) 제니터란 '생산자'의 의미를 가지고 있다. 부모는 자녀의 생산자이다. 그러나 이 부모는 자기 자녀가 생산
자로의 위치에 있게 되면 서로 간 생산자로서 동등한 성격을 지니게 된다. 이런 의미에서 궁극적인 생산자
이며 창조주인 하나님, 즉 진리 앞에서 양자는 동등하고 평등한 위치를 갖게 된다. 따라서 이러한 부모와
자녀가 동등하고 평등한 관계에 의한 '친애'의 정서를 서로 교환하는 시기는 대체로 자녀가 결혼하여 또
다른 생산자로 위치할 때이다. 물론 결혼하지 않는 자녀도 성인으로서 이러한 관계를 갖게 된다. Ibid., 68.

위적인과 대조적으로 보다 자율적이고 인격적이며 수평적인 성격을 지닌다. 부르스(F. F. Bruce)가 지적한 바와 같이 에베소서 6장 2절의 '공경'은 부모의 삶을 통해 얻어진 존경과 비례한다. 불명예스럽고 부정직하며 법을 지키지 않는 부모는 자녀에게 자신이 지키지 않는 원칙과 명령을 강요할 수 없다는 것이다.[12] 술주정뱅이 아버지가 아들에게 금주를 강요할 수 없듯 정숙하지 못한 어머니가 딸에게 순결을 강요할 수 없다는 것이다.[13]

에베소서 6장 4절의 내용도 바로 부모가 자녀를 인격적 관계로 대하는 친애의 효를 내포하고 있다. 즉 부모가 자녀의 분노를 일으키는 것은 무엇보다 비인격적 대우에 기인한다. 따라서 에베소서 6장 4절은 부모와 자녀 간에 서로 동등한 인격적 인간관계가 존재함을 드러낸 것이다. 그리고 이러한 제니터적 부모에 대한 자녀의 효의 내용은 친구 사이에 맺어지는 우정의 성격을 지니는 '친애'인 것이다. 따라서 자녀는 부모를 친애로서 효도할 때가 필요하고 부모도 이를 통해 기쁨을 누리게 된다.[14]

이런 성경적 친애의 효는 거의 우리 전통 사회에서 찾아보기 힘든 효이다. 이 친애의 효는 순종의 효가 대가족사회에서 주로 행해진 것과 달리 핵가족적이며 현대 민주사회에 잘 부합하는 효의 내용이다.[15] 성경의 효가 다른 종교나 사회규범의 효와 가장 큰 차이를 두는 성격이 있다면 바로 이러한 친애의 효이다.

---

12) F.F. Bruce, *The Epistle to the Ephesians*, 121.

13) 웨슬리주석번역위원회, 『Wesleyan Commentary』(서울: 임마누엘, 1992), 194.

14) 박철호, 「체계윤리의 가족화 검증의 논리에 의한 효 연구」, 『효 윤리학』(인천: 도서출판 좋은세상, 2000), 33-37.

15) 윤태림, 「충효사상론」, 『동서양의 명논설문』(서울: 성지, 1985), 115.

특히 친애의 효의 특징은 전통사회의 순종의 효가 부모 중심적 효 체계인 것과 대조적으로 자녀 중심적 효 체계이다. 즉 자녀가 어떻게 효를 해야 할 것인가에 초점을 둔 것이다. 즉 자녀의 측면에서 효를 어떻게 이해하며 효를 행하는 가에 초점을 둔다. 이런 의미에서 성경적 효의 특징인 친애의 효는 자녀가 부모와 오랫동안 친근하게 지내며 제대로 효를 행하도록 하는 것에 관심을 가지고 있다. 미국의 가족윤리학자인 렌츠(Elinor Lenz)는 그의 저서『어제는 나의 아이, 오늘은 내 친구』에서 부모들은 자녀들을 친구로 삼을 때 가장 오랫동안 함께 지낼 수 있음을 강조한다.16)

그런데 친애의 효에 있어서 부모는 자녀와 모든 면에서 평등한 것은 아니다. 아리스토텔레스(Aristoteles)가 언급한 바와 같이17) 친애의 효에서 부모의 위치는 평등함 속에서 주도력을 가지는 부모이다. 또한 밀러(John W. Miller)가 제대로 설명한 바와 같이 성경에 의한 친애의 효는 하나님 아버지의 명칭과 관련하여 볼 때, 하나님 아버지의 자비로우심과 부드러움 속에 우리 인간들을 인도하심과 같이 부모, 특히 아버지는 이러한 자비롭고 부드러움 속에 가족의 인도자로 위치함이 중요하고 자녀들도 이러한 부모의 위치를 제대로 섬기는 것이 중요하다.18)

한편, 동서양의 효에 있어서 효를 행하는 자, 즉 순종과 친애의 효

---

16) Elinor Lenz, *Once My Child, Now My Friend*, 을지번역실 역, 『어제는 나의 아이, 오늘은 내 친구』(서울: 을지출판사, 1983), 80.

17) 물론 부모와 자녀가 인격적 평등함이 있다고 하여 부모의 위치가 단지 자녀의 친구의 위치로 규정되지 않는다. 아리스토텔레스(Aristoteles)가 지적한 바와 같이 부모와 자녀의 친애는 불평등적 친애이다. 즉 친애 속에서 상황에 따라 필요한 경우 불평등적 관계가 관련된다는 것이다. 친애의 효에는 부모의 주도력이 인정된다는 것이다. 이렇게 부모의 주도력이 필요한 이유는 가족 간의 다양한 분쟁이 발생할 경우 이를 해결하는 권위적 배분이 필요하기 때문이다. 참조, Aristoteles, *Nicomachean Ethics*, 1108a 27, 1125b 19-25.

18) John W. Miller, *Calling God "Father"*(New York: Paulist Press, 1999), 3-7.

를 부모에게 행하는 자는 축복을 받게 되어 있음이 곳곳에 드러난다. 즉 성경의 효에 관한 내용에는 이 땅에서 잘된다는 물질적 축복과 장수한다는 육체적 축복이 제시되어 있다.

또한 동양의 도교에서도 효자는 본인이나 그 부모 모두 장수한다는 축복을 역시 제시하고 있다. 즉『태평경』은 유교적 관념인 효를 중시함으로써 유교와 다름없는 사상을 보여주지만 효의 실천 이념을 장수에 두고 있는 점에서 차이가 나는데『태평경』에 의하면 부모의 장수를 염려하는 것이 효의 일차적인 의미이지만 그러한 효의 실천을 통하여 자신의 장수를 얻을 수 있다는 효의 이차적 의미가 주어진다.[19]

이러한 효자 축복의 분명한 내용은 에베소서 6장 3절에 잘 나타난다. 즉 효자는 이 세상에서 잘 되고 장수한다는 것이다. 그런데 이러한 물질적 축복과 육체적 축복은 최소한 생명이 살아남아 이 땅에서 '존속'해 간다는 의미를 내포하고 있다. 여기서 성경의 효 체계의 주요변수 중 하나로서 '존속'의 효가 드러난다.

그런데 엄밀한 의미에서 효자의 존속의 축복인 물질적 축복과 육체적 축복은 부모에 대한 물질적 봉양과 부모의 육체적 건강이나 장수를 위한 효자의 노력에서 비롯된다. 결코 무작위의 방관적 태도 속에서 이러한 물질적 그리고 육체적 축복이 주어지지 않는다. 따라서 자녀는 부모의 양구(養口) 즉 의식주의 물질적 경제적 필요를 채우도록 노력해야 할 것이며 또한 부모의 양체(養體) 즉 육체적 건강을 위한 노력을 게을리하지 말아야 한다.

그런데 이러한 양구와 양체는 부모의 마음을 평안하게 하는 양안

---

19) "然, 上善第一孝子者, 念其父母且老去也, 獨居閒處念思之, 常痴下也"(券47, '上善臣子第子爲君父師得仙方訣'), 134-135.

(養安)과 상호관련을 갖는다. 즉 양구와 양체의 외적인 봉양은 내적인 심리적 안정인 양안으로 연결되어 부모의 존속이 더욱 강화된다. 물론 존속의 효와 관련된 양구체안의 효행은 세속적 삶과 관련하여 의미가 있다. 그러나 인간은 세속적 삶과 더불어 종교적 삶을 추구하기도 한다. 따라서 자기 부모의 종교적 삶을 섬기는 양영(養靈)의 효는 부모의 영적인 면을 보살피는 것으로써 효행의 중요한 또 한 측면을 구성한다. 부모가 내세를 잘 준비하고 영적인 평강을 누리게 도와주는 것은 보다 심층적인 효를 이룬다. 따라서 존속의 효는 양구체안영의 효를 실천하는 것이다.

지금까지 살펴본 양구와 양체의 효 그리고 양안과 양영의 효 이외에 이러한 효의 내용들 모두와 관계하는 존속의 효로서 양생의 효가 있다. 양생의 효에서 '생'은 하나님께서 창조하시고 지키시는 생명을 의미한다. 양생의 효는 부모의 생명을 대를 이어 지속시켜나가는 것을 의미한다. 물론 부모의 생명은 우리들의 조상으로부터 시작되었다. 이러한 생명은 우리에게 이어졌고 뒤에 우리의 후손에게 전해진다. 그리고 부모는 이러한 생명의 지속을 통해 이 세상 속에 계속 존속해 간다. 우리는 이러한 생명의 지속을 위해 효를 실천함이 필요하다. 좀 더 자세히 살펴보면 앞에서 이야기한 양구와 양체 그리고 양안과 양영의 효도 결국 양생의 효의 한 부분임을 알 수 있다.

양생의 효에는 우선 결혼하여 자녀를 출생시켜 가문을 이어가게 하는 것이 중요하다. 물론 사정에 따라 결혼과 출생을 할 수 없을 경우가 있다. 그러나 특별한 경우를 제외하고 결혼을 통해 자녀를 양육하여 대를 이어가는 것이 자녀로서의 도리이다. 우리 옛 조상들은 이러한 양가(養家), 즉 가문을 이어가게 하는 효를 중시하여 자녀 특히 아들을 낳는 것을 매우 중시하였다. 그러나 아들이든 딸이든 생명을 이어갈 수만 있다면 양생의 효를 실천한다고 할 수 있다.

양생의 효를 실천해가는 데는 생명을 존속시키기 위해 생명의 그릇인 사회나 국가를 지켜가는 것도 필요하다. 따라서 사회나 국가를 위해 봉사하는 것도 궁극적으로 생명의 존속을 위한 양생의 효이다. 이런 의미에서 특히 애국심은 효심의 한 형태라 할 수 있다. 전통적으로 효는 충과 연결시켜 생각하였다. 그런데 여기서 충은 당시 나라의 임금을 섬기는 것이었다. 나라를 바로 임금 자신이라고 생각했던 것이다. 따라서 부모를 섬기는 마음을 임금을 섬기는 마음과 같은 것으로 보았다. 그러나 오늘날 충은 나라의 임금이 아니라 국가 그 자체이다. 따라서 과거로부터 지속되어 온 현재의 우리의 생명을 미래에도 지키기 위해 국가에 충성하는 것이 필요하다. 결국 충은 양생의 한 형태라고 봄이 타당하다.

양생과 관련하여 마지막 한 가지 더 고려해야 할 것은 자연을 사랑하는 것이다. 엄격히 말하면 우리가 살고 있는 환경은 우리의 생명을 보전시키는 것이다. 생명을 사랑하고 지켜나가고자 하는 양생의 효는 당연히 자연환경을 고려하지 않을 수 없다. 자연이 파괴되면 생명의 존속이 위협받게 된다. 이는 결국 생명을 지켜가고자 하는 존속의 효를 다하지 못하는 것이다. 생명사랑과 생명존속을 중시하는 양생의 효는 자연환경을 보전하고 이를 깨끗이 사용하여 후손에게 잘 물려주는 것과 상호 관련 있음을 이해할 수 있다.

그런데 존속의 효가 내포하고 있는 효자가 이 세상에서 잘되고 장수한다는 하나님의 복의 내용은 성경적 효가 현대 민주사회의 가치관과 상통할 수 있음을 보여준다. 왜냐하면 전통적 효가 부모 중심적 또는 부모를 위한 효 체계로 구성된 것과 달리 성경적 효는 효하는 자녀 중심 그리고 그 자녀를 위한 효 체계임을 전제하고 있기 때문이다. 이는 성경적 효가 효를 받고자 하는 사람들에 의해 강압적으로 효를 강요하는 것보다 효하는 자의 인격을 존중하고 자율적으로 효를 행하도록 그들을 독려하고 장려하는 방법을 취하고 있기 때문이다. 이런 의미에서 성경적 효는 보다 현대적이고 민주적이다.

그런데 에베소서 6장 1절에 의하면 부모에 대한 순종이나 친애 그리고 존속의 효 모두 '주' 안에서 행해져야 함이 강조되고 있다.[20] 성경적 효가 갖는 또 하나의 특징으로서 '주' 안에서의 효는 어떻게 이해되어야 하는가?

우선 유대교에서 부모의 자녀에 대한 위치는 월터 카이저(Walter C Kaser)가 언급한 바와 같이[21] 하나님의 대리자이다. 따라서 부모에 대한 반역을 하나님에 대한 반역과 연관을 짓고 있다. 왜 부모는 하나님의 대리자인가? 이는 성경에 언급한 바와 같이 부모로부터 하나님의 법을 배우기 때문이다. 즉 하나님 말씀을 대변하는 부모에게 효를 행하지 않는 사람은 하나님의 말씀을 따를 수가 없게 된다.

그런데 이러한 하나님의 대리자로서 부모의 위치와 대응하여 에베소서 6장 1절은 자녀들도 '주' 안에서 효를 행할 것을 명령하여 자녀

---

20) '주 안에서'라는 공식구는 ℵ, A, K, vg, sy 사본에는 나오지만, B, D*, it, 사본과 Markion, Clemens v. Alexandreia, Tertullian의 책에는 나오지 않는다. 이 어구가 빠져 있었음을 가장 일찍 보여주는 것은 마르시온 사본인데, 아마도 마르시온은 이 어구를 삭제하였을 것이다. 왜냐하면 십계명의 제4계명과 주를 연결시키는 것은 그로서는 적절하지 않다고 생각하였기 때문이다. 하지만 Beare, Masson, Wette는 이 어구를 그대로 두는 것이 필요하다고 본다. 왜냐하면 이 어구는 이 구절 전체와 관련되며 단순히 부모와 관련되지 않는다고 보기 때문이다. 즉 자녀들은 주에 대한 믿음과 복종을 표현하기 위해 부모에게 복종하여야 한다는 것이다. 참조, Joachim Gnilka, 강원돈 역, 『국제성서주석』(서울: 국제신학연구소, 1971), 434-435.

21) Walter C. Kaser, 홍용표 역, 『구약성경윤리』(서울: 생명의 말씀사, 1990), 179.

도 주님 즉 하나님의 대리자임을 분명히 한다. 이런 의미에서 유대교의 하나님의 '대리'로서 효 체계를 설명하는 틀은 기독교에도 동일하게 적용할 수 있다. 즉 기독교의 효 체계도 이 부분에서 구약의 유대교의 효 체계와 크게 차이가 나지 않기 때문이다. 다만 신약의 에베소서의 '주 안'은 카이저가 지적한 바와 같이 대리자로서 부모나 자녀가 하나님의 말씀을 대적하는 것을 금지하는 의미도 포함한다. 즉 자녀는 자신의 이익이나 감정에 의해서가 아니라 하나님의 뜻과 명령에 따라 효를 행하는 것이 진정한 효를 실천하는 것이다. 이런 의미에서 하나님의 뜻과 명령에 어긋나는 형태로 효를 행하는 것은 금지된다.

물론 하나님을 믿지 않는 사람들도 사회의 관습이나 윤리와 같은 사회의 뜻에 따라 효를 행하는 것은 당연하다. 그러나 이러한 세속적 삶 속에서 행해지는 효를 성경적 관점에서 이를 어떻게 수용할 것인가는 또 다른 문제이다. 이러한 문제 때문에 기독교와 비기독교 또 기독교 내부에서 심각한 갈등이 노출될 수 있다. 특히 성경적 효 운동사에 있어서 이러한 갈등을 촉발한 것은 제사문제이다.[22]

마지막으로 성경적 효 운동과 관련하여 성경적 효 체계의 현대적 삶 속에서의 구축과정을 분석하기 위한 틀에서 주목할 것은 성경적 효 체계의 외적 체계로서 환경이다. 이 환경은 성경적 효가 현실적 삶 속에서 구체적으로 형태를 마련해 가는 데 직접적으로나 간접적으로 영향을 미친다. 환경은 하나의 체계가 속한 다양하고 복합적인 또 하나의 체계이다. 이러한 환경들은 하나의 이데올로기 또는 제도 등의

---

22) 이 문제는 뒤에 좀 더 자세히 다룬다.

형태로 효 체계와 상호대면(interface)한다.23) 따라서 효 체계의 환경으로는 효 체계를 둘러싼 정치, 경제, 사회, 문화 등은 지속적으로 성경적 효가 제대로 현실세계 속에 정착해 가는 데 영향을 미친다.

모든 체계는 자생적(autopoeisis)으로24) 스스로 구성요소들을 조직화하며 역동적으로 존속해 가기에25) 이러한 체계는 '실재하는 체계(real system)'이다. 이 체계는 늘 '변화'와 '과정'에 있기 때문에 환경과의 관계 속에 성찰(reflection)과 자기합리화(self rationalization)를 통해 자기정체성(identification)을 마련하고자 한다. 이런 의미에서 성경적 효는 효가 존속하려는 항상성(homeoastasis)과 자생성에 의해 한국사회에 전통 효의 유질동상(isomorphism)적26) 새로운 모습으로 규명될 수 있다.

Ⅲ. 성경적 효 체계에 의한 한국사회의 효 운동 전개과정 분석

앞에서 분석틀에 의한 바와 같이 효 체계는 항상성을 가지고 오랜 역사 속에서 존속해 왔다. 이렇게 역사적으로 효 체계는 환경이 요구하는 것에 적응하며 환경의 변화에 따라 내적 구성요소들의 재구조화를 통해 존속해 왔다고 볼 수 있다. 그렇지만 효 체계는 단순히 환경으로부터 자극에 소극적으로 반응하며 생존한 것은 아니다. 오히려

---

23) Timothy Arthur Lines, *Systemic Religious Education*(Birmingham: Religious Education Press, 1987), 51.

24) 여기서 자생적(autopoeisis)이란 그리스어로 'auto'란 '스스로'를 의미하며 'poeisis'란 '만들다'라는 의미를 지니고 있다. 따라서 자생적 체계란 스스로 어떤 내적 구성요소를 구성할 것이며 그리고 이 요소들이 어떻게 작동할 것인가를 스스로 결정하는 체계이다. 참조, 280). 재인용, 최재정, 「니클라스 루만의 '체계이론'과 그 교육학적 수용의 문제」, 『교육철학』.

25) Roeland J., *Autopoiesis and Configuration Theory: New Approaches to Societal Steering*(Dordrecht: Kluwer Academic Publishers, 1992), Ch. Ⅲ.

26) 유사한 성질은 비슷한 형태를 갖고 있으며 같은 원리가 적용가능하다는 것이다.

보다 적극적으로 독립적인 자기조직 또는 환경으로부터 '선별적 관계'를 구축하며 존속한다. 이렇게 항상성을 지니며 존속하는 효 체계를 체계론에 의해 '기본적(essential)[27] 효 체계'라 할 수 있다.

이처럼 성경적 효 체계는 그동안 한국사회의 복합적 환경 속에 존속해온 기본적 효 체계가 지속적 존속을 위한 자기 재생산 과정을 통해 자생성을 마련하면서 선택되었다. 성경적 효 체계는 비록 다양한 과정으로 한국에 투입되었지만 가동력이 저하된 기존의 효 체계와의 관계 속에 계속적인 선택과 배제를 통해 내적 통합성과 외적 정체성을 구축하는 데 나름대로 성공하였다. 이러한 선택과 배제의 과정에는 성경적 효 체계의 현실사회 속에 구축되는 것과 연관가능성이 높은 의미 있는 사건들이 선택되어 이슈화되었으며 그리고 연관성이 확실치 않는 것은 가능성으로서 잠재된 채 일단 배제되었다. 이제 이러한 과정을 보다 자세히 살펴보기로 한다.

성경적 효 체계의 전개과정을 논하기 전에 우선 전제할 것은 성경적 효 체계가 한국사회에 투입된 후 기존의 효 체계와 관계하면서 선택과 배제의 과정을 통해 자생성을 구축하는 의미화 과정에 의해 채택된 역사적 과정은 크게 4가지 단계로 나누어 볼 수 있다는 점이다. 즉 갈등기, 타협기, 독립기 그리고 정착기 등이다.

1. 갈등기

가톨릭 선교사에 의해서 또는 성경의 반입 등을 통해 성경적 효 체

---

27) David Easton, *A Framework for Political Analysis*(Chicago: The University of Chicago Press, 1962), 94-95.

계가 조선조 한말에 한반도에 투입되었을 때 그 환경으로서 기존의
조선의 효 체계는 이미 유교 등에 의해 채색되어 있었다. 그렇다면
이렇게 유입된 성경적 효 체계는 기존의 조선사회의 효 체계와 어떤
관계를 가졌는가?

단적으로 말해 갈등 그 자체였다. 갈등의 주요 원인은 성경적 효
체계가 환경에 제대로 적응하지 못하였기 때문이었다. 왜 성경적 효
체계는 환경에 적응하지 못했을까? 이는 성경적 효 체계의 내적 구성
요소로서 순종, 친애, 존속, 대리 중에서 환경에 적응하는 것도 있었
지만 제대로 적응하기에 한계를 지닌 것도 있었기 때문이다. 이 중에
서 특히 '주' 안에서 효할 것을 전제하는 대리의 효는 환경과 심각한
갈등의 원인이 되었다. 부모에게 효함에 있어 그것이 순종이든 친애
든 존속이든 하나님의 뜻을 무시할 수 없다는 대리의 효는 특히 조상
에 대한 제사의 문제로 환경과 첨예하게 대립하였다.

물론 이미 중국에서 가톨릭은 제사문제로 중국사회 체계에 적용하
는 데 상당한 어려움을 겪었다. 중국 선교 초기에는 가톨릭은 진보파
인 예수회에 의해 조상에 대한 제사는 단순한 문화적 인식이라고 하
여 환경에 적응하려는 융화정책을 폈다. 하지만 이는 1742년에 제사
는 그리스도교 신앙에 위배되는 우상숭배이며 미신이라는 교황 베네
딕트(Benedict) 14세의 교시로 가톨릭은 환경과의 갈등으로 체계 진동
의 폭을 크게 하였다.[28] 이러한 상황은 가톨릭이 전래된 조선에 있어
서도 동일하게 적용되었다.[29]

---

28) 당시 중국의 선교사로 들어온 보수교단인 프란치스칸(Franciscan)과 도미니칸(Dominican) 교단의 보수적
성향이 이러한 갈등을 초래하였다. 참고, 김영재, 『한국교회사』(서울: 개혁주의신행협회, 1994), 50.

29) 장철수, 『한국의 관혼상제』(서울: 집문당, 1995), 79.

교황의 교시가 조선에 전달된 것은 사절단으로 중국에 간 가톨릭 신자 윤유일에 의해서다. 당시 그는 북경 주교에게 조상숭배의 효에 대해 문의를 하였고 이에 대한 답변으로 조상숭배의 효가 하나님의 뜻에 어긋나는 것으로 교회에서 금해야 한다고 령을 받았다.

조상숭배의 효는 당시 유교적 가르침에 중요 핵심교리였고 국교와 같은 것이어서 이를 행치 않는 행위는 여론의 비난과 형벌을 각오해야 했다. 따라서 주재용이 언급한 바와 같이 가톨릭의 효 체계는 환경으로 유교적 효 체계와 충돌하지 않을 수 없었다.30)

1791년 신해사옥은 조선에서 가톨릭에 의한 성경적 효 체계와 환경으로서 유교적 효 체계와 갈등과 충돌의 시초가 되었다. 교인들은 유교적 차원에서 행해지는 조상제사의 효를 거부하는 것이 신자의 의무로 간주하였다. 특히 당시 전라도 진산(지금의 충남 금산)의 양반 윤지충과 권상연은 제사를 지내지 않고 신위(神位)를 불태우며 파묻어버렸다. 정조실록에 나타나듯31) 윤지충에 의하면 천당에 가는 것이 축사이지 제사가 아니라고 하였다. 그리고 신위는 한 나뭇조각에 불과하다고 하였다.32) 윤지충은 하나님 뜻 안에서 어머니의 장례는 모든 정성을 다하여 지냈지만 위패는 모시지 않았던 것이다. 어쨌든 종교적인 요소 외에 정치적 요소도 작동하여33) 윤지충은 불효자식이며 무군무부(無君無父)로서 나라의 미풍양속을 해쳐 국법을 어겼고, 위패를 태운 것은 그의 어버이 사체를 버린 것과 같다고 하여 죽음을

---

30) 주재용, "효의 한국교회사적 고찰", 『세계와 선교』, 제40호(1977. 4).

31) 『정조실록』 권33, 정조 15년 11월.

32) 유홍렬, 『한국천주교회사』(서울: 카톨릭출판사, 1962), 100-102.

33) 김영재, 『한국교회사』, 53.

맞이하였다.34)

　엄격히 따져보면 주재용이 잘 지적한 바와 같이35) 당시 가톨릭 교인들은 국법을 어길 생각도 없었고, 왕에 반역할 의사도 없었다. 다만 교인들은 '주' 안에서 효하기 원하였기에 영혼에 대한 믿음도 없이 죽은 자에 대해 제사를 지내는 것은 왜곡된 효심이기에 수용하기가 힘들었던 것이다.

　정하상은 한국 최초의 그리스도교 변증론인 「상제상서(上宰相書)」에서 십계명의 제4계명은 만대의 불변적 도리인 효도를 강조하며 결코 무군무부의 가르침과 다르다고 하였다. 계속해서 그는 부모의 뜻을 받들고 그 육신을 봉양함이 자식의 당연한 도리로 그리스도교도 이를 수요함을 강조하였다.36) 성경적 효 체계에 내포된 또 다른 변수 즉 순종과 존속의 효의 내용도 그리스도교에 있음을 내세웠지만 이는 당시에 제대로 부각되지 않았는데 이는 너무나 대리의 효의 문제가 심각하게 대두되었기 때문이다.

　한편 개신교의 한반도 유입 시에 있어서도 성경적 효 체계의 '주' 안의 효는 당시에 유교적 효 체계에 의한 환경과 갈등을 갖게 되었다. 더욱 문제가 복잡하게 된 것은 개신교의 효 체계와 환경과의 갈등이 개신교 교인 사이의 내적 갈등도 촉발했다는 사실이다.

　다만 개신교 효 체계는 가톨릭과 달리 당시 사회 환경과 직접적인 충돌을 피했는데 이는 개신교가 당시 하나의 사회운동으로서 새로운 시대에 필요한 가치관을 지니고 있고 미신과 악습을 타파하는 것으

---

34) 김광수, 「기독교 전래에 따른 조상제사의 문제」, 『빛과 소금』(1985. 9).

35) 주재용, 「효의 한국교회사적 고찰」, 24.

36) 민경배, 『한국기독교회사』(서울: 대한기독교출판사, 1990), 66.

로 수용되었기 때문이다. 따라서 조상숭배적 효와의 갈등은 종교적인 것이 아니라 문화적인 것으로 대립을 완화하였다. 문화적 차원에서 당시 유교적 효 체계는 참다운 효가 결여된 명분과 허식에 치우쳐 있으며 내용보다 형식에 지나지 않는다고 하여 개화에 역행하는 정신 문화라고 지적하였다.[37]

즉 개화와 관련한 문화적 차원에서 당시의 제사를 중심으로 한 유교적 효 체계를 비판하였기에 개신교는 환경과의 직접적 충돌을 피하였던 것이다. 개화기 기독교 신문의 사설에 나타나듯 허례와 허식만 있고 진정한 공경심이 빠진 것이 제사라고 비판한 근거도 성서적 또는 교리적 차원이 아니다. 당시의 시대정신인 개화사상에서 제사문제를 비판하였으며 제사를 우상숭배나 계명의 위배라고 주장하지 않았다.[38] 개신교의 효 체계는 유교적 효 체계와 정면대결보다 거리를 두고 개신교 효 체계의 내용만을 소개하는데 치중하였다. 즉 참된 효는 하나님을 섬기고 살아계신 부모를 공경함에 있다고 주장하여 성경적 효 체계의 실제적 면을 강조하여 제사를 비롯하여 명분과 형식에 빠진 유교적 효 체계가 개화에 저해 요소가 됨을 드러냈다.[39] 한마디로 대리의 효 문제를 존속의 효 문제로 전환하여 충돌을 회피하였다. 이러한 환경에 대한 개신교의 효 체계의 적응전략은 가톨릭과 비교하여 큰 위기나 피해를 초해하지 않았고 뒤에 개신교 효 체계가 환경과의 타협을 통해 존속해가는 안정된 기반이 되었다.

---

37) 박근원, 『기독교와 관혼상제』(서울: 전망사, 1984), 14.

38) 『대한그리스도회보』 제2권 32호(1898. 8. 10), 사설.

39) 당시 개화기 신문에는 동양의 제사가 꽃을 사랑하는 것이라면 기독교는 그 근원이 뿌리로부터 출발하는 것이라고 하였다. 참조, 「만물의 근본」, 『죠선그리스도인회보』 제1권 7호(1897. 3. 17), 사설. 또한 미국의 맥킨리 대통령의 효도를 소개하여 살아계실 때 효하는 것이 죽은 후 잘해드리는 것보다 더 실제적임을 강조하였다. 참조, 「미국 대통령의 효행」, 『대한그리스도인회보』 제2권 32호, 사설.

이처럼 개신교의 성경적 효 체계는 환경과의 갈등과 직접적인 충돌을 피했다. 그런데 문제는 아이러니하게도 성경적 효 체계의 대리의 효와 관련하여 개신교 내부의 갈등이 제기되었다. 이 갈등의 시작은 당시 기독교의 대표적 인물인 이상재와 교회지도자인 양주삼 목사에 의해서였다. 사건의 발단은 1920년 당시 경상북도 영주군에서 일어난 자살사건이었다. 시어머니를 봉양하던 며느리가 시어머니가 돌아가시고 난 후, 기독교 신자인 남편과 신주문제로 논쟁한 후 자살한 것이었다. 이에 이상재가 신문에 부모에게 제사를 지내는 것이 잘못되지 않았다고 논평을 하였다. 이상재에 의하면 부모의 신주는 우상이 아니며 제사는 우상숭배가 아니다. 왜냐하면 제사는 부모를 그리는 효성에서 나온 것이며 부모공경을 말씀하신 하나님의 가르침에 어긋나지 않는다는 것이다.[40] 이는 이미 가톨릭에서 제사를 수용할 때 가졌던 논리이다.

그런데 이러한 이상재의 논설에 대해 양주삼 목사는 동일한 신문에 반대의 논지를 폈다.[41] 양주삼에 의하면 제사는 비과학적이고 유치한 도덕관념이다. 그리고 미신이며 제사하는 인구는 날로 줄 것이라고 주장하였다.[42]

지금까지 살펴본 바와 같이 성경적 효가 한반도에 유입된 후 환경 체계와 지속적인 갈등과 충돌을 겪었다. 성경적 효 체계가 내포하고 있는 내적 변수로서 '대리'의 요소가 갈등의 주된 원인이었다. 물론

---

40) 「동아일보」(1920. 9. 1), 3면.

41) 「동아일보」(1920. 9. 4), 3면.

42) 실제 2005년 통계에 의하면 20대와 30대 2,225명 중 36.3%(582명)만이 제사가 꼭 필요하다고 하며, 78%가 자녀에게 제사를 강요하지 않겠다고 함. 「경향신문」(2005. 9. 15).

환경과 잘 적응할 수 있는 존속과 순종과 같은 요소도 있었지만 대리
는 이러한 환경과의 조화를 이룰 수 있는 여지를 약화시켰다. 그러나
시간이 어느 정도 지나면서 이러한 환경과의 갈등을 해소하려는 노
력이 가톨릭과 개신교 양측에 모두 등장하였다. 일종의 타협을 시도
한 것이다.

2. 타협기

성경적 효 운동 전개과정에서 위기의 증폭이 심했던 것은 역시 "대
리"의 효를 중심으로 환경과 성경적 효 체계가 충돌했던 때이다. 그
런데 이러한 위기 속에 가톨릭은 상대적으로 큰 피해를 가졌다.

그러나 1936년에 로마 교황청의 교황 비오 11세에 의해 공식적으
로 조상숭배가 허용되고, 1939년 12월 8일 교황청 교시로 한국천주교
의 제사문제를 중심으로 한 종교적 갈등은 해소하였다. 가톨릭에 있
어서 성경적 효와 환경과의 대타협이 있게 된 것이다. 교황청이 200
년간 엄격히 금지되었던 조상제사를 허용한 이유는 토착화에 대한
재인식과 비그리스도교 민족 안에 내재한 영적 요소들과 가톨릭과의
조화, 동방민족들의 문화적 유산에 대한 서구인들의 이해와 통찰, 미
신적 요소의 감소, 종교의 자유 등에 있었다.[43]

물론 이러한 가톨릭의 타협은 릭(Heinrich Rick)이 언급한 바와 같이
교인들의 희생을 줄이려는 배려도 있었지만 20세기에 들어와 다시 복
원된 예수회 교단의 교황청에 대한 영향력 행사와 무관하지 않다.[44]

---

43) 참고. http://www.godislove.net/wwwb/data/s20001201823/.

44) Heinric Rick, *Christliche Verkuendigung und Vorchristliche Erbgut*, 18. 재인용. 김영재, 『한국교회사』, 53.

그렇다면 개신교에서의 성경적 효 체계와 환경과의 관계는 어떻게 진행되었는가? 성경적 효 체계가 한반도 유입 후 간접적으로든 내부적으로든 갈등의 시기를 거치면서 성경적 효 체계는 환경과의 새로운 관계화를 구축하였다. 새로운 관계의 구축에 주요한 변수는 역시 환경 자체의 변화이다. 이씨 조선의 퇴영과 해방 후 서구 자유 민주주의 이데올로기의 이념 장악 그리고 한국이 자본주의 체계로의 편입은 한국사회를 급격히 변혁시켰고 이는 성격적 효 체계의 새로운 환경을 형성시켰다.

환경의 새로운 변화는 동시에 유교사상의 급격한 세력 저하를 가져와 과거와 다른 상황을 초래했다. 더 이상 유교의 효 체계는 성경적 효 체계에 대해 우위를 내세울 수 없게 되었다. 이런 상황에서 자연스레 대화와 타협의 장이 형성되어 비교 종교학적 관점 또는 토착화의 관점 등에서 양자 간의 타협의 목소리가 톤을 높였다.

특히 1970년대에 와서 유신정권의 충효사상 강조에 따른 영향 속에 유교적 효와 기독교 효를 조화시키려는 시도가 있었다. 그중 주목할 만한 것으로 이장식의 기독교 효와 유교적 효의 타협의 시도이다. 이장식은 신학적으로 효를 고찰하여 기독교 효 사상에 내포된 순종과 유교적 순종을 비교하였다. 그러나 이장식에 있어서 아쉬운 점은 기독교에도 효가 있음을 신학적으로 변증코자 하는 데 중점을 두어 여전히 갈등기적 차원에 머문 점이다.[45]

이러한 과정에서 성경적 효 체계와 유교 중심의 효 체계와의 타협을 제대로 드러낸 것은 윤성범의 『孝』이다. 물론 기독교와 유교간의

---

45) 참고, 이장식, 「효도와 순종」, 『세계와 선교』(1977, 5월호); 이장식, 「기독교와 충효사상」, 『현대인의 충효사상』(서울: 대한교육문화연구소, 1977).

대화와 타협에 관한 관점이나 논리들이 많이 있지만 직접 효를 가지고 양자의 대화와 타협을 시도한 것은 윤성범의 『孝』이다. 이런 의미에서 성경적 효 운동의 전개와 관련하여 그의 저서 『孝』는 의미 있는 책이다.46)

윤성범에 의하면 윤리는 세 가지가 있다고 본다. 즉 서양 윤리, 기독교 윤리, 그리고 유교 윤리가 그러하다. 그는 흔히 기독교 윤리를 서양 윤리와 동일시하여 다 같이 개인주의 성격을 지닌다고 보지만 그러나 이는 잘못된 것이라고 주장한다.47) 오히려 기독교 윤리는 유교 윤리와 일치하고, 특히 '효'라는 윤리적 규범의 문제에 있어서는 어느 의미에서 완전히 일치한다고 해도 과언이 아니라고 본다.48)

더 나아가 윤성범은 기독교 윤리와 유교 윤리는 상호 보완적이어서 만일 기독교 윤리가 본연의 모습을 회복한다면 유교 윤리의 약점을 보완할 것이고, 동시에 유교 윤리가 지닌 효의 근본 입장이 기독교 윤리의 새로운 방향 정립에 기여할 것이라고 주장한다.49) 단적으로 말해 윤성범은 성경적 효 체계와 유교적 효 체계의 타협을 넘어서 통합의 과정까지 그리고 있다.

그런데 윤성범의 『孝』에는 기독교 효 체계와 유교적 효 체계가 타협 또는 통합을 이룰 수 있는 근거로써 드는 것이 바로 '순종'이다. 우

---

46) 유동식은 윤성범의 효 체계를 대체로 수용한 태도를 보인다. 참고, 유동식, 「효도의 신학적 이해」, 『효학개론』(서울: 성산효도대학원대학교, 2004). 따라서 그는 효가 불편의 진리이요, 모든 인류도덕의 기초로서 그 배후에는 하나님께 대한 신앙이 깔려 있다고 본다. 부모에 대한 효는 하나님께 대한 신앙만큼이나 인류의 근본이 되는 도리라고 한다. 위의 책, 269. 그는 다산이 『중용경설』에서 이해한 하늘(天)을 천지만물을 초월한 존재로서 천지와 인간을 창조한 인격적 하나님과 동일시하여 유교와 타협을 보고자 한다. 참조. 위의 책.

47) 윤성범, 『孝』(서울: 대한기독교서회, 1977), 서문.

48) 위의 책.

49) 위의 책.

선 윤성범은 효의 본질을 부모의 뜻을 잘 알아 그 뜻대로 순종하는 것이라고 단언한다.[50] 그리고 이보다 더 높은 효가 하늘의 아버지의 뜻을 섬기는 것이 최대의 효라고 한다. 여기서 하늘 아버지의 뜻을 섬긴다는 것은 '순종'하는 것을 의미한다. 따라서 하늘 아버지에 대한 순종은 육신의 아버지에 대한 순종의 존재 근거(ratio essendi)라면 육신의 아버지에 대한 순종은 하늘 아버지에 대한 순조의 인식 근거(ratio cognoscendi)가 된다고 본다. 이처럼 윤성범은 순종을 강조하면서 기독교의 효와 유교의 효가 순종의 측면에서 타협할 수 있음을 도출한다.

윤성범에 의하면 기독교에서의 순종이 효의 핵심임은 하나님 아버지와 독생자 예수 그리스도의 인격적 관계에서도 잘 드러낸다. 요한복음 14장 7절 이하에 의하면 결국 예수 그리스도는 하나님 아버지의 뜻에 순종하여 인류를 위한 속죄제물이 된 것이며, 끝까지 하나님 아버지의 뜻에 대한 신뢰와 위탁 그리고 그에 따른 당연한 순종이 아들의 태도였다는 것이다.[51] 윤성범은 지속적으로 예수 그리스도의 하나님 아버지에 대한 순종을 수직적(vertical) 대화로 전환시켜 설명한다.[52] 이러한 수직적 대화가 모든 대화의 원형이고 부자 관계의 대화에도 유비된다는 것이다. 이러한 논리는 유교의 부모에 대한 관계에 그대로 적용된다. 윤성범은 결국 기독교의 효 체계와 유교의 효 체계가 서로 타협을 통해 조화할 수 있음을 그의 책 『孝』를 통해 논증하고자 했다.

---

50) 위의 책, 32.
51) 위의 책, 19.
52) 위의 책, 40.

그런데『孝』에는 순종 이외에 다른 성경적 효 체계의 변수 예를 들어 친애도 소개되어 있고[53] 존속도 있고,[54] 대리도 있지만,[55] 순종만큼 강조되지 않는다. 윤성범은 수직적인 것이 있고서야 수평적(horzontal)인 것도 가능하다고 주장한다.[56] 따져보면 윤성범에게는 여전히 권위적이고 위계적이며 수직적인 유교적 효의 향수가 아직 남아 있다.

3. 독립기

인간적 삶의 존속을 위한 필수적 구성요소로서 기본적 효 체계의 항상성은 성경적 효 체계를 더욱 가동시켜, 유교적 효가 더욱 약화되면서 제대로 환경에 적응하지 못하고 퇴영하는 자리를 부분적으로 대체 하였다. 이러한 과정 속에 성경적 효 운동을 통하여 한국사회 속에 성경적 효 체계를 구축하며 독자성을 확립하는 계기가 마련되었다. 그 계기란 무엇인가? 바로 성경적 효 운동을 지속하며 성경적 효를 학문적으로 이론화하고 이를 통해 실천화하는 성산효도대학원대학교의 설립이다. 1997년에 설립된 성산효도대학원대학교는 1970년대 이후 여전히 답보상태에 있던 성경적 효 운동에 활력을 불어넣고 성경적 효 체계의 독자성을 구축하는 단초를 제공하였다. 그동안 성경적 효 운동이 이렇게 거대 규모의 사회운동으로 추진된 사례는

---

53) 위의 책, 42.

54) 위의 책, 44.

55) 윤성범의 대리적 효는 각주에 처리될 정도로 경시된다. 그런데 윤성범에 의하면 孝經 聖治章에 있는 '配天'은 配神이라는 말과 같이 제사를 드릴 때 하나님 옆에 모시고 제사를 지낸다는 뜻으로 해석한다. 결국 제사를 허용하는 것으로 타협을 한 것으로 볼 수 있다. 위의 책, 24. 각주 11.

56) 위의 책, 39.

없었다.57)

이 대학교는 최성규 목사에 의해 개교하였는데 성경적 효를 연구하기 위한 효학과를 시작으로 뒤에 효와 관련한 기타 학과를 개설하였다. 최성규 목사가 담임하고 있는 순복음인천교회는 1995년 청소년 효행봉사단을 창설하는 등 성경적 효에 대한 적극적인 운동을 전개하였는데 이러한 운동의 산실이 이 대학교의 설립이었다.

곰곰이 따져 보면 성산효도대학원대학교의 개설은 유교가 성균관을 중심으로 유학의 발전을 도모하는 것과 유질동상적 의미를 지닌다. 이는 외형적으로 성경적 효 체계가 하나의 독립적인 위치를 구축한 것으로 볼 수 있다. 그러나 이러한 외형적 독립성 이외에 성경적 효 체계가 내용적으로 독자성을 담보할 요소는 무엇인가? 이는 최성규 목사의 성경적 효 운동을 좀 더 구체적으로 살펴보면 드러난다.

우선 최성규 목사가 이렇게 성경적 효 운동을 전개한 이유는 무엇인가? 최성규 목사는 성경적 효 운동을 전개한 계기를 1995년 6월에 일어난 '삼풍백화점 붕괴'에서 찾아볼 수 있다. 최성규 목사는 매몰현장 속에서 구사일생으로 구출된 세 사람을 통해 세 사람 모두 부모나 조부모에게 성경적 효 체계의 변수 중 '존속'적 효자임을 확인하였다. 그리고 이를 통해 성경적 효 체계의 변수인 존속과 관련하여 '효자는 장수한다'는 사실 또한 확신하게 되었다.

이처럼 최성규 목사의 효 운동의 출발은 성경적 효 체계의 네 가지 변수 모두 관계가 있지만 특히 '존속'과 밀접한 관련이 있다.58) 즉 최

---

57) 「국민일보」(2000. 4. 22) 31면.

58) 최성규 목사는 자신의 성경적 효 운동을 시작하면서 하나님께서는 성도들이 이 땅에서 복을 받든 말든 상관하지 않으시고 천국만 바라보기를 원하시지 않으며 우리가 열매를 많이 맺으면 하나님께서 그 영광을 받으신다(요 15:8)고 분명히 말씀하셨기 때문에 하나님께서는 우리들의 이 땅에서도 복을 받고 천국

성규 목사의 효 운동에는 효하는 자는 복을 받는다는 성경적 효 체계의 '효복사상'이 내재되어 있다.[59] 그런데 이러한 최성규 목사의 효복사상에 의한 존속의 효 강조는 구한말 기독교 효 사상의 한반도 유입 시 취했던 효에 대한 관점과 연속성이 있다. 즉 당시 기독교 효 실천의 내용도 개화의 차원에서 실질적인 부모에 대한 효 특히 존속의 효를 강조하였던 것이다.

그런데 최성규 목사의 성경적 효 체계의 존속의 효의 강조는 그가 6대 성경적 효 실천 항목 속에 더욱 잘 드러난다. 최성규 목사는 성경적 효 운동의 6대 실천 항목은 '하나님 섬김', '부모공경', '이웃사랑', '나라사랑', '인류봉사' 그리고 '자연보호' 등이다.

6대 효 실천 내용 중에 특히 관심을 끄는 것은 '인류봉사'와 '나라사랑'이다. 이 두 항목은 유교를 포함한 한국의 전통 효 체계에 찾아볼 수 없는 개념 들이다. 김유혁이 언급한 바와 같이[60] 한국의 전통 효 체계는 국가까지 포함하지만 더 이상의 체계를 상정하지 않는다. 그렇다면 최성규 목사는 왜 이 두 개념을 효 체계에 포함시켰는가?

바로 성경적 효 체계가 가지고 있는 존속적 효의 특성을 드러내기 위해 이 두 개념을 동원시키고 있다. 즉 최성규 목사가 제시한 인류봉사와 자연보호는 성경적 효 체계의 내적 변수로서 존속이 가지고 있는 양생의 효, 즉 하나님께서 창조하신 생명의 지속과 관련된다. 자연을 보호하는 것은 생명의 존속을 위한 전제이며 인류봉사도 전 지구적 차원에서 생명을 존속시키는 처방이다.

에서도 상급을 받기를 원하신다는 점을 강조하여 효와 복을 연결시키는 논리를 편다. 참조, 『시사정경』, 1995. 12월호, 62.

59) 박철호, 「효복사상」, 『효 윤리학 II (개정판)』(서울: 도서출판 좋은세상, 미간행).

60) 김유혁, 「효의 본질」, 『충효사상−현대적 윤리관의 정립−』(서울: 단국대학교 출판부, 1977), 1-33.

이렇게 존속의 효를 가족과 국가 이외에 인류와 자연에까지 확대시킴으로써 국가체계 속에 구속된 효를 보다 개방체계의 효로 전환시켰다. 이러한 전환은 효를 새로운 관점에서 보게 하는 인식론을 제공한다. 이는 이제 효를 생태학적 관점과 인류학적 관점에서 규명하는 계기를 마련했음을 의미한다. 이렇게 생태학적 그리고 인류학적 관점에서 성경적 효 체계를 규명하는 작업은 성경적 효의 특성을 구축하여 성경적 효 체계의 독자성과 독립적 기반을 강화한다.

한편, 최성규 목사는 하나님 섬김을 성경적 효의 실천 항목의 제일로 두고 있다. 이는 성경적 효를 현대 한국사회 속에 공개적으로 드러내어 그 존재의 확인을 받고자 한다. 이렇게 하나님 섬김을 효 실천의 주요 항목으로 설정하는 것은 성경적 효 체계의 독립성을 구축하는 데 중요한 계기를 마련하였다.

그러나 대리의 효 문제는 여전히 한국사회가 대체로 복음화되지 못한 상태에서 환경과 제대로 조화를 이루며 성경적 효를 정착시키는 데 한계가 있다.[61] 따라서 성경적 효 체계가 환경으로부터 인정을 받으며 가동력을 증가시키기 위해서는 우선 최성규 목사가 강화시킨 존속의 효를 더 한국사회에 부각시키는 작업이 필요하다.[62]

---

61) 그동안 개신교는 전통 효 체계와의 갈등에서 구체적으로 하나님 섬김과 같은 대리의 효를 명백히 드러내는 데 한계가 있었다. 그래서 개신교가 한반도 유입시기에 가졌던 환경과의 갈등을 피하기 위해 대리의 효를 강조하기보다 존속의 효를 부각시켰던 것이다.

62) 이렇게 성경적 효 체계의 관점에서 존속의 효를 부각시킨 또 하나의 인물이 김용기 장로이다. 김용기 장로는 가나안 농군학교를 창설하고 성경적 효를 실천하였다. 그 아들 김평일 장로에 의하면 김용기 장로는 평생 노동을 하시며 '일하기 싫거든 먹지도 마라'는 말을 했다. 효는 노동을 통한 생산력을 가지고 부모를 잘 모시는 것임을 강조한 것이다. 또한 그가 만든 가나안 농군학교의 효에는 단순히 부모에게 예속되어 순종하는 것이 보은이 아니라고 한다. 즉 효는 자신의 안존과 건강을 도모하고 예로 화합하며 부모를 위해 봉사하고, 합리적 명령에 순종하며, 자신의 성취를 위해 과업을 성실히 수행하고 선행을 행하며 자신의 근본을 자각하여 부모를 위하듯 윗사람을 공경하는 덕목이라고 한다. 김평일, 『올리효도 내리사랑』(서울: 고려원, 1997), 21. 197.

특히 존속의 효가 현대 한국사회에 적합함은 성경적 효 체계의 존속의 변수가 가지고 있는 특징 때문이다. 성경적 효 체계의 존속의 효는 효를 받고자 하는 사람을 중심으로 효를 명령하고 있지 않다. 효하는 사람을 중심으로 효를 명하고 있다. 따라서 효를 받는 사람들에 의해 강압적으로 강요하는 것이 아니라 효하는 자의 인격을 존중하고 자율적으로 효를 행하도록 그들을 독려하고 복을 부가하면서 효를 장려하는 방법을 취하고 있다. 이런 의미에서 성경적 효는 보다 현대적이고 민주적이어서 현실사회에 적합하다.

따져보면 성경적 효 체계가 나름대로 독자성을 유지하며 정착하기에 어느 정도 시간이 걸리게 됨은 당연하다. 이런 의미에서 최성규 목사에 의해 급진적으로 추진된 성경적 효 운동은 짧은 기간이지만 성경적 효를 한국사회에 인식시키는 데 기여하였음을 부인할 수 없다.[63]

4. 정착기

성경적 효 운동은 유교적 효의 퇴영으로 제대로 정립된 효 체계 마련되지 않는 현 한국사회의 환경 속에 제대로 독자성을 지니면서 정착할 수 있는 기회를 갖게 되었다. 이러한 기회를 제대로 이용하기 위해서는 이를 위한 적절한 교육과 사회운동 그리고 제도화, 법제화 등의 작업이 필요하다. 이런 의미에서 성경적 효 운동이 어느 정도 자립기반을 구축하게 되면 이러한 성경적 효 체계를 한국사회에 정착하기 위해 즉 환경에 제대로 적응하면서 사회 전반적 내면화를 구

---

63) 최성규 목사의 성경적 효 운동에 대한 자세한 내용은 최성규, 『성령에 사로잡힌 사람』(서울: 규장문화사, 1998). 또는 순복음인천교회 홈페이지 http://www.fgictv.com/에서 「성경적 효」 사이트.

현하기 위한 노력이 필요함을 알 수 있다.

이렇게 성경적 효 체계를 현실사회에 구축하고 정착하기 위한 작업으로 선결과제는 역시 환경의 분석이다. 성경적 효 체계의 환경으로서 현재 상황은 어떠한가? 현재 성경적 효 체계의 환경은 국제적으로 국내적으로 모두 분석의 대상이 된다. 현재 국제 환경은 무엇보다 소련과 동구의 붕괴 이후 세계의 지배 이데올로기로서 자유민주주의의 강화이다.64) 다양한 반작용이 있지만 여전히 자유민주주의는 강력한 이데올로기로서 작동하고 있다.

한국사회에도 이러한 자유민주주의의 지배 체계는 더욱 정치하게 추진되고 있다. 이는 한국의 민주화 이후 지속된 추세이다. 개인의 자유, 평등 그리고 인권의 존중 등에 의해 한국사회의 가치체계가 구축되고 제도화되고 있다. 그렇다면 이런 환경 속에 성경적 효 체계는 어떻게 대응해야 하는가?

무엇보다 성경적 효 체계의 변수 중에서 이런 환경에 가장 적절하게 적응하는 변수를 부각시키고 이를 통해 성경적 효 체계를 현실사회 속에 정착시키는 작업이다. 그렇다면 성경적 효 체계의 변수 중 어떤 것이 여기에 해당하는가? 바로 '친애'이다. 물론 다른 변수들도 성경적 효 체계를 정착시키는 데 기능할 수 있다. 앞에서 언급했듯 특히 성경적 효 체계의 기반을 구축하는 데 기여한 '존속'이 그러하다. 그러나 현 한국사회의 지배적 이데올로기와 관련할 때, '친애'의 효 체계 변수는 성경적 효를 제대로 환경 속에 적응하게 하고 또 성경적 효 체계를 정착하는 데 보다 더 유리하다.

---

64) F. Fukuyama, *The End of History*(서울: 한마음사, 1992), 77-94.

‘친애’의 효 체계 변수가 가지고 있는 특성 중 자율적이고 인격적이며 상호관계적인 측면은 성경적 효를 다른 효 체계와 차별화하며[65] 자유민주사회의 환경에 적절히 적용하는 기제가 된다.

이런 성경적 효 체계의 친애가 지속적인 최성규 목사의 효 운동을 통해 현실사회 속에 법제화가 되기도 하였다. 즉 2005년 최근에 입법된 <저출산 고령사회 기본법안>의 제17조에는 ‘가족 관계와 세대 간의 이해증진’이라는 제목 하에 “국가 및 지방자치단체는 효행을 장려함으로써 노인이 가정과 사회에서 공경 받을 수 있도록 하고 세대 간 교류의 활성화와 세대 간 이해를 증진함으로써 민주적이고 평등한 가족관계가 형성되도록 필요한 사회 환경을 조성하여야 한다”고 규정하고 있다.

여기서 관심을 갖는 것은 효에 대한 법제화가 한국 최초로 만들어졌다는 점이다. 효행을 장려하는 것을 국가 및 지방자치단체의 의무로 규정함으로써 효가 이제 한국사회에서 기반을 제대로 구축할 수 있는 계기를 마련했다는 점이다. 이는 그동안 최성규 목사의 지속적 효 운동의 성과라 할 수 있다. 특히 효를 개별법으로 법제화하기 위해 <효행 장려법 안>을 만들어 국회에 상정할 정도의 노력은 <저출산 고령사회 기본법안>에 효행의 개념이 담겨지게 했다고 볼 수 있다.

그런데 더욱 관심을 가질 것은 이처럼 성경적 효 운동을 통한 <저출산 고령사회 기본법>의 내용에 성경적 효 체계의 ‘친애’의 변수가 포함된 것이다. 즉 기본법에 ‘세대 간 교류의 활성화와 세대 간의 이

---

65) 물론 유교에서도 부자유친에서 보다시피 친의 뜻이 들어 있다. 그러나 유교적 친애는 성경적 효 체계의 친애와 달리 자율성과 인격 동등성, 상호관계성이 그렇게 강하지 못하다. 또한 불교에도 친애의 효에 대한 내용이 있다. 그러나 불교의 친애의 효는 부모의 일방적 사랑이 강화되어 있지만 자녀의 부모에 대한 효의 내용은 거의 드러나지 않아 진정한 인격 동등성이나 민주적 상호관계성은 약하다.

해중진을 위해 민주적이고 평등한 가족관계를 형성하는 사회 환경의 조성'의 규정은 성경적 효 체계의 '친애'가 추구하는 방향과 일치한다. 이는 성경적 효 체계의 현실구현화에 상당히 의미가 있는 일이다. 물론 순종이나 존속 그리고 대리의 변수들도 성경적 효 체계의 한국사회의 정착화에 도움을 주지만 친애의 변수가 가장 효과적일 수 있음을 잘 드러낸다. 이제 한국사회에 성경적 효 운동이 제대로 가동력을 발휘하고 한국사회에 성경적 효 체계의 정착화를 마련하기 위해서 '친애'의 효를 확산하는 교회 차원의 노력이 필요하다.[66]

IV. 결론

성경적 효 운동은 그리스도교가 한반도에 유입된 이후 지속적으로 펼쳐져서 오늘에 이르고 있다. 성경적 효 운동이 지속된 것은 성경적 효 체계를 존속시킨 원동력이 되었다. 앞에서 살펴본 바대로 성경적 효 운동의 전개과정은 환경과의 상호작용을 중심으로 크게 갈등기, 타협기, 독립기, 정착기의 과정을 분석하였다.

이러한 과정 속에 성경적 효 체계의 변수들은 환경과의 관계 속에 상이한 조합을 이루며 환경과의 적응과 투쟁을 지속하였다. 물론 복합적으로 네 가지 변수들이 작동하였지만 대체로 갈등기에는 '대리'

---

66) 이런 의미에서 〈효행장려법〉도 성경적 효 체계의 친애의 효를 한국사회에 정착하고 확산하는 주요한 기능을 담당할 것이다. 왜냐하면 효행장려법의 주요내용으로서 효행자에게 국가가 지원을 하도록 규정한 것은 효행의 주체가 자녀에게 있음을 분명히 하였기 때문이다. 이는 효를 받는 사람들의 입장에서 효를 강요하는 것이 아니라 효하는 자녀가 보다 적극적으로 책임을 지고 자율적으로 효를 행하게 도움을 주도록 한 것이기 때문이다. 효행장려법과 성경적 효 체계와의 관계는 효행장려법이 제정된 이후에 자세히 논할 필요가 있다.

의 변수가, 타협기에는 '순종'의 변수가, 독립기에는 '존속'의 변수가, 그리고 정착기에는 '친애'의 변수가 주요한 기능을 담당하며 다른 변수와 상호작용하면서 성경적 효 운동을 구축하였다.

이제 성경적 효 체계는 한국사회의 효 환경체계가 유교적 효의 퇴영으로 마치 무주공산의 상황 속에서 있는 것을 고려한다면 앞에서 논한 '친애'의 효를 주요변수로 한 성경적 효 운동의 재정립이 시급하다. 이렇게 친애에 의한 성경적 효 운동의 추진은 결국 한국사회에 기독교의 토착화를 위한 하나의 방안을 구축한다. 막스 베버(Max Weber)가 지적한 바와 같이[67] '선택적 친화력(elective affinity)'에 의해 기본적 효 체계의 항상성은 성경적 효 체계를 한국사회에 적합한 것으로 선택하여 비록 시간이 걸리겠지만 결국 한국사회에 성경적 효를 정착시킬 것이다.

---

67) H. H. Gerth and C Wright Mills, *From Max Weber*(London and Boston: Routledge & Degan Paul Ltd., 1974), 62.

제4장 | 기독교 공동체 존속을 위한 효 체계
-눅 8:19-21을 중심으로-

Ⅰ. 서론

1. 연구의 목적

콘젤만(Conzelmann)이 주장하는 바와 같이[1] 누가는 하나의 교회로서 예수 추종 공동체의 존속을 위한 기초를 놓고자 하였다. 즉 누가는 누가복음을 통해 예수의 말씀을 추종하는 사람들이 예수의 말씀을 통해 그리스도인으로서 정체성을 제대로 마련하고 또한 예수의 말씀을 통해 그들 사이에 하나의 공동체로서 통합성을 마련할 것을 시도했다고 볼 수 있다. 누가는 예수를 추종하는 공동체가 정체성과 통합성을 구축하여 하나의 체계로서 존속하면서 하나님 나라를 이 땅에 확장하는 도구가 될 것을 원했던 것이다.

그러나 누가복음에 나타난 예수 추종의 공동체 즉 기독교 공동체로서 누가 공동체는 환경적 요인에 의해, 그리고 누가 공동체에 속한 구성원들의 특성에 의해 체계 존속이 만만치 않았다. 즉 환경적 요인

---

1) Hans Conzelmann, *Die Mitte der Zeit. Studien zur Theologie des Lukas*(Tuebingen: J.C.B. Mohr, 1954), 117. 재인용, Philip Francis Esler, *Community and Gospel in Luke-Acts*(Cambridge: Cambridge University Press, 1987), 1.

으로서 유대인의 정치, 사회 그리고 종교적 변인들과 로마의 정치, 문화, 군사적 변인 등은 지속적으로 누가 공동체의 정체성에 대한 도전과 위협으로 작동하였다. 또 누가 공동체의 구성원으로서 유대인이나 이방인들은[2] 동일하게 예수의 가르침을 중심으로 하나의 공동체를 이루고 있었지만 내적으로 서로 상이한 문화와 가치관 등으로 상호 갈등적 요소를 동시에 지니고 있기에 여전히 갈등과 분열의 위험성이 내재되어 누가 공동체의 통합성에 위기를 초래하였다.

예수의 말씀을 통한 누가 공동체의 존속을 위한 전략은 체계 외적 환경에 대해 정체성을 제대로 구축하고 내적으로 공동체 구성원들을 하나로 묶는 통합성을 동시에 마련하는 것과 관련된다.

위와 같은 누가 공동체의 정체성과 통합성을 마련하는 작업은 누가복음에 전반적으로 내재되어 있다. 즉 누가는 작중 인물로서 예수를 통해 유대인 권위당국자들의 위협을 경고하고 이를 대적하기 위한 방안을 제시하며, 또한 지속적으로 제자의 도를 제시하여 공동체의 통합을 구축한다.

위와 같은 관점에서 본 연구는 누가복음 8장 19-21절에 나타난 효의 문제가 누가 공동체의 정체성과 통합성에 어떤 관련을 갖는지 규명하여 현대 기독교 공동체의 가족윤리의 기초인 효의 새로운 개념 구도를 구축하는 데 연구의 목적을 둔다.

---

2) 필립은 누가공동체의 구성원으로서 유대인과 이방인과의 분포를 세가지 형태로 나눈다. 즉 다수의 이방인과 소수의 유대인, 다수의 유대인과 소수의 이방인 그리고 양자의 균형적 혼합이다. 필립은 다수의 학자들이 첫 번째 형태에 동의한다고 본다. Philip Francis Esler, *Community and Gospel in Luke-Acts*, 31.

2. 연구의 방법

국가나 가정 그리고 교회를 포함하여 모든 사회체계는 고대나 현대를 막론하고 그 존속을 목적으로 체계의 가동력을 작동시킨다. 그리고 이러한 사회체계들이 그들이 속한 환경 속에서 존속하는 과정은 매우 복합적이다. 따라서 하나의 체계의 존속과정을 한두 가지 변수에 의해 분석하기에는 한계가 있다.

이런 의미에서 복합적인 체계존속의 과정을 분석하기 위해 복합적인 관련변수들의 상호작용을 내포하는 체계론적 접근법이 필요하다. 본 연구도 체계론적 접근법에 의해 누가가 내포 독자로 규정한 누가복음의 기독교 공동체의 존속을 위한 전략을 구축하는 과정을 규명하였다. 누가복음의 저자가 누가복음 8장 19절에서 21절을 중심으로 구축한 기독교 공동체의 존속 전략을 규명하는 구체적 접근방법은 다음과 같다.

우선 기독교 공동체의 존속과정은 크게 체계의 환경과 관련하여 정체성을 구축하는 과정과 내부 구성원들을 통합하는 통합성의 구축과정으로 나눈다. 다음 정체성을 구축하는 과정과 관련하여 본 연구의 연구 대상인 효 체계가 외부환경으로 드러나는 유대인의 효 체계와 그레코-로만의 효 체계 그리고 예수의 효 체계를 규명하고 이들 상호간의 관계를 살펴본다. 마지막으로 이러한 외부환경의 효 체계가 기독교 공동체의 구성을 통합하는 과정을 분석할 것이다. 이러한 분석과정을 그림으로 그려보면 다음과 같다. 여기서 화살표는 상호작용을 의미한다.

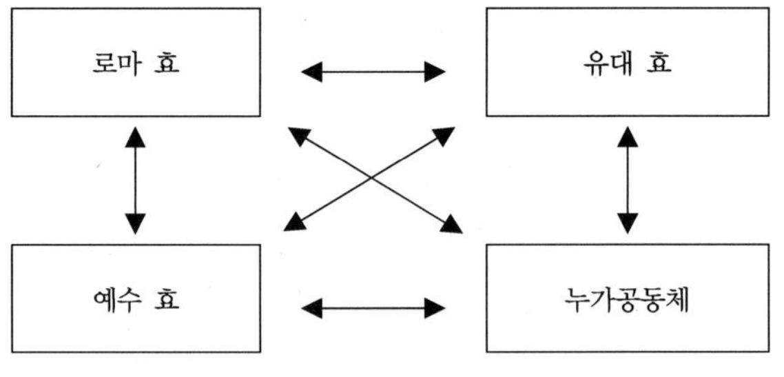

〈누가공동체의 효 체계〉

여기서 누가복음 8장 19~21절의 가족에 대한 논의를 효에 제한한 것은 초대교회의 시대적 상황을 읽는 해석학적 문법 때문이다. 즉 당시 가족관계 중에서 부부관계나 자녀관계보다 부모자녀 특히 부자관계에 초점을 두게 된다. 왜냐하면 당시 유대가정의 아내나 어머니로서 여자는 김경진 교수가 지적한 바와 같이[3] 남편의 소유물 즉 십계명의 열 번째 계명에서 보다시피 재산의 일부로 간주되었다. 그리고 상속문제 등에서 나타나듯 자녀 간의 관계도 부자관계보다 중시될 수 없었다. 따라서 가족과 관련된 문제는 효의 문제에 초점을 두는 것이 타당하다.

II. 효 체계와 관련한 누가 공동체의 환경 분석

일반적으로 어떤 공동체든 그 존속을 위해 환경에 적절한 적응을 필요로 한다. 누가공동체의 존속에 영향을 미쳤던 당시의 주요한 변수는 역시 로마체계와 유대체계이다. 양 체계는 지속적으로 정치, 경

---

3) 김경진, 『잃어버린 자를 찾아오신 주님』(서울: 한국성서학연구소, 2000), 197.

제, 사회, 문화 그리고 종교적 영향 등을 누가공동체에 미쳤다. 이러한 다양한 영향들 중 특히 우리가 관심을 갖는 효 체계를 중심으로 양 체계가 환경으로서 누가공동체 존속에 어떤 영향을 미쳤는지 살펴보자.

1. 그레코-로만 문화의 효 체계

로마의 지배가 점령의 범위를 확대하면서 그레코-로만의 문화는 점차 그 영역을 확산시켰다. 이러한 그레코-로만 문화의 한 특성으로서 박수암 교수가 지적한 바와 같이[4] 로마의 가부장제 하에서 가장은 가족들에 대한 절대적인 권력을 지녔다. 자녀들에 대해 가장은 자기 결정에 따라 출생할 때 자식을 살리거나 죽일 수 있었다. 가장은 자식을 노예로 팔 수도 있었으며 심지어 자기 뜻대로 처형을 할 수 있었다. 가장은 자식의 모든 생활에 간섭을 하고 권력을 행사할 수 있는 위치에 있었다.

이러한 부모 특히 가장의 가족에 대한 절대적 권력은 자녀들의 부에 대한 절대적 순종을 요구하였다. 이러한 절대적 순종의 효는 당시 로마의 정치 사회적 상황과 깊은 관련이 있다. 즉 정치적 이유로 장려되었던 황제 숭배 사상이 단일신 숭배화로 그 성격이 강화되었다. 황제의 권력은 신보다 더 강조되었고 그리하여 황제의 신은 우주적 신으로 경배되었다.[5] 이러한 전제적 황제숭배 사상은 피지배자의 절

---

4) 박수암, 『옥중서신』(서울: 대한기독교서회, 1997), 119.

5) 1세기 중반 이후 즉 50년대 이후의 소아시아 상황은 다음을 참고할 것. M. Rostovtzeff, *Gesellschaft und Wirtschaft im Remischen Kaiserreich*(Leipzig, 1931), 1-3; M. Nilsson, *Gechichte der griechischen Religion II*(?), 279ff.: W. Foerster, *NT. Zeitgeschichte*(Hamburg, 1968), 215.

대적 순종을 필요로 하였고 이러한 순종의 사회화는 가족윤리 특히 효에 기초를 두었다.

누가공동체의 이방인들은 복음을 접하기 전에 그들의 삶의 터전이 되었던 그레코 로마 사회의 윤리적 가치관을 가지고 살았다. 이들은 다양한 경로를 통해 복음을 접하게 되었지만 여전히 그레코-로만의 삶의 양식과 가치관 그리고 효 의식을 가지고 살았다.

이러한 효에 대한 의식은 하나님의 말씀이나 의지에 기초를 두는 기독교 공동체의 정체성과 관련하여 문제가 발생하였고 또한 이러한 전제적 그레코-로만 문화의 효 체계는 유대인의 효 의식과 상이하여 이들 사이에 갈등의 요소가 되었으며 따라서 누가공동체의 통합을 구축하는데 장애가 되었다. 그렇다면 유대인의 효 체계는 어떠하였는가?

2. 유대인의 효 체계

초대 기독교 공동체의 유대인 그리스도인이 가지고 있었던 효는 역사적 기록연대와 관련하여 볼 때 거의 십계명에서 유래하고 있다. 왜냐하면 편집비평의 관점에서 벨하우젠(J. Wellhausen)이 언급한 바와 같이[6] 십계명이 포로기 이후에 만들어졌다고 하더라도 초대 기독교 공동체의 유대인들은 그들의 전통에 따라 십계명을 하나의 정형화된 형태로 받아들일 수 있었기 때문이다.[7] 문제는 이러한 십계명을 가족생활의 규범으로서 인정하더라도 유대인들은 이를 실제 삶과 관

---

6) J. Wellhausen, *Prolegomena to the History of the Israel*(New York: Meridian Books, 1957), 399–425.
7) 십계명의 기록연대와 관련된 다양한 논의는 노희원, 「십계명의 편집사 연구」, 『구약논단』(서울: 대한기독교 서회, 1995), 109–153.

련하여 어떻게 해석하여 적용했던가이다.

초대교회 당시 유대인들은 유전으로서 십계명을 해석하는 틀을 가지고 있었다. 이것은 바로 소위 '고르반'적 효 체계이다. 고르반(κορβᾶν)이란 요세푸스가 그의 저서 Contra Apionem Ⅰ. 22에서 사용하면서 '하나님께 바쳐진 선물'을 의미하게 되었다.[8]

그런데 유대인들은 십계명 중 제5계명을 고르반에 의해 제한을 받을 수 있다는 것으로 해석하여 어떤 사람이 소유하고 있는 재물에 대하여 고르반이라고 말하기만 한다면 그 재물은 보호를 받는다고 규정하였다.

이 경우 부모가 긴박한 사정이 있어 자녀에게 도움을 청하여 왔을 때 그는 하나님께 이미 바친 물건이라 하여 부모에게 도움을 주지 않아도 되었기 때문에 고르반은 효의 관점에서 보면 악용될 경우가 많았다. 고르반은 맹세의 형식을 지니고 있었기 때문에 고르반에 의해 아들은 부모에게 돌아갈 몫을 하나님께 드리는 예물이 되었다고 선언하여 부모가 자신의 소유물을 향유할 권리를 빼앗을 수 있었다.

앤더슨(Hugo Anderson)이 지적한 바와 같이[9] 유대인들은 하나님 공경을 구실로 자신의 이기심을 충족하는 개인주의에 의해 부모 특히 부의 권위를 경시하였다. 예수는 이러한 유대인의 효 의식을 율법주의적 산물로 규정하고 이를 하나님의 뜻에 의한 기독교 공동체 정체성에 적합하지 않음을 선언하였다.

또한 이러한 유대인의 효 의식은 당시 기독교 공동체의 또 하나의

---

8) Hugo Anderson, 고일선 역, 『뉴인터내셔널 성경주석: 에베소서』(서울: 생명의 말씀사, 1983), 311.

9) Hugo Anderson, *New Century Bible Commentary: The Gospel of Mark*(Grand Rapids: Wm.B. Erandans Pub. Co. 1976), 182.

분류인 이방인들의 그레코-로만식의 효 의식과 상당한 차이를 지니고 있었다. 즉 그레코-로만의 효가 가지고 있는 부모의 절대적 권위와 유대인의 부모 권위의 경시는 극단적으로 대립적이었기 때문에 양자의 통합에 장애를 가져왔음을 간파할 수 있다.

Ⅲ. 예수의 효 체계에 의한 누가공동체의 정체성과 통합성 구축

1. 정체성 구축

위에서 논한 바와 같이 누가공동체의 환경과 관련하여 누가는 기독교 공동체의 정체성과 통합성을 마련하는 전략을 폈다. 이제 이와 관련하여 누가복음 8장 19-21절에서 예수는 그의 가족이 방문한 것을 기회로 그의 추종자로서 그레코-로만 문화의 효 체계를 지닌 이방인 그리스도인들과 여전히 유대적 율법주의의 효 체계를 가진 유대인 그리스도인들에게 새로운 가족윤리로서 효 체계를 다음과 같이 선언하신다.

> "하나님의 말씀을 듣고 행하는 이 사람들이 나의 어머니요, 나의 형제다,"(표준새번역)

이는 헨드릭슨(William Hendriksen)도 동의하듯[10] 혈연적 관계보다

---

10) William Hendriksen, *The Banner of Truth Trust*(Great Britain, 1979), 437.

영적인 관계가 더 중요함을 드러낸다.11) 예수는 N. 로핑크(N. Lohfink) 가 설명하는 바와 같이12) 고도로 수사적이면서도 고도로 법적이기도 한 고대의 말투로 전통적인 가족의 해체를 선언한다. 이러한 선언을 하는 예수는 이미 당시 시대적 상황으로서 그레코-로만 문화의 효 체계와 유대인의 가지고 있던 기존의 율법적 효 체계의 성격을 간파하고 있었음을 알 수 있다. 그렇다면 예수는 어떤 가족의 모습과 효 체계를 원했던가?

바로 하나님의 말씀을 듣고 행하는 사람들로 구성된 가족이다. 이런 사람들은 하나님이 수행하시는 구원계획에 가담하여 하나님의 뜻에 따라 자신의 삶이 바꿔가는 사람들이다. 여기서 하나님의 뜻이란 하나님 나라의 도래와 관련된다.(마 6:9-10)

이런 사람들은 과거의 삶의 태도를 버리기 때문에 누가복음 12장 52-53절에서 보다시피 기존의 가족 사이에 갈등과 결별이 발생한다. 이들은 게라드 로핑크(Gerhard Lohfink)가 언급하듯13) 비록 예수를 추종하여 가정을 버리고 팔레스타인 지역을 여행하지는 못하였지만 이들의 새로운 삶의 의지는 새로운 가족 문화를 구축하였다. 이제 그들은 육신적 아버지 대신에 하나님을 진정한 자신의 아버지로 모시는 영적인 가족이 될 것을 결단한 사람들이 되었다. 누가는 그의 공동체에 하나님이 아버지이심을 누가복음 6장 36절에서 이미 선언을 하고 있다.

---

11) 영적관계에 의한 새로운 가족이 이전의 육신적 가족을 부정하거나 이로부터 이탈을 의미하지 않는다. 오히려 혈연적 가족과 영적 가족을 조화시키려는 것이 누가의 의도이다. 참조, The Anchor Bible, 725. 이런 의미에서 크리드(J. M Creed)가 누가를 양자의 중요한 차이를 경시했다고 비판하는 것은 잘못이다. J. M. Creed, Gospel, 118.

12) N. Lohfink, *Kircentraueme. Reden gegen den Trend*(Freiburg I. Br. 1982), 40. 재인용, Gerhard Lohfink, 정한교 역, 『예수는 어떤 공동체를 원했나』(서울: 분도출판사, 1985), 81.

13) Gerhard Lohfink, 정한교 역, 『예수는 어떤 공동체를 원했나』, 83.

이로써 특히 하나님을 아버지로 모시고 그 말씀을 듣고 행하는 것을 진정한 가족의 모습으로 받아들인 이방인들에게는 기독교 공동체의 구성원으로서 새로운 정체성의 한 단면을 구축하게 된다. 즉 부모에 대한 절대적 순종을 강요하던 독선적이고 전제적인 이방인의 그레코-로만형의 효 체계를 더 이상 수용하기를 거부하게 된다. 이제 육신적 부모의 말씀보다 하나님 말씀을 더욱 중시하고 이를 추종하게 되며 또한 그동안 이러한 전제주의적 가부장제 효를 유지하던 부모들도 이러한 절대적인 가장으로서 자기의 권력을 포기하고 자녀의 자유로운 순종[14]을 중시하게 된다. 이것이 누가공동체가 새롭게 정체성을 구축하는 한 방안이 된다.

누가공동체의 정체성 구축과 관련하여 또 하나 관심을 갖게 되는 것이 율법적 유대인의 효 체계의 새로운 전환이다. 여기서 예수는 유대인 그리스도인들에게 기존의 유대인이 가지고 있던 효 의식을 버리고 새로운 효 의식을 가져 교회의 정체성을 가질 것을 명하신다.

앞에서 언급한 바와 같이 유대인들은 고르반의 효 체계를 가지고 있었다. 그렇다면 왜 유대인들은 마태복음 15장 1~6절(막 7:1~6)에서 보다시피 고르반에 의해 부모에 대한 효를 경시한 것인가?

그닐카(J. Gnilka)가 언급한 바와 같이[15] 원래 유대인들은 십계명 중 제5계명에 의해 부모들에게 음식과 물을 주고 옷을 입히고 이불을 덮어주며, 길을 인도하고 방문 시 따뜻하게 맞아들이는 것이 자녀의 의무라고 생각하여 효를 당연한 것으로 여겼다.

그러나 시간이 지날수록 효보다 하나님 공경하는 것이 첫째로 중

---

14) 위의 책, 205.

15) J. Gnilka, 박재순 역, 『국제성서주석: 마르코복음 Ⅰ』(서울: 한국신학연구소, 1985), 58.

요한 계명이라고 하여 하나님을 공경하기 위해 부모에 대한 공경을 하지 않는 것도 당연하다는 논리를 갖게 되었다. 제1계명에서 제4계명까지의 내용이 제5계명보다 앞선다는 형식적이고 단편적인 논리에 근거하여 고르반에 의해 부모에 대한 책임을 거부하게 된 것이다.

이렇게 계명 사이에 차등을 두어 하나의 계명으로 다른 계명을 부정하는 것은 바리새인과 서기관의 율법주의 특징이다. 특히 바리새인들의 율법주의는 당시 유대인들의 삶의 지표가 되어 사회적 관습으로 자리 잡고 있었다.

예수는 이러한 율법주의적 효 체계에 의한 부모에 대한 공경의 경시를 비판한다. 그에 의하면 마가복음 7잘 9-13절에서 사람의 관습을 지키려고 제5계명을 저버리는 것은 하나님에 대한 경건하고 진실한 신앙을 유지하기 힘들다는 것이다.

이런 고르반에 의한 효 체계를 부정하고 새로운 가족윤리의 효 체계를 제시하여 기독교 공동체의 정체성을 구축하고자 예수는 누가복음 8장 21절에서 '하나님의 말씀'에 따른 부모에 대한 부양을 제시하고자 한다. 그렇다면 예수의 하나님 말씀에 따른 부모의 부양에 대한 효의 논리는 무엇인가?

바로 '정의'의 관념이다. 정의란 일반적으로 각자에게 제 몫을 주는 것을 의미한다. 자녀는 부모로부터 받은 만큼 되돌려 주는 것이 정의이다. 누가는 예수의 말씀을 통해 하나님께 바치는 것보다 정의를 소홀히 하지 말 것을 강조한다. 즉 누가복음 11장 42절에서 "너희는 박하와 운향과 온갖 채소의 십일조는 바치면서, 정의와 하나님께 바칠 사랑은 소홀히 한다. 그런 것들도 소홀히 함이 없이 하고, 이것들도 반드시 해야 한다."라고 하여 하나님께 바치는 것도 중요하지만 '정의'도 반드시 해야 한다는 것이다. 누가는 이 정의의 관념에 의해 부모에 대한 부양을 경홀히 하는 것은 결코 새로운 기독교 공동체의 가치체계로서 수용하기 힘든 것으로 보았다.

누가는 '하나님 말씀에 따라' 새로운 가족체계를 구축함에 있어서 당시 기독교 공동체의 구성원으로서 유대인 그리스도인들이 가지고 있었던 효 체계의 중요성을 간파하고 있었고 이를 새로운 가족으로서 영적 가족의 구성원들에게 육신의 가족들에 대한 행위 양태가 과거와 달라야 함을 제시하였다. 왜냐하면 이것이 바로 기독교 공동체의 정체성을 마련하는 주요한 길이었기 때문이다.

2. 통합성 구축

누가는 예수의 말씀을 통하여 기독교 공동체의 진정한 가족의 형태를 드러내고자 한다. 새로운 가족의 형태는 가족의 관계의 새로운 설정에서 비롯된다. 이런 점에서 누가는 특히 가족의 관계에 있어서 다른 어떤 가족 관계보다 중요한 부자관계의 새로운 해석을 보여주고자 하였다. 이를 통해 앞에서 언급한 누가공동체의 통합성을 구축하고자 한다.

앞에서 언급한 바와 같이 누가공동체의 내적 구성원들은 이방인 그리스도인과 유대인 그리스도인이었다. 이들은 외부환경으로서 그레코-로만식의 효 체계와 유대식 율법주의적 효 체계를 거부하여 나름대로 정체성을 마련하게 되었고 이제 내부 구성원인 이방인 그리스도인과 유대인 그리스도인의 통합성을 마련하는 작업으로써 새로운 효 체계의 내용을 마련하는 것이 필요하게 되었다.

그레코-로만식의 효 체계를 가진 이방인 그리스도인과 율법주의적 효 체계를 가진 유대인 그리스도인을 통합하는 방법은 우선 지나치게 강압적이고 지배적인 그레코-로만의 전제주의적 가장의 권위주의를 약화시키고, 다음 율법주의에 의한 유대인 효 체계에 있어서 지나치게 실추된 부의 권위를 회복하는 방법이다. 이는 하나님의 말씀에 의한 진정한 부의 권위의 회복과 관련된다. 부의 권위에 대한 일치된 관념을 이방인 그리스도인과 유대인 그리스도인이 공유할 때 누가공동체의 통합성은 더욱 굳건해진다고 할 수 있다. 그렇다면 진정한 부의 권위의 재구축을 위한 방안은 무엇인가?

누가가 추구한 진정한 부의 권위 회복의 전략은 누가복음 22장 24-27절에 잘 드러난다. 여기서 누가는 예수의 말씀을 통해 다스리는 사람은 섬기는 사람이 되어야 한다고 본다. 여기서 예수의 권위는 자신이 시중드는 사람(눅 22:27)에 의한 것임을 분명히 밝힌다.

새로운 기독교 공동체의 통합성을 위해 그레코-로만 문화의 효 체계를 지닌 이방인 그리스도인들은 새로운 가족체계의 구축함에 있어 강력한 지배력을 지닌 가장의 권위를 내려놓고 겸손히 섬기는 자세를 지니는 것이 필요하다.

지도자의 위치에 있는 사람에게 섬기는 자세가 어떤 의미를 지니는지는 마태복음 23장 8-12절에 더욱 분명히 제시되어 있다. 여기서 랍비나 아버지 그리고 지도자는 오직 하나님과 예수에게만 해당되는 칭호임을 분명히 한다. 그리고 섬기는 사람이 으뜸이 되고 자기를 낮추는 사람이 높아진다는 권위의 형성원리를 제시하였는데 이는 기존의 권위체계로서 그레코-로만 효 체계를 지닌 사람들에게 가히 충격적이라 할 수 있다. 그러나 섬김에서 권위가 도출된다는 새로운 기독교 공동체의 효 원리는 전제주의적 효 원리를 지닌 이방인 그리스도인에게 기존의 부자관계에 있어 변혁을 가져와 부의 권리가 제한되고 보다 겸손한 권위를 구축하게 하여 유대인 그리스도인과의 통합을 위한 통로를 마련하였다.

유대인 그리스도인이 지닌 기존의 가부장적 효 체계도 새로운 섬김에 의한 권위 구축과 그에 따른 새로운 효 원리에 의해 역시 기독교 공동체의 통합성에 기여하였다.

우선 우리가 이해할 수 있는 것은 유대인 가정의 가장들은 이방인 가정의 가장보다 지배력과 권위가 상대적으로 약하였다. 그 이유는 유대인 가장들은 그들보다 더 높은 권위자인 하나님의 지배를 받아야 했기 때문이다. 따라서 고르반의 효 현상에서 보다시피 하나님을 우선하여 대접을 하고자 했기에 상대적으로 유대 가정의 가장들은 그 권위가 때때로 심각하게 무시되었다. 뮬러(Hans Mueller)가 제대로 설명한 바와 같이 유대인 가정의 가장들의 권위를 높이기 위한 방안으로 구약에서 보다시피 지속적으로 가장들에게 다양한 할례나 유월절 등의 절기 행사를 주관하게 하고 있지만 재물을 통한 봉양 등에서 하나님 우선주의에 밀려 그 권위가 실추되었던 것이다.

이러한 실추된 권위를 회복하는 것은 바로 섬김에 의한 권위를 구축하는 방안이다. 이는 기존의 가부장적 권위를 통한 부의 위치 강화의 방안을 포기하는 것을 의미한다. 행사나 절기를 주관하는 정도에서 부의 권위를 마련하고자 한 유대인들의 노력은 단편적이다. 즉 권위 유지에 있어서 지속력이나 그 강도가 높지 못하다. 이렇게 부의 권위가 경시되는 효 체계를 지닌 유대인들이 새로운 공동체의 모형으로서 기독교 공동체의 통합성에 기여하기 위해 섬김을 기초로 한 가장의 권위를 새롭게 회복하는 것이 중요하다.

누가는 누가복음에서 섬김에 의한 부의 권위 회복의 과정을 두 가지 차원에서 진행한다. 우선 가부장적이고 권위주의적인 '부'를 새로운 기독교 공동체의 모형으로 배제하는 것이다. 이는 부가 가부장적 상징이기 때문이다. 그래서 누가복음 8장 21절에도 '아버지'가 빠져 있다. 마찬가지로 마가복음 10장 29-30절에서 29절에 있는 아버지가 대칭구조를 지닌 30절에는 빠져 있다. 마가와 마찬가지로 누가는 새로운 가정에는 가부장적인 권위의 상징인 '아버지'가 있어서는 안 된다고 하여 의도적으로 아버지를 배제했다고 볼 수 있다.

누가는 유대인 사회의 절기나 행사 등을 통해 전해 내려온 가부장적인 잔재가 남아 있던 '아버지'의 관념을 배제하여 그야말로 새로운 '아버지'의 권위를 세우고자 한다. 바로 섬김에 의한 권위의 구축이다. 이러한 권위가 초대 기독교 공동체에 공유되어 공동체의 통합성을 이룩했던 것이다.

다음, 섬김에서 부의 권위의 회복은 봉사와 희생 그리고 섬김의 상징인 '어머니'의 모형을 추종함을 따라서이다. 여기서 새로운 기독교 공동체의 효 체계는 섬김에서 권위를 지속하는 '어머니'가 모형이 된다. 이런 의미에서 비록 테너힐(Robert C. Tannehill)이 동의하지 않지만[16] 피츠마이어(Joseph Fitzmyer)가 지적한 바와 같이[17] 예수의 어머니 마리아는 '하나님 말씀을 듣고 행하는' 사람으로서 제자들의 모형이 된다. 이는 누가가 그의 공동체의 통합성을 구축하는 방안에서 어

---

16) Robert C. Tannehill, *The Narrative Unity of Luke-Acts* Vol. 1(Philadelphia: Fortress Press, 1986), 213.

17) Joshep A. Fitzmyer, The Gospel according to Luke 1-9, *Anchor Bible*(Garden Cuty, NY: Doubleday &Co., 1981), 725.

머니 마리아는 새 가정의 섬김을 통한 권위의 구축에 있어서 제자들
이 추종하여야 할 매우 긴요한 모델이 되었기 때문이다.[18]

IV. 결론

효는 오랫동안 동서양을 불문하고 또한 종교를 불문하고 관심의
대상이 되어왔다. 한국사회도 오랜 역사를 거쳐 효에 대한 논의가 진
행되어 왔다. 효는 가정의 문제이었지만 사회나 국가에 이르기까지
효가 깊은 관련을 갖기도 하였다.

초대 기독교 공동체는 다양한 구성원들로 구성되어 있었다. 따라
서 예수는 이러한 기독교 공동체가 제대로 존속하기 위해서 외부환
경과의 관계에서 정체성을 구축하고 또한 내부 구성원들을 하나로
묶는 통합성을 지속적으로 추구하였다.

누가복음의 8장 19절에서 21절에서 우리는 기독교가 중심이 된 새
로운 가정의 형태를 규명하면서 또한 이를 통한 누가공동체의 존속
을 위한 정체성과 통합성이 구축되는 방안을 살펴볼 수 있었다.

특히 가족체계에 있어서 가장 중심되는 가족 관계인 부자관계는
효 체계를 통한 기독교 공동체의 정체성과 통합성을 마련하는 전략
과 깊은 관계를 갖는다. 따라서 하나님이 중심이 되는 효 체계와 정
의 관념의 구축, 섬김을 통한 권위의 회복은 영적인 가족체계의 구축
을 통한 기독교 공동체의 존속에 중요한 기제가 된다.

---

18) 보다 자세한 논의는 W. B. C 35A, Luke 1-9:20, 395.

현재 한국사회의 가족을 중심으로 발생하는 다양한 사회문제에 대해 기독교적 대응을 마련하기 위해 누가복음에서 새롭게 제시된 효 체계를 보다 구체적이고 실천가능한 것으로 규명하는 작업이 필요하다.

제5장 | 기독교 효의 사회학적 연구
-막스 베버의 사회변동론과 관련하여-

I. 서론

1. 연구의 목적

효를 사회이론에 의해 탐구하는 학문을 효사회학이라 할 수 있다. 그런데 효라는 것이 거의 모든 종교 즉 기독교, 불교, 유교, 도교, 이슬람교 등에서 언급되지 않는 경우가 없다. 이런 의미에서 효는 종교학과 밀접한 관련이 있으며 따라서 효를 사회학적으로 연구하는 효사회학은 결국 종교사회학과 깊은 관련을 짓는다.

효를 사회학적으로 연구할 때 종교사회학의 대표적인 인물인 베버(Weber)를 빼놓을 수 없다. 베버는 사회통합이론으로 유명한 뒤르크하임(Dürkheim)과 사회갈등이론으로 유명한 맑스(Marx)와 함께 종교사회학의 형성에 기초를 놓은 사람이다.[1] 특히 베버는 뒤르크하임의 사회통합이론과 맑스의 사회갈등이론을 제대로 적절히 통합한 이론으로서 사회변동이론을 제시하여 종교사회학의 새로운 장을 열었다.[2]

무엇보다 베버는 통합된 사회가 변동하는 과정을 제대로 분석하였

---

1) 물론 이 세 사람 중 맑스가 상대적으로 종교사회학에 끼친 영향은 나머지 두 사람에 비해 적은 편이다.
2) Walter H. Capps, 김종서 외 역, 『현대종교학 담론』(서울: 까치, 1977), 235.

기 때문에 사회통합의 과정과 변동과정에 관계하는 변수들이 어떻게 작동하는지 이해하는 데 도움을 준다. 그렇다면 베버가 관심을 가지고 있었던 사회변동과 통합의 변수는 무엇인가? 바로 종교이다. 따라서 베버는 종교가 사회통합과 변동에 관계하는 하나의 변수임을 전제로 이를 통한 사회변동론을 구축하였다.

위와 같은 관점에서 본 연구는 베버의 종교에 의한 사회변동론을 기초로 종교가 내포하는 효가 하나의 사회체계로서 이러한 사회의 통합과 변동에 관련되는 과정을 규명하고 이를 통해 효의 사회학적 이론체계를 구축하는 데 연구의 목적을 둔다.

2. 연구의 방법

그동안 종교적 효, 즉 종교에 내포된 효에 대한 다양한 논의들은 효를 환원론적 또는 단편적인 변수로서 설명해왔다. 그러나 종교적 효와 같이 다양한 요소들이 관련된 복합적 개념 구도는 단순한 한두 가지 변수들로 분석하고 규명하기에는 한계가 있다. 따라서 종교적 효를 하나의 체계로 규명함이 타당하다.

종교적 효를 체계로 규명한다함은 체계론적 접근을 시도함을 의미한다. 체계론은 종교적 효와 같이 복합적이고 다차원적인 개념구도를 분석하고 종교적 효가 하나의 체계로서 통합하는 과정과 그 변화과정을 분석하는 데 적합하다. 왜냐하면 체계론은 지속적 존속을 목적으로[3] 외부환경과의 상호관계를 사회변동을 통해 정체성을 마련하며[4] 내적으로

---

3) C. West Churchman, *The Systems Approach*, rev. ed.(New York: Dell, 1972), 29.

4) Arther Koestler, *Janus*(London; Hutchinson, 1978), 57. Fritjof Capra, *The Turning Point*, 43.

하위변수들의 복합적 상호작동을 통해 통합성을 구축하는 과정을 제대로 규명하는 데 있어서 여타 접근법보다 탁월하기 때문이다.

본 연구는 위와 같은 관점에서 종교와 연관한 효가 하나의 체계로서 사회를 통합하는 과정과 다시 사회변동과 관련되는 과정이 어떻게 진행되었는가를 규명하기 위해 종교적 효의 일반화된 분석틀로서 기독교에 의한 보편화 가능성의 효 체계를 설정하고 이 체계의 변수 4가지(순종, 친애, 존속, 대리)를 도출하여 이를 통해 사회가 통합하는 과정과 변동하는 과정을 규명하는 작업을 시도한다. 이를 위해 기독교의 보편화 가능성의 효 체계와 사회통합과 변동의 과정을 하나의 묶는 체계, 즉 효 사회체계를 구도하는 것이 필요하다. 효 사회체계는 다음 그림과 같이 그려낼 수 있다. 여기서 화살표는 상호작용의 과정을 의미한다.

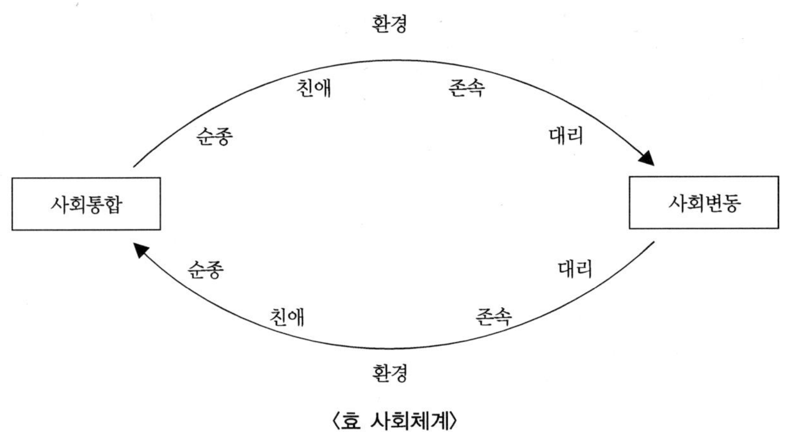

〈효 사회체계〉

보다 구체적인 연구의 진행과정은 우선 기독교의 보편화 가능성 효 체계를 구축한다. 그리고 이를 통해 사회통합과 사회변동을 살펴보기 위해 분석의 대상을 베버의 저서인 『유교와 도교』를 선택하였다. 이렇게 베버의 『유교와 도교』를 분석대상으로 한 이유는 이 자료에 베버의 사회통합과 변동과정이 구체적으로 드러나며 더구나 이러한 사회변동과 사회통합의 과정에 효가 관련되는 과정이 제대로 밝혀지기 때문이다. 이제 기독교의 보편화 가능성의 효 체계의 변수인 순종, 친애, 존속, 대리를 통해 중국사회의 통합과 변동과정에 어떻게 종교적 효와 관계하는지를 구체적으로 살펴보기로 한다. 이를 위한 선결문제로서 먼저 분석의 틀인 기독교에 의한 보편화 가능성의 효 체계를 구축하기로 한다. 다음에 효사회체계의 사회통합과 사회변동의 상관관계를 밝힌다.

II. 효 사회체계

1. 기독교적 보편화 가능성의 효 체계

앞에서 언급한 바와 같이 효 사회체계는 두 개의 하위체계가 통합하여 구축된 체계이다. 두 개의 하위체계는 기독교적 보편화 가능성의 효 체계와 사회통합과 변동의 체계이다. 먼저 기독교적 보편화 가능성 효 체계가 무엇인지 규명해 보자

먼저 염두에 둘 것은 기독교란 보편주의적 사상과 관행의 종교라는 사실이다.[5] 노치준 교수가 지적한 바와 같이[6] 기독교 속에는 이웃사

랑, 봉사, 희생, 인간존중, 공동체 생활 등 어느 부류 사람이나 민족들에게도 받아들여지는 의미와 관행과 사상을 풍부히 가지고 있다.

이러한 보편주의적 사상과 관행을 더욱 세련시키고 사상과 구체적인 프로그램으로 만들며 그 원리에 근거하여 사회를 구성하려고 노력할 때, 종교적 신념이 다른 사람들에게도 거부감 없이 기독교 사상은 공동보조를 맞추어 보다 나은 사회를 구축할 수 있다.

이런 의미에서 자연법적 성격을 지닌 구약의 10계명과 신약에서 도출된 기독교의 효도 보편화 가능성이 있다. 따라서 기독교의 보편화 가능성의 효 체계는 비기독교적 문화에도 적용과 적응 가능한 체계이다. 비기독교적 문화에 적용과 적응 가능한 체계이다. 그렇다면 먼저 성경의 어떤 내용이 기독교의 보편화 가능성의 효 체계의 의미를 구축하는가? 바로 바울의 서신으로서 에베소서이다.

에베소서 6장 1절에서 4절에는 인간 중심적 효의 내용과 신 중심적 효의 내용에 동시에 적용될 수 있는 효의 변수들이 적시되고 있다. 따라서 에베소서 6장 1-4절에 의해 효의 일반원리로서 보편화될 가능성이 있는 기독교의 보편화 가능성 효 체계를 마련할 수 있다.[7]

이러한 에베소서 6장 1절부터 4절에서 기독교적 보편화 가능성 효 체계를 구성하는 변수들이 구축되는 데 먼저 동서양의 효에 일반적으로 언급되는 부모공경과 부모에 대한 '순종'의 변수를 도출할 수 있다(1-2절). 이러한 부모에 대한 복종 또는 순종은 동서양의 효에 있어서 대표적으로 강조되는 내용이다.[8]

---

5) 노치준, 「뒤르케임과 베버의 종교사회학」, 『사회학 연구』, 다섯째 책, 1987, 127.

6) 위의 책.

7) 참고, 박철호, 「성경적 효 윤리의 이해」(인천: 도서출판 좋은세상, 2001).

에베소서에서 염두에 둘 것은 부모에 대한 효로서 부모공경이나 부모에 대한 순종을 강조하면서 부모의 자녀에 대한 도덕적 의무를 또한 강조하고 있다는 점이다(4절). 이는 부모와 자녀 관계에 있어서 상호주의적 대응관계를 구축하고자 한 것이다.[9]

이러한 부모와 자녀 관계에 의한 도덕적 의무의 양면성은 부모의 일반적 성격에 따라 제시되었다. 즉 브리태니커 사전에 의한 바와 같이[10] 전통적으로 부모는 페이터(pater)적 성격과 제니터(genitor)적 성격이 있고[11] 바로 이러한 부모의 성격에 따라 도덕적 내용을 달리하고 있기 때문에 부모와 자녀 관계의 양면성이 존재하게 된다.

페이터적 부모는 자녀와의 불평등 관계에 의해 권위적이고 명령적이다. 왜냐하면 이러한 부모의 위치는 자녀의 도덕적 불완전성과 위법 가능성에 기초하여 자녀에게 도덕성을 내면화하는 작업과 관련되기 때문이다.[12]

이를 통해 자녀들이 페이터적 부모의 훈육 즉 육효(育孝)[13]에 순종함으로써 이를 통해 사회질서를 존중하고 이를 준수하는 기본적 사회질서 의식을 갖게 된다. 이러한 페이터적 부모에 대해 갖추어야 할

---

8) 유교에서는 가장 기본적인 인간관계는 부모자녀 관계이고 따라서 순종의 효를 『효경』등을 통해 지극히 강조하고 있다. 이해영, 「유학이란 무엇인가?」, 『강좌 한국철학』(서울: 예문서원, 2001), 30. 도교에서는 유교의 효와 거의 일치하여 순종의 효를 강조한다. 이러한 사실은 무엇보다도 사회를 구성하는 기본단위로 가족을 강조하는 『태평경』에 잘 나타난다. 참조, 윤찬원, 『도교의 철학』(서울: 돌베개, 1998), 181. 불교도 『부모은중경』을 통해 유대교도 10계명을 통해 순종의 효를 강조하고 있다.

9) 박철호, 「성경적 효 윤리의 이해」 123.

10) *Encyclopaedia Britannica*, Ⅶ(1973-1974), 754.

11) 페이터적 부모의 성격은 자녀를 훈육하여 사회화를 통해 공동사회의 구성원으로 자라게 하는 것을 의미한다. 이러한 부모는 가부장제(patriarchy)에서 보다시피 권위적이고 위계적이다. 반면 제니터(genitor)로서 부모의 성격은 자녀와 수평적 관계를 유지하면서 인격적인 애정과 친애의 성격을 지니는 부모를 의미한다. 참조, 박철호, 『효 윤리학』(인천: 도서출판 좋은세상, 2000), 69.

12) 위의 책, 68.

13) 박철호, 「효학의 학문적 기반 구축을 위한 체계론적 연구」, 『효학개론』(인천: 성산효도대학원대학교, 2001), 44.

자녀의 효의 내용은 한마디로 공경이요 복종이며 '순종'이다.

그러나 제니터적 부모와 자녀의 관계는 페이터적 부모자녀 관계와 달리 원칙이나 약속 앞에 상호 평등적으로 이루어지는 관계이다. 따라서 부모자녀 관계는 수평적이고 인격적이며 사랑의 애정이 깊이 관련된다. 여기서 기독교의 보편화 가능성 효 체계의 또 하나의 변수인 '친애'의 성격이 도출된다.

페이터적 부모에 대한 순종의 효에는 위계적이고 권위적인 것이 있지만 동일한 인격체로서 서로 존중하며 친구와 같은 우정을 나누는 제니터적 부모와 자녀의 관계에서는 바로 친애의 효가 내재된다.[14] 에베소서 6장 4절의 내용에서 바로 부모가 자녀를 인격적 관계로 대하는 친애의 효가 도출된다. 특히 기독교 가족문화의 한 부분으로서 기독교 효 문화에서 특히 강조될 수 있는 것이 바로 친애의 효이다. 이 친애의 효는 다른 종교의 효 문화에서 찾아보기 힘든 덕목이다.

사실 따지고 보면 부모가 자녀의 분노를 일으키는 것은 무엇보다 비인격적 대우에 기인하는 경우가 많다. 따라서 에베소서 6장 4절은 부모와 자녀 간에 서로 동등한 인격적 인간관계가 존재함을 드러낸 것이다. 이러한 제니터적 부모에 대한 자녀의 효의 내용은 친구 사이에 맺어지는 덕목인 '친애'인 것이다. 즉 자녀는 부모를 친애로서 효할 때가 필요하고 부모도 이를 통해 기쁨을 누리게 된다.[15]

---

14) 제니터란 '생산자'의 의미를 가지고 있다. 부모는 자녀의 생산자이다. 그러나 이 부모는 자기 자녀가 생산자의 위치에 있게 되면 서로 간 생산자로서 동등한 성격을 지니게 된다. 이런 의미에서 궁극적인 생산자이며 창조주인 하나님 즉 진리 앞에서 양자는 동등하고 평등한 위치를 갖게 된다. 따라서 이러한 부모와 자녀가 동등하고 평등한 관계에 의한 '친애'의 정서를 서로 교환하는 시기는 대체로 자녀가 결혼하여 또 다른 생산자로 위치할 때이다. 물론 결혼하지 않는 자녀도 성인으로서 이러한 관계를 갖게 된다. Ibid., 68.

15) 박철호, 「체계윤리의 가족화 검증의 논리에 의한 효 연구」, 『효 윤리학』(인천: 도서출판 좋은세상, 2000),

한편, 성경에는 효를 행하는 자, 즉 순종과 친애의 효를 부모에게 행하는 자는 축복을 받게 되어 있음이 곳곳에 드러난다. 즉 성경의 구약과 신약에 있어서 효 윤리에 관한 내용에 이 땅에서 잘된다는 물질적 정신적 축복과 장수한다는 육체적 축복이 제시되어 있다.

물론 동양의 도교에서도 효자는 본인이나 그 부모 모두 장수한다는 축복을 역시 제시하고 있다. 즉 도교의 경전인『태평경』은 유교적 관념인 효를 중시함으로써 유교와 다름없는 사상을 보여주지만 효의 실천 이념을 장수에 두고 있는 점에서 차이가 난다. 태평경에 의하면 부모의 장수를 염려하는 것이 효의 일차적인 의미이지만 그러한 효의 실천을 통하여 자신의 장수를 얻을 수 있다는 효의 이차적 의미가 주어진다.16)

이러한 효자의 축복의 내용은 에베소서에서도 잘 나타난다. 즉 이 세상에서 잘 되고 장수한다는 것이다(엡 6:3). 그런데 이러한 물질적 축복과 육체적 축복은 최소한 생명이 살아남아 바로 이 땅에서 '존속' 해 간다는 의미를 내포하고 있다. 따라서 기독교 효 문화체계에 있어서 또 하나의 변수인 '존속'이라는 변수가 포함된다. 그런데 엄밀한 의미에서 효자의 축복인 물질적 축복과 육체적 축복은 부모에 대한 물질적 봉양과 부모의 육체적 건강이나 장수를 위한 효자의 노력에서 비롯된다. 결코 무작위의 방관적 태도 속에서 이러한 물질적 그리고 육체적 축복이 주어지지 않는다. 따라서 자녀는 부모의 양구(養口) 즉 의식주의 경제적 필요를 채우도록 노력해야 할 것이며 또한 부모의

33-37.

16) "然, 上善第一孝子者, 念其父母且老去也, 獨居閒處念思之, 常痴下也"(券47, '上善臣子第子爲君父師得仙方訣'), 134-135.

양체(養體), 즉 육체적 건강을 위한 노력을 게을리하지 말아야 한다.

그런데 이러한 기독교의 보편화 가능성 효 체계 구성의 기반이 되는 에베소서 6장 1절에서 4절까지의 내용에서 드러난 것은 부모에 대한 공경, 즉 '순종'이나 부모와의 '친애' 그리고 이를 통한 '존속'도 '주' 안에서 행해진다고 하여 예수 그리스도 중심의 효 체계가 구축되고 있다. 이렇게 주 안에서 효를 행한다는 것, 주를 대신하여 효를 행한다는 것은 무엇을 의미하는가?

유대교에서 부모의 자녀에 대한 위치는 월터 카이저(Walter C. Kaser)가 언급한 바와 같이[17] 하나님의 대리자이다. 따라서 부모에 대한 반역을 하나님에 대한 반역과 연관을 짓고 있다. 왜 부모는 하나님의 대리자인가? 이는 성경에 언급한 바와 같이[18] 부모로부터 하나님의 법을 배우기 때문이다. 이러한 이유로 자녀는 하나님의 대리자인 부모에게 '순종'하여야 하며 이를 보다 확대하여 보면 자녀도 역시 하나님의 대리자로서 부모를 섬기기 위해 '순종', '친애' 그리고 '존속'으로서 효를 행하여야 한다는 것이 당연시 된다. 따라서 기독교 효 문화에는 에베소서 6장 1절에 보다시피 효는 하나님의 명령에 의해 마땅히 행해야 함을 강조하게 된다.

이러한 유대교의 하나님의 '대리'로서 효를 설명하는 틀을 동일하게 적용한 기독교의 효 문화체계도 유대교의 효와 크게 차이가 나지 않는다. 다만 신약의 에베소서의 '주 안'은 카이저가 지적한 바와 같이[19] 대리자로서 부모나 자녀가 하나님의 말씀을 대적하는 것을 금

---

17) Walter C Kaser, 역, 홍용표, 『구약성경윤리』(서울: 생명의 말씀사, 1990), 179.

18) "오늘날 내가 네게 명하는 이 말씀을 너는 마음에 새기고 네 자녀에게 부지런히 가르치며 집에 앉았을 때에든지 길에 행할 때에든지 누웠을 때에든지 일어날 때에든지 이 말씀을 강론(대화)할 것이며"(신 6:6-7).

지하는 의미도 포함한다.[20)]

그런데 여기서 구축되는 기독교 보편화 가능성 효 체계에서의 '순종'과 '친애' 그리고 '존속'이 '주 안'과 맺는 관계를 어떻게 이해할 것인가? 체계론적 관점에서 보면 상호작용에 의한 관계의 망을 형성하는 네 개의 변수들은 상황에 따라 그리고 분석의 수준에 따라 다양한 형태를 지니게 된다.

즉 기독교의 보편화 가능성 효 체계의 네 변수가 서로 관련을 맺되 서로의 관계는 소위 막스 베버(Max Weber)의 선택적 친화력(elective affinity)[21)]의 관계와 유사한 형태가 된다. 즉 '순종', '친애', '존속' 그리고 '주 안'은 각각 기도교의 보편화 가능성 효 체계의 하부체계로서 서로 간 필요와 관심(interest)에 따라 그리고 상황에 따른 친화력의 정도에 따라 '인식의 망'을 달리 형성하게 된다.

2. 사회통합과 변동체계

하나의 사회체계가 존속해 가는 형태는 지속적인 통합과 변동의 과정이다. 그리고 보다 강력한 사회체계의 통합은 사회변동 속에 구축되며 이를 통해 체계의 항상성을 유지한다. 따라서 사회변동은 사

---

19) Walter C Kaser, 역, 홍용표, 『구약성경윤리』, 179.

20) 몰트만(J. Moltmann)이 언급한 바와 같이 기독교적 관점에서 보면, '대리' 행위에 의해 인간역사와 사회의 윤리적 기초가 형성되었다. 왜냐하면 바로 그리스도의 '대리' 행위 속에 새로운 인류사가 시작되었고 교회공동체의 개인적이며 사회적인 구조가 근거하고 있기 때문이다. 즉 그리스도의 대리행위에 의해 모든 인간의 대리행위가 의미를 갖는다. 왜냐하면 이러한 그리스도의 대리행위는 모든 인간의 대리행위의 전형적인 모형이 되기 때문이다. 참조. J. Moltmann, 역, 김균진, 『본회퍼의 社會倫理』(서울: 대한기독교서회, 1993), 39.

21) H. H. Gerth and C. Wright Mills, *From Max Weber*(London and Boston: Routledge & Degan Paul Ltd., 1974), 62.

회체계의 혼란을 초래하는 것은 아니다. 왜냐하면 모든 변동 속에는 질서를 가지고 있기 때문이다.[22] 이런 의미에서 사회 체계는 통합과 변동을 반복하여 순환시켜 자기조직화 즉 체계의 항상성을 구축한다. 그렇다면 사회체계의 존속을 가능케 하는 사회통합은 어떻게 이루어 지며 또한 사회변동은 어떤 과정으로 진행되는가가 궁금하다.

먼저 사회통합은 베버나 뒤르크하임과 같이 종교적 심성을 통해 사회통합이 이루어짐을 이해하는 것이 중요하다.[23] 물론 이데올로기 나 그 밖에 다양한 신념 체계에 의해 사회의 통합이 이루어지 수 있 지만 가장 강력한 사회통합은 역시 종교에 의해서다.[24]

뒤르크하임도 동의하는 바와 같이 사회통합의 기능을 담당하는 종 교에 있어 그 종교가 갖는 의식(ritual)은 사회통합의 중요한 수단이 된다. 왜 의식이 사회통합의 기제가 되는가? 일단 의식은 사람들을 모이게 하며 그 모임 속에서 공동의 감정을 유발한다. 그리고 종교 의식은 사회 구성원이 주기적으로 지신의 정체성을 확인하는 수단이 된다.[25]

의식은 주기적으로 이루어져 공동의 신념과 공동의 전통, 조상에 대한 추억, 그 사회적 이념을 마음속에 이루어지게 한다.

마치 교회의 구성원이 친교를 교회공동체 사이에 나누지 않으면 자신의 믿음체계가 약화되어 다른 사람들과의 관계가 소원해지고 소 외되며 갈등의 요소를 갖게 된다. 따라서 교회는 예배와 같이 주기적

---

22) James Gleick, 박배식, 성하운 역, 『카오스』(서울: 동문사, 1987).

23) Max Weber, *Economy and Society*(New York: Bedminster Press, 1963), 411.

24) Nthony Giddens, *Capitalism and Modern Society Theory*(London: Cambridge University Press, 1971).

25) Emile Durkheim, *Elementary Forms of Religious Life*(New York: Collier Book, 1961), 431-432.

인 종교적 의식을 통해 교회공동체 구성원들을 참가시켜 교회공동체를 통합하는 집합적 감정과 집합적 관념을 지속적으로 부여하여 구성원들의 결속과 통합을 강화시켜가는 것이 중요하다.

사회통합을 이룩하는 데는 뒤르크하임이 언급한 바와 같이 종교의식에는 금기의식(negative cult)과 장려의식(positive cult)이 있다. 금기의식은 어떤 특정한 방식의 행동을 금하는 금지의 형태 곧 흔히 말하는 타부의 형태를 가진다.26) 뒤르크하임이 제대로 지적한 바와 같이27) 특정한 사람이나 사물, 장소, 시간, 말, 행동 등에 대한 금지조항을 많이 가지고 있는데 이것들은 거룩한 것과 속된 것을 구분하기 위한 목적으로 이루어진 것이다. 금기의식에서 사회구성원들은 금기와 희생의 사회적 요구를 수용하여 사회가 개인보다 중요하다는 생각과 사회에 대한 의무를 충실히 수행한다는 생각을 갖게 만든다.

하나의 사회로서 교회의 공동체는 교회 구성원들을 통합하기 위한 금기의식을 가지고 있다. 예를 들어 교회에서는 유행가를 부르지 않는다든가 주일에 교회에서 술이나 담배를 먹거나 피우지 않는 것 등이다. 이러한 금기의식을 통해 교회의 정체성을 마련하고 구성원들의 통합성을 또한 구축한다.

장려의식에는 먼저 기념의식을 들 수 있다. 뒤르크하임이 언급한 바와 같이28) 종교에 관한 기념의식은 사회구성원들의 공동의 추억과 감정을 유발시켜 사회의 통합을 용이하게 한다. 이러한 기념의식을 통해 친밀한 교제를 나누어 회중들은 서로 강하게 결속을 하게 된다.

---

26) Emile Durkheim, *Elementary Forms of Religious Life*, 338.

27) 위의 책, 351.

28) 위의 책, 368.

장려의식 중 모방의식은 종교적 인물의 행동이나 그 가르침을 그 대로 실천하려는 것을 의미한다. 그런데 뒤르크하임은 이를 종족의 토템을 모방하는 것으로 설명한다. 그러나 통합을 위한 토템의 사용으로써 동물, 벌레 등의 흉내는 일차적으로 동식물의 풍성함을 기대하는 실용적인 측면이 강하다. 따라서 통합을 위한 모방의식은 토템의 흉내보다도 집단의 카리스마적 인물과 자신을 동일시하려는 의지와 소속 집단의 가르침을 실천함으로써 소속집단에 귀속감을 증진시켜 소속집단에 대한 정체성을 내면하는 것이 목적이다.

존경과 경외의 대상이 되는 종교적 인물이나 경전의 가르침을 실천하려는 의지는 그러한 인물을 추종하고 가르침을 실천하기 위해 개인의 희생과 속박 그리고 부자유를 감내하게 한다. 이러한 과정을 통해 물리적 지배력보다 도덕적 지배력과 연결된 종교적 권위가 구축되고 이를 통해 사회통합이 이루어진다. 이런 과정을 통해 개인은 자발적으로 사회에 복종하고 이를 통해 사회통합이 가능케 된다.

다음 효 사회체계의 하위변수로서 사회통합과 변동의 체계에 대해 살펴보기로 한다. 먼저 염두에 둘 것은 뒤르크하임이 종교의식을 중심으로 사회통합을 분석한 것과 달리 베버는 종교의식보다 종교 관념에 더욱 관심이 깊다. 이는 그의 주된 관심 대상이 사회통합에서 사회변동에 있기 때문이다. 특히 베버는 종교적 관념이 사회변동을 일으키는 인간행동에 중요한 동기를 부여하는 작용을 한다고 본다. 종교적 관념이 사회변동의 기제가 되는 동기에 어떤 내용을 제공하는가? 이는 베버가 언급한 바와 같이[29] 종교적 관념이 행동의 동기 부여를 가능케

---

29) Max Weber, "The Social Psychology of the World Religion", *From Max Weber*, 208.

하는 것은 종교적 관념이 세계관을 구축하고 그 세계관이 하나의 이
데올로기로써 인간행동의 실천력을 강화하기 때문이다. 즉 종교적 관
념은 종교적 교리를 내포하여 종교적 신앙과 종교 생활의 실천에 심
리적 자극을 제공하고 구속력을 행사하기 때문이다.[30]

베버가 자본주의 발흥에 프로테스탄트 윤리가 기여한 바를 중시한
것과 같이 종교에서 비롯된 윤리가 생활 태도를 규정하게 되면 종교
적 신앙의 생명력이 남아 있는 한 그것은 강력한 심리적 제재로 작용
한다. 그리하여 종교적 윤리는 삶의 행동에 영향을 미치고 정치나 경
제 그 밖의 사회질서의 형성에 영향을 미치게 되어 결국 새로운 사회
질서가 이루어진다.

즉 종교적 신념은 새로운 사회변동을 일으킬 수 있는 새로운 유형
의 심리적 태도를 형성하는 데 이러한 심리체계는 환경의 영향에 의
해 미시적 동기를 통해 거시적 행동의 변화를 초래한다. 그런데 이러
한 심리적 태도를 갖게 하는 사회적 변수는 무엇인가?

이는 베버가 제대로 지적한 바와 같이 바로 카리스마적 존재가 사
회변동의 변수이다. 카리스마란 즉 카리스(하나님 은혜)와 마(드러난
것)의 합성어로 개인이 소유한 특별한 자질 을 의미한다. 이러한 자질
을 가진 사람은 범인과 달리 초자연적 초인간적 힘을 가지고 있는 사
람으로 인정된다. 이러한 카리스마적 자질을 가진 사람은 개인 속에
스스로를 정당화하는 권위를 가지고 있으므로 굳어진 사회제도를 파
괴하고 새로운 사회를 초래하는 계기를 마련한다. 카리스마적 존재의
대표적인 예가 바로 예언자이다.

---

30) Max Weber, *The Protestant Ethic and the Spirit of Capitalism*(London: George Allen & Unwin, 1976), 97.

예언자는 기존체계를 초월하는 윤리 기준에 따라 새로운 세계관을 제시하여 사회변동의 계기를 마련한다. 그리하여 경험적 현실과 종교에서 도출된 의미 있는 전체로서의 세계에 대한 개념이 갈등을 일으키게 되며 이러한 갈등은 사람들이 내적 생활 속에서나 외적 세계와의 관계를 설정하는 데서 긴장을 불러일으킨다. 이러한 긴장과 갈등이 사회변동의 원동력이 된다.

예언자는 베버가 언급하듯[31] 자신을 활동적인 신의 도구라고 생각하면서 모든 사람들은 신의 뜻을 이루기 위해 이 세상에서의 생활을 활동적이면서도 금욕적으로 합리화시키고자 한다. 이러한 합리화된 금욕생활은 기존의 삶의 양식과 기존 삶의 양식과 전통에 대한 반성과 비판을 초래하며 새로운 사회변동이 일어나게 하는 가능성을 높인다.

이러한 예언자가 가진 종말론적 하나님의 대리자로서 가르침은 일반 대중으로 하여금 자신의 삶을 새로이 재구성하는 강력한 동기화를 제공해준다. 이스라엘 예언자의 경우 야웨의 날이 임박하였음을 계속 외쳐 그날에는 모든 죄인이 심판을 받기에 심판에서 구원을 받는 길은 이 세상의 삶을 야웨의 뜻에 따라 재구성하는 것이라고 하였다. 이러한 예언자들이 제시하는 신은 그의 계획을 성취하기 위해 역사를 끊임없이 바꾸어가는 모습을 띤다. 따라서 이러한 예언을 따르는 일반대중은 이 세상에서의 삶을 신의 뜻에 맞추어 살기 위해 신의 뜻에 어긋난다고 생각하는 생활 습관과 전통을 타파하고 새로운 삶의 형태를 재구성하게 되어 사회변동의 기초를 마련하였다.

또한 사회변동과 관련하여 관심을 갖게 되는 종교 성향은 사회 계

---

31) H. H. Gerth and C. Wright Mills, *From Max Weber*, 285.

층과의 관계이다. 그렇다면 어떤 계층의 종교 성향이 사회변동의 변인으로 작동하는가? 여기서 관심을 갖게 되는 계층이 바로 상공업 종사자들의 종교적 성향이다. 이들은 베버가 지적한 바와 같이[32] 다른 계층에서 뿌리내리기 어려운 윤리성이 강한 구원종교의 윤리관을 갖고 있다. 이들은 특권이 없는 계급으로서 성격은 인격적 동등성에 기초한 친애의 윤리관을 내면화시키며 기존의 체계가 가지고 있는 계급적 차이와 권위적 윤리에 대해 불만을 가진다. 이 결과 급진적 성격을 띠면서 사회변동의 주도적 세력으로 등장한다.

이는 노치준 교수가 지적한 바와 같이 포로로 끌려간 이스라엘 백성들이 동료들에게 서로 의지하는 친애적 윤리관으로 응집력이 높으며 천민으로서의 지위를 벗어나고 싶어 하는 강한 구원에 대한 소망을 지니고 있었다. 이스라엘의 경우 야웨의 날에 실현될 혁명적인 지위 변화 즉 하나님 앞에서 누구나 인격적 동등함을 인정받는 날을 희망하였다. 이들이 원하는 사회적 변동은 또다시 누구를 억압하는 불평등한 계급사회의 반복이 아니었던 것은 베버가 잘 분석한 바와 같이[33] 이들은 자신들의 억압자에 대한 증오심을 표현하고 이들에 대한 신의 징벌을 탄원하는 시편들을 만든 것에서 명백히 드러난다.

이제 순종, 친해, 존속, 대리를 변수로 하는 기독교의 보편화 가능성 효 체계와 사회통합과 변동체계를 연결한 하나의 분석틀로서 효 사회체계에 의해 실제 문헌에 나타나는 사회를 대상으로 이러한 분석을 실시하여 그 사회의 실체를 규명해 보기로 한다.

---

32) 위의 책, 283-284.

33) Max Weber, *Economy and Society*, 492-497.

본 연구가 연구의 대상으로 삼은 것은 중국사회이다. 이렇게 중국
사회를 연구의 대상으로 삼은 이유는 중국사회가 종교적 효를 제도
적으로 관념적으로 구체화한 사회이기에 효사회체계의 분석이 보다
용이하기 때문이다.

Ⅲ. 효사회체계에 의한 중국사회 분석

1. 사회통합의 기제로서 순종과 존속

중국사회의 통합은 앞에서 언급한 바와 같이 주로 종교적 의식이
주요한 역할을 담당하였다. 중국의 대표적 종교는 유교와 도교이다.
따라서 이러한 종교들이 중국사회의 통합과정에 깊이 관련된다. 그렇
다면 유교와 도교의 종교의식과 보편화 가능성의 효 체계의 변수들
은 어떤 관계를 구축하며 중국사회의 통합에 개입했는가? 중국사회
가 통합이 제대로 구축된 것은 봉건사회이다. 물론 봉건사회에도 다
양한 사회존속의 과정이 있지만 궁극적으로 갈등이나 변동보다 사회
통합을 위한 사회 전반적 추세가 강하였다. 이제 중국의 봉건사회를
중심으로 이러한 과정을 구체적으로 규명해 보기로 한다.

종교의식은 앞에서 언급한 바와 같이 사회통합의 주요한 수단인데
여기에는 금기의식과 장려의식이 있다. 중국사회의 통합과 관련한 금
기의식과 장려의식은 유교와 도교에도 제대로 내포되어 있다.

우선 유교의 종교의식을 살펴보면 여기에는 보편화 가능성의 효
체계 변수 중 순종이 깊이 관련됨을 알 수 있다. 즉 유교의 종교의식

으로서 금기의식이나 장려의식은 복합적으로 상호작용하면서 순종의 효를 강조하고 있다. 즉 부모에 대한 자식의 무제한적 효행의 강조는 다른 어떤 덕보다 효가 중시되었음을 보여준다.[34]

아버지의 허물을 드러내지 않는 금기의식은 공자의 가르침을 통해 잘 드러난다. 즉 어느 고위 관리는 그의 아버지가 동일한 지위에 있었을 때 용서하였던 뚜렷한 악습을 아버지를 민망스럽게 하지 않겠다고 하는 효심에서 계속 용서해 주었다는 것을 공자는 칭찬했던 것이다.

또한 공자의 가르침을 통한 효의 장려의식은 부모의 장례를 자식이 어떻게 치르는가에 따라 그의 신용등급이 달리된다는 것에서 잘 드러난다. 또 장려의식의 하나로 효가 인간행위의 근본임을 강조하였다. 즉 효를 그 밖의 덕목의 핵심으로 여겨 효를 지니는 것은 관료제의 가장 중요한 신분상의 의무, 즉 무조건적 규율의 이행을 실증하고 보증하는 것이라고 하였다.

이처럼 효가 모든 복종관계에 전용되어 소위 사회 전반에 순종의 도를 확산시킨 순종의 사회화가 확립되었다. 순종의 효를 사회화하는 과정은 금기의식이든 장려의식이든 복합적으로 작동하였다. 이러한 순종의 사회화는 부모, 스승 및 관직 서열에서의 장과 관공서 일반에 대한 순종으로 강화되었다. 이렇게 순종은 가정에서 사회로 전환된 것에는 그 순종의 성격이 동일했기 때문이다. 봉건제 사회통합에 강조된 윤리적 덕목인 충성은 이러한 순종 효의 사회화에 기초한다.

사회통합과 관련하여 중국사회에 강조된 보편화 가능성의 효 체계의 또 하나의 변수는 존속이다. 존속의 효는 생명과 관련된다. 즉 부

---

34) Max Weber, 이상률 역, 『유교와 도교』(서울: 문예출판사, 1996), 231.

모의 생명이 오래 지속될수록 효의 평가는 높다. 이러한 생명 존속의 강조는 오랜 역사를 지닌 것이다. 점술용으로 거북의 존중과 덕의 수양과 학습은 유교적 신념에 따르면 장생술의 효력이 있다.35) 도교도 생명 자체의 존속은 선이고 죽음은 절대적으로 해라고 한다. 특히 도교는 장생을 위해 호흡과 식물의 중요성을 강조하였다 그렇다면 존속의 효가 어떤 과정으로 사회통합의 기제로서 작동하였는가?

유교나 도교는 똑같이 공통된 존속의 효에 대한 성격을 지니고 있다. 두 종교는 공통된 귀령설을 통해 그 명제를 더욱 발전시켰다. 일단 장생술의 체계화가 이루어지면 제마적이고 치료술적인 주술이 행하여졌는데 유교는 덕만으로 윤리적 통일성을 마련한다는 고전적 사회통합의 이론을 벗어났는데 이는 황제의 주술을 통한 사회통합의 논리를 수용했기 때문이다. 즉 황제의 건강을 도모하는 존속의 효의 사회화가 유교에도 내면화된 것이다.36)

도교도 존속 효의 사회화를 통해 사회통합을 이루는 도구가 되었다. 도교의 경전인『태평경』에 의하면 효를 하는 자는 장수하고 효를 받는 자도 장수한다고 본다. 따라서 부모에게 장수의 효를 하는 것에서 비롯하여 상층도교로서 황제의 건강과 장수를 도모하는 다양한 제사들이 행해졌다. 이러한 행사에 참가하는 사람들은 자신의 장수와 황제의 장수 등을 위한 제사를 통해 상호간의 친밀성과 이해의 정서를 확산하여 존속의 효를 통한 사회통합이 구축되었다.

도교의 이러한 존속 효의 사회화는 다양한 관직을 형성하였다. 도교도들은 국가에 의해 관직에 등용되었다. 도교의 세습교주인 장천사의

---

35) 위의 책, 273.
36) 위의 책, 274.

지위와 감원, 감재, 방사, 도사 등의 지위는 이를 잘 설명한다. 이들의 존속의 효의 사회화 작업은 중국사회를 통합하는 기제가 되었다.

물론 이밖에 보편화 가능성의 친애와 대리의 효도 어느 정도 봉건사회에 작동하였지만 그 힘은 미미하였다. 더구나 봉건사회의 계급적 특성은 친애의 효의 사회화를 억압하여 그 기능은 거의 드러나지 않았다. 다만 대리의 효에 있어서 유교나 도교에 있어서 신의 관념은 기독교 신과 비교하여 대체로 비인격적이며 자연적인 상태의 신이었다.

유교는 효를 행하는 이유로서 하늘의 통치자, 즉 上帝를 전제한다. 그런데 바빙크가 비판하듯[37] 이 상제는 결코 영원하신 능력의 창조주 하나님이 아니다. 허다한 비기독교들이 하나님께 예배드리고 있는 듯이 보이지만 실상 그들이 섬기는 하나님은 실제의 하나님이 아니다. 이는 고린도전서 10장 20절에 보다시피 대체로 이들이 하는 제사는 귀신에게 하는 것이었다.[38] 이러한 비인격적이고 자연 상태의 신은 사회의 변혁하는 기능을 담당하지 못한다.

2. 사회변동의 기제로서 대리와 친애

중국사회의 변동과 관련하여 보편화 가능성의 효 체계의 변수로서 대리와 친애가 관심을 끈다. 왜냐하면 두 변수는 사회화의 과정을 통

---

37) J. H. Bavincker, 권순태 역, 『기독교 선교와 세계 문화』, 110.

38) 유교의 효 문화에 의하면 부친들과 선조들은 신들의 영광에 동참하거나 어떤 의미로 이들 스스로가 신들이다.[1] 이들이 부모에게 순종하고 천상의 존재로 조상을 섬기는 것은 죽은 이들에 대한 두려움과 복이 밀접하게 연관된다. 그러나 이러한 부모공경과 조상숭배는 이기심과 우상숭배적이다. 이는 중국 고대 철학 연구가인 호적(胡適)이 제대로 분석한 바와 같이[1] 유교는 효의 종교로서 부모를 상제나 귀신과 다름없이 섬긴다. 비록 유교는 귀신을 믿지 않는다고 하지만 인간이 귀신을 만들어 내어 숭배하는 것을 당연시 한다. 397

해 효 사회체계로서 작동하게 될 때 사회변동을 촉발하는 기능을 담당했기 때문이다. 이러한 사회적 효 체계와 관련하여 중국사회의 변동으로서 주목받는 것이 바로 태평천국의 시기이다. 먼저 사회변동과 관련된 대리의 효를 살펴보자.

부분으로 기독교 교리를 택하여 태평천국의 운동은 유교적 통치와 윤리에 대해 가장 강력하고 철저한 교권적인 정치적 윤리적 반란이었다.[39] 태평천국은 이슬람교의 비잔틴의 우상타파자처럼, 그리고 부분적으로는 프로테스탄트의 전도와 성서의 영향에 자극받아 이 체계는 귀신 신앙과 우상숭배를 철저히 또 청교도적으로 배척하였다.

이 체계는 기독교적 신의 뜻에 순종하여 십계명을 신조로 하였다. 이들은 부모에 대한 효도 하나님 아버지인 인격적 신에 의해 인정된 효가 당연히 여겨졌다. 이러한 대리의 효는 사회화되어 인격적 하나님의 뜻을 받들어 유교적 의식에 대한 비판을 제기하였다. 유교의 추기급인에 대한 반발로서 적을 사랑하고 싶지 않다고 말해서는 안 된다는 것을 실천하였다. 또 유교와 달리 하나님 아버지에 대한 복종으로 인간의 본성은 혼자 힘으로는 모든 계명을 이행할 수 없다는 것으로 선언하였다. 참회와 기도는 속죄의 수단이었다.[40]

이 체계는 도교에 대해서도 도교의 정령제사를 우상숭배라고 하여 배척하였다. 이러한 주술적, 우상숭배적 속박에 대해 파괴 작업을 하면서 인격적이고 자비롭고 보편적이며 민족적 제한이 없는 신을 수용하였다. 이 신은 모든 중국 종교의식과 관계가 없다.

태평천국의 운동은 부모와 자녀가 인격적 동등함이 전제된다는 친

---

39) Max Weber, 이상률 역, 『유교와 도교』, 307.
40) 위의 책, 309.

애의 효의 성격을 사회화하였다. 즉 유교의 권위적이고 순종을 강요하는 효에 대한 가르침에 결렬했다.[41] 이러한 친애의 효가 사회화되어 금욕적이고 전사적이며 공산주의적 그리고 초기 기독교적 사랑의 공동체를 지향하였다.[42]

국제적 친교를 위해 민족주의적인 요소를 배격하였다. 관리는 봉건적 성격을 배제하여 카리스마적이고 도덕적 확증에 의해 선발되었다. 예배당, 국립학교, 도서관 등에서 심지어 군대에서조차 퓨리턴처럼 여성들도 인격적 동등함 속에 채용되었다. 이러한 급진적이고 진보적인 친애 효의 사회화는 태평천국의 운동에 의한 중국사회의 사회변동을 초래하였다.

IV. 결론

지금까지 본 연구는 베버의 『유교와 도교』에 나타난 중국사회를 연구대상으로 한정하였다. 여기서의 베버가 연구한 중국사회는 사회학적 접근으로 분석한 것이기에 적용하여 사회통합과 변동에 개입하는 순종, 친애, 존속, 대리의 기능을 규명하여 효의 사회학적 성격을 구축해 보았다.

살펴본 바와 같이 효의 사회학적 연구는 종교사회학을 배제하고 행할 수 없다. 이런 의미에서 베버와 뒤르크하임은 효사화학을 위해 의미 있는 작업을 행하였다. 특히 이들이 사회변동과 사회통합의 기

---

41) 위의 책, 311.
42) 위의 책, 309.

초를 구축함으로써 효의 사회적 이론을 마련하는 계기가 되었다.

이제 이러한 베버와 뒤르크하임의 종교사회학을 기초로 효의 사회학적 의미를 충실히 하기 위해 효의 보편화 가능성의 4가지 변수에 대한 사회체계와의 관계를 더욱 보강할 필요가 있다.

이런 의미에서 종교와 윤리 그리고 효의 복합적 연구의 필요가 절실하다. 이를 위해 체계론에 의한 종교와 윤리 그리고 효에 대한 접근법에 대한 새로운 안목이 필요하다. 이를 위해 학제적 연구를 행하는 연구 방법이 더욱 강화될 필요가 있다.

제6장 | 브루너의 정의론에 의한 기독교 효 연구

Ⅰ. 서론

1. 연구의 목적

에밀 브루너(Emil Brunner)는 정의의 개념을 명백히 하기 위해 아리스토텔레스의 정의 두 가지 의미를 사용한다.[1] 즉 브루너는 아리스토텔레스가 언급한 '일반적 정의(general jusice)'와 '특수한 정의(particular justice)'를 정의 개념 설명의 주요한 모델로 채택하여 이를 보다 분석적으로 사용한다. 따라서 전자를 '의로움(righteousness)'에 해당하며 후자는 '각자에게 마땅히 돌려져야 할 몫(righteousness)'이라고 규정한다.[2] 여기서 '의로움'이란 적법성과 관련되며 '각자에게 마땅히 돌려져야 할 몫'이란 균등성에 의해 설명될 수 있다. 이런 의미로 부정(不正)하다는 것은 법을 지키지 않는 위법적인 것과 자기 몫 이상의 것을 취하는 불균등한 것을 의미한다.[3]

그런데 브루너가 지적한 바와 같이 좁은 의미로[4] 정의란 '각자에

---

1) 김철영, 『정의와 공동체 생활』(서울: 장로회신학대학교 출판부, 2000), 161.

2) Emil Brunner, 전택부 역, 『정의와 사회질서』(서울: 대한기독교서회, 1954), 19.

3) 조요한, 「그리이스 철학의 정의관」, 『정의의 철학』(서울: 영학출판사, 1984), 107.

4) 여기서 좁은 의미의 정의란 뒤에 언급될 정의의 변수인 동등성, 비동등성, 공의 그리고 사랑 중 사랑을 제외한 변수들로 된 정의의 개념 정의이다.

"

게 각자의 몫을 돌리는 것'으로 규정되어 왔다. 이 점에서 정의는 사랑과 구분된다. 사랑은 무엇이 내 것이며, 무엇이 네 것인가를 묻지 않는다. 그러나 정의는 언제나 '내 것'과 '네 것'의 관계에 관심을 갖는다.[5] 이 점에서 인격의 차원이나 인격의 상호적 관계에 있어서 사랑이 정의보다 최고의 덕(the highest good)이라 할 수 있다.[6] 그런데 정의를 이해하는 데 좁은 의미의 정의와 사랑의 관계뿐만 아니라 정의의 다른 변수들인 동등성과 비동등성의 관계를 제대로 이해하는 것이 필요하다.

우선 브루너는 인간의 동등성과 비동등성의 근거를 이성에 의해 설명하는 아리스토텔레스와 스토아학파의 주장을 비판하면서 인간이 하나님의 형상을 따라 창조된 사실에 기초하여 이 문제를 다루고자 한다.

그런데 인간관계에 대한 이러한 브루너의 정의에 대한 다양한 접근은 인간관계를 이해하는 데 주요한 기제가 된다. 이런 의미에서 브루너의 정의의 개념체계는 인간관계의 주요한 부분을 차지하는 것 중에서 특히 우리가 관심을 갖는 십계명의 제5계명에 의한 부모와 자녀의 관계 즉 효를 제대로 이해하는 데 주요한 시사점을 제공한다.

위와 같은 관점에서 본 연구는 브루너의 정의의 개념 구도를 십계명의 제5계명과 관련시켜 효에 기초한 부모자녀 관계를 정의의 관점에서 규명하고 이를 통하여 한국교회의 가족윤리를 재구성하는 데 연구의 목적을 둔다.

---

5) Emil Brunner, 전택부 역, 『정의와 사회질서』, 23.
6) 위의 책, 22.

2. 연구 방법

가족체계와 같이 다양한 변수들이 작동하는 복합시스템에는 한두 가지 변수들을 중심으로 관련 현상 자체를 규명하는 접근법에는 한계가 있다. 따라서 연구대상에서 관련변수들을 분석 가능한 수준에서 도출하여 그 변수들의 상호작용 관계를 복합적으로 규명하는 작업이 필요하다.

본 연구는 우선 브루너의 정의에 대한 변수들을 동등성, 비동등성, 공의 그리고 사랑 등으로 나누어 정의의 틀을 설정한다. 다음 이러한 분석틀을 십계명의 제5계명에 기초한 에베소서 6장 1절과 4절까지의 부모자녀 관계인 순종, 친애, 존속 그리고 대리의 변수들에 적용하여 부모자녀 관계를 재정립하였다.

아래 그림은 브루너의 자연법에 의한 정의의 기본 변수들과 이와 상응하는 기독교 효 체계의 변수들을 상호 연결한 분석틀이다. 여기서 화살표는 상호작용을 의미한다.

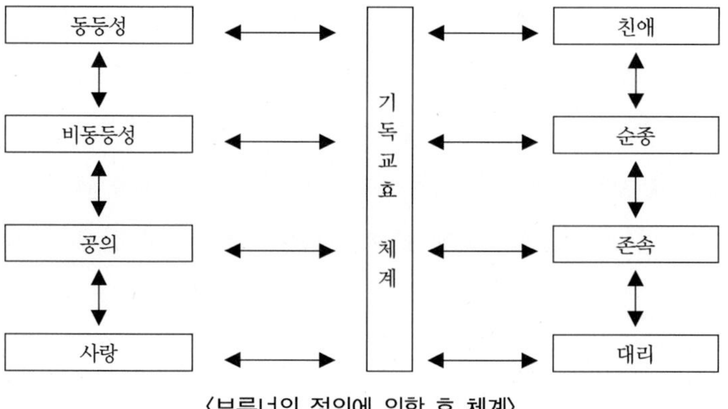

〈브루너의 정의에 의한 효 체계〉

II. 브루너 정의의 4변수

1. 비동등성과 공동체의 존속

브루너가 강조하듯 인격적 하나님은 각 인격적 개인을 그와의 교제로 부르시며, 그 개인을 개성적 존재로 만드시기 때문에 개인의 개성은 결코 하찮은 것이 아니다.[7] 이러한 신학적 주장을 바탕으로 비동등성의 의미가 도출된다.

비동등성은 하나님의 뜻하는 것이고 하나님의 창조하신 것이며 이것은 모든 인간관계에 적용된다. 비동등성은 동등성과 동일한 뿌리, 즉 하나님의 뜻에서 비롯되며 동등성과 동일한 존엄성을 가지고 있다. 이러한 예를 우리는 가장 기본적인 비동등성인 성의 구별이 동일한 하나님의 형상으로 창조되었다는 사실에서 볼 수 있다.[8]

인간의 삶의 목표와 의미는 이성적 존재로서 보편적 합리성의 실현이 아니라 하나님과의 교제와 이에 기초한 사람과 사람들 사이의 교제, 즉 하나님 나라의 건설이다. 즉 인간의 삶의 목적은 하나님 나라로서 다양한 공동체의 완성이다. 이 공동체의 형성은 인간의 구체적인 삶의 개성 없이 의미가 없다. 브루너가 주장하듯[9] 공동체는 개인차의 구별 없이 구성될 수 없으며 개인의 구별이 제대로 이루어지지 않는 공동체의 통합은 있을 수 없다. 또한 공동체의 교제도 있을 수 없다. 만일 공동체의 교제가 상호교환, 상호수수를 전제로 한다면,

---

7) 위의 책, 42.

8) 위의 책, 42-43.

9) 위의 책.

개개인 간의 다름과 이 다름에서 오는 보완의 필요와 능력은 오히려 공동체의 존속을 위한 진정한 인격적 교제를 만드는 데 필요한 자연적 및 창조적 요건이라고 할 수 있다.

여기서 우리는 새로운 정의의 개념에 이르게 된다. 즉 각자에게 그의 지당한 몫(suumcuiqc)은 '모두에게 동일한 것'이란 뜻으로 해석되어서는 안 된다는 것이다. 물론 만인은 동일한 운명과 존엄성을 가지고 있기 때문에 동등한 인격체이다. 그러나 존엄성의 동등성은 천성과 기능의 구별과 결합되어 있다. 그리고 이 구별은 하나님 나라, 즉 공동체 존속을 위해 비본질적이거나 하찮은 것이 결코 아니다. 오히려 우리는 '각자에게 동등성뿐만 아니라 비동등성도 지당한 몫(가치)'의 의미로 이해해야 할 것이다. 성서에서 이 동등성과 비동등성은 한 몸, 한 유기체의 비유로 표현되어 있으며, 각 지체는 전체에 대한 자신의 역할과 봉사를 갖고 있다.

브루너가 강조한 바와 같이[10] 동등성에 대한 성서적 개념은 개성을 부정하지 않으며, 동시에 상호의존적 성취와 공동의 교제도 부정하지 않는다. 또한 그 역으로 개성과 한 몸의 성서적 개념은 동등성을 부정하지 않는다. 그러므로 기독교 정의의 이념은 만민의 동등한 인권에 의한 동등성과 공동체의 존속과 관련하여 각자에게 지당하게 차지되는 몫이 각각 다르게 주어졌다는 천성과 기능의 비동등성이 공동체의 전제조건으로 주어져 있다.

또한 브루너가 언급하듯[11] 만민은 다 같이 하나님의 형상을 보유하고 있으며 이 동등성에서 직접적으로 생기는 교제는 개인의 특권

---

10) 위의 책, 44-45.
11) 위의 책, 45-46.

인 동시에 책임이라고 주장한다. 그러나 동시에 만인이 하나님의 형상이라는 가치의 동등성이 만인의 특성이 동일하다는 것을 의미하는 것은 아니다. 동등성도 하나님의 의지에 기초하여 있고, 천부적인 비동등성의 부여는 비동등한 업무를 의미하며 상호능력의 교환의 필요성을 의미한다.

결국, 인간의 비동등성은 하나님 나라의 공동체의 존속과 깊은 연관이 있음을 알 수 있다. 즉 공동체 존속을 위해 사람들은 상호의존하면서 봉사의 의무를 지며 또한 필요한 특권을 가지는 사람들은 그 공동체에 대해 책임을 진다. 이런 점에서 하나님 나라의 공동체를 위해 동등성과 비동등성이 융합한다. 이 융합은 단지 창조의 입장에서만 이해될 수 있다. 누구든지 창조의 질서를 무시하고는 정의의 규범과 피조물의 특수 성격 간의 관계를 발견할 수 없다.

2. 기독교 자연법과 인간의 동등성

브루너가 지적한 대로[12] 신앙에 의해 사람이 모두 본질적으로 동등하다는 확신을 갖게 된다. 이러한 동등성에 대한 인식이 경험에 의해 발생하는 것이 아니다. 신앙의 도덕적 당위성에 의해 발생한다.

이러한 신앙의 도덕적 확신에 의해 인간은 남녀노소, 속박, 혹은 자유의 정도를 불문하고 똑같이 취급되어야 한다는 의미에서 동등성을 가진다. 이런 의미의 기독교 정의 개념은 근본적으로 하나님께서 사람을 '자기의 형상(the image of God)'대로 창조하였다는 성서의 계시

---

12) 위의 책, 36-37.

로부터 도출된다.

이러한 동등성에 기초한 정의는 법 앞에 평등이라는 의미와 밀접한 관계를 갖는다. 즉 법에 의한 노동의 조건이나 임금의 지불 등에서 모든 사람에게 동일한 대우가 행해져야 함을 의미한다. 즉 우리가 동일 노동에는 동일 임금을 요구할 수 있고 동일한 죄에 대해 동일한 형벌의 부과를 요구할 수 있어야 한다.

동등성에 의한 인격의 대우는 같은 상품에는 같은 값을 지불해야 하는 경우와 같이 정당한 취급은 모든 사람에게 동일한 취급을 하는 것을 의미한다. 이런 의미에서 모든 사람을 동일하게 취급하는 법률적 규칙들이 정의의 본질에 대한 응답관계로 볼 수 있다.

브루너가 언급한 바와 같이[13] 인간은 자기가 받아야 할 정당한 몫은 구조와 질서에 의해서 규정되기 때문에 이 질서와 관련하여 볼 때 정의의 개념은 법과 분리될 수 없다. 따라서 정의로운 행위는 반드시 법에 의해 인도되고, 법에 의해 그 나아갈 방향이 결정되며 이러한 과정을 거쳐서 정의는 적법한 행위로 규정된다.

사람들이 법의 규칙 아래 있게 되면 그들 사이의 차이점은 배제된다. 법은 항상 동등화를 의미하기 때문이다. 브루너가 강조하는 것은 법이 예측 가능해야 한다는 것이다. 이러한 법은 분명히 어떤 개인이나 집단의 전횡에 의해 발생하는 전제적 상황을 억제하는 효과를 갖는다.

이러한 동등성을 확보하는 법은 자연법적 성격을 지니고 있다. 그렇다면 여기서 자연법은 어떤 성격을 지니는가? 고대 희랍인들은 모든 인간의 제 법률을 초월하여 있는 신적·원초적, 질서를 '자연의 법

---

13) 위의 책, 26.

(the law of mature)'이 존재한다고 생각하였다. 특히 후기 희랍의 스토아 철학의 영향은 로마에 이르러 인간은 누구도 날 때부터 자연적으로 노예로서 탄생되지 않았다고 하면서 인간의 본질적 평등성을 믿었다.14) 이들은 우주를 신적 법으로 보았으며, 그들은 자연의 법을 본받아서 정의의 법을 사고하였다. 따라서 그들은 정의가 본질상 신성하며 인간의 법 위에 있다고 믿었다. 이 자연법과 자연권의 개념은 아리스토텔레스, 키케로와 스토아 철학의 영향을 받은 시민 법전의 법률학자들을 거쳐 기독교 사상에도 들어 왔다. 이러한 자연법과 자연권의 사상은 계몽주의시대에 이르기까지 서구의 법학의 기초를 형성하였다. 그리고 이러한 자연법의 사상은 브루너가 언급한 대로15) 하나님의 의지의 창조에 기초한다. 즉 자연의 질서는 신적 의지의 창조이자 표현이며 정의 법은 신적 의지의 법이다. 이러한 자연법은 브루너가 동의하듯16) 인간 의지에 대한 신적 명령이자 도덕적 명령이며 행위의 규준이 된다. 왜냐하면 만인의 정의 의식은 시적 계시를 통하여 창조주가 세운 질서로 나타나기 때문이다.

브루너는 모든 인간에게 동등하게 부여된 인간의 존엄성의 근원은 추상적인 이성이나 존재의 보편적 질서로부터 발견되는 것이 아니라 사람을 사랑하신 그 사랑 속에서 사람을 책임적 존재로, 그리고 그와의 교제의 생활로 부르시는 하나님의 의지에 의해 얻어지는 것이라고 주장한다.

사람의 인격은 사람에게 생명을 주시고 사람을 그와의 교제 속에

---

14) J. Armin, *Stoicorum Verteum Fragmenta* Ⅲ, 352.

15) 위의 책, 48.

16) 위의 책, 49.

부르시는 하나님의 의지에 의해 결정된다. 그래서 모든 사람은 각각 자신의 인격적 존엄성을 소유하고 있으며 모든 다른 사람의 존엄성과 동일한 것이 된다.

따라서 각자에게 그 정당한 몫을 돌리는 것은 창조의 질서, 창조의 의지가 존재하고 있다고 할 수 있다. 여기서 인간은 누구나 하나님 앞에서 존엄하며 인격적으로 동등한 권리를 누릴 수 있으며 그래서 인간 상호간의 인격적 평등성이 존재하며 자기의 몫을 정당히 요구할 수 있는 주장과 권리도 창조질서에 기초하고 있음을 알 수 있다.

이러한 동등성에 관한 좋은 예가 남녀 간의 관계와 결혼제도에서 잘 드러난다. 즉 창조 질서에서 남자와 여자는 각자가 차지할 몫, 즉 인간으로서 동등성과 더불어 남성과 여성으로서의 특성과 기능상의 비동등성이다. 그러나 브루너가 지적한 대로[17] 창조의 질서에서 남녀는 우선 인간이며 다음으로 남편과 부인이다. 인간으로서의 존엄성은 그들의 결혼을 기초하는 천성과 역할의 피조적 구별을 초월하여 있다. 그리하여 인간의 권리 그 자체는 인간의 구별에서 발생하는 모든 권리보다 우선한다.

이런 의미에서 정의의 동등성은 인간이 원초적이며 빼앗을 수 없는 자유에 관한 권리의 이념, 즉 인권의 기본원리의 의미를 규명해주며, 다른 한편으로 정의의 비동등성과 관련하여 공동체의 제 권리를 규정시켜줄 수 있다. 이 기본적 인권은 창조에 기초한 원초적 권리이며 공동체가 억제할 수 있는 것은 아니다.[18]

---

17) 위의 책, 53.
18) 위의 책, 57, 62.

3. 공의를 통한 정의의 실현

기독교 창조 질서에서 보이고 있는 정의는 '하나님의 공의(the righteousness of God)'이다. 공의에 관한 관념은 성서 속에서 연대적 관계로 나타난다. 공의는 하나님이 인간의 행위를 헤아리는 도덕적 표준으로 인정된다. 따라서 하나님 앞에서 율법을 듣는 자가 아닌 행하는 자로서 그 의를 인정받는다.

왜냐하면 공의는 거룩함과 진실한 헌신에서 비롯되었기 때문이다. 하나님은 악에 대하여 무관심하지 않으며, 그의 전능함은 공익과 분명히 행함의 도덕적 공적에 대한 것이 아니라, 하나님의 긍휼과 사랑 그리고 은혜에 참여하는 것을 뜻한다. 하나님의 공의는 우리들이 이해하는 정당한 법률이나 공정한 임금, 범죄에 대한 정당한 형벌 같은 것을 일단 전제한다.

그러나 하나님의 공의는 하나님의 활동 즉 바울 사도가 말한 바와 같이 하나님은 오히려 우리의 죄를 용서하시고 그의 은혜를 믿는 백성에게 의를 전가한다. 그리하여 그의 백성들이 공의를 추구하도록 부름 받고 있는 것이다. 이러한 하나님의 공의를 통한 정의의 실현은 하나님 나라의 질서 위에 기초되어 있다.

브루너가 이해한 바와 같이[19] 구약에 나타난 하나님의 공의도 같은 의미를 지닌다. 즉 구약의 이스라엘은 제정일치의 국가이기 때문에 하나님께서는 구약에서 보다시피 그들에게는 야웨의 법이 국법이요, 국법이 야웨의 법이었다. 국가와 도덕과 종교의 법률은 서로 불가

___

19) 위의 책, 103.

분하게 연결되어 있었다. 다라서 하나님의 법을 위반한 자는 국가의 법률을 위반한 자와 마찬가지로 처벌받았다. 그런데 구약의 예언자들의 주장 속에는 신의 명령하에 주어진 공의에 대한 요구가 매우 빈번하게 드러나고 있다.

사람은 받은 만큼 그에 대한 보답을 하는 것이 정당하다. 앞에서 언급한 동등성의 관점에서 보다시피 자연법적 성격을 지닌다. 공의는 기본사회질서를 유지하는 주요한 기제이다. 이러한 공의에 의해 사회의 법의 집행에 정당성을 갖게 한다. 이런 의미에서 공의는 인격의 윤리와 가치로서 '제도의 윤리'가 된다.

4. 정의의 완성으로서 사랑

신약성서에 나타난 복음의 본질은 하나님의 자비와 용서의 사랑이다. 이 사랑은 앞에서 언급한 공의를 초월한다. 기독교의 정의의 의무는 하나님 나라의 질서 위에 기초하고 있지만 그 의무를 수행하도록 하는 깊은 동기는 그리스도 안에서 자유롭게 주신 바 사랑이다. 브루너는 이러한 하나님의 사랑에 의한 정의의 실례로서 포도원 품꾼의 비유(마 20장)로 드러낸다. 브루너는 이러한 하나님의 정의의 완성으로서 사랑을 앞에서 언급한 시민적 정의로서 공의와 달리 복음적 정의라고 명한다.[20]

여기에서는 모든 사람의 공적이 소용없게 되고 모든 권리의 주장이 배제된다. 그래서 여기서 사랑은 이 세상의 질서로서 공의와는 대

---

20) 위의 책, 103.

립된다. 따라서 성서에 나타난 정의는 정죄에 대한 용서와 은혜의 의미로 생각되며 이것의 궁극적인 해결은 예수 그리스도의 인격과 행적 안에서 나타난다.

이런 의미에서 브루너의 정의의 궁극적 기초는 사랑이다. 브루너가 이해한 것처럼[21] 창조질서 안에서 드러난 궁극적 목적과 공동체의 목적은 동일하다. 왜냐하면 하나님은 인간을 '그리스도 안에서 그와 인격적 교제를 나누게 하는 것'과 '각 사람에게 자기 몫을 정당하게 돌리는 것'이 하나님의 사랑의 행위에 의해서 정해지기 때문이다.

이런 이유로 브루너에 의하면 사랑은 '하나님의 최고의 명령이자 유일한 명령'이다. 사랑은 인간에게 공의가 요구하는 것보다 더한 것을 요구한다. 공의는 책임이나 요구 그리고 관계에 있어서 끝이 있지만 사랑은 '시작'을 의미한다.[22] 즉 사랑은 정의의 내용과 방향을 규정하고 정의의 다른 변수들을 완성해 가지만 사랑 그 자체는 완성할 수 없다. 이런 이유로 브루너는 사랑을 정의의 여타 변수들을 전환시켜 나가는 본질적 동기로 이해한다. 인간의 인격이 인간의 제도에 우선하며, 제도가 인간을 위해 봉사하지 인간이 제도를 위해 봉사하는 것은 아니라는 것이다. 이는 예수 그리스도가 그의 사역의 궁극적 목적인 사랑의 공동체를 형성하는 것을 의미한다.[23]

---

21) 위의 책, 117.

22) 위의 책, 118.

23) Emil Brunner, *Der Mensch im Widerspruch*, 516.

Ⅲ. 브루너 정의에 의한 기독교 효의 재구성

1. 비동등성과 순종의 효

브루너의 정의의 이론은 성경의 십계명의 제5계명을 이해하는 데 유용한 도구가 된다. 왜냐하면 브루너의 정의 이론에서 도출되는 4가지 변수, 즉 동등성, 비동등성, 공의 그리고 사랑의 변수들은 십계명의 제5계명에 기반한 기독교 효를 이해하는 데 중요한 시사점을 제공한다. 왜냐하면 브루너의 정의의 4가지 변수들은 기독교 효가 가지고 있는 4가지 변수, 즉 순종, 친애, 존속, 대리를 이해하는 유용한 도구가 되기 때문이다. 이 4가지 변수들은 상호작용하면서 하나의 체계를 이루고 있다. 그 변수들을 중심으로 한 효 체계를 표로 나타내면 다음과 같다. 여기서 화살표는 상호작용을 의미한다.

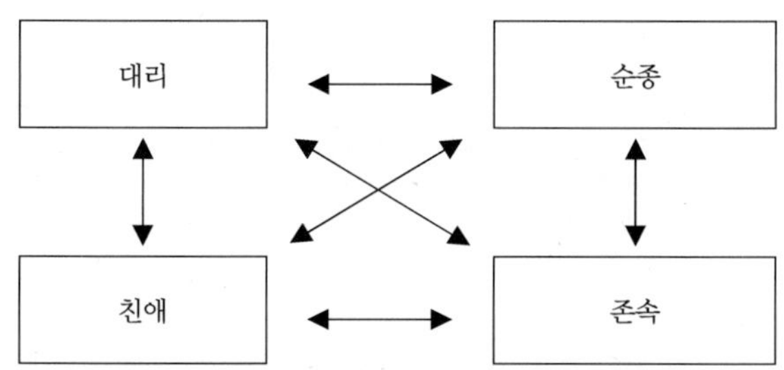

〈보편화 가능성의 효 윤리체계〉

그런데 효 윤리체계를 위와 같이 네 가지 변수로 구성할 수 있는 근거는 어디에 있는가? 이러한 네 가지 주요변수로서 효 윤리체계를 구축한 근거 즉 이유를 설명하는 데 있어서 우리의 관심을 끄는 것은 성경의 에베소서 6장 1절에서 4절에 나타난 효 윤리의 내용이다. 왜냐하면 에베소서 6장 1절에서 4절에 나타난 효 윤리의 잘 짜인 내용은 위에 언급한 효 윤리체계의 내용을 제대로 내포하고 있기 때문이다.[24]

즉 에베소서 6장 1~4절[25]에 있어서의 효 윤리는 동서양의 인간 중심적 효 윤리의 내용과 신 중심적 효 윤리의 내용이 동시에 적시되고 있다. 따라서 에베소서 6장 1~4절에 의해 효 윤리의 일반원리를 내포한 이상적 틀인 보편화 가능성의 효 윤리체계를 마련할 수 있다.[26]

살펴본 바와 같이 에베소서 6장 1절부터 4절의 효 윤리체계에는 동서양의 효 윤리의 일반원리인 부모공경과 부모에 대한 '순종'이 강조되고 있다(1~2절). 이러한 부모에 대한 복종 또는 순종은 동서양의 효에 있어서 대표적으로 강조되는 내용이다.[27]

그런데 에베소서에서 염두에 둘 것은 부모에 대한 효로서 부모공경이나 부모에 대한 순종을 강조하면서 부모의 자녀에 대한 도덕적 의무를 또한 강조하고 있다는 점이다(4절). 이는 부모와 자녀 관계에 있어서 상호주의적 대응관계를 구축하고자 한 것이다.[28]

---

24) 여기서 보편화 가능성의 효 체계를 구축하는 작업과 관련하여 고려할 것은 유교나 불교 그리고 동서양 철학의 일부에서 도출되는 효에서 보다시피 신의 관념이 배제되고 부모와 자녀의 관계를 비롯한 인간 중심적 차원에서 효가 논해지는 경우가 있는가 하면 이러한 인간관계 외에 유대교나 기독교 그리고 도교 등에서 보다시피 신의 관념을 포함하여 효를 논하는 경우가 있다는 점이다. 이런 점들을 고려하여 효를 제대로 이해하기 위한 포괄적인 보편화 가능성의 효 체계를 구축하려 한다면 최소한 부모와 자녀 관계와 같은 인간 중심적 효 관계와 아울러 신과 인간과의 관계도 포함한 효 체계를 마련하는 것이 중요하다.

25) "자녀이신 여러분, 주 안에서 여러분의 부모에게 '복종'하십시오. 이것이 옳은 일입니다(1절). '네 부모를 공경하여라'한 계명은 약속이 딸려 있는 첫째 계명입니다(2절). '네가 잘 되고, 땅에서 오래 살 것이다'한 약속입니다(3절). 또 아버지이신 여러분, 여러분의 자녀를 노엽게 하지 말고, 주님의 훈련과 훈계로 가르치십시오(4절)."(표준새번역)

26) 박철호, 『성경적 효 윤리의 이해』(인천: 도서출판 좋은세상, 2001).

27) 유교에서는 가장 기본적인 인간관계는 부모자녀 관계이고 따라서 순종의 효를 『효경』 등을 통해 지극히 강조하고 있다. 이해영, 「유학이란 무엇인가?」, 『강좌 한국철학』(서울: 예문서원, 2001), 30. 도교에서는 유교의 효와 거의 일치하여 순종의 효를 강조한다. 이러한 사실은 무엇보다도 사회를 구성하는 기본단위로 가족을 강조하는 『태평경』에 잘 나타난다. 참조, 윤찬원, 『도교의 철학』(서울: 돌베개, 1998), 181. 불교도 『부모은중경』을 통해 유대교도 10계명을 통해 순종의 효를 강조하고 있다.

이러한 부모와 자녀 관계에 의한 도덕적 의무의 양면성은 부모의 일반적 성격에 따라 제시되었다고 볼 수 있다. 즉 브리태니커 사전에 의한 바와 같이[29] 전통적으로 부모는 페이터(pater)적 성격과 제니터(genitor)적 성격이 있고[30] 바로 이러한 부모의 성격에 따라 도덕적 내용을 달리하고 있기 때문에 부모와 자녀 관계의 양면성이 존재하게 되었다.

페이터적 부모는 자녀와의 불평등 관계에 의해 권위적이고 명령적이다. 왜냐하면 이러한 부모의 위치는 자녀의 도덕적 불완전성과 위법 가능성에 기초하여 자녀에게 도덕성을 내면화하는 작업과 관련되기 때문이다.[31]

이를 통해 자녀들이 페이터적 부모의 훈육 즉 육효(育孝)[32]에 순종함으로써 이를 통해 사회질서를 존중하고 이를 준수하는 기본적 사회질서 의식을 갖게 된다. 이러한 페이터적 부모에 대해 갖추어야 할 자녀의 효의 내용은 한마디로 공경이요 복종이며 보편화 가능성의 효 윤리체계의 하위변수인 '순종'이다.

그런데 위와 같은 순종은 크게 두 가지 유형에 의해 그 의미를 더욱 부각시킬 수 있다. 즉 순종은 부모님의 뜻에 어긋나지 않도록 노력하는 것 즉 양지(養志)와 부모의 영혼을 제대로 섬기는 것 즉 양영

---

28) 위의 책, 123.

29) *Encyclopaedia Britannica*, Ⅶ(1973–1974), 754.

30) 페이터적 부모의 성격은 자녀를 훈육하여 사회화를 통해 공동사회의 구성원으로 자라게 하는 것을 의미한다. 이러한 부모는 가부장제(patriarchy)에서 보다시피 권위적이고 위계적이다. 반면 제니터(genitor)로서 부모의 성격은 자녀와 수평적 관계를 유지하면서 인격적인 애정과 친애의 성격을 지니는 부모를 의미한다. 참조, 박철호, 『효 윤리학』(인천: 도서출판 좋은세상, 2000), 69.

31) 위의 책, 68.

32) 박철호, 「효학의 학문적 기반 구축을 위한 체계론적 연구」, 『효학개론』(인천: 성산효도대학원대학교, 2001), 44.

(養靈)이 있다. 양지는 부모의 뜻이나 의지에 따라 섬기는 것이며 단순히 부모의 뜻을 수용하여 이에 따른다는 의미보다 적극적으로 부모의 뜻을 받들어 나아가는 것을 의미한다. 입신양명은 이에 대한 대표적 예이다.

부모의 뜻을 적극적으로 따른다는 것에는 다시 두 가지 형태, 즉 절대적으로 부모의 뜻을 따르는 것과 부모의 뜻에 따르면 좋지만 따르지 않는다 하더라도 불효의 허물을 벗을 수 있는 상대적인 효가 있다. 전자 즉 절대적인 효는 자녀라면 누구나 지켜야 할 효이다. 따라서 이러한 절대적인 효는 일반적으로 부모라면 누구나 자녀들이 지키기를 원하는 것이다. 이러한 절대적 효는 십계명의 6-10계명에 해당하는 바와 같이 살인, 도둑질, 사기 등의 죄를 범하지 않는 것이다. 따라서 반사회적 행위로 부모의 명예를 떨어뜨리는 것이 여기에 해당한다. 이러한 절대적인 효는 최소한의 효로서 자녀라면 최소한 반사회적 범죄를 짓지 않는 것을 의미한다.

그런데 이러한 순종의 효를 제대로 이해하는 데 브루너의 정의에 대한 변수 중 '비동등성'의 이해가 도움을 준다. 즉 비동등성은 모든 인간관계에는 인간의 존엄성과 동시에 천성과 기능의 구별과 결합되어 있다는 것이다. 즉 기독교 정의의 이념은 공동체 존속을 위해 각자에게 당연한 몫이 각각 다르게 주어져 있다는 것이다.

이런 의미에서 공동체 존속을 위해 그 구성원 사이에 상이한 기능에 따라 특권이 상이한 차원으로 주어져 있다는 것을 이해할 수 있다. 그래서 가족공동체에 있어서 부모는 자녀와의 관계에서도 서로 상이한 몫, 즉 천성과 기능이 하나님에 의해 주어져 있다. 이런 의미에서 부모와 자녀 사이에는 상이한 위치가 설정되어 있으며 부모에게는 자녀에 대한 특권이 주어져 있지만 브루너가 지적한 바와 같이 책임이 또한 주어져 있다.

하나님께서는 가족이라는 공동체의 존속을 위해 상호의존적이지만 봉사의 의무를 지며 또한 필요한 특권을 부모자녀 관계 속에 내재시키고 있다. 따라서 부모는 자녀에 대해 봉사의 의무를 가지면서 또한 자녀들에 대해 훈육 등을 행할 특권을 지닌다. 즉 자녀는 부모와 자신 간의 비동등성을 인정하고 하나님의 창조질서에 순종하는 것과 동일한 차원에서 부모에게 순종하는 것이 필요하다.

여기서 부모와 자녀의 관계는 창조의 질서에 따른 정의의 규범을 기초로 한다. 부모는 자녀와 상호의존적인 것을 염두에 두어야 할 것이며 또한 부모의 특권이 봉사에 기초함을 인식함이 중요하다. 브루너가 앞에서 지적한 바와 같이 자녀에 대한 봉사와 책임 없이 자녀로부터 특권으로서 권위를 인정받고 자녀의 봉사, 즉 순종을 제대로 이끌어낼 수 없다.

2. 동등성에 의한 친애의 효

그런데 부모와 자녀의 관계에서 비동등성에 의한 순종을 이끌어내는 절대적인 효가 있을 수 있지만 지키면 좋고 비록 지키지 못하더라도 불효자로서 낙인이 되는 것이 아닌 순종의 효의 유형이 있다. 이 효의 형태는 부모의 뜻과 자녀의 뜻이 비록 어긋나더라도 반사회적 문제를 일으키는 것이 아닌 경우이다. 예를 들어 진로문제나 결혼문제에서 부모가 원치 않는 결정을 자녀가 하는 경우이다. 물론 자녀는 부모의 뜻에 자기의 뜻을 부합시키게 되면 효를 더욱 잘 행하는 것이다.

바로 최대의 효를 지향하게 된다. 그러나 상대적인 효의 문제로 부모와 의견일치를 보지 못해 자녀가 자신의 결정을 밀고 나간다고 하더라도 이것이 자녀의 인격과 자유를 보장하는 의미에서 사회 통념상으로 수용함이 타당하다.

그러나 이러한 제니터적 부모와 자녀의 관계는 페이터적 부모자녀 관계와 달리 원칙이나 약속 앞에 상호평등적으로 이루어지는 관계이다. 따라서 부모자녀 관계는 수평적이고 인격적이며 애정과 사랑에 의한 '친애'의 성격을 지닌다.

페이터적 부모가 갖는 위계적이고 권위적인 것이 아닌 동일한 인격체로서 서로 존중하며 친구와 같은 우정을 나누는 것이 제니터적 부모와 자녀의 관계이다.[33] 에베소서 6장 4절의 내용은 바로 부모가 자녀를 인격적 관계로 대하는 것을 의미한다.

즉 부모가 자녀의 분노를 일으키는 것은 무엇보다 비인격적 대우에 기인한다. 따라서 에베소서 6장 4절은 부모와 자녀 간에 서로 동등한 인격적 인간관계가 존재함을 드러낸 것이다. 이러한 제니터적 부모에 대한 자녀의 효의 내용은 친구 사이에 맺어지는 윤리인 '친애'이다. 즉 자녀는 부모를 친애로서 효도할 때가 필요하고 부모도 이를 통해 기쁨을 누리게 된다.[34]

이러한 부모와 자녀의 관계는 브루너의 정의에 관한 이론 중 동등

---

33) 제니터란 '생산자'의 의미를 가지고 있다. 부모는 자녀의 생산자이다. 그러나 이 부모는 자기 자녀가 생산자로의 위치에 있게 되면 서로 간 생산자로서 동등한 성격을 지니게 된다. 이런 의미에서 궁극적인 생산자이며 창조주인 하나님 즉 진리 앞에서 양자는 동등하고 평등한 위치를 갖게 된다. 따라서 이러한 부모와 자녀가 동등하고 평등한 관계에 의한 '친애'의 정서를 서로 교환하는 시기는 대체로 자녀가 결혼하여 또 다른 생산자로 위치할 때이다. 물론 결혼하지 않는 자녀도 성인으로서 이러한 관계를 갖게 된다. 위의 책, 68.

34) 박철호, 「체계윤리의 가족화 검증의 논리에 의한 효 연구」, 『효 윤리학』(인천: 도서출판 좋은세상, 2000), 33-37.

성에 의해 더욱 분명히 이해된다. 아무리 부모와 자녀 사이에 비동등성이 존재한다고 하지만 그러나 무시할 수 없는 것은 부모와 자녀는 창조주가 세운 질서 속에서 브루너가 지적한 대로 동등한 인격적 존엄성을 서로 가지고 있다. 따라서 부모나 자녀는 존엄한 하나님 앞에서 인격적 평등성을 가지며 필요한 경우 자기의 몫을 정당하게 요구할 수 있는 주장과 권리도 가지고 있다.

이런 의미에서 부모나 자녀 모두 기본적 인권적 차원에서 억압과 위협 그리고 폭력과 학대로부터 벗어날 수 있다. 그러나 만일 이러한 인권의 침해가 있는 경우 이러한 상황을 벗어나기 위해 법에 호소하는 것도 타당하다. 부모와 자녀는 법 앞에서 평등하기 때문이다. 그러나 이러한 법 앞에 평등을 가지고 문제를 해결하는 것보다 하나님 앞에서 동등한 자녀로 하나님의 말씀에 따라 인격 침해의 문제를 해결하는 것이 바람직하다.

브루너가 앞에서 동등성을 논하면서 남편과 아내의 상호관계를 설명한다. 즉 남편과 아내는 창조질서에 있어서 우선 인간이며 인간으로서 존엄성은 그들의 결혼을 기초로 하는 천성과 역할의 피조적 구별을 초월한다고 본다.

마찬가지로 부모와 자녀도 가족공동체에서 주어진 역할에 있어서 구별이 있지만 창조질서 안에서 우선 양측이 모두 인간이다. 따라서 인간으로서의 존엄성은 가족으로서 천성과 기능에 의한 구별을 초월한다. 이런 의미에서 부모는 특히 자녀가 어릴 때에 그들의 인격을 존중하는 것이 필요하고 자녀 또한 부모가 연로하여 자녀의 도움을 받아야 할 경우 부모의 인격을 존중하여 함부로 대하지 않는 것이 중요하다.

3. 공의와 존속의 효

한편, 동서양의 효 윤리에 있어서 효를 행하는 자, 즉 순종과 친애의 효를 부모에게 행하는 자는 축복을 받게 되어 있음이 곳곳에 드러난다. 즉 성경의 구약과 신약에 있어서 효 윤리에 관한 내용에 이 땅에서 잘 된다는 물질적 축복과 장수한다는 육체적 축복이 제시되어 있다.

또한 동양의 도교에서도 효자는 본인이나 그 부모 모두 장수한다는 축복을 역시 제시하고 있다. 『태평경』은 유교적 관념인 효를 중시함으로써 유교와 다름없는 사상을 보여주지만 효의 실천이념을 장수에 두고 있는 점에서 차이가 난다.

태평경에 의하면 부모의 장수를 염려하는 것이 효의 일차적인 의미이지만 그러한 효의 실천을 통하여 자신의 장수를 얻을 수 있다는 효의 이차적 의미가 주어진다.

이러한 효자의 축복의 내용은 에베소서에서도 잘 나타난다. 즉 이 세상에서 잘 되고 장수한다는 것이다(엡 6:3). 그런데 이러한 물질적 축복과 육체적 축복은 최소한 생명이 살아 이 땅에서 '존속'해 간다는 의미를 내포하고 있다. 따라서 보편화 가능성이 효 윤리체계에 '존속'이라는 변수가 포함된다.

그런데 엄밀한 의미에서 효자의 존속의 축복인 물질적 축복과 육체적 축복은 부모에 대한 물질적 봉양과 부모의 육체적 건강이나 장수를 위한 효자의 노력에서 비롯된다. 결코 무작위의 방관적 태도 속에서 이러한 물질적 그리고 육체적 축복이 주어지지 않는다. 따라서 자녀는 부모의 양구(養口), 즉 의식주의 물질적·경제적 필요를 채우도록 노력해야 할 것이며 또한 부모의 양체(養體), 즉 육체적 건강을 위한 노력을 게을리하지 말아야 한다. 그런데 이러한 양구와 양체는 부모의 마음을 평안하게 하는 양안(養安)과 상호관련을 갖는다. 즉 양구와 양체의 외적인 봉양은 내적인 심리적 안정인 양안으로 연결되어 부모의 존속이 더욱 강화된다.

부모의 존속과 관련하여 브루너는 그의 정의론에 의해 중요한 시사점을 제시한다. 즉 브루너는 그의 정의론에서 공의의 문제를 제기한다. 이미 앞에서 언급한 대로 브루너는 공의가 인간행위를 판단하는 도덕적 표준임을 명시한다. 모든 사람들은 공정한 임금, 범죄에 대한 정당한 형벌이 요구된다.

동일한 의미에서 부모가 자녀에 대한 다양한 부양은 이후의 자녀의 부모에 대한 부양으로 연결된다. 자녀는 브루너가 언급한 바와 같이 진실한 헌신으로 부모가 자녀에게 행한 은혜에 보답하는 것이 공의이다. 에베소서 6장 1절에서 보다시피 받은 만큼 보답하는 것이 옳은 일이고 당연한 것이다.

그런데 브루너가 제대로 표현한 바와 같이 공의는 기본사회질서를 유지하는 주요한 기제로서 사회의 법과 제도의 정당성의 기초가 된다. 이런 의미에서 공의는 '제도의 윤리'이다. 따라서 부모의 존속과 관련된 부양의 문제는 사회의 법과 제도에 의해 공의로 해결하는 것이 필요하다. 한국의 <효행장려법>이나 <싱가포르 부모 부양법>은 이러한 공의에 따른 존속의 효의 성격을 잘 드러낸다.

4. 사랑과 대리의 효

그런데 이러한 효 윤리체계의 변수로서 '존속'은 일반적으로 "공의"

차원에서 논해질 수 있는 정의의 성격을 지닌다. 그런데 에베소서 6 장 1절에서 4절까지의 내용에서 드러난 것은 부모에 대한 공경 즉 '순종'이나 부모와의 '친애' 그리고 이를 통한 '존속'도 '주' 안에서 행해진다고 하여 신의 관념이 내포된 효 윤리체계가 구축되고 있다. 이것은 유대교와 기독교 그리고 동양의 도교[35] 등의 효 윤리에 적용 가능한 것이다. 그렇다면 유대교나 기독교 그리고 도교 등에서 효 윤리는 신과 어떤 관계를 맺고 있는가?

우선 유대교에서 부모의 자녀에 대한 위치는 월터 카이저(Walter C. Kaiser)가 언급한 바와 같이[36] 하나님의 대리자이다. 따라서 부모에 대한 반역을 하나님에 대한 반역과 연관을 짓고 있다. 왜 부모는 하나님의 대리자인가? 이는 성경에 언급한 바와 같이[37] 부모로부터 하나님의 법을 배우기 때문이다.

이러한 이유로 자녀는 하나님의 대리자인 부모에게 '순종'하여야 하며 부모는 또한 하나님의 대리자로서 자녀를 하나님의 뜻 가운데서 '친애'로 육효하여야 한다. 이를 보다 확대하여 보면 자녀도 역시 하나님의 대리자로서 부모를 섬기기 위해 '순종'하고 '친애'로서 효를 행하여야 한다.

이러한 유대교의 하나님의 '대리'로서 효 윤리체계를 설명하는 틀은 기독교에도 동일하게 적용할 수 있다. 즉 기독교의 효 윤리체계도

---

35) 『태평경』에 나타난 효 윤리의 내용은 주로 여섯 명의 진인들이 천사에게 묻고, 천사가 그것에 대답하는 천사와 여섯 진인 간의 대화형식으로 기록되어 있다. 천사는 하늘로부터 이 세상을 구제하기 위해 보내진 존재이다. 하늘이란 곧 황천을 가리키며, 따라서 도교의 효 윤리 내용은 황천, 곧 신의 가르침이자 진리로 간주된다. 참고, 윤찬원, 『도교의 철학』, 189.

36) Walter C. Kaiser, 홍용표 역, 『구약성경윤리』(서울: 생명의 말씀사, 1990), 179.

37) "오늘날 내가 네게 명하는 이 말씀을 너는 마음에 새기고 네 자녀에게 부지런히 가르치며 집에 앉았을 때에든지 길에 행할 때에든지 누웠을 때에든지 일어날 때에든지 이 말씀을 강론(대화)할 것이며…."(신 6:6-7)

이 부분에서 구약의 유대교의 효 윤리체계와 크게 차이가 나지 않기 때문이다. 다만 신약의 에베소서의 '주 안'은 카이저가 지적한 바와 같이[38] 대리자로서 부모나 자녀가 하나님의 말씀을 대적하는 것을 금지하는 의미도 포함한다.[39]

하나님의 대리자로서 효를 행한다는 대리의 효는 브루너의 정의의 변수 중 특히 사랑과 밀접한 관련을 갖는다. 앞에서 이미 언급된 친애나 순종 그리고 존속의 효도 사랑에 의해 비로소 그 목적이 완성된다. 즉 브루너가 지적한 바와 같이 사랑의 '하나님의 최고 명령이자 유일한 명령'으로서 정의의 여타 변수들의 내용과 방향을 전환시켜 완성으로 나아가게 하듯 대리의 효는 사랑을 내포하여 효 체계의 내용과 방향을 완성해간다.

대리의 효는 결국 사랑의 효이다. 부모자녀 관계에 있어서 간혹 부모가 자녀를 어릴 때에 고아원 등에 유기하거나 학대한 경우가 있다. 심지어 부모가 범죄자일 경우도 있다. 이런 상황에서 자신의 부모를 제대로 부양하거나 순종하며 친애하기란 매우 어렵다. 그러나 포도원 품꾼의 비유에 보다시피 아무 공로 없지만 하나님의 은혜를 받는 것처럼 부모의 위치에 있는 사람들을 자녀로부터 환영을 받을 수 없지만 하나님의 대리자로서 자녀들의 사랑이 행해지는 것이다. 브루너의 사랑에 의한 정의의 표출은 대리의 효를 통해 효를 추구하는 사람들

---

38) Walter C. Kaiser, 홍용표 역, 『구약성경윤리』.

39) 몰트만(J. Moltmann)이 언급한 바와 같이 기독교적 관점에서 보면 '대리' 행위에 의해 인간 역사와 사회의 윤리적 기초가 형성되었다. 왜냐하면 바로 그리스도의 '대리' 행위 속에 새로운 인류사가 시작되었고 교회공동체의 개인적이며 사회적인 구조가 근거하고 있기 때문이다. 즉 그리스도의 대리행위에 의해 모든 인간의 대리행위가 의미를 갖는다. 왜냐하면 이러한 그리스도의 대리행위는 모든 인간의 대리행위의 전형적인 모형이 되기 때문이다. 참조, J. Moltmann, 김균진 역, 『본회퍼의 社會倫理』(서울: 대한기독교서회, 1993), 39.

에게 주요한 의미를 제공한다.

IV. 결론

그동안 효에 대한 다양한 논의가 있었지만 논의 전개에 필요한 공유된 효 개념이 부재하였다. 이로 인해 효의 학문적 발전이 어려웠다. 이러한 상황에서 여기서 제기된 브루너의 정의의 논리들은 기독교 효 윤리를 제대로 이해하게 하고 또 기독교 효 윤리를 완성해 가는 데 주요한 시사점들을 제공하였다.

특히 부모자녀 관계에 의한 효를 기독교적 관점에서 해석하는 것이 용이하지 않은데 브루너의 정의론이 갖는 동등성, 비동등성, 공의, 그리고 사랑의 내용은 그동안 기독교 효에서 중시해 온 친애, 순종, 존속 그리고 대리를 이해하는 데 새로운 방안을 제시하였다.

이제 이러한 작업을 통하여 효에 대한 종교나 철학적 다양성에서 나오는 개념적 혼돈을 극복하는 또 하나의 계기가 마련되었다고 본다. 이제 이러한 기독교 윤리학적 이론과 개념의 동원을 통한 기독교 효에 대한 공유된 개념 도출은 효와 관련된 다양한 문헌과 현상을 분석하는 작업뿐만 아니라 기독교 가족공동체의 윤리 구축에도 도움을 주리라 본다.

제7장 | 토마스 아퀴나스의 신학적 효 윤리 연구

Ⅰ. 서론

1. 연구 목적

케이드 그린(Keith Green)이 학술지 *Journal of Religious Ethics*에서 언급한 바와 같이[1] 아퀴나스(Thomas Aquinas)는 분명 '자기사랑(self-love)'을 거부한다. 이러한 아퀴나스의 자기사랑의 거부는 그의 윤리학의 기초를 이룬다. 즉 자기사랑의 거부를 통해 인간은 죄의 구속으로부터 벗어날 수 있다는[2] 이러한 아퀴나스의 자기사랑의 거부는 하나님에 대한 사랑을 위한 신학적 윤리의 기초가 된다.

또한 학술지 *Theological Studies*에서 소개된 바와 같이 마카엘 에스 쇼윈(Michael S. Sherwin)의 주장에 의하면[3] 아퀴나스의 도덕적 행동의 기초가 되는 사랑에 관한 이론은 하나님을 믿고 그와 연합하는 것과 깊은 관련이 있다.

이처럼 아퀴나스가 가진 신학적 윤리의 기초로서 사랑은 하나님을

---

[1] Keith Green, "Cognition & reasoning, Emotions, Self", *Journal of Religious Ethics*, Vol. 35, 2007.

[2] 위의 글.

[3] Theological Studies: Mar 2007; 68, 1. 참조, Michael S. Sherwin, By Knowledge And By Love: Charity And Knowledge In The Moral Theology of St. Thomas Aquinas(Washington: Catholic University of America, 2005).

향하여 있다. 그리고 이러한 하나님을 향한 사랑을 통하여 우리는 이웃을 포함한 모든 사물을 사랑하게 된다. 여기서 관심을 갖게 되는 것은 우리의 윤리적 행위로써 사랑은 하나님의 사랑을 배제하고 생각할 수 없다는 것이며 이런 의미에서 하나님을 사랑하는 것과 이웃을 사랑하는 것을 통합적으로 이해하는 것이 필요하다는 점이다.

그런데 아퀴나스에게 있어서 이웃을 사랑한다는 것은 티. 씨. 오브리엔(T. C. O'brien)이 설명하는 바와 같이[4] 하나님에 대한 빚과 관련된다. 즉 하나님의 우리에 대한 사랑으로 인하여 우리가 갖게 된 빚에 대한 인간 개개인의 보답은 정의의 관점에서 마땅히 우리가 이를 온전히 보답하는 것이 필요하다. 그러나 인간은 하나님의 무한정한 은혜를 갚을 길이 없다. 따라서 하나님으로부터 무한정한 빚을 진 인간은 하나님의 명령을 우선 충실히 따르는 것이 필요한데 여기에서 이웃사랑이 도출된다. 즉 하나님은 공동체적 삶을 인간에게 명령하여 공동체 질서를 지키며 공동체의 권위를 공경하고 이에 순종하여 이웃[5]을 위한 행위 즉 이웃사랑을 실천할 것을 요구한다.[6]

또한 아퀴나스에 의하면 권위라는 것은 빚을 진 정도에 따라 달리 인정되는데 이러한 과정을 통해 하나님의 공동체 질서가 존재하게 된다. 하나님으로부터 무한정한 빚을 진 인간은 하나님을 공경하고 공동체 질서를 유지하며 살라는 하나님의 명령을 쫓아 국가와 부모를 공경하는 사회생활을 하게 되는데 이것은 바로 정의의 원리에 따른 것이다.

---

4) Thomas Aquinas, Trans. T. C. O'brien, *Summa Theologia* Vol. 41(Blackeriars, 1972). Introduction.

5) 아퀴나스에 의하면 여기서의 이웃은 크게 부모와 국가이다. 참조, Thomas Aquinas, Trans. T. C. O'brien, *Summa Theologia* Vol. 41, 5

6) 위의 글.

여기서 우리의 관심을 끄는 것은 정의는 공경과 깊은 관계를 갖는 다는 점인데 그렇다면 어떻게 양자가 연결되는가가 궁금하다. 왜냐하면 이러한 연결 고리를 규명하는 것은 아퀴나스가 주장하는 우리 인간의 존재와 발전의 세 가지 기초인 하나님과 부모 그리고 조국을 공경하는 것의 의미를 파악하는 데 기초가 되기 때문이다.

위와 같은 관점에서 본 연구는 아퀴나스의 정의에 대한 이론을 보다 구체적으로 분석하여 이를 통해 아퀴나스의 신학적 효 윤리학의 부모공경의 효7)를 보편화 가능성의 효 체계에 의하여 효의 성격을 새롭게 밝혀보는 데 연구의 목적을 둔다.

2. 연구의 방법

그동안 효에 대한 다양한 논의들은 효를 환원론적 또는 단편적인 변수로서 설명해왔다. 그런데 신학적 효 윤리와 같이 다양한 요소들이 관련된 복합적 개념 구도는 단순한 한두 가지 변수들로 분석하고 규명하기에는 한계가 있다. 따라서 신학적 효 윤리를 하나의 체계로 규명함이 타당하다.

효를 체계로 규명함은 체계론적 접근을 시도함을 의미한다. 체계론은 효와 같이 복합적이고 다차원적인 개념 구도를 분석하고 효가 하나의 체계로서 존속하는 과정과 그 변화과정을 분석하는 데 적합하다. 왜냐하면 체계론은 지속적 존속을 목적으로8) 외부환경과의 상호관계를 통해 정체성을 마련하며9) 내적으로 하위변수들의 복합적

---

7) 본 연구에서 효는 윤리적 차원에서 논하는 것이기에 효와 효 윤리의 개념을 혼용하여 쓰기로 한다.

8) C. West Churchman, *The Systems Approach*, rev. ed.(New York: Dell, 1972), 29.

상호작동을 통해 통합성을 구축하는 과정을 제대로 규명하는 데 있어서 여타 접근법보다 탁월하기 때문이다.

본 연구는 위와 같은 관점에서 신학적 효 윤리가 기독교 공동체에서 규범으로 제도화되는 과정에서 개념적 구도의 구축이 어떻게 진행되었는가를 규명하기 위해 아퀴나스의 『신학대전』에서 효의 체계를 도출하고 이러한 효 체계가 갖는 의미를 그동안 기독교 효 체계로서 하나의 틀로 구축된 보편화 가능성의 효 윤리체계를 분석틀로 하여 파악하기로 한다.

II. 아퀴나스의 신학적 효 윤리체계

아퀴나스의 신학적 효 윤리를 규명하기 위해서는 몇 가지 변수를 그의 『신학대전』에서 도출하는 것이 필요하다. 왜냐하면 아퀴나스는 부모에 대한 공경, 즉 효 윤리는 하나님과 조국에 대한 공경을 연결하여 하나의 체계로 효를 규정하고 있기에 매우 복합적이어서 이러한 복합적 의미체계를 보다 단순화하여 그 의미를 재구성하는 것이 필요하기 때문이다. 이러한 아퀴나스의 신학적 효 윤리체계의 변수를 크게 네 가지로 나누어 볼 수 있는데, 즉 대상 서열성, 범주 확장성, 부모 부양성, 보은 정의성 등이 그러하다. 아래 그림은 아퀴나스의 효 윤리체계를 나타내는데 화살표는 상호작용을 의미한다.

---

9) Arther Koestler, *Janus*(London; Hutchinson, 1978), 57. Fritjof Capra, *The Turning Point*, 43.

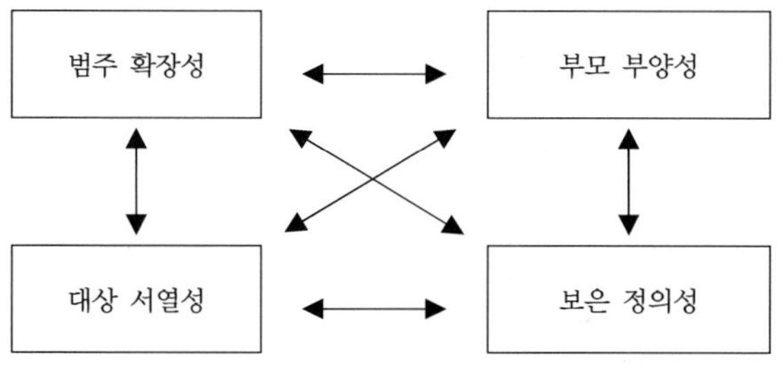

〈아퀴나스의 효 윤리체계〉

1. 범주 확장성

오거스틴(Augustine)에 의하면 공경(piety)은 일반적으로 하나님을 예배하는 의미로 엄격하게 제한되어 있다.[10] 하나님에 대한 예배는 인간에게 적용될 수 없고 오직 하나님에게만 해당한다. 그래서 공경은 인간에게 전혀 준거를 갖고 있지 못한다.

그러나 아리스토텔레스가 지적한 바와 같이 인간사에서 혈족 또는 동료 이외의 많은 관계들이 있다.[11] 따라서 공경의 범주는 최소한 친척이나 동료를 넘어선다고 본다. 그러나 이러한 아리스토텔레스의 논리는 디모데후서 3장 5절에서 보다시피 외관상 우정을 공경과 동일시하는 것으로도 볼 수 있다.

결국 키케로도 주장하듯 공경은 의무나 혈족 그리고 우리 조국과 이해관계를 가진 사람들을 향한 양심적 봉사를 충족하는 것이라 할 수 있다.[12] 즉 우리는 다른 사람에 대한 빚을 다양한 방법으로 그들

---

10) *De civ. Dei* x, I. PL 41, 279.

11) *Ethics* VIII, II. 1161a10.

12) *Rhetorica* II, 53.

자신의 상급자와 그들로부터 받은 다양한 이익들을 매치시킨다. 우선 하나님은 첫 번째로 그러한 대접을 받는 위치에 있다. 그는 절대적으로 삶을 통한 우리 존재와 진보의 최고이며 첫 번째 근원이 된다. 그 다음이 태생과 양육의 기초로서 우리 부모와 조국이 우리 존재와 발전의 가장 근접한 근원이 된다. 결과적으로 모든 사람은 무엇보다 하나님으로부터 그의 부모와 조국에 대해 빚을 지고 있다.[13] 종교의 덕목으로 하나님에게 공경을 표하듯 다음 차원으로 부모와 조국에 대해 유사한 공경, 즉 효와 충을 표해야 한다.

그런데 부모에 대한 효는 혈족에 대한 공경으로 확장되며, 부모가 없는 사람들은 효를 확장하여 하나님에 대한 효로 확장된다. 그리고 조국에 대한 충은 모든 세계 시민들에게까지 확장된다. 이것이 효의 확장성에 의한 효 범주의 광역화이다.[14]

2. 부모 부양성

아퀴나스가 지적한 바와 같이[15] 십계명의 "너 아비와 어미를 공경하라"에서 보다시피 성경은 효의 준거로써 단지 부모들에게 존경심을 보여주는 것을 명령한다. 따라서 효는 부모를 부양하는 것과 직접 관련이 없다. 고린도후서 12장 14절에 보다시피 부모가 자녀들을 부양하는 것이지 자녀들이 부모를 부양하는 것은 아니기 때문이다. 이렇게 부양을 제한하는 것은 효는 부모뿐만 아니라 친족과 동포들에

---

13) Thomas Aquinas, Trans. T. C. O'brien, *Summa Theologia* Vol. 41(Blackeriars, 1972), 5.

14) 위의 책.

15) Thomas Aquinas, Trans. T. C. O'brien, *Summa Theologia* Vol. 41(Blackeriars, 1972), 7.

게도 행해지는 것이기 때문이다. 이 모두를 부양한다는 것은 쉬운 문제가 아니다.

그러나 우리 주님은 바리새인들을 비난하시면서 자녀들이 부모를 부양하는 것을 막지 말라고 하신다.[16] 여기서 우리가 새겨둘 것은 부모에 대한 우리의 의무는 크게 두 가지 근거를 가진다. 즉 자연적인 상태에서 비롯되는 근거와 특수한 상태에서 비롯되는 근거이다. 자연적 상태에서 비롯되는 것은 자녀들로부터 생명의 기초로서 부모이기에 존경과 높임을 받아야 할 권리를 가진다는 것이다. 그러나 또한 특수한 상황에서 부모들은 평범한 품위를 유지하여야 한다. 즉 아플 적에 위로받고 가난 속에서 도움을 받아야 한다. 키케로가 언급하는 바와 같이 효는 의무와 공경이 함께 공존한다.[17] 여기서 의무는 봉사의 행동을 표시한다.

자녀가 부모를 도와주어야 할 때가 있다. 그러나 이것은 예외적인 경우이다. 즉 아주 긴급한 필요가 있을 경우에 이를 행한다. 이는 부모의 자녀로서 마땅히 해야 할 것이다. 기케로가 언급하듯[18] 효가 확장되어 모든 공경의 대상에게까지 부양을 해야 할 경우가 있다. 그러나 이 경우도 부모가 첫째요 그 다음이 타인들이다. 이는 자녀의 자원과 그들에 대한 관계성에 따라 정도의 차이가 있다.

---

16) 마태복음 15장 3절.

17) *Rhetorica* II, 53.

18) 위의 책.

3. 보은 정의성

여기서 정의란 공정한 것을 의미한다. 정의성은 효의 대상 자체가 도덕적 가치를 가지고 있음을 전제한다. 어떤 사람에 대해 빚진 것을 고려하여 그 대상을 높이는 것은 일반적으로 정의 기능이 작동하는 것으로 볼 수 있다. 따라서 정의란 어떤 사람에 대해 빚진 것에 기초한다. 이렇게 빚진 것에 보답하려는 정의는 우리 삶과 그 발전에 원동력이 되는 사람에 대해 보답하는 것으로 자연의 이치에 해당한다.

봉사와 공경을 행함으로써 효는 이러한 원동력을 제공한 사람에게 반응하는 것이다. 이런 원동력을 제공한 사람들은 부모, 조국 그리고 그 밖에 관련된 사람들이다. 효는 이러한 사람들에게 사랑을 제공하는 것이다.

하나님은 우리의 삶의 존재와 발전의 원동력인데 이 원동력은 우리의 부모와 조국의 그것과 비교하여 볼 때 이들을 훨씬 능가하는 것이다. 따라서 하나님에 대한 공경으로서 종교심은 부모나 조국을 위해 지불하는 효와 분명히 다르다. 디오니시우스(Dionysius)가 언급한 바와 같이[19] 우리는 피조물이 그 무엇이든 그 발생하고 출현한 것의 신성함과 관련된 하나님을 기억하여야 한다. 이런 의미에서 하나님은 우리의 무한하신 아버지로 불리며 그에 대한 공경은 효로 불린다. 이는 성경에서 하나님을 아버지로 호칭하여 이에 대해 효를 강조하는 것은 아퀴나스의 논리와 잘 부합한다.

효는 우리 존재의 원동력으로서 위치하는 조국에 대해서도 행해져

---

19) *De divinis nominbus* I. PG3, 593.

야 한다. 이러한 효는 충으로 명명될 수 있다. 이와 관련된 법적 정의성은 집단적 선(Goodness)인 조국의 복지를 향해 지향하도록 한다.[20] 즉 우리 각자를 보호하고 삶을 존속시킨 조국에 빚진 자로서 그에 보답하는 것은 조국의 발전에 기여하는 것으로 정의를 행할 수 있다.

4. 대상 서열성: 하나님 우선성

여기서 서열성은 하나님에 대한 종교심이 부모에 대한 효심보다 중시된다는 것을 의미한다. 누가복음 14장 26절에는 "무릇 내게 오는 자는 자기 부모와 처자와 형제와 자매 및 자기 목숨까지도 미워하지 아니하면 능히 나의 제자가 되지 못하고"라고 하고 있으며 마태복음 4장 22절에는 "저희가 곧 배와 부친을 버려두고 예수를 좇으니라"라고 하고 있다. 이는 종교를 위해 효의 의무를 제쳐놓는 것을 의미한다.

또한 마태와 누가복음에는 먼저 가서 아버지를 장례치를 것을 요구하는 제자에게 예수가 죽은 자는 죽은 자가 장례할 것을 말하며 가서 하나님 나라를 전파하라고 명한다. 이러한 것들은 아퀴나스가 명백히 하여 선언한 바와 같이[21] 하나님을 우선하는 것이며 효행은 그 다음에 하는 것이다.

아퀴나스가 언급한 대로[22] 하나님은 최고의 아버지이며 효를 통해 부모를 공경하지만 종교를 통해 하나님을 섬긴다. 여기서 종교심은 효심을 앞선다. 이렇게 되면 종교는 그 공동체의 규칙에 의해 구속되

---

20) Thomas Aquinas, Trans. T. C. O'brien, *Summa Theologia* Vol. 41(Blackeriars, 1972), 13.

21) Thomas Aquinas, Trans. T. C. O'brien, *Summa Theologia* Vol. 41(Blackeriars, 1972), 15.

22) 위의 책.

며 효도 이러한 규칙에 따라 제한을 받는다. 이런 면에서 효는 종교를 위해 양보해야 한다.

여기서 염두에 둘 것은 종교심과 효심은 모두 덕으로 존재한다. 아퀴나스는 이러한 덕들은 서로 모순을 가질 수 없다고 본다.[23] 아리스토텔레스도 하나의 선한 덕은 다른 선한 덕과 충돌하지 않는다고 한다.[24] 종교심과 효심의 관계도 마찬가지로 서로 간에 모순이 있을 수 없다. 만일 이러한 모순이 발생하는 것은 더 이상 덕이 아니라 죄이다. 암브로스(Ambrose)가 언급한 바와 같이 하나님을 공경하는 효는 자신의 육과 혈의 요구보다 앞선다.[25] 제롬(Jerome)은 이러한 하나님 아버지에 대한 효의 우선성을 강조하기 위해 부모 앞에 무릎을 꿇는 것보다 십자가의 깃발 아래 모이라고 하였다.[26] 결국 종교심을 흔드는 것은 결코 용납될 수 없다는 것이다.

그러나 여기서 아퀴나스는 중요한 예외를 인정한다. 즉 그는 마태복음 25장 40절에서 "내가 진실로, 진실로 이르노니 너희가 여기 내 형제 중에 지극히 작은 자에게 한 것이 곧 내게 한 것이니라"라 하고 있는 점을 들어 자상의 부모에게 하는 효가 하나님 아버지에게 바치는 것이 되는 경우를 들고 있다. 그 경우란 무엇인가?

아퀴나스가 지적한 것은 우리의 육신의 부모가 우리의 도움이 필수적인 구호를 요청하는 상황에 있는 경우 또한 이러한 것들이 우리에게 죄를 짓게 하는 경우가 아닌 때 우리는 종교를 이유로 부모를

---

23) 위의 책.

24) *Categories* 8. 13b36

25) *On Luke*(12, 52) Ⅰ. PL 15, 1872.

26) *Epistola* 14(*Ad Heliodorum*). PL 22, 348.

저버리지 말아야 한다는 것이다.[27] 그런데 이런 상황에서의 부모도 하나님에게 맡긴다고 하여 부모를 위태롭게 하는 것은 하나님을 시험하는 것이라고 아퀴나스는 주장한다.[28] 이러한 아퀴나스의 주장은 매우 신중한 태도이며 이것으로 아퀴나스가 결코 무모한 원칙론자가 아님을 이해할 수 있다.

지금까지 아퀴나스의 신학적 효 윤리체계를 살펴보았다. 이러한 아퀴나스의 효 윤리체계는 성경에서 도출된 보편화 가능성의 효 윤리체계의 관점에서 그 의미가 무엇인지 궁금하다. 이제 보편화 가능성의 효 윤리체계의 관점에서 아퀴나스의 효 윤리를 분석해 보기로 한다.

III. 보편화 가능성의 효 체계에 의한 아퀴나스의 효 윤리 분석

1. 분석틀로써 보편화 가능성의 효 체계

먼저 염두에 둘 것은 기독교란 보편주의적 사상과 관행의 종교라는 사실이다.[29] 노치준 교수가 지적한 바와 같이[30] 기독교 속에는 이웃 사랑, 봉사, 희생, 인간존중, 공동체 생활 등 어느 부류 사람이나 민족

---

27) Thomas Aquinas, Trans. T. C. O'brien, *Summa Theologia* Vol. 41(Blackeriars, 1972). 17.

28) Thomas Aquinas, Trans. T. C. O'brien, *Summa Theologia* Vol. 41(Blackeriars, 1972). 19.

29) 노치준, 「뒤르케임과 베버의 종교사회학」, 『사회학 연구』, 다섯째 책. 1987. 127.

30) 위의 책.

들에게도 받아들여지는 의미와 관행과 사상을 풍부히 가지고 있다.

이러한 보편주의적 사상과 관행을 더욱 세련시키고 사상과 구체적인 프로그램으로 만들며 그 원리에 근거하여 사회를 구성하려고 노력할 때, 종교적 신념이 다른 사람들에게도 거부감 없이 기독교 사상은 공동보조를 맞추어 보다 나은 사회를 구축할 수 있다.

이런 의미에서 자연법적 성격을 지닌 구약의 10계명과 신약에서 도출된 기독교의 효도 보편화 가능성이 있다. 따라서 기독교의 보편화 가능성의 효 체계는 비기독교적 문화에 적용 가능한 체계이다. 그렇다면 성경의 어떤 내용이 기독교의 보편화 가능성의 효 체계의 의미를 구축하는가? 바로 에베소서이다.

에베소서 6장 1절에서 4절에는[31] 인간 중심적 효의 내용과 신 중심적 효의 내용에 동시에 적용될 수 있는 효의 변수들이 적시되고 있다. 따라서 에베소서 6장 1~4절에 의해 효의 일반원리로서 보편화될 가능성이 있는 기독교의 보편화 가능성 효 체계를 마련할 수 있다.[32]

이러한 에베소서 6장 1절부터 4절에서 기독교적 보편화 가능성 효 체계를 구성하는 변수들이 구축되는 데 먼저 동서양의 효에 일반적으로 언급되는 부모공경과 부모에 대한 '순종'의 변수를 도출할 수 있다(1-2절). 이러한 부모에 대한 복종 또는 순종은 동서양의 효에 있어서 대표적으로 강조되는 내용이다.[33]

---

31) "자녀이신 여러분, 주 안에서 여러분의 부모에게 '복종'하십시오. 이것이 옳은 일입니다(1절). '네 부모를 공경하여라'한 계명은 약속이 딸려 있는 첫째 계명입니다(2절). '네가 잘 되고, 땅에서 오래 살 것이다'한 약속입니다(3절). 또 아버지이신 여러분, 여러분의 자녀를 노엽게 하지 말고, 주님의 훈련과 훈계로 가르치십시오(4절)."(표준새번역)

32) 참고, 박철호, 『성경적 효 윤리의 이해』(인천: 도서출판 좋은세상, 2001).

33) 유교에서는 가장 기본적인 인간관계는 부모자녀 관계이고 따라서 순종의 효를 『효경』등을 통해 지극히 강조하고 있다. 이해영, 「유학이란 무엇인가?」, 『강좌 한국철학』(서울: 예문서원, 2001), 30. 도교에서는 유교의 효와 거의 일치하여 순종의 효를 강조한다. 이러한 사실은 무엇보다도 사회를 구성하는 기본단위

에베소서에서 염두에 둘 것은 부모에 대한 효로서 부모공경이나 부모에 대한 순종을 강조하면서 부모의 자녀에 대한 도덕적 의무를 또한 강조하고 있다는 점이다(4절). 이는 부모와 자녀 관계에 있어서 상호주의적 대응관계를 구축하고자 한 것이다.[34]

이러한 부모와 자녀 관계에 의한 도덕적 의무의 양면성은 부모의 일반적 성격에 따라 제시되었다. 즉 브리태니커 사전에 의한 바와 같이[35] 전통적으로 부모는 페이터(pater)적 성격과 제니터(genitor)적 성격이 있고[36] 바로 이러한 부모의 성격에 따라 도덕적 내용을 달리하고 있기 때문에 부모와 자녀 관계의 양면성이 존재하게 된다.

페이터적 부모는 자녀와의 불평등 관계에 의해 권위적이고 명령적이다. 왜냐하면 이러한 부모의 위치는 자녀의 도덕적 불완전성과 위법 가능성에 기초하여 자녀에게 도덕성을 내면화하는 작업과 관련되기 때문이다.[37]

이를 통해 자녀들이 페이터적 부모의 훈육 즉 육효(育孝)[38]에 순종함으로써 이를 통해 사회질서를 존중하고 이를 준수하는 기본적 사회질서 의식을 갖게 된다. 이러한 페이터적 부모에 대해 갖추어야 할 자녀의 효의 내용은 한마디로 공경이요 복종이며 '순종'이다.

로 가족을 강조하는 『태평경』에 잘 나타난다. 참조, 윤찬원, 『도교의 철학』(서울: 돌베개, 1998), 181. 불교도 『부모은중경』을 통해 유대교도 10계명을 통해 순종의 효를 강조하고 있다.

34) 박철호, 『성경적 효 윤리의 이해』 123.

35) *Encyclopaedia Britannica*, Ⅶ(1973-1974), 754.

36) 페이터적 부모의 성격은 자녀를 훈육하여 사회화를 통해 공동사회의 구성원으로 자라게 하는 것을 의미한다. 이러한 부모는 가부장제(patriarchy)에서 보다시피 권위적이고 위계적이다. 반면 제니터(genitor)로서 부모의 성격은 자녀와 수평적 관계를 유지하면서 인격적인 애정과 친애의 성격을 지니는 부모를 의미한다. 참조, 박철호, 『효 윤리학』(인천: 도서출판 좋은세상, 2000), 69.

37) 위의 책, 68.

38) 박철호, 「효학의 학문적 기반 구축을 위한 체계론적 연구」, 『효학개론』(인천: 성산효도대학원대학교, 2001), 44.

그러나 제니터적 부모와 자녀의 관계는 페이터적 부모자녀 관계와 달리 원칙이나 약속 앞에 상호 평등적으로 이루어지는 관계이다. 따라서 부모자녀 관계는 수평적이고 인격적이며 사랑의 감정이 깊이 관련된다. 여기서 기독교의 보편화 가능성 효 체계의 또 하나의 변수인 '친애'의 성격이 도출된다.

페이터적 부모에 대한 순종의 효에는 위계적이고 권위적인 것이 있지만 동일한 인격체로서 서로 존중하며 친구와 같은 우정을 나누는 제니터적 부모와 자녀의 관계에서는 바로 친애의 효가 내재된다.[39] 에베소서 6장 4절의 내용에서 바로 부모가 자녀를 인격적 관계로 대하는 친애의 효가 도출된다. 특히 기독교 가족문화의 한 부분으로서 기독교 효 문화에서 특히 강조될 수 있는 것이 바로 친애의 효이다. 이 친애의 효는 다른 종교의 효 문화에서 찾아보기 힘든 덕목이다.

사실 따지고 보면 부모가 자녀의 분노를 일으키는 것은 무엇보다 비인격적 대우에 기인하는 경우가 많다. 따라서 에베소서 6장 4절은 부모와 자녀 간에 서로 동등한 인격적 인간관계가 존재함을 드러낸 것이다. 이러한 제니터적 부모에 대한 자녀의 효의 내용은 친구 사이에 맺어지는 덕목인 '친애'인 것이다. 즉 자녀는 부모를 친애로서 효할 때가 필요하고 부모도 이를 통해 기쁨을 누리게 된다.[40]

---

39) 제니터란 '생산자'의 의미를 가지고 있다. 부모는 자녀의 생산자이다. 그러나 이 부모는 자기 자녀가 생산자로의 위치에 있게 되면 서로 간 생산자로서 동등한 성격을 지니게 된다. 이런 의미에서 궁극적인 생산자이며 창조주인 하나님 즉 진리 앞에서 양자는 동등하고 평등한 위치를 갖게 된다. 따라서 이러한 부모와 자녀가 동등하고 평등한 관계에 의한 '친애'의 정서를 서로 교환하는 시기는 대체로 자녀가 결혼하여 또 다른 생산자로 위치할 때이다. 물론 결혼하지 않는 자녀도 성인으로서 이러한 관계를 갖게 된다. 위의 책, 68.

40) 박철호, 「체계윤리의 가족화 검증의 논리에 의한 효 연구」, 『효 윤리학』(인천: 도서출판 좋은세상, 2000), 33-37.

결국 친애의 효에는 부모의 인격을 존중하는 효가 강조된다. 아무리 부모가 연세가 많아 제대로 사리판단을 제대로 못하고 육체적으로 약한 상태에 있을지라도 이러한 부모를 인격적으로 존중하여 효를 행하는 것이 친애의 효이다. 또한 친애의 효에서 새겨두어야 할 것은 부모를 사랑하는 마음이 시간이 지날수록 더욱 강하여져서 친구처럼 깊은 연대의식을 갖는 것이 중요하다. 이런 의미에서 친애의 효에는 사랑 증가의 효가 한 원리가 된다.

한편, 성경에는 효를 행하는 자, 즉 순종과 친애의 효를 부모에게 행하는 자는 축복을 받게 되어 있음이 곳곳에 드러난다. 즉 성경의 구약과 신약에 있어서 효 윤리에 관한 내용에 이 땅에서 잘 된다는 물질적 정신적 축복과 장수한다는 육체적 축복이 제시되어 있다.

물론 동양의 도교에서도 효자는 본인이나 그 부모 모두 장수한다는 축복을 역시 제시하고 있다. 즉 도교의 경전인 『태평경』은 유교적 관념인 효를 중시함으로써 유교와 다름없는 사상을 보여주지만 효의 실천 이념을 장수에 두고 있는 점에서 차이가 난다. 태평경에 의하면 부모의 장수를 염려하는 것이 효의 일차적인 의미이지만 그러한 효의 실천을 통하여 자신의 장수를 얻을 수 있다는 효의 이차적 의미가 주어진다.[41]

이러한 효자의 축복의 내용은 에베소서에서도 잘 나타난다. 즉 이 세상에서 잘되고 장수한다는 것이다(에베소서 6장 3절). 그런데 이러한 물질적 축복과 육체적 축복은 최소한 생명이 살아남아 바로 이 땅에서 '존속'해 간다는 의미를 내포하고 있다. 따라서 기독교 효 문화

---

41) "然, 上善第一孝子者, 念其父母且老去也, 獨居閒處念思之, 常痴下也"(券47, '上善臣子第子爲君父師得仙方訣'), 34-135.

체계에 있어서 또 하나의 변수인 '존속'이라는 변수가 포함된다. 그런데 엄밀한 의미에서 효자의 축복인 물질적 축복과 육체적 축복은 부모에 대한 물질적 봉양과 부모의 육체적 건강이나 장수를 위한 효자의 노력에서 비롯된다. 결코 무작위의 방관적 태도 속에서 이러한 물질적 그리고 육체적 축복이 주어지지 않는다. 따라서 자녀는 부모의 양구(養口), 즉 의식주의 경제적 필요를 채우도록 노력해야 할 것이며 또한 부모의 양체(養體), 즉 육체적 건강을 위한 노력을 게을리하지 말아야 한다.

그런데 이러한 기독교의 보편화 가능성 효 체계 구성의 기반이 되는 에베소서 6장 1절에서 4절까지의 내용에서 드러난 것은 부모에 대한 공경 즉 '순종'이나 부모와의 '친애' 그리고 이를 통한 '존속'도 '주' 안에서 행해진다고 하여 예수 그리스도 중심의 효 체계가 구축되고 있다. 이렇게 주 안에서 효를 행한다는 것, 주를 대신하여 효를 행한다는 것은 무엇을 의미하는가?

유대교에서 부모의 자녀에 대한 위치는 월터 카이저(Walter C. Kaser)가 언급한 바와 같이[42] 하나님의 대리자이다. 따라서 부모에 대한 반역을 하나님에 대한 반역과 연관을 짓고 있다. 왜 부모는 하나님의 대리자인가? 이는 성경에 언급한 바와 같이[43] 부모로부터 하나님의 법을 배우기 때문이다. 이러한 이유로 자녀는 하나님의 대리자인 부모에게 '순종'하여야 하며 이를 보다 확대하여 보면 자녀도 역시 하나님의 대리자로서 부모를 섬기기 위해 '순종', '친애' 그리고 '존속'

---

42) Walter C Kaser, 홍용표 역, 『구약성경윤리』(서울: 생명의 말씀사, 1990), 179.

43) "오늘날 내가 네게 명하는 이 말씀을 너는 마음에 새기고 네 자녀에게 부지런히 가르치며 집에 앉았을 때에든지 길에 행할 때에든지 누웠을 때에든지 일어날 때에든지 이 말씀을 강론(대화)할 것이며…."(신 6:6-7)

으로서 효를 행하여야 한다는 것이 당연시 된다. 따라서 기독교 효 체계에는 에베소서 6장 1절에 보다시피 효는 하나님의 명령에 의해 마땅히 행해야 함을 강조하게 된다.

이러한 유대교의 하나님의 '대리'로서 효를 설명하는 틀을 동일하게 적용한 기독교의 효 체계도 유대교의 효와 크게 차이가 나지 않는다. 다만 신약의 에베소서의 '주 안은 카이저가 지적한 바와 같이[44] 대리자로서 부모나 자녀가 하나님의 말씀을 대적하는 것을 금지하는 의미도 포함한다.[45]

결국 대리의 효에는 하나님 아버지의 말씀에 기초하거나 전통적 관습과 규범에 기초하여 효를 행하는 것을 의미한다. 이러한 말씀중심, 관습과 규범에 의한 효의 실천은 대리의 효는 결국 자신의 이익을 도모하여 효를 행하는 것을 배제시키는 자기포기의 효를 실천하게 한다.

지금까지 논의를 통하여 구축되는 보편화 가능성 효 체계에서의 '순종'과 '친애' 그리고 '존속'이 '주 안과 맺는 관계를 어떻게 이해할 것인가? 체계론적 관점에서 보면 상호작용에 의한 관계의 망을 형성하는 네 개의 변수들은 상황에 따라 그리고 분석의 수준에 따라 다양한 형태를 지니게 된다. 즉 기독교의 보편화 가능성 효 체계의 네 변수가 서로 관련을 맺되 서로의 관계는 소위 막스 베버(Max Weber)의 선

---

44) Walter C Kaser, 홍용표 역, 『구약성경윤리』, 179.

45) 몰트만(J. Moltmann)이 언급한 바와 같이 기독교적 관점에서 보면 '대리' 행위에 의해 인간 역사와 사회의 윤리적 기초가 형성되었다. 왜냐하면 바로 그리스도의 '대리' 행위 속에 새로운 인류사가 시작되었고 교회공동체의 개인적이며 사회적인 구조가 근거하고 있기 때문이다. 즉 그리스도의 대리행위에 의해 모든 인간의 대리행위가 의미를 갖는다. 왜냐하면 이러한 그리스도의 대리행위는 모든 인간의 대리행위의 전형적인 모형이 되기 때문이다. 참조, J. Moltmann, 김균진 역, 『본회퍼의 社會倫理』(서울: 대한기독교서회, 1993), 39.

택적 친화력(elective affinity)[46]의 관계와 유사한 형태가 된다. 즉 '순종', '친애', '존속' 그리고 '주 안'은 각각 기도교의 보편화 가능성 효 체계의 하부체계로 서로 간 필요와 관심(interest)에 따라, 그리고 상황에 따른 친화력의 정도에 따라 '인식의 망'을 달리 형성하게 된다.

2. 아퀴나스의 효 윤리 분석

1) 존속에 의한 효의 범주 확장성 분석

아퀴나스의 효 윤리체계가 가지는 특성으로서 효의 범주 확장성은 효의 대상이 부모 이외에 조국과 인류에게까지 나아가게 한다. 이 경우 보편화 가능성의 효 체계의 한 변수들은 조국과 인류에 대해 어떤 관계를 갖는가? 여기서는 우선 보편화 가능성의 변수로서 존속의 측면을 중심으로 조국과 인류의 존속 문제를 분석해 보기로 한다.

조국을 위한 존속의 효를 실천하기 위해 조국이 위기에 처하지 않고 발전할 수 있도록 애국하는 것이 필요하다. 결국 충이 여기에 해당한다. 그렇다면 조국을 위한 존속의 효를 실천하기 위한 구체적인 내용은 무엇인가? 여기에는 양체와 양안 그리고 양영이 관련된다. 조국의 양체를 도모한다는 것은 국가의 물질적 요소 즉 경제력과 군사력 등의 강화를 도모하게 한다는 것을 의미한다. 따라서 조국에 대해 양체의 효를 행하기 위해 구성원들은 국가경제와 군사문제에 관심을 가지고 이를 위해 노력함이 필요하다.

다음 존속의 효의 내용인 양안의 효는 조국의 정신적 요소에 해당

---

46) H. H. Gerth and C. Wright Mills, *From Max Weber*(London and Boston: Routledge & Degan Paul Ltd., 1974), 62.

하는 애국심이나 조국애 등을 통해 국가통합력을 강화하는 것이 여기에 해당한다. 국가의 통합력을 구축하기 위해 조국을 사랑하는 마음을 갖도록 하는 것이 중요하다.

존속의 효의 내용 중 양영의 효에 해당하는 경우는 조국이 종교적 국가일 경우 가능한 것이다. 즉 국교가 있는 경우, 국교를 유지시키고 이를 보다 심화시키기 위해 서로 협력하는 것이 여기에 해당한다. 그리고 국교가 조국의 존속을 위해 도움이 되지 못할 경우 이를 해체하고 보다 나은 국교를 구축하는 노력도 존속의 효 중 양영에 해당한다.

다음 효를 확장하여 인류에게까지 나아가는 경우를 살펴보자. 인류의 존속을 위한 양체의 효에 해당하는 것은 인류의 물질적 문제를 제대로 해결하는 것이 여기에 해당한다. 인류가 처한 물질적 문제에는 특히 환경의 문제와 전쟁이나 테러 그리고 식량 등이 있다. 특히 오늘날에는 환경의 문제가 인류의 위기를 초래할 가능성이 높다. 따라서 환경문제에 관심을 갖고 환경오염을 방지하는 국제적 노력에 동참함이 필요하다. 그리고 전쟁이나 테러의 문제를 해결하는 방안을 마련하도록 노력하고 이러한 문제를 해결하는 데 협력하는 것이 필요하다. 식량문제는 세계 각처에서 빈곤의 문제의 중요한 원인이 된다. 따라서 세계의 빈민국가의 식량난의 해결을 위해 이에 협력하는 것도 효를 행하는 자세이다.

2) 순종의 변수에 의한 효의 대상 서열성 분석

순종의 관점에서 보면 하나님 우선성은 육신의 아버지보다 하나님 아버지의 뜻에 먼저 순종하는 것을 의미한다. 이렇게 하나님 아버지의 뜻에 먼저 순종하는 것이 올바르다는 것을 이미 아퀴나스가 성경을 기초로 제대로 설명하였다.

순종에는 절대적 순종과 상대적 순종이 있는데 하나님 아버지의 뜻에 따른다는 것은 절대적 순종에 해당하는 것으로 볼 수 있다. 엄격히 따져보면 종교 때문에 부모와 자녀가 갈등하는 경우가 있다. 이런 경우 자녀가 부모의 뜻을 좇는다고 하여 자신의 종교를 버리는 것은 제대로 순종의 효를 행한다고 볼 수 없다. 순종의 효에는 하나님 아버지에 대한 효를 최우선으로 해야 하기 때문이다.

그런데 아퀴나스는 육신의 부모의 뜻에 순종해야 할 경우를 예외로 들고 있다. 그 경우는 이미 앞에서 언급한 바와 같이 위기의 상황에서 부모가 도움을 청하는 경우이다. 이 경우 부모의 뜻에 순종하는 것이 필요하다. 따라서 종교 때문에 부모가 목숨을 잃을 위험이 있는 경우 한시적으로 부모의 뜻에 따르는 것이 허락될 수 있다.

그런데 종교를 위해 부모님의 생명을 하나님의 뜻에 맡긴다고 하면서 부모를 돌보지 않는 것은 하나님을 시험한다는 아퀴나스의 주장은 시사하는 바가 크다. 하나님 우선성을 이유로 부모를 저버리고 또 이 때문에 위태하게 하는 것은 하나님 아버지와 육신의 아버지에 대해 불효하는 것이다.

이러한 효 대상의 서열과 연계하여 하나님 우선성은 보편화 가능성 효 체계의 대리의 변수와 관련하여 볼 때 부모와 조국 그리고 인류에 대한 효의 실천에도 하나님의 뜻을 중심으로 하여 행해져야 함을 인식할 필요가 있다. 즉 하나님의 뜻을 절대적으로 순종하여 효하는 사람은 자신의 개인적 욕망이나 뜻을 가지고 효하지 않는 것이 중요하다. 하나님의 뜻이 절대적인 것은 부모의 뜻이나 조국 등의 뜻보다 하나님 뜻에 순종하는 것이 필요하다는 것이다. 이런 의미에서 하나님의 뜻을 따르기 위해 조국이나 부모의 뜻을 저버릴 수 있다.

3) 존속의 변수에 의한 부모 부양성의 효 분석

아퀴나스의 부모에 대한 부양문제는 부차적 성격을 지닌다. 즉 아퀴나스는 부모에 대한 존경심이 중요하지 부모에 대한 물질적 부양의 문제는 그렇게 중요하지 않다고 생각한다. 그가 자녀의 부모 부양에 대해 소극적인 태도를 취하는 근거를 고린도후서 12장 4절에 두고 있다. 아퀴나스가 이렇게 부모에 대한 물질적 부양을 제한하는 것은 효는 그 확장성에 의해 조국과 인류에게까지 그 영향력을 미치기 때문이다. 이렇게 될 경우 부양의 범위가 무한정하게 된다. 이런 의미로 아퀴나스는 효에 의한 부양에 대해 소극적 태도를 취한다.

보편화 가능성의 효 체계의 변수로서 존속의 효에는 절대적 부양과 상대적 부양이 있다. 우선 절대적 부양에 속하는 양체의 효에 의하면 부모의 의식주 문제는 자녀가 무조건 해결해주어야 한다는 의미이다. 이는 아퀴나스가 의미한 부모를 비참하게 하지 않도록 하는 존경의 범위에 속한다. 따라서 자녀는 최소한 부모의 권위와 품위를 지키기 위해서라도 부모의 의식주 문제는 해결해야 한다. 또한 의식주 문제가 아니라도 질병 등에 의한 위급한 상황에 처한 부모를 도와주는 것도 양체의 효로서 자녀의 절대적 부양에 속하는 데 아퀴나스도 이러한 긴급성에 의한 양체의 효도 강조한다. 더구나 부양하게 될 경우 역시 부모에게 먼저 행하라고 하여 부모를 조국이나 인류보다 중시한다. 즉 효 대상의 서열성이 여기에도 지켜지고 있다.

4) 존속의 변수와 보은 정의성

아퀴나스는 하나님 아버지나 부모 그리고 조국 등에 대한 효의 근거를 빚에 대한 보답에 두고 있다. 그는 이렇게 빚진 것을 되갚으려는 것은 정의를 구축하는 것과 관련된다. 그렇다면 자녀는 하나님이나 부모 그리고 조국에 대해 어떤 빚을 지고 있는가? 아퀴나스에 의하면 인간은 자신의 존재를 가능케 한 것과 자신의 삶을 발전을 가져오는 데 원동력이 된 것에 대해 빚을 진다고 본다. 결국 자녀는 하나님과 국가 그리고 부모에 대해 자신의 생의 존재와 삶의 발전의 빚을 지게 된다. 물론 빚의 차원과 정도에 있어서 조국이나 부모에 대한 빚은 하나님에 대한 빚을 비교할 수 없다. 우리 인간(조국과 부모를 포함하여)의 존재와 발전을 위해 베풀어진 하나님의 은혜는 인간에 의해 베풀어지는 은혜와 비교할 수 없다.

이렇게 베풀어진 하나님의 은혜와 부모 그리고 조국의 은혜에 대해 이를 감사하고 그 은혜를 갚는 것, 즉 보은은 자연법상으로 정의의 차원에서 필연적으로 행해져야 할 부분이다. 그렇다면 하나님, 부모 그리고 조국 등의 은혜에 대한 보은하는 행위, 즉 효는 어떤 내용을 지니는가? 여기에 보편화 가능성의 존속의 변수가 관계한다. 즉 하나님과 부모 그리고 조국의 존속을 위해 효를 행하는 것이다.

이미 앞에서 부모와 조국의 존속에 대해 행하는 효에 양체와 양안 그리고 양영 등으로 언급되었기에 여기에는 하나님의 존속에 대해 논해 보기로 한다. 하나님은 이미 출애굽기 3장 1절에서 10절에 나타나듯 스스로 존재하시는 분이시기에 하나님 자체의 존속은 큰 의미가 없다. 따라서 여기서는 하나님의 존속이 실질적으로 의미를 지니는 것은 하나님 자신이 아니라 하나님의 통치 즉 하나님 나라의 존속에 있다고 보고 이의 의미를 재구성하여 하나님의 존속을 정의적 차원에서 살펴본다.

하나님 나라의 존속, 즉 하나님 나라의 통치의 존속은 무엇보다 하나님 나라의 확장 즉 하나님 백성이 수적으로 질적으로 확대와 심화가 되는 것을 의미한다. 우선 하나님 나라의 수적 확대는 무엇보다 전도나 선교적 차원에서 이루어진다. 하나님 백성의 수가 많아지는 것은 하나님 나라의 존속에 도움을 준다. 따라서 하나님의 은혜에 보답하는 것으로 하나님의 자녀들은 전도와 선교에 열심을 내는 것이 필요하다.

또한 하나님 나라의 존속은 질적으로 심화되는 것이 필요하다. 질적으로 심화된다는 것은 하나님의 백성들이 하나님의 통치에 온전히 지배받는 것을 의미한다. 즉 하나님 백성의 삶의 전면에 하나님 중심의 삶이 이루어지는 것을 의미한다. 따라서 하나님의 자녀로서 하나님께 효하는 것은 자신의 삶에 하나님 통치가 온전히 이루어지도록 노력하는 것이 하나님의 은혜를 제대로 갚는 것이고 이것이 정의의 원리에 따르는 것이다.

아퀴나스의 효 윤리 이론에서 가장 주목을 끄는 것이 바로 보은 정의성이다. 그동안 성경적 효에 대한 논의가 진행되었지만 이렇게 구체적으로 정의의 차원에서 효를 논한 것은 아퀴나스가 단연 뛰어나다. 이런 면에서 정의의 차원에서 효를 보다 구체적으로 규명하는 것이 필요하다.

IV. 결론

지금까지 살펴본 바와 같이 아퀴나스의 신학적 효 윤리체계는 크게 대상 서열성과 범주 확장성, 부모 지원성 그리고 보은 정의성으로 되어 있다. 그리고 이러한 요소들은 서로 상호작용하며 하나의 체계를 이루고 있다.

이러한 아퀴나스의 신학적 효 윤리는 몇 가지 점에서 기존의 기독교 효 윤리와 비교하여 특성을 지닌다. 우선 효의 대상을 하나님, 부모, 조국 그리고 인류 등에까지 확장하여 효의 범주를 확대한 점이다. 그리고 아퀴나스가 특히 하나님과 조국 그리고 부모를 베풀어진 은혜와 관련하여 중시한 것도 앞으로 신학적 효 윤리를 체계화하는 데 중요한 시사점을 제시하였다.

또한 아퀴나스가 부모 부양성과 관련하여 물질적인 것보다 정신적 부양에 중점을 둔 것도 신학적 효 윤리를 정립하는 데 도움을 준다. 그동안 효하면 물질적인 것에 관심을 우선적으로 두는 경향이 있었는데 이러한 경향에 대해 그 준거를 다시 한 번 재고하게 한다. 과연 효를 정신적 부양에 초점을 둘 것인지에 대한 문제는 앞으로 신학적 효 윤리의 중요한 논의의 장을 마련할 것으로 본다.

신학적 효 윤리와 관련하여 관심을 갖게 되는 아퀴나스의 효 윤리는 바로 보은 정의성이다. 효를 정의적 관점에서 논한 것은 그동안 신학적 효 윤리 정립의 문제와 관련하여 주목을 끈다. 빚을 갚는 것이 효이고 또한 효는 정의를 구축하는 덕목이 된다는 아퀴나스의 효의 관점은 빚의 문제를 본격적으로 인간 존재의 의미 규명에 하나의 논의 장을 마련한 점에서 의미하는 바가 크다. 왜냐하면 그동안 효는 사회적 정의구현에 장애가 된다는 주장이 제기되었고 이에 대해 반론의 근거가 미약했던 점에서 정의와 효의 관계를 규명하는 작업이 긴요하다.

다만 보편화 가능성의 효 체계의 관점에서 아퀴나스의 신학적 효 윤리에 있어 아쉬운 점은 부모자녀 간의 친애적 요소 즉 부모를 인격적으로 대하는 것과 부모자녀 간의 사랑이 시간이 지날수록 증가해야 한다는 내용이 탈락한 점이다. 즉 아퀴나스는 부모 부양과 같은 존속의 의미에 초점을 크게 둔 반면에 부모와 자녀 간의 인격적 상호 평등에 의한 사랑의 측면이 무시되었다. 이는 하나님과 인간 간의 관계, 개인과 국가와의 관계에서도 이러한 측면이 있음을 인식하지 못한 것이 아쉽다.

앞으로 신학적 효 윤리학은 이러한 아퀴나스의 효 윤리에 대한 관점을 제대로 규명하여 한국에서 신학적 효 윤리학을 정립하고 이에 의해 한국기독교의 토착화와 동시에 세계 선교를 위한 도구로써 효를 체계화하는 데 노력을 경주해야 할 것이다.

제8장 | 기독교 위임체계에 의한 대리의 효 연구
-본회퍼의 위임론을 중심으로-

Ⅰ. 서론

1. 연구의 목적

기독교적 효 체계[1]의 변수에는 '대리'가 있다. 즉 부모를 섬기는 데 있어서 자기의 뜻에 따라 효를 행하는 것이 아니라 주의 뜻에 따라 또는 주의 뜻을 위탁받아 부모를 섬기는 것이 '대리'의 효이다(엡 6:1).

그런데 기독교 윤리학적 의미에서 이러한 '대리'의 효는 본회퍼의 『위임론』에서 나타난 '위임(Mandat)'의 개념[2]을 통해 보다 자세히 그 의미를 규명할 수 있다. 그렇다면 기독교적 관점에서 위임을 어떻게 설명하는가?

위임은 본회퍼가 언급한 바와 같이[3] 이 세계가 그리스도에 의해

---

1) 기독교 효 체계란 성경에 기초한 효 즉 부모를 섬기는 윤리의 체계를 의미한다. 기독교 효 체계에는 4가지 변수가 작동하고 있다. 즉 '순종', '친애', '존속' 그리고 '대리'이다. 박철호, 『효 윤리학』Ⅱ (서울: 도서출판 좋은세상, 2004).

2) 위임(Mandate)이란 술어는 라틴어 Mandatio에서 유래한 것으로서 위임, 위탁, 명령, 수임의 뜻을 가진다. 그런데 본회퍼는 위임과 유사한 개념인 질서, 지위, 직책 등을 구별한다. 즉 본회퍼는 '질서'는 그 근거인 하나님의 위엄, 권위부여 등의 관심보다 질서 속에 내재 이념에 중점을 둘 위험이 있으며 '지위'는 인간의 특권을 암시하고 원래 겸손 속에 있던 '존엄'을 전하지 못한다고 본다. 또한 '직책'은 오늘날 너무나 세속화되어 하나님의 결단의 성격을 줄 수 없다. 참고, Dietrich Bonhoeffer, *Ethics*(New York: Macmillan Press Company, 1949), 254.

창조되었다는 것을 전제로 하여 우리 인간 삶의 영역의 기본관계를 규정하는 것이다. 이는 우리 인간 삶의 기본 관계들은 위임에 의해 형성되고 제한받는다는 것을 의미한다. 그런데 우리 삶의 기본관계를 규정하는 것과 관련하여 위임과 유사한 개념들로서 '질서', '직분', '직무' 등의 개념들을 들 수 있다.

그러나 본회퍼가 지적한 바와 같이 위임은 이러한 개념들과 달리 하나님의 위탁의 성격을 분명하게 드러내고 있다. 즉 기독교의 위임 개념은 하나님의 명령과 이러한 하나님의 명령에 의한 위탁에 복종할 때 하나님의 위임이 있게 된다.[4] 즉 질서, 직분, 직무의 개념에는 하나님의 위탁의 의미를 제대로 나타내지 못한다.

위와 같은 관점에서 본 연구는 위임의 개념을 본회퍼의 위임론을 중심으로 기독교적 위임체계를 구축하여 의미 분석하고 이를 통해 효의 필수변수로서 대리의 효 개념을 규명하는 데 연구의 목적을 둔다.

2. 연구의 방법

위임의 개념과 같이 다양한 하위변수들이 작동하는 개념의 틀은 그 의미를 복합적으로 규명하는 것이 중요하다. 왜냐하면 분석하고자 하는 개념의 하위변수들은 복합적으로 상호 관련하여 의미를 구축하고 있기 때문이다.

그동안 복합적인 개념의 틀을 분석하는 데 한두 가지 변수로서 접근하여 분석하는 데는 한계를 드러냈다. 따라서 이러한 연구대상의

---

3) Juengen Moltmann, 전경연 역, 『본회퍼의 사회윤리』(서울: 대한기독교서회, 1993), 75.
4) 위의 책, 76.

개념을 환경 등과 관련하여 복합적으로 분석하는 것이 필요한데 어떤 접근법이 타당한가? 바로 체계론적 접근법이다.

체계론적 접근법은 체계와 환경의 상호작용을 중시하면서 체계의 내적 변수들이 복합적 상호작동을 통해 환경에 적응하는 것에 관심을 둔다. 따라서 우리의 관심인 본회퍼의 위임개념도 내적 변수를 통해 하나의 체계를 구축하며 그 위임체계가 당시의 정치, 경제 등의 환경 속에 어떻게 성격을 내재화했는지를 체계론에 의해 제대로 규명할 수 있다. 그렇다면 기독교의 위임체계는 어떤 변수들이 작동하고 있는가? 이제 이를 그림으로 나타내면 다음과 같다. 여기서 화살표는 내적 변수들의 상호작용 관계를 나타낸다.

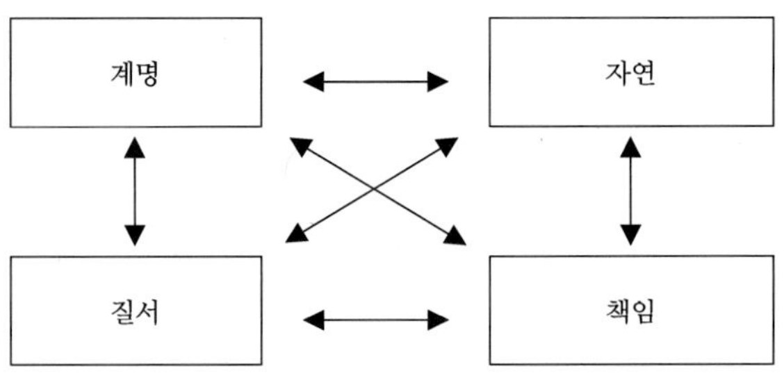

〈기독교 위임체계의 구성요소〉

II. 기독교 위임체계의 구축과정

그동안 인간 삶의 기본원리를 탐구하는 기독교적 노력은 지속되어 왔다. 기독교인들도 비기독교인들과 동일하게 자기가 속한 사회 속에서 의식주의 기본생활을 충족시키며 국가정책이나 사회제도나 문화에 의해 영향을 받는다. 단적으로 말해 교회도 국가나 사회관계 속에 존속해간다.

교회와 국가가 하나의 동일한 가치관을 가지고 통합되어 있던 중세시대에는 종교적 삶과 일반 사회적 삶이 분리되어 있지 않았고 교회와 국가의 관계도 큰 문제가 없었다. 이러한 상황은 초자연적 은총의 세계와 자연법에 의해 지배받는 자연질서의 세계를 하나의 세계로 통일하는 가톨릭의 형이상학적 신학이 가능했기 때문이다.

그러나 종교와 국가가 갈라지고 신앙과 정치가 분리된 근세 이후 현대사회에 와서는 종교적 삶과 정치사회적 삶의 분리에 의한 상호 대립적 상황의 발생과 문제해결의 어려움이 제기되면서 다시금 새롭게 교회와 국가, 신앙과 정치, 종교와 사회 등의 문제를 신학적으로 재정립하는 과정이 필요하게 되었다.

이런 의미에서 인간 사회체계의 기본적인 논리와 그 작동원리에 대한 탐구가 탄력을 받게 되었다. 이러한 탐구과정에는 하나님의 창조의 목적, 교회의 사회체계와의 관계 정립 그리고 죄에 의해 붕괴된 인간공동체 회복 등을 위한 하나님의 인간구속의 목적이 개입된다. 우리가 관심을 갖는 기독교의 위임사상은 이러한 인간사회체계의 새로운 탐구과정 속에 개입하시는 하나님의 은혜와 관련하여 제기되었다. 기독교의 위임사상은 루터, 부르너(Emil Brunner) 그리고 본회퍼 등의 사회탐구에 의해 구축되었다.

1. 루터의 위임체계로서 삼대권 사상

루터는 그의 삼대권(drey Ertzgewalten) 질서 사상5)을 통해 세상에는 하나님이 설정하신 삼대 질서가 있다고 본다. 이것은 인간이 자기의 사회적 책임을 수행하는 기본적 틀이 된다.

인간의 죄의 문제와 관련하여 루터가 구축한 세 가지 사회질서로서 첫째가 가정이며 여기에는 부모가 엄한 훈계로 자녀를 양육한다. 둘째가 국가이다. 이는 왕을 비롯한 관리들이 불법을 행하는 자를 권력의 힘으로 다스리기 위해 칼을 가진다고 한다. 셋째가 하나님의 말씀으로 죄를 다스리는 교회이다.

루터의 삼대권 질서는 하나님께서 창세에 이미 계획하신 것으로 그 기본목적은 사회 속에서 죄악을 견제하며 동시에 봉사를 하기 위해 마련된 것이다. 즉 가정과 국가 그리고 교회는 죄를 범해서 자멸하게 되는 인간들을 구하기 위해 하나님께서 이런 질서들을 통해 인간의 범죄를 견제하신다는 것이다.6) 루터의 삼대권 질서 사상은 두 왕국설과 더불어 중요한 윤리적 체계를 이룬다. 하나님은 오른손을 가지고 사랑의 법에 의해 인간의 영저인 세계를 다스리며 왼손을 가지고 인간의 세속적인 삶을 다스리신다.

그러나 루터의 질서 개념은 그의 두 왕국설과 더불어 질서의 절대화의 경향성에 빠지는 문제를 지닌다. 이는 농민 반란 때 루터의 태도를 보면 알 수 있다. 농민반란 때 그는 서슴없이 영주의 편을 들어 자기의 위치를 지키지 않은 농민들을 처단하라고 권고한다. 루터의 질서개념에 의하면 질서가 죄를 견제하기 위하여 있기 때문에 농민 반란을 인정할 수 없었던 것이다.

또 하나의 문제는 루터의 공직미화 사상이다. 그는 모든 공직(특히

---

5) Juengen Moltmann, 전경연 역, 『본회퍼의 사회윤리』, 77.

6) 박봉배, 『기독교 윤리와 한국문화』(서울: 성광출판사, 1983), 480.

삼대권)은 하나님이 설정한 것이기 때문에 그 직위에 앉은 사람조차도 잘못될 수 없다는 것이다. 이것은 그가 질서를 너무 강조해서 집권자들을 절대화시키는 경향성이 있었고 소위 두 왕국설의 주장으로 정치와 종교를 분리시켜 어떤 정치적 부패나 독재에도 함구무언하게 된 것이다[7]. 이러한 문제들은 기독교 위임의 대상으로 국가, 가정, 교회를 인정하더라도 위임의 내용을 설정하는 데 주의해야 할 점이다.

어쨌든 루터의 삼대권에 의한 질서의 사상은 기독교 위임체계를 규정하는 데 있어서 '질서'라는 주요한 변수를 설정하는 도움을 준다. 기독교 위임체계의 내용으로서 질서는 하나님의 뜻을 이 세상에 이루어가는 데 하나의 주요한 기능을 담당한다.

2. 부르너의 위임체계로서 자연법적 정의 사상[8]

한편 부르너는 루터의 삼대권 사상을 현대에 받아들여 질서의 개념을 확립하였다. 그는 사회의 올바른 질서는 진정한 정의의 개념에 기초를 두어야 하겠다는 입장에서 질서나 법보다 앞서 있는 윤리적 가치로서의 정의의 확립에 관심을 가졌다.[9]

루터의 질서 사상에서 질서의 개념을 이어받은 부르너의 창조질서의 구체화는 가정, 노동, 국가, 문화 그리고 교회이다. 이는 뒤에 본회퍼의 위임사상의 가정, 노동, 국가, 교회의 기초가 되었다. 그렇다면 부르너의 사회질서로서 하나님으로부터 위임된 노동, 국가, 문화, 가정,

---

7) 위의 책, 490-492.

8) 참조, Emil Brunner, trans, Olive Wyon, *The Divine Imperative*(London: Lutter Worth Press, 1953).

9) 박봉배, 『기독교 윤리와 한국문화』, 490-492.

그리고 교회의 구체적인 의미는 무엇인가?

먼저, 가정공동체는 사회의 가장 기초적인 형태로서 성에 의한 공동체라 할 수 있다. 이 성은 인류보존이라는 중요한 목적을 인간의 본능, 충동등과 결합하여 얻어진다.

그러나 여기서 중시할 것은 가정의 결정적인 요인은 이성간의 사랑이 아니라는 점이다. 즉 부부가 가정의 중심이 아니라는 것이다. 엄격히 따져보면 부부의 결합은 계약에 의한 것이다. 계약이란 당사자들의 의사에 의해 체결되는 것이므로 당사자의 의사에 따라 계약은 파기될 수 있다. 그렇다면 가정공동체의 필수적인 요소는 무엇인가? 바로 피이다.

피에 의한 공동체는 인간의 뜻에 의해 결합되거나 해체되는 것은 아니다. 피는 인간관계의 필수적 통합 요인으로서 원초적이다. 이는 피로서 결합된 공동체는 항상성을 지님을 의미한다. 비록 공동체에 붕괴위기가 초래될지라도 피에 의해 결합된 공동체는 시간이 비록 지체될지언정 존속을 위한 형태를 회복한다.

이런 의미에서 인간결합체인 사회를 단지 계약관계로서만 보는 것에 한계가 있음을 알 수 있다. 따라서 계약을 체결하게 하는 사람의 뜻인 지(志) 그리고 항상성을 구축하는 혈(血)의 체계로서 사회(혈지사회)를 설명하는 시각이 필요하다.

그런데 혈연으로 결합되는 가족관계에는 부모와 자녀관계, 자녀간의 관계 등이 있다. 그러나 무엇보다 부모자녀 관계에 의한 결합이 가장 강력하다. 따라서 가정 즉 가족공동체는 부모자녀 관계를 중심으로 통합을 구축하는 것이 필요하다.

둘째, 노동공동체이다. 이 공동체는 생계를 유지하기 위해 일하고자 하는 욕구에서 구축된다. 사람들은 혼자 자급자족이 가능할 수 있지만 공동체 삶 속에서는 상호간 필요한 협력과 교환을 통해 보다 안정된 삶을 추구하게 된다. 루터가 생각했던 것과 달리 오늘날 노동의 문제는 가족공동체 속에서 해결하기 힘든 문제를 가지고 있다. 경제 문제와 관련된 노동공동체는 국가에서도 해결하기 힘든 윤리적 문제를 내포하기 때문에 노동공동체의 특수한 작동원리를 이해하는 것이 필요하다.[10]

셋째, 국가공동체이다. 이 공동체는 질서를 통해 가정공동체와 노동공동체 그리고 교회공동체가 안정되게 하는 것이다. 물론 국가공동체를 형성하는 과정은 복합적이다. 그러나 일단 구축된 국가권력은 강제적 수단을 가지고 서로 경쟁하는 사회 영역들 간의 조정을 취한다. 여기서 관심을 갖게 되는 것은 이러한 조정의 이념으로서 '정의'이다.

그런데 이러한 정의의 개념은 부르너의 자연법과 관련이 있다. 즉 부르너는 바르트와의 1934년 자연신학에 대한 논쟁에서 그리스도 밖에서 하나님에 대한 지식이 가능한가에 대해 그 가능성을 수용하였다. 물론 바르트는 이를 거부하였다. 바르트는 세계가 아니라 계시를 통해서만 창조주를 알 수 있다고 생각했기 때문이다.

부르너는 비록 피조물이 죄로 말미암아 타락했지만 여전히 그 피조물들은 창조주의 작품임을 거부할 수 없다고 하여 창조된 자연 속에서도 하나님의 영광의 흔적을 발견할 수 있는데 바로 정의도 하나님의 창조물로서 자연법적 성격을 지닌다고 보았다.[11] 부르너는 자

---

10) Emil Brunner, trans, Olive Wyon, *The Divine Imperative*, 333.

11) 안춘근, 「E. Brunner의 창조질서 개념과 D. Bonhoeffer의 위임사상 비교연구」(부천: 서울신학대학교 신학

연의 질서와 인간공동체의 질서를 포함하는 의미의 창조질서를 인식하고 있었던 것이다.

여기서 부르너의 위임대상인 국가공동체에서 주목하게 되는 것은 역시 자연법적 정의의 개념이다. 물론 자연법에 관한 여러 견해를 검토해 볼 수 있지만 자연법은 명확한 결론을 얻기가 힘들다. 따라서 자연법을 절대화하는 것도 문제이지만 반대로 자연법을 전적으로 거부하는 것도 잘못되었다.

이와 같이 자연 상태에 있어서 인간의 도덕적인 지혜나 능력이 적극적으로 시인하든(가톨릭교회의 경우) 또는 소극적으로 긍정하든(개신교의 경우) 일단 그와 같은 요소를 받아들이는 한에 있어서 모든 인간에 공통되는 도덕의 보편성을 정당화시키는 토대는 확정된다.

확실히 구체적으로 언급할 수 없는 도덕의 보편적인 토대를 긍정함에 있어서 자연법 개념이 큰 역할[12]을 한다. 개신교에 있어서 자연법사상을 회피하려는 경향이 있다. 그러나 루터나 캘빙에 있어서 자연법은 긍정되고 있으며[13] 자연법이라는 용어를 사용하지 않는 경우에도 계시와는 관계가 없는 어떤 윤리적인 지혜가 존재함이 시인되고 있다.[14] 이러한 자연법사상은 인간 사회질서 이전에 도덕적 윤리의 보편적 개념으로서 인정된다.

넷째, 문화공동체이다. 이 공동체는 여타 공동체와는 달리 자연적이거나 역사적 근거가 아닌 순전히 인간의 지적인 충동에 의해서 발

대학원, 1975), 12.

12) 나학진, "자연법과 윤리", 박봉배 편저, 『기독교 윤리와 한국문화』, 175.

13) 위의 책, 167-168.

14) 위의 책, 175.

생한다. 따라서 이 공동체의 성격을 파악하거나 설명하기가 어렵다. 왜냐하면 이처럼 큰 집단 내에 있는 개별적 구조들은 공동체 형태의 특징을 지니지 못하기 때문이다. 또한 충동 자체가 항상성이 없기 때문이다.

결국 문화, 교육, 예술, 과학은 국가가 아닌 일반인들의 삶의 산물이다. 그러므로 위대한 천재들에 의하여 이루어진 공헌들을 삭감할 필요 없이 바로 그 관점에서 올바로 이해되어져야 한다.[15]

마지막으로 교회공동체이다. 가시적 교회를 생각해 보면 이 공동체는 신앙에 대한 교회 자신의 특별한 충동에 기인한 것이 아니라 질서를 창조하고 세상과 교회의 분명한 구별을 유지하기 위한 필요성에 기인한다. 이 점에서 교회는 국가를 닮는다.

역사적으로 고찰해 보면 교회는 신앙에 근거한 사랑의 교제가 목적임에도 불구하고 사회적 제도, 치밀한 성격, 구체적인 현실성으로 나타났다. 이런 의미에서 교회는 정신적 집단이 아닌 법적인 구조임을 알 수 있다.

그러나 진정한 교회, 즉 비가시적(非可示的) 교회는 교회 자체 내에서 실제적인 사랑을 새롭게 생산하고 믿음을 새롭게 제공한다. 그리고 여타 공동체들을 비판하거나 정화시키는 기능을 한다.[16]

3. 본회퍼의 위임체계

본회퍼가 언급한[17] 위임이라는 말에서 우리는 그리스도 계시 안에

---

15) Emil Brunner, trans, Olive Wyon, *The Divine Imperative*, 334.
16) 위의 책, 334-335.

기초를 두고 성서를 통하여 증거가 된 구체적인 하나님의 위탁을 이해하게 된다. 위임은 일정한 하나님의 계명의 실행을 위한 자격을 부여받고 합법적으로 인정받는 것을 의미한다. 이는 마치 지상법정에서 하나님의 권위를 대여 받는 것과 같다.

동시에 본회퍼의 위임이라는 말에는 어떤 특정한 지상의 영역과 관련하여 그 영역을 하나님의 계명에 의해 요구받는 것, 그 영역의 장악 그리고 그 영역의 형성이라는 의미가 내포되어 있다고 본다. 여기서 본회퍼는 앞에서 언급된 질서, 직분, 직무 등이 지금까지 인습적으로 사용되어 온 개념들의 의미를 분석한다.[18] 그에 의하면 이러한 개념들은 역사적인 여러 오해 때문에 이러한 개념들을 대체하는 '위임'이라는 용어가 정당하다고 주장한다.[19]

계속해서 본회퍼는 위임의 대상으로서 이 세상 가운데 노동, 결혼, 정치적 권위, 교회를 든다. 그리고 이들이 존재하기를 하나님께서 원하며 이들이 각자 자기의 방식대로 그리스도를 통하여, 그리스도를 향하여 그리고 그리스도 안에서 존재하기를 원한다고 본다.[20]

본회퍼에 의하면 노동, 결혼, 정부, 교회가 존재하기 때문에 하나님께서 그것들을 명령한 것이 아니라 하나님께서 명령하셨기 때문에 그것들이 존재한다.[21] 따라서 인간의 이에 대한 인식여부를 떠나 이들의 존재는 하나님의 위탁에 복종할 때 비로소 하나님의 위임이 되

---

17) Dietrich Bonhoeffer, 손규태 역, 『기독교 윤리학』(서울: 대한기독교서회, 2000), 249.

18) 박봉랑, 『그리스도교의 비종교화』(서울: 대한기독서회, 1998), 460.

19) 위의 책, 249-250.

20) Dietrich Bonhoeffer, 『기독교 윤리』, 178.

21) 이와 같은 명제 배후에는 히틀러의 제3공화국 때, '독일 기독교인' 집단 내에서 결정적인 창조질서로서 게르만 종족과 독일 민족을 신격화한 나치스의 '국민법'과의 치열한 저항이 숨어 있다. 참고, Juengen Moltmann, 『본회퍼 사회윤리』, 76.

는 것이다.[22]

본회퍼는 위임 개념에서 루터의 삼대권을 새롭게 이해한다. 즉 앞에서 언급된 바와 같이 루터에 의하면 하나님께서 인간의 사회적 삶에 세 가지 기본적인 질서 즉 결혼, 정부, 교회를 창조하심으로써 악마에 대항하도록 하셨다. 본회퍼는 여기에 한 가지를 더하여 노동[23], 결혼, 정부, 교회 네 개의 위임으로 생각하였다. 물론 이러한 네 가지 위임은 앞에서 말한 바대로 부르너의 다섯 가지 위임 즉 노동, 결혼, 정부, 교회 그리고 문화에서 한 가지가 빠진 것이다.

본회퍼는 그의 위임론을 설명하면서 다음 세 가지 사항을 중요시한다. 첫째 위임은 계시의 빛 속에서 하나님께 순종할 장소로서 구축되었고, 둘째 하나님께서 구축하신 위임은 인간과 함께 창조하셨고 따라서 위임은 인간 존재의 사회적인 구조가 된다. 셋째 모든 위임은 하나님의 계명이 구체화된 것으로 성격이 같고 상호 분리될 수 없으며 서로 혼합되어 있지만 용해되어 버리지 않는다.

본회퍼에 의하면 그리스도인은 위임을 통하여 창조 시 하나님 자신이 수행하셨고 그리스도께서 체험하신 통치와 삶에 관련이 있다[24].

이런 논리 하에 위임 개념 속에 내포된 세상 가운데의 실천성을 살펴보자. 이것은 윤리적인 사건 속에서 하나님의 계명과 인간이 만날 때 문제되는 사실로서 어떻게 이 위임들을 성취하며 위임을 통하여 하나님께 순종하느냐는 것이다.[25]

---

22) 위의 책.

23) 본회퍼는 처음 그의 윤리학에서 노동위임과 문화위임을 서로 혼용하고 있으나 후일 옥중서간에서는 문화위임을 우정과 함께 자유 활동 영역에 귀속시키는 경향을 보였다. 참고, Dietrich Bonhoeffer, 고범서 역, 『옥중서간』(서울: 대한기독교서회, 1990), 127-128.

24) Juengen Moltmann, 『본회퍼 사회윤리』, 77-79.

25) 위의 책, 79.

어떤 위임이든 문제가 되는 사실은 세상 한가운데에 있는 '하나님의 위임'이다. 따라서 위임을 통해 인간은 개인이면서 공동체의 일원으로서 현실에 직면하게 되고 하나님과 세상을 화해시킨 '그리스도 몸'의 현실 속에 들어가 일한다.

그러나 각 위임들은 단독으로 봉사하지 못한다. 하나님께서 제 위임을 병존케 하셨으므로 제 위임은 서로 함께 봉사한다. 결국 위임은 인간으로 하여금 세속 안에서 '참된 세속성'을 향하여 해방되도록 봉사한다.[26]

위임은 다양한 삶 속에서 하나님의 계명을 수행하고 완성시키기 위하여 창조 시에 그리스도를 통하여 설립된 것이며 성서의 그리스도계시에서 입증된 바와 같이 하나님께서 위탁하신 것이다.

위임은 하나님의 통치의 지체들이다. 말하자면 위로부터 이 세상 속으로 주어진 것이다. 계명은 하나님의 통치와 그리스도론적인 통일성과 현실의 전체성이 서로 화해하여 부채꼴 모양으로 펼친 것과 같다. 그 중심은 인격으로 계시는 그리스도이다.[27]

그러나 위임은 하나님 앞에서의 순종과 수난과 찬양 가운데서 이루어지는 세속적인 삶을 지향한다. 세속적인 삶은 위임 속에서 그의 근원적이고 본래적인 형태를 발견한다.[28]

다음으로 구체적인 계명으로서의 하나님의 위임을 살펴보자. 예수 그리스도 안에서 계시된 하나님의 계명은 인간의 삶을 내포하고 있는 통일성 가운데서 네 가지 형태 즉 교회, 결혼과 가족, 노동[29], 정치

---

26) 위의 책, 79-80.

27) 위의 책, 80.

28) 위의 책.

적 권위에서 만난다.[30] 본회퍼에 의하면 하나님의 계명은 오직 스스로 존재하는 곳에서만 발견된다. 하나님의 계명이 말해지는 곳은 오직 하나님 스스로 거기에 권위를 허락하는 곳이다. 하나님이 권위를 허락하시는 한에서만 그것은 바르게 실행될 수 있다.[31] 이곳에 바로 위임이 있다.

계명은 그 자체로서 '중성적 믿음에 의한 순종의 장소'가 아니라 거기에서부터 순종에 대한 요구가 구체적으로 일어나는 장소요, 기관이요, 위임이다. 그리고 이 위임은 계명을 선포하고 해석하고 적용하도록 하나님께서 허락하신다.[32] 위임은 그리스도 계시에 근거되어 있고 성서를 통하여 입증된 바와 같이 하나님께서 구체적으로 위탁하신 것이다.

또 위임은 하나님의 특수한 계명을 수행할 자격을 부여받고 합법화된 것이다. 또한 위임은 하나님의 권위를 이 땅 위의 기관에 양도하여 온 것이다.

위임을 영위하는 자는 대리로 행동하며 위탁하신 분의 자리를 관리하고 유지하는 자로서 행동한다.[33] 위임은 한편으로는 이 땅 위에 속한 영역이 하나님께 순종하는 형태를 취하도록 하며 이를 수행하도록 맡기는 것이다.[34]

---

29) 본회퍼는 처음 그의 『윤리학』에서 노동 위임과 문화 위임을 서로 혼용하고 있으나 후에 『옥중서간』에서는 문화 위임을 우정과 함께 자유 활동 영역에 귀속시키는 경향을 보였다. 참조, Dietrich Bonhoeffer, 고범서 역, 『옥중서간』(서울, 대한기독교서회, 1990), 248.

30) Dietrich Bonhoeffer, 『기독교 윤리』, 248.

31) 위의 책.

32) Juengen Moltmann, 『본회퍼 사회윤리』, 80.

33) 위의 책, 81.

34) 위의 책.

위임받은 자는 위임한 자를 대신하여 그 대리로서 행동한다. 교회, 결혼과 가족, 문화와 정치적 권위, 이들 하나님의 위임은 이들이 상호 의존하고 대립함으로서만 예수 그리스도 안에서 계시된 하나님의 계명으로서 경청된다. 이 위임들은 어느 것도 혼자 설 수 없으며 다른 것과 교체를 요구할 수도 없다. 이 위임들은 공존적(miteinander)이며 서로 같은 방향으로 향한다. 또한 상호의존적(fuereinander)이다. 이제 본회퍼의 네 가지 위임들을 살펴보자.[35]

먼저, 노동의 위임이다. 이는 부르너의 노동공동체에 해당한다. 본회퍼에 따르면 노동의 위임은 첫 사람 아담에게서 볼 수 있다. 아담은 에덴을 가꾸고 지켜야 했다(창 2:15). 타락 후에도 노동은 하나님의 훈련과 은혜의 위임으로 남아 있다(창 3:17-19). 여기서 인간의 노동은 농업을 포함하여 경제적인 것 그리고 과학과 예술에까지 모든 것을 포함한다.

이 노동을 통하여 사물이 세계와 가치의 세계가 창조되었다. 이것은 하나님의 창조와 같이 무에서 창조가 되는 것은 아니고 하나님의 창조를 근거로 해서 인간이 새로운 사물을 만들어내는 것을 의미한다. 이 위임은 아무도 피할 수 없게 된다.[36]

다음이 결혼의 위임이다. 이는 부르너의 가정공동체 위임에 해당한다. 결혼은 남자와 여자가 하나님 앞에서 하나가 되는 것을 의미한다(엡 5:32f). 하나님은 이 결합 위에 번성하는 축복, 새로운 생명의 탄생을 허락한다. 이렇게 인간은 창조의 과정에 참가함으로써 하나님의

---

35) 세상적인 삶이 구체적으로 하나님의 위임을 수행하는 삶이라고 할 때 이 네 가지 위임들은 예수그리스도 안에서 구체적으로 계시된 하나님의 계명을 수행하는 것이다.

36) Dietrich Bonhoeffer, 『기독교 윤리』, 180.

창조 사역에 동참하고 그 뜻 속에 들어가게 된다. 이렇게 결혼을 통하여 인간은 예수 그리스도의 영광과 봉사 그리고 그 나라의 확장을 위한 존재가 된다.

결혼은 단순한 출산뿐만 아니라 그리스도에 대한 복종으로 교육하는 것까지 의미한다. 왜냐하면 부모는 아이들에 대해 하나님의 대리자이다. 아이들을 세상에 나게 하고 하나님의 위임을 받은 하나님의 대리 교육자이다. 이 모든 부모의 역할도 예수 그리스도를 위한 일이다. 즉 예수 그리스도에게 순종하도록 양육하는 곳이 바로 가정이다.[37]

부르너의 국가공동체에 해당하는 정치적 권위에 대한 하나님의 위임은 이미 노동과 결혼의 위임에 대한 하나님의 위임을 이미 전제하고 있다. 정치적 권위는 그 자체로서는 생명을 만들지 못하지만[38] 하나님의 위탁에 의해서 그에게 주어진 질서를 지킴으로써 창조된 것을 보존한다.

정치적 권위는 하나님의 위임을 인정하는 가운데서 법을 제정하고 그 법을 칼의 힘으로 지키게 함으로써 창조된 세계를 보호한다. 따라서 결혼과 노동은 정치적 권위를 통해서가 아니라 정치적 권위 앞에서 성립된다. 그리고 정치적 권위는 두 영역을 감독하고 지배한다. 주시할 것은 정치적 권위의 위임이 결혼과 노동의 위임의 주체가 되려고 하면 문제가 발생한다. 왜냐하면 이 경우 정치적 권위의 위임뿐만 아니라 결혼과 노동의 위임도 위기를 맞게 되기 때문이다. 정치적 권위는 입법과 칼의 위력을 가지고 그리스도의 현실을 위하여 이 세계

---

37) 위의 책.

38) 본회퍼는 정치적 권위가 가치를 만들지 못한다고 하나 가치의 일반적 의미를 고려하면 이러한 규정은 무리가 있다. 참조, 위의 책.

를 지킨다. 그리스도를 위하여 모든 사람들은 정치적 권위에 복종하여야 한다.[39]

교회에 대한 하나님의 위임은 앞의 세 개의 위임들과 구별된다. 이유는 그리스도의 현실이 선교, 교회 내의 질서, 기독교인들의 생활 가운데서 실현되도록 위탁을 받았기 때문이다. 교회의 위임은 모든 인간에게 미치며 다른 세 개의 위임에게도 그러하다.

한 인간이 동시에 노동자, 배우자, 신하인 것처럼 한 인간 안에 여러 개의 위임들이 존재한다. 이 모든 위임들이 동시에 성취되는 것이 중요하다. 교회의 위임 역시 다른 위임들과 겹쳐 있는데 이는 기독교인이 노동자이며 신하이며 배우자일 수 있기 때문이다.[40]

하나님의 계명은 교회에서 설교와 고백 혹은 교회 훈련으로 나뉜다. 전자는 회중적이고 후자는 개인적이다. 이 둘은 밀접히 연결되어 있다. 죄의 고백 혹은 교회 훈련이 상실된 것은 설교에서의 하나님의 계명이 구체적인 요청을 결여한 일반적인 도덕적 원칙의 선포로 밖에 이해되지 않는다.

교회가 받은 위임이 내용은 하나님 말씀이다. 이 말씀을 통하여 하나님 자신이 현재하시기를 원한다. 교회에서 하나님은 스스로 말씀하시기를 원한다. 설교자는 교회 회중의 대변자가 아니라 하나님의 대변자이다.

하나님의 말씀의 선교 아래서 깨어난 교회는 설교의 임무를 영광스러운 일로 존중하고, 온갖 힘으로 이 직무에 봉사함으로써 그 신앙의 진실성을 표현하는 것이지 만인제사장론의 원칙을 내세워 설교의

---

39) 위의 책, 181.
40) 위의 책.

직무를 경시하여 되는 것은 아니다. 설교의 직무가 상위 존재가 되는 것은 바로 교회의 회중이 진정으로 하위존재가 되는 것에 의해서다. 교회의 회중에게는 거꾸로 상위존재가 되려고 하는 것보다 기도와 봉사 그리고 신앙이 더 필요하다.

교회의 말씀은 그리스도로부터 받은 위탁에 그의 유일한 권리와 권위를 가지고 있기 때문에 이 권위를 두지 않고 귀히 여기지 않는 모든 말은 헛된 것이 될 수밖에 없다.

교회는 한편에서 세상을 위한 다른 한편으로 그리스도인들을 위한 두 종류의 계명을 가지고 그것을 적절히 사용하는 것이 아니다. 교회의 계명은 예수 그리스도 안에서 계시된 하나님의 하나의 계명이며, 교회는 이 계명을 세상에 선포하는 것이다. 교회는 예수 그리스도를 그 교회의 회중과 온 세상의 주님이시며 구세주로 증거하고 그와의 사귐에 들어오도록 부름으로써 계명을 선포한다.

인간이 됨으로써 하나님은 자기 자신을 위해서가 아니라 우리를 위해 계시기를 원하심을 명백히 한다. 하나님이 인간이 되셨다는 사실에 직면하여 인간으로서 하나님 앞에 살 수 있다는 것은 오직 자기 자신을 위해서가 아니라 하나님과 다른 사람을 위해서 존재하는 자가 되는 것을 의미한다.

예수 그리스도의 계명은 교회, 가족, 노동, 정치적 권위를 다스리는 것이지만 그것은 동시에 교회, 가족, 노동, 정치적 권위가 각기 고유한 본질을 개발하도록 해방하는 것을 의미한다. 예수 그리스도 이름의 신비성은 그것이 개인을 표시할 뿐 아니라 동시에 인간의 전체를 그 안에 내포한다. 예수 그리스도 안에서 새로운 인간성이 존재하고 하나님의 말씀과 하나님의 교회가 끊을 수 없이 연결된다.

가톨릭주의의 위험은 말씀의 선교라는 하나님의 위임을 희생함으로써 교회를 본질적으로 자기 목적으로 이해하는 데 있다. 반대로 종교개혁의 위험은 교회만의 고유한 영역을 희생하여 말씀의 선교라는 위임을 고려하여 거기에 따라 교회는 세상을 위하여 존재하고 있다는 교회의 자기 목적성을 거의 무시해 버렸다는 것이다.

본회퍼는 처음 그의 『윤리학』에서 노동위임과 문화위임을 서로 혼용하고 있으나 후에 『옥중서간』에서는 문화위임을 우정과 함께 자유 활동 영역에 귀속시키는 경향을 보였다.[41] 물론 본회퍼의 문화영역은 부르너의 문화공동체에서 차용한 것이다. 그렇다면 문화위임으로서 자유영역이란 무엇인가?

부르너는 하나님의 창조질서로서 앞에서 언급한 바와 같이 인간공동체를 다섯으로 분류했다. 결혼, 노동, 국가, 문화, 교회이다. 그리고 문화의 영역 속에 인간이 누리는 자유스러운 제반활동 즉 과학, 예술, 우정, 오락 등을 포함시켰다. 결혼, 노동, 국가, 교회는 각각 구체적인 하나님의 위임을 가지고 있다. 문화와 교양은 어떤가?

그것은 간단히 노동의 개념에 종속되지 않는다. 그것들은 복종의 영역에 속하는 것이 아니라, 하나님 위임의 세 가지 영역 주위의 자유 활동 영역에 속한다. 비루터교적 프로테스탄트 프러시아의 세계는 아주 강하게 네 개의 위임에 의하여 결정되어 있기 때문에 이 자유활동 영역은 그 배후에 후퇴해버리고 말았다.

그러나 본회퍼에 의하면 교회만이 자유 활동 영역 즉 예술, 교양, 우정, 유희 등에 대한 이해를 다시 찾을 수 있다고 본다.[42] 키에르케

---

41) Dietrich Bonhoeffer, 고범서 역, 『옥중서간』, 248.
42) 위의 책, 127-128.

고르가 언급한 이러한 '미적 실존'을 다시 발견하고 그것을 생기 있게 할 수 있는 것은 교회의 영역임을 고찰하게 되었다.[43] 따라서 이것을 정립할 수 있는 것은 윤리적 인간이 아니라 오직 기독교인이라는 것이다. 기독교 공동체에 흔히 나타나는 우정이 자유의 영역에 속한다는 사실 때문에 우리는 이 영역을 유지해야 한다. 왜냐하면 자유의 영역 내부에 있어서도 우정은 극히 드물고 가장 귀중한 보물이기 때문이다.[44]

결론적으로 이 자유의 개념은 위임의 개념에 필수적으로 속한다. 왜냐하면 본회퍼의 위임개념에 있어서 삶의 현실 전체를 파악하는 것과 완전한 의미의 인간 존재가 중요한데 이러한 의미의 인간 존재는 어떤 조직으로 환원되어 버리거나 일면으로 되어 자유를 억압받는 것을 거부하기 때문이다.

또한 이러한 자유의 영역에서 '책임'이 도출된다. 책임이란 자유가 없는 곳에서는 생각할 수 없기 때문이다. 이런 의미에서 책임적인 삶의 형태가 두 개의 조건에 의해 규정된다는 본회퍼의 주장은 관심을 끈다. 즉 본회퍼에 의하면 삶은 인간과 하나님께 책임이 있다는 것이고 또 하나는 인간 자신의 삶은 자유하다. 삶이 인간과 하나님에게 책임이 있다는 것도 인간 자신의 삶을 자유 속에 세우기 때문이다. 이 속박, 이 자유 없이는 책임성이 없다.[45]

---

43) Jeugen Moltmann, 『본회퍼의 사회윤리』, 98-99.
44) Dietrich Bonhoeffer, 고범서 역, 『옥중서간』, 128.
45) Dietrich Bonhoeffer, *Ethics*, 194.

Ⅲ. 기독교 위임체계의 구성요소

위임체계의 구축과정에서 드러난 루터, 부르너, 본회퍼의 위임사상에서 크게 네 가지의 위임체계의 구성요소를 도출할 수 있다. 즉 루터의 위임론에서 '질서', 부르너의 위임론에서 '자연법' 그리고 본회퍼 위임론에서 '책임' 그리고 '그리스도' 등이다. 이제 이러한 위임체계의 기본요소들을 규명해 보기로 한다. 이러한 규명을 통해 대리의 효의 의미체계를 정립할 수 있다.

1. 위임체계의 내적 변수로서 '질서'

창조기사에서 분명히 드러나듯이 창조는 하나의 포괄적인 질서이다. 그러나 신학적으로 질서개념은 신약성서에 기원을 두고 있다. 예수 자신은 구약으로부터 내려온 일정한 질서들을 전제했고 그것들을 결코 뒤엎으려고 하지 않았다(마 5:17). 그것들을 상황에 맞게 해석하고(막 2), 또 종말론적 한계에 맡겨버린다(마 19장의 이혼문제 등등).

바울은 예배에서의 질서들을 준수하고(고전 14:40), 또 직업상의 신분질서들을 주어진 것으로 받아들여 기독교 신앙으로 회개한 후에도 버리지 말아야 한다고 말했고(고전 7:20), 또 죽은 자들의 부활도 '질서에 따라', 즉 순서에 따라 일어난다고 가르쳤다(고전 15:23). 물론 신약에서 질서개념은 어느 곳에서도 체계적으로 다루지 않았다.[46]

교부시대의 오거스틴은 선과 악의 문제에서 질서개념을 파악하고

---

46) H. H. Schrey, 손규태 역, 『개신교사회론입문』(서울: 대한기독교출판사, 1985), 94.

있다. 악은 규범, 즉 의무가 따르는 질서로부터의 이탈이며 질료는 창조에 의해 부과된 질서에 선행하기 때문에 질료를 하나의 무질서의 원죄로 보며, 때문에 악의 원리로 간주하는 희랍적 경향에 반대한다. 오거스틴의 초기 저작『De Ordine』은 주로 이 문제를 취급하고 있다.[47]

그러나 질서의 문제를 본격적으로 다룬 것은 중세기 신학에서부터였다. 아퀴나스의 경우 질서개념은 기원개념과 목표개념의 이중적 관점에서 정의되었다. 우주의 질서는 이중적, 말하자면 피조세계 내에서의 질서와 하나님을 지향하는 질서로 되어 있다. 인간은 삼중의 질서, 즉 이성의 질서, 세상통치의 질서 그리고 영적 질서에 종속된다. 따라서 질서에 어긋나면 양심의 가책, 세상 형벌 그리고 신적 형벌의 삼중적 벌을 받는다. 아퀴나스는 사회구성의 세 요소를 말했다. 최상위에는 정치적 권력(Optimates), 그 다음에는 귀인(Honorabiles), 마지막에는 평민(Vulgus)이다.[48] 이는 계급사회이론의 전형을 나타낸다.

루터도 인간의 신분을 통한 질서를 말했다. 즉 세 개의 신분론(Drei Stände Lehre), 영적 신분(Status Ecclesiasticus), 정치적 신분(Status Politicus), 가정 신분(Status Vecumenicus)이다. 그러나 그는 질서의 가변성으로써 한 신분에서 다른 신분으로 개인적 전환이 고려되었지 새로운 질서구조의 형성이나 질서구조 자체의 변화들은 생각하지 않았다.[49] 이렇게 역사적 관점에서 질서개념을 파악하고 나면 질서의 정의를 내릴 차례이다.

질서란 인간 삶의 기초로써 인간이 사회적 교제를 통해 자신의 정

---

47)『기독교대백과사전』제14권, 416.

48) H. H. Schrey, 손규태 역,『개신교사회론입문』, 94.

49) 위의 책, 94-95.

체성을 구축하며 사회적 공동목표를 이루어가는 사회 존속의 원리를
의미한다. 질서는 자유와 밀접한 관련을 짓고 있다. 즉 개인의 자유가
지나쳐 방종이 될 경우 혼란을 초래하게 되며 자유가 억압되어 인간
의 무력화가 진행될 수 있다. 라이놀드 니이버(Reinhold Niebuhr)가 제
대로 지적한 바와 같이 질서란 억압에 의한 독재와 방종에 의한 혼란
의 양 극단을 피해서 어떻게 기술적으로 두 암초에 걸리지 않도록 잘
항해하는가가 중요하다.[50]

그런데 본회퍼가 강조하는 바와 같이 질서라는 것이 의미가 굳어
진 것으로서 화석화된 개념이라면 이를 벗어나는 것이 중요하다.[51]
이런 의미에서 기독교적 질서란 자유, 평등, 정의 등 기본적 가치에
그 기초를 두어야 한다.[52]

본회퍼는 이러한 질서의 개념을 위임과 연결하여 기독교적 위임체
계를 구축한다. 그래서 본회퍼는 질서의 개념에 하나님의 계명의 실
행을 위한 자격을 부여받고 합법적으로 인정받으며, 하나님의 권위의
대여로서 인정받게 되면 이러한 질서는 수용할 수 있다고 본다. 그런
데 이러한 본회퍼의 위임의 하부체계로서 질서의 개념은 독창적인
것이 아니다. 즉 본회퍼의 질서의 관념은 루터의 삼대권 질서 사상과
부르너의 창조질서 사상이 영향을 받았다.[53]

---

50) Reinhold Niebuhr, *An Interpretation of Christian Ethics*(New York: Meridian Books, 1960), ch. 4.

51) 박봉랑, 『그리스도교의 비종교화』(서울: 대한기독교서회, 1998), 460.

52) 박봉배, 『기독교 윤리와 한국문화』(서울: 성광문화사, 1983), 489.

53) Juergen Moltmann, 전경연 역, 『본회퍼의 사회윤리』, 6.

2. 기독교 위임체계의 변수로서 '자연'

기독교의 위임체계를 구성하는 변수로서 '자연'은 주로 '자연법'을 의미한다. 자연법은 인간이 비록 역사 및 문화의 흐름 속에서 살고 있고 또한 그것들에 의해서 제약받고 있지만 인간사회를 구성하는 윤리의 영역은 시간과 장소에 따라 달라지기보다는 동서고금을 통하여 공통적으로 연속되는 보편화 가능성[54]을 지닌다는 것이다. 즉 시간과 장소가 달라져도 기본적으로 유사한 보편 가능성의 삶의 원리가 가능하기 때문에 동서고금을 통하여 공통적이며 보편적인 윤리성이 긍정될 수 있다는 것이다. 자연법이란 이러한 보편화 가능성의 개념을 동원하여 인식되었다.

기독교는 그동안 기본적이며 공통적인 윤리적 요소의 가능성을 시인하고 또 이를 창조의 질서개념에 연결시켜 자연법을 이해해 왔다. 바울은 로마서 2장 14-15절에서 율법 없는 이방인에게도 인간 본성의 법과 양심이 있음을 지적하면서 윤리의 보편가능성의 요소를 밝혔다.

윤리의 보편적인 요소에 대한 객관적인 측면이 자연법이라면 주관적인 측면은 양심이다.[55] 이를 종합적으로 정의해 보면 자연법이란 인간성과 자연에 대한 인간의 이성적인 이해에서 출발하여 그것을 근거로 인간의 보편가능성 윤리적 규범을 발견하려는 윤리적 시도라고 할 수 있다. 그런데 자연법이 인간성에서 시작한다는 점에서 그리

---

54) 엄격히 말해 시공간을 초월하여 모든 사람들에게 동일한 윤리의 규범을 설정하기는 거의 불가능하다. 따라서 모든 윤리나 도덕의 법칙은 보편화의 가능성을 지니게 된다. 여기서 보편화 가능성은 마치 비트겐슈타인의 가족 유사성(family resemblance)의 성격을 지닌다. 참고, 박철호, 『효 윤리학』 II (서울: 도서출판 좋은세상, 2003).

55) 나학진, 「자연법과 윤리」, 박봉배 외 7인, 『기독교 윤리학개론』(서울: 대한기독교출판사, 1987), 163-164.

고 그 인간성을 윤리적으로 본다는 점에서 인간에 대하여 비관론을 펴는 개신교적 전통에서는 자연법을 등한시하거나 거부하는 결과를 초래해 왔다. 그러나 가톨릭 전통에서는 성서에 나타난 그리스도의 계시 외에 존재하는 윤리적 지혜의 근거가 있는가 라는 질문의 대답으로 자연법을 들고 있다.56)

자연법이 형이상학적 개념이라면 창조질서는 하나님과 관련하여 생성되고 필히 창조자 하나님의 신앙과 연관된 종교적 개념57)이라고 말한다. 그런고로 천주교가 철저히 자연법에 근거한 윤리체계를 전통적으로 고수해 오고 있는 반면에 개신교가 자연법에 부정적인 태도를 취해 온 것을 어쩔 수 없는 신학적 귀결이다.58)

본래 자연법은 아리스토텔레스의 철학적 배경에서 잘 드러나듯 목적론적인 윤리(Telelological Ehtics)의 범주에서 출발했다.59) 이러한 아리스토텔레스의 자연법사상을 이어받은 아퀴나스(Thomas Aquinas)가 지적하듯 자연법이 모든 사람에게 평등하냐는 질문은 이에 대한 반증되는 경험적인 지시에도 불구하고 자연법의 주장자들은 인간에게 자연법이 편재한다고 인정한다.

아리스토텔레스를 이어 아퀴나스는 기독교인들은 하나님의 축복으로 인도하는 행복(eudaimon ia)에 대한 자연적 경향이 있다고 믿었다. 이러한 자연적 경향은 인간의 목적이요, 대체로 모든 인간에게 있는 도덕성에 대한 중요한 자극60)이라고 할 수 있다. 그런데 이러한 인

---

56) Charles E. Curran, *Contemporary Problems in Moral Theololgy*(Notre Dame Press, 1970), 225.

57) Herbert Waddams, *A New Introduction to Moral Theology*(London:SCM Press, 1965), 54.

58) 박봉배, 『기독교 윤리와 한국문화』, 457.

59) 위의 책, 460-461.

60) Robin Gill, *A Textbook of Christian Ethics*(Edinburgh:T.& T. Clark, 1966), 77.

간의 자연적 성향에 의한 자연법은 변할 수 있느냐는 질문이 가능한데 여기에 대해 아퀴나스는 일반적인 원칙은 변하지 않지만 이차적인 원칙은 변할 수 있다고 말한다. 그렇다면 자연법은 결국 변화하는 것인가?

변화가 가능하다고 볼 수 있다. 그러나 특수한 경우 자연법의 이차적인 규정이 변화할 수 있다고 아퀴나스가 인정하는 것은 규정 자체의 변화보다는 오히려 스콜라학자들이 부르고 있는 '질료(실질)의 변화'(mutatio materiae)에 관련되어 있는 것이다. 말하자면 그것은 자연법의 금지명령 자체가 변화된다기보다는 오히려 행위의 상황이 이제는 금지명령에 해당되지 않을 만큼 변화되어 있다는 것이다.[61]

그런데 하나님과 자연법과의 관계에서 자연법은 불변적인가? 여기에 대해 오거스틴(Augustinus)이나 아퀴나스는 구약성서의 근거 하에 하나님은 가끔 자연법을 대항할 수 있다고 믿었다.[62] 이는 하나님의 절대권을 인정한다면 당연한 귀결이다.

또 자연법이 인간의 마음에서 사라질 수 있느냐는 질문도 가능하다. 이에 대해 일반적인 윤리는 누구에게나 파괴될 수 없으나 이차적인 원리는 허물, 죄, 악습에 의하여 효과적으로 파괴될 수 있다[63]고 봄이 타당하다. 그러나 이도 환경의 변화와 관련하여 이차적 원리가 그 무엇이든 더 이상 해당하지 않는 상황이 되었다고 볼 수 있다.

결국 루터가 인정하는 바와 같이 로마 2장 15절에 기록된 바울의 진술에 기초하여, 인간은 무엇을 해야 하며 또 무엇을 해서는 안 되는가를 아는 지식을 가지고 세상에 출생한다.[64] 즉 하나님께서는 창

---

61) http://blog.naver.com/dennis117.do?Redirect=Log&logNo=20012114589

62) Robin Gill, *A Textbook of Christian Ethics*, 77-78.

63) 위의 책, 78.

조의 과정에서 모든 사람들의 마음에 이 법을 기록한 것이다. 그러므로 인간은 그의 마음속에 최선의 법전을 갖고 있다. 자연법은 인간, 즉 인간의 이성 속에 새겨져 있다. 이성이 이 자연법을 알고 있으므로 우리는 이 법을 이성의 법이라고도 부른다. 즉 이 자연법은 하나님에 의하여 우리들에게 부여된 것이다. 하나님은 인간들에게 이성을 주셨고 그것을 자연법과 함께 인간들의 마음속에 새겨 놓았다. 하나님의 명령은 인간들의 이성 속에 새겨져 있는 법을 통하여 작용하고 있다. 이런 의미에서 자연법은 매우 의미 있는 유산이다.[65] 하나님의 의지가 인간의 마음속에 기록되어 있다는 것은 경험 자체가 가르쳐 주고 있다. 따라서 인간은 루터가 동의하듯 자신들의 마음속에 있는 이 규범(norm)을 스스로 인식한다.[66]

여기서 한 가지 짚고 넘어가야 할 것은 루터의 베일(Veil) 개념[67]이다. 자연적 계시를 말할 때 루터는 모든 피조물이 하나님의 탈(mask) 혹은 베일(veil)로서 하나님을 계시한다고 말한다. 즉 하나님의 베일은 모든 피조물이라고 할 수 있다. 다시 말하면 하나님은 현세에 있어서 우리들을 다루실 때 우리에게 직면하시지 않고 다만 우리들에게 숨겨진 채 또는 그림자로 나타나신다.[68]

하나님이 자연 안에서 또는 자연을 통하여 현재적으로 역사한다. 따라서 만물은 곧 하나님의 베일이며 마스크이다. 지금도 하나님은

---

64) 루터는 이것을 '자연의 정의'(Natural Justice), '자연법'(Natural Law) 또는 '자연의 법'(Law of Nature)이라고 부른다.

65) Paul Althaus, 이희숙 역, 『마틴 루터의 윤리』(서울: 컨콜디아사, 1989), 55-56.

66) 위의 책, 56.

67) 이 베일 개념은 후에 본회퍼가 위임의 성격(본고 Ⅲ.B.2)에서 새로운 해석을 시도한다. 참조, Juengen Moltmann, 전경연 역, 『본회퍼의 사회윤리』, 84-89.

68) 이장식, 『기독교 사상사』 제2권(서울: 대한기독교서회, 1978), 49-50.

자기 피조물 안에서 또 그것을 통하여 행동하시는 하나님이며 그의 역사는 날마다[69] 자연 안에서 창조의 활동을 계속한다.

앞에서 언급한 바와 같이 자연법에 대한 바르트(Karl Barth)와 부르너의 논쟁에서 바르트는 자연신학이나 자연법의 긍정적인 요소를 인정하지 않는다. 오직 그리스도를 통한 하나님의 계시 외에 일체의 어떠한 것도 그의 신학 중심에 놓을 수 없었기 때문이다. 따라서 바르트는 자연법에 기초를 두고 있는 천주교의 결의법(決疑法)[70]을 신랄하게 비판하고 있다.[71] 이런 견지에서 본다면 바르트의 윤리는 하나님의 말씀과 명령에 입각한 철저한 주체론적 입장[72]이라고 할 수 있다.

그러나 부르너는 바르트가 세계를 통해서가 아니라 계시를 통해서만 창조주를 알 수 있다고 주장한 데 반하여 그리스도를 통하여 이 세계 안에서 창조주를 알게 된다고 주장하였다. 브루너에 의하면 창조물이 죄로 말미암아 더럽혀졌다고 해서 그것이 신의 창조가 아닐 수 없으며 그렇기 때문에 창조된 자연 속에는 신의 영광의 흔적이 있다는 것이다.

그런데 부르너의 자연법에 있어서 야기되는 문제는 루터에게서와 마찬가지로 질서 절대화의 경향성과 정치와 종교의 절대분리에 있다. 창조의 질서는 자연적으로 이미 주어진 것, 즉 그것 자체로서 유지되는 것, 따라서 그리스도의 은혜나 구속의 사건과 관계가 없는 것이 되고 말 때 이런 경향에 빠진다. 이런 각도에서 보면 창조질서 개념

---

69) 위의 책, 52.

70) 결의법(Casuistry): 보편적인 도덕법칙을 개개의 행위와 양심문제에 적용하는법.

71) 박봉배, 『기독교 윤리와 한국문화』, 457.

72) 위의 책, 458.

이 가지고 있는 문제점이 바로 여기에 있다. 즉 나치즘의 수정으로써 창조 시에 주어진 원초적 질서의 회복에 국한시킨 것이 브루너의 창조질서이다.[73]

브루너는 루터의 두 왕국설과 거의 비슷한 인격적 윤리와 제도적 윤리의 이분법을 말한다. 신앙과 사랑의 윤리는 인격적인 차원에서만 적용 가능하고 제도적 차원에서는 오직 자연법과 정의가 있을 뿐이라는 주장이다. 죄를 견제하기 위해 국가가 존재한다는 사상도 루터와 흡사하다.[74]

이런 점에서 브루너는 보수적이며 질서 절대화의 경향성을 띤다. 그러나 나치즘을 경험한 브루너는 맹목적인 질서 주창자는 아니었다. 그는 자연적인 질서 자체가 선한 것이기는 하나 인간의 죄악에 기인한 질서 타락의 가능성을 제기하였다.

즉 그 질서 자체가 완성되고 구속되는 것이 요청된다는 것이다. 그런 입장에서 질서가 그리스도와 관계를 가져야 하고 자연이나 이성의 차원에 국한되는 것이 아니라고 주장하게 된다.[75]

결론적으로 브루너는 본래적인 질서, 원초적인 질서회복에 그치고 말았다. 따라서 질서 자체의 변혁에까지는 발전해 나가지 못했다. 그러나 분명히 한 가지 진전된 것이 있다면 기존 질서 자체의 부패 가능성을 지적했다는 점이다. 부르너는 루터에게 있어서 공직의 신적인 배경 때문에 부여했던 공직 무오설을 수정하여 공직과 공직자 모두의 부패 가능성을 제시해 주었다.[76]

---

73) 박봉배, 『기독교 윤리와 한국문화』, 492-493.

74) 위의 책, 493.

75) 위의 책.

3. 기독교 위임체계의 변수로서 '책임'

본회퍼가 언급한 바와 같이[77] 책임은 자유와 위임에 근거한다. 즉 자유로운 인간만이 책임을 가지게 되며 위임에 의해 이러한 책임을 수행한다. 위임에 의해서 아버지는 어린이들을 위해 일하며 교육한다. 즉 아버지로서 책임을 피할 수 없다. 이 점에서 단지 혼자인 것처럼 생활하는 모든 시도는 사실상 책임을 부정하는 것이다. 따라서 모든 윤리적 주체는 고독한 개인이라는 것은 허구이다. 고독한 개인이 아니라 책임적인 주체가 윤리적 주체가 된다.

본회퍼가 지적한 바와 같이 책임을 지는 주체는 개인도 집단도 가능하다. 따라서 이러한 책임으로부터 벗어나는 인간은 없다. 비록 고독한 삶을 사는 사람도 위임에 의한 책임을 진다. 여기서의 책임은 기본적으로 인간으로서 자기에 대해 책임을 지는 것이다. 여기서 자기에 대한 책임은 인류에 대한 즉 인간 자체에 대한 책임이다. 예수는 결혼이나 가족이나 직업 등의 특별한 책임을 갖지 않고 생활하였지만 그러나 이것이 절대로 그가 이러한 책임의 영역에서 벗어났다고 할 수 없다. 그 반대로 그가 모든 인간에 대한 책임을 지고, 또 인간을 대표한다는 것을 명백히 하였다.[78]

본회퍼가 강조하듯[79] 자신의 삶을 다른 사람을 위해 희생하는 데서만 대리와 책임이 성립된다. 오직 자기를 비우는 자만이 책임으로

---

76) 위의 책, 493-494.

77) Dietrich Bonhoeffer, *Ethics*, 194.

78) 위의 책, 220-221.

79) 위의 책.

사는 것이며 이것은 사익이 없이 사는 것이다. 또한 대리적 행위와 그에 의한 책임은 본질적으로 인간과 인간에 대한 관계이다. 그리스도는 사람이 되고 그렇게 함으로써 인간에 대한 대리적 책임을 지셨다. 물건이나 상태나 가치에 대한 책임도 또한 존재한다. 그러나 이모든 것들도 예수 그리스도 사람이 되신 하나님을 통하여 근원적이고 목적적인 존재가 되며(요 1:3), 그리스도를 통하여 물건이나 가치의 세계는 하나님의 창조의 목적에 적합하게 인간에게 돌아온다.[80]

본회퍼가 다시 강조하듯[81] 책임적인 인간은 그의 구체적인 가능성 가운데 구체적인 이웃과 상호관계성을 갖는다. 그의 행위는 단 한 번으로 결정적으로 말하자면 원칙적인 것으로서 미리 결정되어 있는 것이 아니라 주어진 상황에 따라 성립되는 것이다. 인간은 현실적 상황에 의해 주어진 문제들을 깨끗하게 처리할 수 있는 절대적 원칙 같은 것을 가지고 있지 않다. 오히려 인간은 주어진 상황에서 필요한 것이 무엇이며, 깨닫고 행동해야 할 '명령'이 무엇인가를 보게 된다.

책임적인 인간에게 있어서 주어진 상황이란 강제로 그의 이념과 프로그램을 부각시키는 단순한 소재가 아니라 행위를 형성하여 행위와 관련된다. 이는 절대적인 선이 실현되는 것이 아니라 상대적인 악에 대해 상대적인 선을 우선적으로 선택하는 것이다. 이런 의미에서 절대적인 선이라고 세운 원칙이 때로는 가장 악한 것이 될 수 있다는 것을 인식하는 것은 책임적인 행동을 하는 사람들이 가져야 할 내용이다.

진정으로 현실에 적응하는 행위에서는 정해진 사실을 승인하는 것과 그것에 항거하는 것은 서로 결합되어 있다. 여기서부터 그리스도

---

80) 위의 책.
81) 위의 책, 224.

에 적응하는 행동이 현실에 적응하는 행동이라는 명제가 나온다. 예수 그리스도는 현실을 향해 걸어가는 분이 아니라 그분 자신이 현실적인 것을 자기 몸으로 경험하며 현실적인 것으로부터 말씀하신다. 즉 역사의 산 법칙을 자신의 몸 안에 체현하신 분이다.

예수 그리스도는 현실적인 분으로서 모든 현실적인 것의 근원, 본질, 목표이기 때문에 그 자신이 현실적인 것의 주님이다. 즉 그리스도의 말씀은 그의 실존의 해석이며, 따라서 거기에 역사가 성취되는 현실의 해석이다. 이는 역사에 있어서 책임 있는 행동을 위한 하나님의 계명이다.

4. 기독교 위임체계의 변수로서 '계명'

이미 앞에서 살펴본 바와 같이 본회퍼에 의하면[82] 위임으로서 교회공동체가 담당하는 계명은 예수 그리스도 안에서 계시된 하나님의 하나의 계명이며, 교회는 이 계명을 세상에 선포하는 것이다. 교회는 예수 그리스도를 그 교회의 회중과 온 세상의 주님이시며 구세주로 증거하고 그와의 사귐에 들어오도록 부름으로써 계명을 선포한다.

그런데 이러한 하나님의 계명은 기독교 윤리의 기초를 형성한다. 즉 하나님의 계명은 모퉁이의 머리돌이라고 할 수 있다. 그러나 하나님의 계명은 단지 윤리적인 것으로 성격을 규정지어 말할 수 없다. 왜냐하면 그것은 전체 삶을 내포하기 때문이다.

하나님의 계명은 그 어떤 것으로부터 제약을 받지 않는다. 즉 하나

---

82) Dietrich Bonhoeffer, *Ethics*, 272-281.

님의 계명은 단지 금하거나 명할 뿐이다. 물론 용서하거나 해방시키기도 하며 속박하기도 한다. 이런 의미에서 하나님의 계명은 당연히 윤리의 유일한 권능이다.[83]

하나님의 계명은 예수 그리스도 안에 나타난 자비롭고 거룩한 하나님에 의하여 인간에게 주어진 전체적이고 구체적인 요청이다. 즉 예수 그리스도 안에서 제시된 하나님의 계명은 인간의 삶을 내포하고 있는 통일성 가운데서 또 하나님의 화목케 하시는 사랑을 통하여 인간과 세계에 대하여 단일한 요구를 하시는 데서 그 계명 자체에 의해서만 이루어지는 통일된 네 가지 형태인 교회, 결혼과 가족, 문화와 정치적 권위에서 우리와 구체적으로 만난다.[84]

하나님의 계명은 언제나 어디서나 발견되는 것은 아니다. 그것은 이론적인 명상이나 사적인 영감에서도 역사적인 힘이나 혹은 숭고한 이상에서 발견되는 것도 아니다. 하나님의 계명은 오직 스스로 존재하는 곳에서만 발견된다. 하나님의 계명이 말해지는 곳은 오직 하나님이 스스로 그 권위를 허락한 곳이다. 그리고 하나님의 권위를 허락한 한도에서 그것은 바르게 실행될 수 있다. 역사적 힘이나 강렬한 이상, 확고한 인식이 있는 곳이 아니라, 그리스도의 계시에 뿌리를 둔 하나님의 위임(goettliche Mandate)이 있는 곳에 하나님의 계명이 존재한다. 그러한 하나님의 위임이 문제되는 것은 교회, 결혼과 가족, 문화와 정치적 권위에 있어서다.[85]

하나님의 계명은 윤리적인 것과 달라서 모든 윤리적 명제의 일반

---

83) 위의 책.
84) 위의 책.
85) 위의 책.

적인 함축이 아니며 또 역사적, 시간적인 것과 구별된 보편타당하고 무시간적인 것이 아니며, 구체적인 것과 구별되는 원리도 아니며, 규정적인 대립되는 무한정한 것도 아니다. 만일 하나님의 계명이 그런 것이라면 하나님의 계명이기를 중지할 것이다.[86]

하나님의 계명은 인간에 대한 하나님의 말씀이고 더욱이 그 내용에 있어서도 그 형태에 있어서와 같이 구체적인 말씀이다. 하나님의 계명은 인간에게 응용하고 해석할 여지를 허락하지 않고, 오직 복종이냐, 불복종이냐이다. 하나님의 계명은 하나님의 계명은 무시간적이거나 무장소적으로 알려지거나 인식되지 않고 장소와 시간에 결부되어서만 들을 수 있게 된다. 하나님의 말씀은 그 궁극적인 것에 이르기까지 명백하고 분명하고 구체적인 것이든가, 그렇지 않으면 하나님의 계명이 아니든가 이다.[87]

하나님의 계명의 구체성은 역사성에서 성립되고 하나님의 계명은 역사적 형태에서 우리와 만난다. 하나님은 그의 계명을 일정한 역사적 형태에서 들려준다. 여기서 피할 수 없는 문제는 하나님은 어떤 역사적 형태에서 그 계명을 주느냐는 것이다. 이를 정언적으로 대답해보면 바로 예수 그리스도 안에서 계시된 하나님의 계명은 교회와 가족과 노동과 정치적 권위에서 우리에게 제시된다.[88]

하나님의 계명은 예수 그리스도 안에 계시된 계명이기 때문에 하나님의 계명을 선포하는 데 있어 여러 권위 가운데 어느 하나도 자기를 절대라고 주장할 수 없다. 오직 교회, 가족, 노동, 정치적 권위가 상호 한계

---

86) 위의 책.
87) 위의 책.
88) 위의 책.

를 지켜서 서로(zueinander), 나란히(nebeneinander), 공동으로(miteinander) 상대하여(gegeneinander) 각기의 방법으로 하나님의 계명을 힘 있게 하므로 그것들은 위로부터 말하고 가르칠 권위를 받게 된다.[89]

하나님의 계명은 단지 5계명과 같이 성스러운 형태에서만 아니라 일상적인 말이나 권고, 요청의 형태에서도 존재한다. 하나님의 계명은 포괄적 일치와 동시에 완전한 구체성을 의미한다. 그것은 삶이 계명을 통하여 무수한 새로운 시작에로 분열되는 것이 아니라 하나의 명확한 방향, 내적 연계성과 확고한 거점을 얻는 것을 의미한다.[90]

하나님의 계명은 하나님 앞에서 인간으로 살 수 있다는 허락이다. 하나님의 계명은 자유를 명한다는 사실에서 모든 인간적인 율법과 구별된다. 이 자유나 허락은 오직 하나님의 계명으로부터 주어지고, 그 계명을 통해서만 그리고 그 계명 안에서만 가능하며, 하나님과 떨어질 수 없으며 그것은 항상 하나님의 계명으로 머무르며 그와 같은 것으로써 아니, 그와 같은 것으로써만이 하나님의 계명은 결단과 행위를 할 때에 마음을 괴롭히는 불안으로부터 하나님의 계명을 통하여 개인적인 일처리가 확신 있게 되는 것이다.[91]

하나님의 계명은 사람으로 하여금 자기 자신과 자신의 행위의 판단자나 심판자가 되지 않고 하나님의 계명을 행하는 데 확실성과 확신을 가지고 살고 행동하도록 허락한다. 하나님의 계명 앞에 인간은 이미 현실적으로 그의 길을 가지고 있으며 내적인 갈등이 없이 하나의 일을 하고 하나의 일(이론적 윤리학적으로 보면 마찬가지로 급박

---

89) 위의 책.
90) 위의 책.
91) 위의 책.

한 것이지만)을 남겨둔다.[92]

하나님의 계명 자체는 일상적이며 눈에 보이고 사소하여 거의 무의미한 말, 발언, 암시, 도움의 형태로 인간의 삶에 통일적인 방향과 개인적인 지도를 줄 수 있다. 계명의 목적은 한계선을 넘는 것을 피하는 것이나 윤리적인 논쟁과 결단, 어려움을 극복하는 데 있는 것이 아니고, 오히려 교회, 결혼, 가족, 노동, 국가 등에서 자유롭게 긍정된 자명한 생활을 하게 하는 데 있다.[93]

지금까지 위임체계의 구성요소로서 '질서', '자연' 그리고 '책임'을 살펴보았다. 이제 이러한 위임체계에 의해 대리의 효의 의미를 구체화하는 작업을 시도한다. 이 작업을 위해 우선 위임과 대리의 관계부터 살펴본다.

IV. 기독교 위임체계에 의한 대리의 효 분석

1. 대리의 의미와 위임과의 관계

1) 대리의 의미

앞에서 이미 언급된 바와 같이 하나님의 위임은 오직 예수 그리스도 안에 계시되는 하나님의 계명에만 달려 있다. 하나님의 위임들은 그리스도의 현실성, 즉 그리스도 안에서 계시되고 있는 세계와 인간에 대한 하나님의 사랑의 현실을 구성하는 제도로서 위로부터 세계

---

92) 위의 책.

93) 기독교 윤리의 주제로서 하나님의 계명은 이 적극적인 내용과 인간의 자유를 동시에 안중에 둘 경우만 가능하다.

에 주어진다.

따라서 이 위임들은 결코 역사로부터 자라난 것이 아니며, 지상의 힘들도 아니고, 하나님의 위탁이다. 하나님으로부터 위탁을 받은 자는 대리자, 대변자이다. 그러므로 위임의 영역에 있어서 뒤바꿀 수 없는 상위와 하위의 질서가 하나님의 권능으로부터 주어진다.94)

어느 위임이든 하나님의 계명은 상하의 돌이킬 수 없는 권위관계를 수립한다. 그리고 사실상 힘의 원리에 얽매이지 않으며 그럼으로써 하나님의 계명은 윤리적으로 말할 수 있게 되고 또 수행할 수 있다.

여기에서 본회퍼는 단순히 어떤 직권 상의 권위를 의미하고 있는 것이 아니라 타인을 위하여 대리로 행동하고 희생의 제물이 되신 그분의 실존과 담보를 통하여 이루어진 권위를 의미한다.

이 권위는 그리스도로 말미암아 인간의 삶을 대리로 행동하며 책임지도록 새롭게 규정된다. 대리 즉 이웃을 위하여 구체적으로 대신 행동하며 책임을 지는 것은 하나님의 위임에 순종하는 것이다. 바로 이 사실이 위임 속에서 맺고 있는 인간의 제반관계를 바꾸어 놓을 수 없게 한다. 이와 같이 그리스도를 따라 대리행위를 수행할 때 동등하면서도 서로 다른 기능과 직책들이 소유하는 인간 상호간의 제반관계가 위임 속에서 형성된다.95)

본회퍼는 위임의 대리 개념에서 타인을 위한 존재(Man for Others)라는 의미를 강조한다. 이는 그의 신학에서 피안성(彼岸性)을 발견할 수 있게 하며 세속화(Secularization)의 핵심을 이루었다. 그리스도 자신이 대리로서 삶을 사셨고 대리로서 십자가에 달리셨다. 결론적으로 위임의

---

94) Dietrich Bonhoeffer, 『기독교 윤리』, 250.

95) Jeugen Moltmann, 『본회퍼의 사회윤리』, 91-92.

대리적 성격은 이 세상에서 각 위임들이 궁극적인 것을 위하여 책임을 다할 것을 주장함으로써 그의 사명을 보다 분명히 한다.96)

결국 위임은 하나님의 측면에서 인간 세상에 주어진 것으로 인간의 측면에서 보면 수동적으로 이를 순종하는 마음으로 받아들이는 것이다. 그러나 대리는 위임에 의해 주어진 것들을 적극적으로 이를 행동으로 실천하는 것을 의미한다. 대리는 인간의 측면에서 보면 적극적으로 행동을 취하는 것이다. 이런 의미에서 양자의 관계는 동전의 양면과 같다.

2) 위임체계와 대리의 효

앞에서 언급한 기독교 위임체계의 구축과정에서 드러났듯 루터나 부르너, 본회퍼에 있어서 위임의 대상들 중에서 공통적으로 들어간 것이 가정 또는 가족공동체이다. 그런데 하나님의 위임으로서 가족공동체의 통합을 가능케 하는 것은 무엇인가?

이는 부르너가 언급한 바와 같이 피이다. 피에 의한 공동체는 인간의 뜻에 의해 결합되거나 해체되는 것은 아니라 인간관계의 필수적

---

96) 본회퍼의 위임사상은 그것을 설립하시는 하나님의 의지를 적극적으로 암시하며 또한 이웃을 위한 봉사에 있어서 인간과 하나님의 협동을 암시한다. 그러나 여기서 문제점은 왜 이것들이 위임이 되느냐는 것이다. 무슨 근거로 이 네 가지를 하나님께서 위임하신 것으로 택하게 되었는가? 첫째 이 위임들은 하나님의 계시와 성서적으로 증거된 위탁과 약속에 근거한다. 둘째 제 위임은 인간이 예수 그리스도의 하나님에게 순종하는 장소이다. 또 그것은 하나님께서 설립하신 것으로서 인간의 현실에 부합하여 유익하도록 설정되었다. 왜냐하면 제 위임은 인간과 함께 창조되었기 때문이다. 셋째 이 위임들의 원래 모상(模像, Abbild)이 하늘에 있다는 사실은 결코 우연한 일이 아니다. 즉 위임의 모상들을 비교해 보면, 결혼은 그리스도와의 공동체, 가족, 하나님 아버지와 그 아들, 그리스도와 모든 인류와의 형제관계, 노동은 세상을 위한 하나님과 그리스도의 창조자적인 봉사, 하나님께 대한 인간의 봉사이며 정부는 그리스도의 영원한 지배, 하나님의 도시이다. 여기서 주목을 끄는 것은 이 유비(Analogia, 유추)에 있어서 위임의 한 항목인 교회가 누락되었다는 점이다. 그러므로 유비론적인 구조는 강제성을 띤 것이 아니라 불확실한 환상과 회상에 머물러 있다. 중요한 것은 유비론적 구조에 있어서 존재적 일치가 아니라 하나님과 인간의 제반관계, 이들 사이의 관계의 유비이다. 결국 관계의 유비로 말미암아 하나님의 삼위일체론적인 주권 속에 인간의 인격성과 사회성이 통합된다는 현실이다.

통합요인으로 원초적이다. 이는 피로서 결합된 공동체는 항상성을 지니고 있기 때문에 비록 공동체에 붕괴위기가 초래될지라도 피에 의해 결합된 공동체는 시간이 지체될지언정 존속을 위한 형태를 회복한다. 이처럼 부모자식 간의 피에 의한 결합은 가족공동체를 존속시키는 필수요인임을 알 수 있다.

그런데 이렇게 피로써 구축되는 부모자식 간의 관계에도 자식이 부모에게 행하는 효의 원리가 중요하다. 왜냐하면 부모의 자식에 대한 애정이나 사랑은 자연적이어서 변치 않고 자식에게 주어지지만 자녀의 부모에 대한 지지는 부모의 사랑이나 애정에 비해 그 정도가 부족하다. 이런 의미에서 자녀의 부모에 대한 지지와 요구인 효가 가족공동체 통합의 가장 중요한 변수이다. 이런 의미에서 가족공동체의 위임은 또 하나의 작은 위임인 효에 의해 제대로 설명이 가능해진다.

그런데 효에는 네 가지 요소가 작동한다. 즉 순종, 존속, 친애, 대리가 그러하다. 이는 이미 앞에서 소개된 내용이다. 이 중 대리의 효는 하나님을 대신하여 즉 하나님의 위탁이나 위임으로 효를 행하는 것을 의미한다. 따라서 기독교적 대리의 효를 제대로 이해하기 위해서 기독교 위임체계의 구성요소에 의한 대리의 효를 분석하는 작업이 필요하다.

2. 질서와 대리의 효

기독교적 의미에서 부모에게 효를 행하기 위해서 자녀는 하나님을 대신하여 효를 행한다는 인식이 필요하다. 이를 위해 우선 기독교 위임체계의 구성요소인 '질서'에 따라 효를 행하는 것, 즉 질서에 의한 대리의 효를 이해하고 이를 실천할 필요가 있다.

앞에서 언급된 바와 같이 질서란 인간 삶의 기초로서 인간이 사회적 교제를 통해 자신의 정체성을 구축하며 사회적 공동목표를 이루어가는 사회 존속의 원리를 의미한다. 따라서 효행에는 우선 자신의 정체성을 부모와 함께 갖는 것이 중요하다. 이러한 부모와 정체성을 함께하게 되면 가족의 공동체 존속과 발전을 위한 가족공동체 목표를 이루어가는 원리를 체득하게 되기 때문이다.

위임체계의 구성요소로서 질서는 자유와 밀접한 관련을 짓고 있다. 즉 개인의 자유가 지나쳐 방종이 될 경우 혼란을 초래하게 되며 자유가 억압되어 인간의 무력화가 진행될 수 있다. 이런 의미에서 대리의 효는 강제에 의한 효를 배제함이 중요하다. 비록 하나님의 계명에 의한 효라고 할지라도 자원하는 마음으로 자발적으로 효를 행하도록 하여야 한다. 자유롭고 자율적인 효야말로 대리의 효를 제대로 이루는 것이다.

그런데 라이놀드 니이버(Reinhold Niebuhr)가 제대로 지적한 바와 같이 질서란 억압에 의한 독재와 방종에 의한 혼란의 양극단을 피해서 어떻게 기술적으로 두 암초에 걸리지 않도록 잘 항해하는가가 중요하다.97) 간혹 자유라는 명목하에 자율성을 강조하다 보면 마치 '고르반의 효'98)처럼 효를 극히 형식적이고 명목적으로 취급하여 실질적 내용이 없는 효가 행해질 가능성이 높다. 그렇다면 어떻게 이런 문제를 극복할 수 있을까? 무엇보다 본회퍼가 지적한 바와 같이 예수 그리스도의 현실로 돌아가는 것이다. 이는 구체적으로 예수 그리스도가 우리를 대신하여 하나님의 대리자로서 구원을 베푼 것을 되새기는

---

97) Reinhold Niebuhr, *An Interpretation of Christian Ethics*(New York: Meridian Books, 1960), ch. 4.

98) 박철호, 『체계론에 의한 성경연구』(서울: 도서출판 좋은세상, 2003).

것이다. 즉 대리의 행위 속에 내재된 희생의 가치를 효하는 자녀들이 갖는 것이 중요하다.

그런데 본회퍼가 강조하는 바와 같이 질서라는 것이 의미가 굳어진 것으로서 화석화된 개념이라면 이를 벗어나는 것이 중요하다.[99] 이런 질서에 의한 효는 한마디로 시대에 맞지 않는 효이다. 대리의 효는 전통적인 것에 얽매이지 않는 효이다. 예를 들어 전통적인 유교의 효가 화석화되고 굳어진 것인데도 불구하고 이를 여전히 효행의 지표로 삼는 것은 문제가 있다. 이런 의미에서 기독교적 질서에 의한 대리의 효는 자유, 평등, 정의 등 기본적 가치에 그 기초를 두어야 한다.[100]

본회퍼가 질서의 개념을 위임과 연결하여 기독교적 위임체계를 구축한 바와 같이 질서에 의한 대리의 효 개념에 의한 효행자는 하나님의 계명의 실행을 위한 자격을 합법적으로 인정받으며, 하나님의 권위의 대행자로서 인정받게 된다.

따라서 질서를 내재한 대리의 효에 있어서는 하나님의 계명을 철저히 추종하는 것이 중요하다. 하나님의 계명은 본회퍼가 지적한 바와 같이 인간에 대한 하나님의 말씀이고 더욱이 그 내용에 있어서도 그 형태와 같이 구체적인 말씀이다. 하나님의 계명은 인간에게 응용하고 해석할 여지를 허락하지 않고, 오직 복종이냐 불복종이냐이다.

이런 의미에서 대리의 효는 하나님의 말씀에 철저히 순종하되 그 순종의 방법은 매우 구체적이어야 한다. 이는 효를 우리 인간이 응용하고 해석하면서 자신의 뜻에 맞추어 자기의 편의대로 하지 말아야 함을 의미한다. 즉 효는 당연히 해야 할 것이다(엡 6:1). 간혹 부모에

---

99) 박봉랑, 『그리스도교의 비종교화』(서울: 대한기독교서회, 1998), 460.
100) 박봉배, 『기독교 윤리와 한국문화』(서울: 성광문화사, 1983), 489.

대한 감정이 좋을 때는 부모에게 친절하고 예의를 갖추다가 부모에
대한 감정이 경험 등에 의해 나쁠 경우 효를 제대로 행하지 않는 경
우가 있다. 이는 잘못된 것이다. 비록 감정이 좋지 못하거나 주변 환
경이 효하기에 힘들지라도 당연히 해야 한다는 것으로 여기고 자발
적이고 자율적으로 자원하는 마음으로 효하는 것이 중요하다.

3. 자연과 대리의 효

자녀가 부모에 대해 효를 행하여야 하는 이유로서 자연법을 들 수
있다. 자연법은 인간이 비록 역사 및 문화의 흐름 속에서 살고 있고
또한 그것들에 의해서 제약받고 있지만 인간 사회를 구성하는 윤리
의 영역은 시간과 장소에 따라 달라지기보다는 동서고금을 통하여
공통적으로 연속되는 보편화 가능성[101]이 있다는 것을 전제한다. 즉
시간과 장소가 달라져도 기본적으로 유사한 보편 가능성의 삶의 원
리 또는 인간성의 유질동상이 가능하기 때문에 동서고금을 통하여
공통적이며 보편적인 윤리성이 긍정될 수 있다는 것이다.

따라서 효도 동서고금을 통해 삶이나 인간성을 통해 그 보편화 가
능성을 대체로 인정받고 있음을 볼 때, 효는 위임체계의 한 요소인
자연법의 성격을 지닌다. 따라서 자연법에 의한 대리의 효를 이제 구
체적으로 살펴보자.

기독교는 그동안 기본적이며 공통적인 윤리적 요소의 가능성을 시

---

101) 엄격히 말해 시공간을 초월하여 모든 사람들에게 동일한 윤리의 규범을 설정하기는 거의 불가능하다. 따
라서 모든 윤리나 도덕의 법칙은 보편화의 가능성을 지니게 된다. 여기서 보편화 가능성은 마치 비트겐
슈타인의 가족 유사성(family resemblance)의 성격을 지닌다. 참고, 박철호, 『효 윤리학』 II (서울: 도서출
판 좋은세상, 2003).

인하고 또 이를 창조의 질서개념에 연결시켜 자연법을 이해해왔다. 이런 의미에서 십계명의 제5계명은 하나님의 창조질서에 의해 우리 인간에게 제시된 윤리 도덕규범임을 알 수 있다.

바울은 로만 2장 14-15절에서 율법 없는 이방인에게도 인간 본성의 법과 양심이 있음을 지적하면서 윤리의 보편가능성의 요소를 밝혔다. 따라서 유가의 효 사상과 도교의 효 사상, 불교의 효 그리고 이슬람의 효 사상[102] 등에서 비기독교적 이방인에게도 효가 있음을 알 수 있다. 따라서 효는 자연법적 성격을 지닌다.

윤리의 보편적인 요소에 대한 객관적인 측면이 자연법이라면 주관적인 측면은 양심이다. 이를 종합적으로 정의해 보면 자연법이란 인간성과 자연에 대한 인간의 이성적인 이해에서 출발하여 그것을 근거로 인간의 보편가능성 윤리적 규범을 발견하려는 윤리적 시도라고 할 수 있다. 그런데 자연법이 인간성에서 시작한다는 점에서 그리고 그 인간성을 윤리적으로 본다는 점에서 인간에 대하여 비관론을 펴는 개신교적 전통에서는 자연법을 등한시하거나 거부하는 결과를 초래해 왔다. 따라서 그동안 효를 자연법적 성격을 지닌 것으로 인정하여 이를 규명하는 작업은 거의 없었다고 할 수 있다. 개신교의 이러한 비관론은 효를 내면화하는 작업도 경시하여 효를 자녀에게 교육하는 것도 거의 배제되었다. 이런 결과로 우리 사회에 불효의 종교로 기독교가 비난받는 일도 있게 되었다.

그러나 루터가 인정하는 바와 같이 로마서 2장 15절에 기록된 바울의 진술에 기초하여, 인간은 무엇을 해야 하며 또 무엇을 해서는 안

---

102) 유가의 『효경』, 불가의 『부모은중경』, 도교의 『태평경』, 이슬람의 『코란』 등에 효에 대한 내용들이 수록되어 있다. 그런데 효경과 부모은중경은 위경의 논란이 있다.

되는가를 아는 지식을 가지고 세상에 출생한다. 즉 하나님께서는 창조의 과정에서 모든 사람들의 마음에 이 법을 기록한 것이다. 그러므로 인간은 그의 마음속에 최선의 법전을 갖고 있다. 십계명의 제5계명이 여전히 유효한 것은 자연법으로서 효가 인간의 이성 속에 새겨져 있다고 할 수밖에 없다. 이성이 이 자연법으로서의 효를 인식하고 있으므로 우리는 이 법을 통해 효의 정당성을 구축할 수 있다.

이렇게 되면 자연법으로서 효는 하나님에 의하여 우리들에게 부여된 것이며 하나님께서 인간들의 마음속에 새겨 놓았다고 이해할 수 있다. 하나님의 명령은 인간들의 이성 속에 새겨져 있는 법을 통하여 작용하고 있다. 이런 의미에서 자연법으로서 효는 매우 의미 있는 유산이다.

하나님의 효에 대한 의지가 인간의 마음속에 기록되어 있다는 것은 과거 우리 조상들과 오늘날 우리들의 경험 자체가 가르쳐주고 있다. 따라서 우리 인간은 루터가 동의하듯 자신들의 마음속에 있는 이 효 규범(norm)을 스스로 인식한다고 볼 수 있다.

여기서 한 가지 짚고 넘어가야 할 것은 루터의 베일(Veil) 개념이다. 자연적 계시를 말할 때 루터는 모든 피조물이 하나님의 탈(mask) 혹은 베일(veil)로서 하나님을 계시한다고 말한다. 이런 의미에서 효는 하나님의 베일이다. 즉 하나님의 베일로서 효는 인간 삶에 내재되어 있다. 다시 말하면 하나님은 현세에 있어서 우리들을 다루실 때, 우리에게 직면하시지 않고 다만 우리들에게 숨겨진 채 또는 그림자로 나타나신다고 할 때 효를 통하여 하나님의 임재를 체험할 수 있다. 이렇게 되면 대리로서 효는 바로 하나님의 위탁으로서 자녀들이 하나님을 현현하는 데 기여함을 이해할 수 있다.

이런 의미에서 효하는 사람들은 하나님의 대리자로서 하나님을 나타내는 하나님의 역사 속에 동참하는 사람들이라 할 수 있다. 하나님은 이러한 대리의 효를 통하여 행동하시며 창조활동을 수행하신다.

앞에서 언급한 바와 같이 그리스도를 통한 하나님의 계시 외에 자연법적인 효를 인정하게 되면 하나님의 창조물로서 효는 비록 인간의 죄로 말미암아 그 온전한 모습은 파괴되었지만, 어쨌든 효 그 자체는 하나님의 창조물이다. 그렇기 때문에 창조된 효 속에도 하나님의 영광의 흔적이 있다.

아리스토텔레스를 이어 아퀴나스는 기독교인들은 하나님의 축복으로 인도하는 행복(eudaimonia)에 대한 자연적 경향이 있다고 믿었다. 대리의 효에도 이러한 성격을 인정한다. 이러한 자연적 경향으로서 효는 인간의 목적이요, 대체로 모든 인간에게 있는 도덕성에 대한 중요한 자극이라고 할 수 있다. 따라서 효를 통해 도덕성의 함양이 가능하다.

그런데 이러한 인간의 자연적 성향으로서 효도 변할 수 있느냐는 질문이 가능하다. 변화가 가능하다고 볼 수 있다. 그러나 특수한 경우 자연법의 이차적인 규정이 변화할 수 있다고 아퀴나스가 인정하는 것은 효 규정 자체의 변화보다는 오히려 스콜라학자들이 부르고 있는 '질료(실질)의 변화'(mutatio materiae)에 관련되어 있는 것이다. 말하자면 그것은 자연법으로서 효 명령 자체가 변화된다기보다는 오히려 효 행위의 상황이 이제는 과거의 효의 행위 유형으로 문제가 해결되지 않을 만큼 상황이 변화되었다고 볼 수 있다.

그렇다면 하나님과 자연법으로서의 효와의 관계에서 자연법으로서 효는 불변적인가? 여기에 대해 오거스틴(Augustinus)이나 아퀴나스는 구약성서의 근거하에 하나님은 가끔 자연법을 대항할 수 있다고 믿었다. 이는 하나님의 절대권을 인정한다면 당연한 귀결이다. 따라서 효 자체도 하나님 앞에서 절대적일 수 없다. 또 하나 관심을 갖게 되는 것은 효는 인간의 마음에서 사라질 수 있느냐이다. 한마디로 효의 원리는 허물, 죄, 악습에 의하여 파괴될 수 있다고 봄이 타당하다.

4. 책임과 대리의 효

본회퍼가 언급한 바와 같이[103] 책임은 자유와 위임에 근거한다. 즉 자유로운 인간만이 책임을 가지게 되며 위임에 의해 이러한 책임을 수행한다. 그런데 위임은 대리를 위한 전 단계로서 인간 삶에 주어진다. 그리고 대리는 이러한 위임에 의해 위임을 수행하는 측면을 말한다. 위임에 의해서 아버지는 하나님의 대리로서 자녀들을 위해 일하며 교육한다. 그러나 위임에 의해 대리자인 아버지는 아버지로서의 책임을 피할 수 없다.

동일하게 대리의 효의 측면에서 보면 자녀는 하나님의 대리자로서 효를 행한다. 따라서 이 세상에 부모 없이 홀로 태어나서 단지 혼자인 것처럼 생활하는 모든 시도는 사실상 자녀의 책임을 부정하는 것이다. 효를 떠난 고독한 개인이라는 것은 허구이다. 이런 의미에서 개인이 아니라 부모와의 관계에서 효를 책임지는 주체가 진정한 윤리적 주체가 된다. 이는 효가 백행의 근본이라는 동양 효의 특징을 드러낸다.

본회퍼가 지적한 바와 같이 책임을 지는 주체는 개인도 집단도 가

---

103) Dietrich Bonhoeffer, *Ethics*, 194.

능하다. 따라서 효를 책임진다고 하는 것은 자녀 개개인뿐만 아니라 가족 집단 등에 의해서도 위임에 의한 대리적 효의 책임이 주어진다. 따라서 이러한 대리의 효의 책임으로부터 벗어나는 인간은 없다. 비록 고독한 삶을 사는 사람도 위임에 의한 부모에 대한 대리적 효의 책임을 진다.

여기서의 책임은 기본적으로 인간으로서 자녀가 자기에 대해 책임을 지는 것이다. 여기서 자녀로서 마땅히 해야 할 대리의 효에 대한 책임은 인류에 대한 즉 인간 자체에 대한 책임이 될 수 있다. 이는 예수가 결혼이나 가족이나 효 그리고 직업 등의 특별한 책임을 갖지 않고 생활하였지만, 그러나 이것이 절대로 그가 이러한 책임의 영역에서 벗어났다고 할 수 없다. 그 반대로 그가 하나님의 대리로서 모든 인간에 대한 책임을 지고, 또 인간을 대표한다는 것을 명백히 하였다.104) 따라서 예수 그리스도에 의한 대리의 효의 대표성은 예수 그리스도도 효의 모범을 보여준다. 이는 결코 예수 그리스도도 대리의 효에 의한 책임을 거부하지 않았다는 것을 의미한다(눅 2:52).

대리의 효를 행한다는 것은 자신의 삶을 다른 사람 즉 부모를 위해 희생하는 데서만 진정한 대리의 효와 책임이 성립된다. 오직 자기를 비우는 자녀만이 부모에 대한 책임으로 사는 것이며 이것은 사익이 없이 사는 것이다. 또한 대리적 효의 행위와 그에 의한 책임은 실질적으로 부모와 자녀의 관계라기보다는 인간과 인간에 대한 책임관계이다. 그리스도는 사람이 되고 그렇게 함으로써 예수 그리스도의 부모 즉 마리아와 요셉에 대한 대리적 책임을 지셨다. 비록 하나님의

---

104) 위의 책, 220-221.

아들이지만 육신으로 오셔서 인간으로서 부모에 대한 효의 책임을 다 하신 것이다. 인간은 예수 그리스도, 즉 사람이 되신 하나님을 통하여 근원적이고 목적적인 존재가 되며(요 1:3) 효도 그리스도를 통하여 하나님의 창조의 목적에 적합하게 인간에게 돌아온다.

대리의 효를 행하는 책임적인 인간은 그의 구체적인 가능성 가운데 구체적으로 효를 행하도록 부모와 상호관계성을 갖는다. 그의 효 행위는 단 한 번으로 결정적으로 말하자면 원칙적인 것으로서 미리 결정되어 있는 것이 아니라 주어진 상황에 따라 성립되는 것이다. 효자는 현실적 상황에 의해 주어진 문제들을 깨끗하게 처리할 수 있는 절대적 원칙 같은 것을 가지고 있지 않다. 오히려 효자는 주어진 상황에서 필요한 것이 무엇이며, 깨닫고 행동해야 할 하나님의 '명령'이 무엇인가를 살펴보게 된다.

대리의 효를 행하는 책임적인 인간에게 있어서 주어진 상황이란 강제로 그의 이념과 프로그램을 부각시키는 단순한 소재가 아니라 부모와의 상관관계 속에서 효의 행위를 형성하여 행한다. 이는 효를 행함에 있어서 절대적인 선을 실현하는 것이 아니라 상대적인 악에 대해 상대적인 선을 우선적으로 선택하는 것이다. 이런 의미에서 절대적인 선이라고 세운 원칙이 때로는 가장 악한 것이 될 수 있다는 것을 인식하는 것은 대리의 효를 책임 있게 행동하는 사람들이 가져야 할 내용이다.

책임을 지고 효를 행하는 행위는 진정으로 현실에 적응하는 행위이다. 현실에 적응한다는 것은 정해진 사실을 인정하면서 이에 대한 저항 즉 사실을 개선하려는 것도 서로 결합되어 있다. 그렇다면 책임 있는 효를 행하기 위해 현실적으로 어떤 행동을 해야 할 것인가?

여기서 바로 그리스도에 적응하는 행동이 현실에 적응하는 행동이

라는 명제가 나온다. 예수 그리스도는 현실을 향해 걸어가는 분이 아
니라 그분 자신이 현실적인 것을 자기 몸으로 경험하며 현실적인 것
으로부터 말씀하신다. 즉 역사의 산 법칙을 자신의 몸 안에 체현하신
분임을 인정하고 부모를 위해 대리의 효를 행하신 예수 그리스도의
모형을 따르는 것이다. 예수 그리스도는 현실적인 분으로서 모든 현
실적인 것의 근원, 본질, 목표이기 때문에 그 자신이 현실적인 효행자
의 주님이며, 그리스도의 말씀은 효행자의 실존의 해석이며, 따라서
거기에 효행의 구체적 실천이 성취되는 현실의 해석이 있다.

5. 계명과 대리의 효

하나님의 계명은 기독교 윤리의 기초를 형성할 뿐만 아니라 기독
교 효의 기초가 된다. 즉 하나님의 계명은 기독교 효의 모퉁이의 머
리돌이라고 할 수 있다. 이런 의미에서 하나님의 계명은 당연히 효의
유일한 권능이다.[105] 이런 의미에서 하나님의 계명에 의한 효는 단지
윤리적인 것으로 성격을 제한할 수 없다. 왜냐하면 효 그 자체가 전
체 삶을 내포하기 때문이다.

하나님의 계명에 의해 정당성을 보장받는 효는 인간에게 주어진
전체적이고 구체적인 요청이다. 하나님의 계명에 의해 정당성을 인정
받는다는 것은 오직 하나님이 스스로 그 권위를 허락한 것을 의미한
다. 그리고 하나님의 권위를 허락한 한도에서 그것은 바르게 실행될
수 있다. 대리의 효 역시 하나님의 계명에 의해 권위를 허락받았기
때문에 정당성을 가지게 된다. 이런 의미에서 대리의 효의 실천은 역

---

105) 위의 책.

사적 힘이나 강렬한 이상, 확고한 인식이 있는 곳이 아니라, 그리스도의 계시에 뿌리를 둔 하나님의 위임(goettliche Mandate)이 있는 곳에서 이루어진다.

하나님의 계명을 내포하는 대리의 효는 인간에 대한 하나님의 말씀을 포함하지만 그 내용과 형태에 있어서는 매우 구체적인 말씀이다. 이러한 하나님의 계명에 의한 효는 명백하고 분명하고 구체적인 것이든가, 그렇지 않으면 하나님의 계명이 아니든가이다.106) 따라서 하나님의 계명에 의한 대리의 효는 인간에게 응용하고 해석할 여지를 허락하지 않고, 오직 복종이냐, 불복종이냐만 요구한다.

하나님의 계명에 의한 대리의 효의 구체성은 역사성에서 성립되고 역사적 형태에서 우리와 만나지만 여기서 피할 수 없는 문제는 하나님은 어떤 역사적 형태에서 효에 대한 계명을 주느냐는 것이다. 이를 정언적으로 대답해보면 바로 예수 그리스도 안에서 우리에게 제시된다.107)

하나님의 계명에 의한 대리의 효가 가지는 권위는 예수 그리스도 안에 계시된 계명에 의하기 때문에 하나님의 계명의 선포와 관련된 여러 권위 가운데 어느 하나도 자기를 절대라고 주장할 수 없다. 오직 하나님의 위임에 의한 다양한 권위들과 상호 한계를 지켜서 서로(zueinander), 나란히(nebeneinander), 공동으로(miteinander), 상대하여(gegeneinander) 각기의 방법으로 하나님의 계명을 힘 있게 하여야 한다.108)

하나님의 계명에 의한 5계명, 즉 대리의 효는 성스러운 형태에서만 아니라 일상적인 말이나 권고, 요청의 형태로 행해진다. 이런 의미에

---

106) 위의 책.
107) 위의 책.
108) 위의 책.

서 계명에 의한 대리의 효는 다른 대리적 권위들과 포괄적 일치와 동시에 완전한 구체성을 추구하여 하나의 명확한 방향, 내적 연계성과 확고한 거점을 갖게 된다.

하나님의 계명에 의한 대리의 효는 이를 지키는 사람에게 자유를 명한다는 사실에서 모든 인간적인 율법과 구별된다. 이 자유의 허락은 오직 하나님의 계명으로부터 주어지고, 그 계명을 통해서만 그리고 그 계명 안에서만 가능하며, 하나님과 떨어질 수 없으며 그것은 항상 하나님의 계명으로 머무르며 그와 같은 것으로써 아니, 그와 같은 것으로써만이 하나님의 계명은 효를 결단하고 행위를 할 때에 마음을 괴롭히는 불안으로부터 하나님의 계명을 통하여 효행을 확신 있게 행하는 것이다.

하나님의 계명에 의한 대리의 효는 효행자로 하여금 자기 자신과 자신의 행위의 판단자나 심판자가 되지 않고 하나님의 계명을 행하는 데 확실성과 확신을 가지고 효행을 하도록 허락한다. 하나님의 계명 앞에 효행자는 현실적으로 그가 행할 일을 가지고 있으며 내적인 갈등이 없이 효를 행하고 또 효행할 일(이론적 윤리학적으로 보면 마찬가지로 급박한 것이지만)을 남겨둔다.

하나님의 계명에 의한 대리의 효 자체는 효를 행함에 있어서 일상적이며 눈에 보이고 사소하여 거의 무의미한 말, 발언, 암시, 도움의 형태로 효행의 통일적인 방향과 개인적인 지도를 줄 수 있다.

V. 결론

기독교의 위임체계는 효를 행하는 원리로써 대리의 효를 이해하고 이를 구체화하는 주요한 작업에 속한다. 따라서 이 연구는 기독교 위임체계가 어떻게 구축되는가를 규명하고 이를 통해 기독교 위임체계의 구성요소를 정립하였다. 이렇게 정립된 기독교 위임체계의 구성요소를 준거로 하여 위임의 양면으로서 대리의 의미를 구축하고 이에 의해 대리의 효를 분석하였다.

이러한 분석을 통해 대리의 효가 위임의 내용인 질서의 의미를 가지고 있기에 자율적이며 전통에 얽매이지 않는 효이며 하나님의 말씀에 순종하는 자원적 효임을 규명하였다. 그리고 자연법적 내용을 가진 대리의 효는 누구에게도 이러한 효가 마음속에 들어 있음을 살펴보았다. 즉 대리의 자연법 효에 의해 효가 보편 가능성을 지니고 있음을 규명하였다. 따라서 효가 하나의 학문으로 정립될 수 있는 논리적 근거를 마련하였다. 마지막으로 책임에 의한 대리의 효에서 인간은 누구나 책임의 효를 피할 수 없음을 알아보았으며, 효행자는 사심 없이 효를 행해야 함을 살펴보았다. 이는 효행자에게 매우 의미 있는 내용이다. 또한 효행자는 인류의 대표자로서 효를 보여주신 그리스도를 통해 효의 현실 적응성을 인식할 수 있었다.

그런데 아직도 기독교적 효를 학문화하여 이론적으로 이를 구축하는 작업은 힘든 과정에 있다. 그러나 기독교 윤리학의 도움 속에 기독교 효의 내용과 체계 그리고 이론화가 조금씩 진행되리라 본다. 앞으로 위임에 있어서 주요한 내용이 되는 효를 보다 심층적으로 연구하고 규명하는 작업이 더욱 긴요하다.

제2부

기독교 효학의 응용

제9장 | 기독교 효 실천체계 연구

Ⅰ. 서론

1. 연구 목적

원불교를 비롯한 불교나 유교 그리고 이슬람교 등에서 효를 중시하는 바와 같이 기독교에서도 역시 자녀의 부모에 대한 효를 중요시한다. 성경의 구약과 신약에 효에 대한 내용이 광범위하게 내포되어 있다.[1]

효는 항상 실천을 포함하고 있다. 효를 우주의 원리 등과 관련하여 논하는 유학의 형이상학적 효론처럼 실천이 약화된 현학적인 효에 대한 논의는 피상적이다.[2] 예수도 하나님을 위한다는 명목으로 부모에 대한 효의 실천을 경시했던 유대 바리새인들의 효의 논리를 비판하였다. 소위 '고르반'의 효라고 칭할 수 있는 바리새인들의 효의 내용은 하나님께 바친 것(고르반) 때문에 자신들의 부모들이 필요한 것을 도와주지 않아도 된다는 것이다.[3] 예수는 이러한 고르반의 효를 하나님을 핑계로 하나님께서 명령하신 십계명의 제5계명에 나타난

---

1) 특히 효에 대한 내용이 두드러지게 드러나는 곳은 구약의 십계명이 명시된 출애굽기와 신명기 그리고 신약의 에베소서, 디모데전서 등이다.

2) 임안홍, 이상임 역, 『유가의 효도사상』(서울: 에디트, 2002), 47-69.

3) 마태복음 15장 3-6절.

효를 거부한 것이라고 강한 비판을 했었다.[4]

예수의 제자로서 예수의 가르침을 전파하여 기독교의 기초를 마련했던 바울은 효의 실천을 중시한 예수를 본받아 부모를 구체적으로 섬기는 효의 실천을 강조하였다. 그래서 그는 디모데전서 5장 4절에서, "만일 과부에게 자녀나 손자들이 있거든 저희로 먼저 자기 집에서 효를 행하여 부모에게 보답하기를 배우게 하라. 이것이 하나님 앞에 받으실만한 것이니라"라고 하고 있다.

그러나 기독교의 효 실천은 단순히 가정에서 종결되는 것이 아니다. 더 나아가 사회적 삶을 행할 때 교류하게 되는 다른 사람과의 인간관계를 형성하는 기본원리와 연결된다. 가정에서 효를 실천하면서 형성되는 윤리의식은 인격의 구축과 깊은 관련을 맺는다. 성경에는 윤리의 실천을 위한 인격형성의 덕목이 구체적으로 제시되고 있는데 이러한 인격의 덕목은 기독교 효와 깊은 관련이 있다.

위와 같은 관점에서 본 연구는 기독교 효 실천체계의 변수들을 살펴보고 이를 통해 이러한 변수들이 기독교 윤리의 실천을 위한 덕목과 어떤 상호관련성을 갖는지를 규명하여 효에 의한 기독교 윤리의 기본덕목들을 구축하는 데 연구의 목적을 둔다.

2. 연구 방법

기독교 효 실천체계의 변수들을 규명하기 위해 본 연구가 동원한 연구의 방법론은 체계이론이다. 체계이론은 관련된 요소들의 상호작

---

4) 보다 자세한 내용은 다음 부분을 참조할 것. 박철호, 『체계론에 의한 성경연구』(서울: 홍익재, 2002), 107-117.

용에 초점을 두어 하나의 체계가 작동하는 현상을 분석하는 데 유리한 접근법이다. 부모와 자녀가 상호작용하는 효도 하나의 체계로서 분석될 수 있다. 이런 의미에서 본 연구는 성경적 효의 실천에 내포된 변수들을 순종, 친애, 존속, 대리로 규정하고 이들을 하나의 인식망으로 구축하여 기독교 효 실천체계를 도출하였다. 그리고 이러한 기독교 효 실천체계가 윤리의 맹아로 작동하는 과정을 분석하여 기독교 효 실천체계의 변수인 순종, 친애, 존속, 대리가 기독교 윤리의 덕목인 겸손, 사랑, 정의, 청직(廳直)[5]의 변수들과 각각으로 매치되어 형성되는 과정을 밝혔다. 이러한 기독교 효 실천체계와 기독교 윤리 체계의 복합적 인식망은 아래 그림으로 압축하여 나타낼 수 있다.

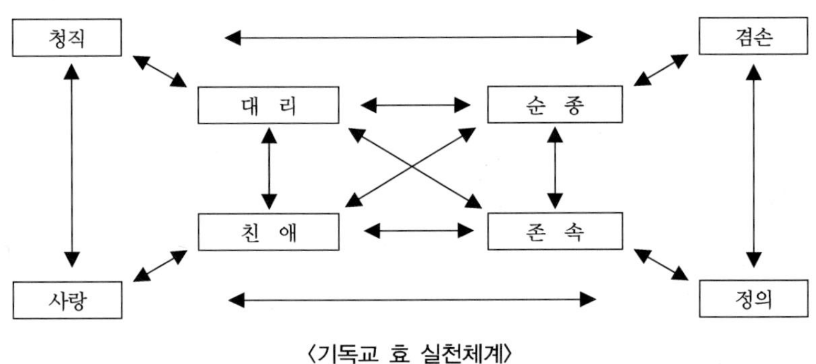

〈기독교 효 실천체계〉

이제 이러한 연구의 방법을 가지고 우선 기독교 효의 특성으로서 효복사상을 살펴보고자 한다. 그리고 이어서 기독교 효 실천의 변수들을 밝히고 계속해서 기독교 효 실천 방법을 통한 기독교 윤리의 실천덕목을 규명하기고 한다.

---

5) 누가복음 16장 1-9절.

II. 기독교 효 실천의 기초: 효복사상

성경의 출애굽기에 나타나는 십계명의 제5계명(출애굽기 20장 12절)에 의하면 부모를 공경하는 사람은 이 땅에서 잘 되고 장수한다. 그런데 이러한 부모공경, 즉 효는 하나님의 약속으로 이 땅에서 잘 되고 장수하는 복의 원인이 된다. 왜 하나님은 이러한 복을 우리에게 내려주신다고 약속을 했을까? 이는 그만큼 효가 중요했기 때문이다.

여기서 드러나는 것은 부모가 복의 근원 즉 복이 생성되는 근원지가 된다는 것이다. 부모를 제대로 봉양할 때 하나님은 효를 행하는 자녀에게 복을 주기 때문에 자녀는 복을 받기 원한다면 부모공경의 효를 행할 필요가 있다는 의미이다.

이는 마치 아브라함이 복의 근원이 되어(창세기 12장 2-3절)[6] 아브라함을 축복하는 자는 복을 받고 저주하는 자는 저주를 받는 원리와 동일하다. 즉 부모를 축복하고 부모를 공경하는 자는 복을 받게 되고 부모를 제대로 모시지 않고 부모를 저주하는 자는 저주를 받게 된다는 것이다. 그렇다면 효하는 사람이 받게 되는 복의 내용은 구체적으로 무엇인가?

우선 이 세상에서 '잘 되는 것'이다. 그렇다면 이 세상에서 '잘 된다는 것'은 또한 무엇을 의미하는가? 여기에 대해 다양한 논의가 가능하나 한마디로 만사형통의 의미를 포함한다고 봄이 타당하다. 즉 건강과 물질, 그리고 소위 출세하는 것 등에서 잘되는 것이다. 또 장수

---

6) "내가 너로 큰 민족을 이루고 네게 복을 주어 네 이름을 창대케 하리니 너는 복의 근원이 될지라. 너를 축복하는 자에게는 내가 복을 내리고 너를 저주하는 자에게는 내가 저주하리니 땅의 모든 족속이 너를 인하여 복을 얻을 것이니라 하신지라."

란 바로 오래 사는 것을 의미한다. 여기서의 장수도 병 고생 등을 하면서 오래 사는 것이 아니라 건강하게 오래 사는 것을 의미한다.[7] 위와 같은 것을 고려하여 기독교의 효복사상을 정의하게 되면 결국 효복사상이란 '효를 복과 연결하여 인간과 사회와 우주를 이해하는 사고체계'라고 할 수 있다.

이러한 기독교의 효복사상을 이해하게 되면 자녀들이 부모를 잘 섬겨야 하는 이유가 드러난다. 흔히 효는 나이 많은 사람들이 대접을 받기 위해 자녀들에게 효를 강조한다는 오해가 있었다. 그런데 기독교 효복사상은 이러한 생각을 무효화시킨다. 왜냐하면 효를 할 경우 복을 받는 사람은 효를 행하는 사람이기 때문이다. 따라서 부모들이 자녀들에게 효를 강조하고 교육을 해야 할 이유는 그 자녀들이 이 땅에서 잘 되고 장수하기 위해서이다. 따라서 기독교는 자녀들에게 효의 실천을 심도 있게 강조한다. 이는 결국 하나님의 복을 그 자녀들이 누리도록 하기 위해서이다.

이제 이러한 기독교 효복사상을 기초로 하여 이러한 복을 받기 위해 기독교는 어떤 효 실천 내용을 강조하고 있는지를 살펴보자.

---

7) 도교의 효에서도 두드러지게 효를 장수와 연결시킨다. 즉 효는 우선 부모의 장수를 염려하는 것으로 정의된다는 것이다. 효는 연로하신 부모님의 죽음을 염두에 두고 장수를 위하여 실천하는 것을 의미한다. 이런 의미에서 모범적 효자란 부모가 늙어서 죽을지를 염두에 두고 홀로 한가한 곳에서 거처하여 부모가 늙어서 죽는 것을 염려하며, 어디선지 불사의 기술을 얻을 것인가를 생각하며, 부모를 거기에 몸소 가서 거처할 수 있게 한다. "然 上善第一孝子者, 念其父母且老去也, 獨居閒處念思之, 常疾下也, 於何得不死之術, 嚮可與親往居之"(『太平經』 卷47, '上善臣子爲君父師仙方訣', 134-135). 그러나 도교의 효에는 기독교의 효와 달리 이 땅에서 잘 된다는 부귀영화의 내용은 없다.

Ⅲ. 기독교 효 실천체계

1. 기독교 효 실천체계의 연원

기독교 효 실천체계의 내용을 이해하기 전에 우선 기독교 효 실천
체계가 어떻게 도출되는지를 파악하는 작업이 선결과제이다. 이를 위
해 기독교 효 실천체계가 내재되어 있는 성경으로 돌아가는 것이 중
요하다. 그런데 성경에서 효를 도출할 때 고려해야 할 것은 되도록이
면 포괄적으로 효의 내용을 포함하도록 변수들을 도출하는 것이다.
즉 보다 포괄적으로 성경적 효의 내용을 포함하는 변수들의 개념적
구도를 도출하는 것이다. 이를 위해 여기서는 칸트의 '보편화 가능성
의 도덕법칙'을 도출하는 방법을 원용함이 필요하다.[8] 물론 성경에
드러난 효와 관련된 내용들은 복잡하며 복합적이다. 이런 이유로 성
경적 효를 제대로 파악하기 위해 '축소' 혹은 '선별'의 과정을 필요로
한다.[9] 즉 복합적 관계망 가운데 아주 적은 몇 가지 '의미 있는' 가능
성들이 선택되어 그에 따라 구조가 이루어지게 된다.

여기서의 의미는 선별 선택의 기준으로써 연관가능성이 있는 특정
한 요소들을 선택하고 불확실하거나 지나치게 광범위한 주변적인 것
들은 배제시키는 기능을 한다. 이러한 의미화(process of meaning)의 과
정을 통해 체계의 구조화가 구축된다. 이렇게 의미화의 과정을 통해

---

8) '보편화 가능성'의 개념은 칸트(E. Kant)가 그의 도덕법칙을 마련하는 과정에서 언급한 것이다. 칸트는 그의
   도덕법칙을 성경의 황금률인 "네 이웃을 네 몸같이 사랑하여라."(마 22:39)에 기초를 두면서 이 황금률이
   보편적인 도덕법칙이 될 가능성이 높음을 제시하였다. William S. Sahakian, *Ethics*(N.Y: A Division of
   Harper & Row. Publishers, 1974), 110.

9) 최재정, 「니클라스 루만의 '체계이론'과 그 교육학적 수용의 문제」, 『교육철학』 제29집, 2003, Vol. 29. 7.

선별된 특정한 요소들은 성경의 효의 내용을 포괄적으로 수용하게 된다.

그렇다면 이처럼 성경적 효를 보다 포괄적으로 포함하고 있는 변수들을 묶어내는 개념적 구도 또는 체계는 구체적으로 어떻게 구축할 것인가? 이는 성경적 효의 하위변수들이 보다 밀접하게 상호관계망을 형성하여 포괄적으로 성경적 효의 내용을 담고 있는 성경의 부분을 밝혀내는 작업에서 비롯된다. 이러한 개념적 구도를 형성하는 성경 구절에서 성경적 효 체계의 구축방법은 비트겐슈타인(Ludwig Wittgenstein)의 '가족 유사성(family resemblance)'의 논리에서 보다시피[10] 단편적이고 산발적인 성경적 효의 내용을 포함하는 개별적 개념들로 구성된 성경의 부분을 선택하는 방법보다 더 나은 접근법이다.[11]

이러한 면들을 고려하여 성경에서 효의 변수들을 도출하는 작업을 수행하기에 가장 적절한 곳은 역시 에베소서이다. 에베소서에 나타난 효의 내용들은 출애굽기, 신명기에서 드러나듯 구약의 효의 내용이 압축된 십계명의 내용을 포함하고 있을 뿐만 아니라 신약의 예수와 관련한 효의 내용도 포함하고 있다. 이런 의미에서 에베소서에서 성경적 효의 변수들을 제대로 도출할 수 있는 적절한 영역이다. 한마디로 성경에서 에베소서만큼 효의 내용이 포괄적이며 체계적인 곳은 없다.

위와 같은 사항을 고려하여 성경적 효 체계의 개념구도를 구축과정을 규명하기 위한 분석틀을 에베소서의 효 관련 구절인 6장 1-4절에서 아래 그림과 같이 네 가지 변수, 즉 순종, 친애, 존속, 대리 등을

---

10) Ludwig Wittgenstein, translated G. E. M. Anscombe, *Philosophical Investigation*, 32.

11) 이는 산발적으로 그리고 단편적으로 흩어져 있는 성경 일부분에서의 효의 개념들을 묶어 개념적 구도를 마련하는 것도 역시 비트겐슈타인의 가족 유사성의 논리에 의하면 문제가 있다.

중심으로 구축할 수 있다. 이 네 가지 변수들은 또한 효 실천의 구체적인 내용으로 전환되어 효를 실천하는 변수가 된다. 다시 말해 성경속에 내포된 이러한 변수들은 구체적으로 효를 실천하는 데 있어 행동준칙이 된다.

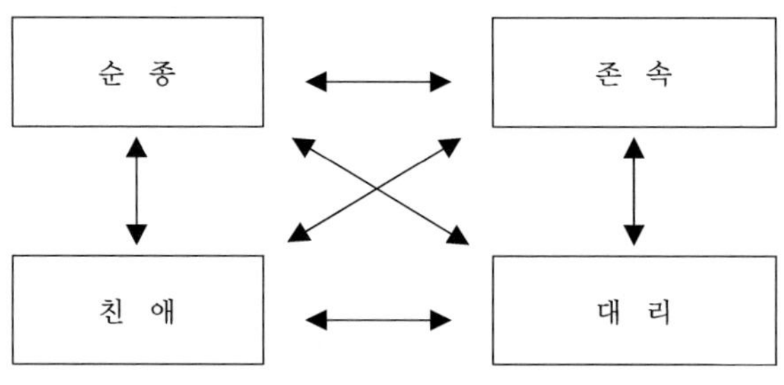

〈성경적 효 실천체계〉

이러한 에베소서 6장 1-4절의 내용을 기독교 효 실천체계와 상호 관련지어 보면, 제1절의 '주 안은 대리, '복종'은 '순종' 그리고 제2절과 제3절은 '존속', 그리고 제4절은 '친애'와 상호 관련을 갖는다.12) 이제 이러한 성경적 효 체계를 통한 기독교 효 실천을 위한 변수들로서 순종, 친애, 존속, 그리고 대리를 하나씩 구체적으로 살펴보기로 한다.

---

12) 이러한 네 가지의 변수들은 보편적인 효의 내용이 된다. 즉 이러한 네 가지 요소들은 기독교적 효의 범주를 벗어나 모든 사람들에게 적용 가능한 효의 요소가 된다. 여기에 대한 자세한 논의는 박철호, 「보편화 가능성의 효 윤리체계」, 『효학의 이론과 실천』(파주: 한국학술정보, 근간), 153-170.

2. 기독교 효 실천체계의 내용

1) 순종의 효 실천변수

위에서 보다시피 우선 에베소서 6장 1절에는 동서양의 효의 일반원리인 부모에 대한 '순종'이 강조되고 있다. 이러한 부모에 대한 복종 또는 순종은 동서양의 효에 있어서 대표적으로 강조되는 내용이다.[13]

이와 관련하여 아우구스티누스(Augustinus)의 삼위일체론에 나타난 성부와 성자의 개념을 원용한[14] 브리태니커 사전에 의한 바와 같이[15] 전통적으로 부모는 페이터(pater)적 성격과 제니터(genitor)적 성격이 있고 바로 이러한 부모의 성격에 따라 자녀의 도덕적 내용도 달리함을 보여준다.[16]

여기서 페이터적 부모는 자녀와의 불평등 관계에 의해 권위적이고 명령적이다. 왜냐하면 이러한 부모의 위치는 자녀의 도덕적 불완전성과 위법 가능성에 기초하여 자녀에게 도덕성을 내면화하는 작업과 관련되기 때문이다.

이를 통해 자녀들이 페이터적 부모의 뜻에 순종함으로써 이를 통해

---

13) 유교에서는 가장 기본적인 인간관계는 부모자녀 관계이고 따라서 순종의 효를 『효경』등을 통해 지극히 강조하고 있다. 이해영, 「유학이란 무엇인가?」, 『강좌 한국철학』(서울: 예문서원, 2001), 30. 도교에서는 유교의 효와 거의 일치하여 순종의 효를 강조한다. 이러한 사실은 무엇보다도 사회를 구성하는 기본단위로 가족을 강조하는 『태평경』에 잘 나타난다. 참조, 윤찬원, 『도교의 철학』(서울: 돌베개, 1998), 181. 불교도 『부모은중경』을 통해 유대교도 10계명을 통해 순종의 효를 강조하고 있다.

14) 브리태니커 사전에 나타난 부모 개념으로서 pater와 genitor는 아우구스티누스의 『삼위일체론』에 의한 성부와 성자의 개념에서 원용되었다. 아우구스티누스는 성부 하나님을 Pater와 Genitor라 하고 이와 관련하여 예수님의 명칭을 Filius와 Genitus로 하고 있다. 참조, Augustinus, *De trin.* II, 1, 2; *De fide et sym.* IX, 16.

15) *Encyclopaedia Britannica*, VII(1973-1974), 754.

16) 페이터적 부모의 성격은 자녀를 훈육하여 사회화를 통해 공동사회의 구성원으로 자라게 하는 것을 의미한다. 이러한 부모는 가부장제(patriarchy)에서 보다시피 권위적이고 위계적이다. 반면 제니터(genitor)로서 부모의 성격은 자녀와 수평적 관계를 유지하면서 인격적인 애정과 친애의 성격을 지니는 부모를 의미한다. 참조, 박철호, 『효 윤리학』(인천: 도서출판 좋은세상, 2000), 69.

사회질서를 존중하고 이를 준수하는 기본적 사회질서 의식을 갖게 된다. 이러한 페이터적 부모에 대해 갖추어야 할 자녀의 효의 내용은 한 마디로 복종이며 성경적 효 체계의 하위변수인 '순종'이다. 순종은 유교 등에 드러나듯 전통적으로 양지(養志)의 효로 설명될 수 있다. 양지란 부모님의 뜻이나 의지에 따라 섬기는 것이며 단순히 부모의 뜻을 수용하여 이에 따른다는 의미보다 적극적으로 부모의 뜻을 받들어 나아가는 것을 의미한다.[17] 이런 의미에서 순종의 효는 동양의 유교에서도 가장 중시하는 덕목이다. 이런 의미에서 성경의 효와 유교의 효가 순종의 덕목에 의해 대화가 가능함을 이해할 수 있다.

기독교 효 실천의 순종의 변수는 가능한 한 부모의 뜻에 순종을 실천하여 최대한의 순종의 효를 실천할 것을 강조한다. 왜 부모의 뜻을 가능한 한 받아들여서 그 뜻을 따르는 것이 중요하다고 여기는가? 이는 바로 하나님 다음에 이 세상에서 자신에게 진리는 못 될지언정 가장 진솔하게 자신을 위해 말하고 행동해주는 사람은 부모밖에 없기 때문이다. 성경에는 악한 부모라도 자식에게는 좋은 것을 준다고 하고 있다.[18] 이처럼 자식을 위해 가능한 한 선한 것을 주려는 부모에

---

17) 부모의 뜻을 적극적으로 따른다는 것에는 다시 두 가지 형태, 즉 절대적으로 부모의 뜻을 따르는 것과 부모의 뜻에 따르면 좋지만 따르지 않는다 하더라도 불효의 허물을 벗을 수 있는 상대적인 효가 있다. 전자 즉 절대적인 효는 자녀라면 누구나 지켜야 할 효이다. 따라서 이러한 절대적인 효는 일반적으로 부모라면 누구나 자녀들이 지키기를 원하는 것이다. 이러한 절대적 효는 십계명의 6-10계명에 해당하는 바와 같이 살인, 도둑질, 사기 등의 죄를 범하지 않는 것이다. 따라서 반사회적 행위로 부모의 명예를 떨어뜨리는 것이 여기에 해당한다. 이러한 절대적인 효는 최소한의 효로서 자녀라면 최소한 반사회적 범죄를 짓지 않는 것을 의미한다. 그런데 부모의 뜻에는 위와 같은 절대적인 효가 있을 수 있지만 지키면 좋고 비록 지키지 못하더라도 불효자로서 낙인이 되는 것이 아닌 효의 유형이 있다. 이 효의 형태는 부모의 뜻과 자녀의 뜻이 비록 어긋나더라도 반사회적 문제를 일으키는 것이 아닌 경우이다. 예를 들어 진로문제나 결혼문제에서 부모가 원치 않는 결정을 자녀가 하는 경우이다. 물론 자녀는 부모의 뜻에 자기의 뜻을 부합시키게 되면 효를 더욱 잘 행하는 것이다. 바로 최대의 효를 지향하게 된다. 그러나 상대적인 효의 문제로 부모와 의견일치를 보지 못해 자녀가 자신의 결정을 밀고 나간다고 하더라도 이것이 자녀의 인격과 자유를 보장하는 의미에서 사회 통념상으로 수용함이 타당하다.

18) 참조. 마태복음 7장 11절.

게 순종하는 것이 마땅하다는 것이다.[19]

기독교 효 실천의 순종의 원형은 예수로부터 찾을 수 있다. 누가복음 2장 51절에 예수는 부모에게 순종했음을 분명히 보여준다. 비록 그는 부모를 떠나 랍비들과 시간을 보냈지만 부모와 함께 집으로 돌아와 부모에게 순종한 삶의 모습을 우리에게 보여준다. 예수는 부모에 대한 순종의 사람이었으며 이 때문에 52절에 보다시피 사람들뿐만 아니라 하나님에게도 칭찬과 사랑을 받았다.

2) 친애의 효 실천변수

한편 브리태니커 사전에 의한 바와 같이 부모와 자녀의 관계에는 페이터적 부모와 자녀 관계 외에 제니터적 부모와 자녀의 관계가 있다. 제니터적 부모와 자녀 관계는 원칙이나 약속 앞에 상호 평등적으로 이루어지는 관계이다. 따라서 부모자녀 관계는 수평적이고 인격적이며 애정과 사랑의 성격을 지닌다. 동일한 인격체로서 서로 존중하며 친구와 같은 우정을 나누는 것이 제니터적 부모와 자녀의 관계이다.[20] 이는 부모와 자녀 관계에 있어서 상호주의적 대응관계를 구축하고자 한 것에서 비롯된다. 이러한 제니터적 부모와 자녀관계에 의한 효의 덕목은 '친애'이다. 친애의 효는 순종의 효가 수직적이며 권위적인과 대조적으로 보다 자율적이고 인격적이며 수평적인 성격을 지닌다.

---

19) 참조, 에베소서 6장 1절.

20) 제니터란 '생산자'의 의미를 가지고 있다. 부모는 자녀의 생산자이다. 그러나 이 부모는 자기 자녀가 생산자로의 위치에 있게 되면 서로 간 생산자로서 동등한 성격을 지니게 된다. 이런 의미에서 궁극적인 생산자이며 창조주인 하나님, 즉 진리 앞에서 양자는 동등하고 평등한 위치를 갖게 된다. 따라서 이러한 부모와 자녀가 동등하고 평등한 관계에 의한 '친애'의 정서를 서로 교환하는 시기는 대체로 자녀가 결혼하여 또 다른 생산자로 위치할 때이다. 물론 결혼하지 않는 자녀도 성인으로서 이러한 관계를 갖게 된다. Ibid., 68.

에베소서 6장 4절의 내용도 바로 부모가 자녀를 인격적 관계로 대하는 친애의 효를 내포하고 있다. 즉 부모가 자녀의 분노를 일으키는 것은 무엇보다 비인격적 대우에 기인한다. 따라서 에베소서 6장 4절은 부모와 자녀 간에 서로 동등한 인격적 인간관계가 존재함을 드러낸 것이다. 그리고 이러한 제니터적 부모에 대한 자녀의 효의 내용은 친구 사이에 맺어지는 우정의 성격을 지니는 '친애'인 것이다. 따라서 자녀는 부모를 친애로써 효도할 때가 필요하고 부모도 이를 통해 기쁨을 누리게 된다.[21]

이런 성경적 친애의 효는 거의 우리 전통 사회에서 찾아보기 힘든 효이다. 이 친애의 효는 순종의 효가 대가족사회에서 주로 행해진 것과 달리 핵가족적이며 현대 민주사회에 잘 부합하는 효의 내용이다.[22] 성경의 효가 다른 종교나 사회규범의 효와 가장 큰 차이를 두는 성격이 있다면 바로 이러한 친애의 효이다.

특히 친애의 효의 특징은 전통사회의 순종의 효가 부모 중심적 효 체계인 것과 대조적으로 자녀 중심적 효 체계이다. 즉 자녀가 어떻게 효를 해야 할 것인가에 초점을 둔 것이다. 즉 자녀의 측면에서 효를 어떻게 이해하며 효를 행하는가에 초점을 둔다. 이런 의미에서 성경적 효의 특징인 친애의 효는 자녀가 부모와 오랫동안 친근하게 지내며 제대로 효를 행하도록 하는 것에 관심을 가지고 있다. 이는 『논어』에 부자유친(父子有親)에 유사하게 드러난다. 불교의 『부모은중경(父母恩重經)』에도 부모의 자녀에 대한 애틋한 사랑이 잘 드러나며 이를

---

21) 박철호, 「체계윤리의 가족화 검증의 논리에 의한 효 연구」, 『효 윤리학』(인천: 도서출판 좋은세상, 2000), 33-37.
22) 윤태림, 「충효사상론」, 『동서양의 명논설문』(서울: 성지, 1985), 115.

통한 자녀와 부모의 깊은 친애를 그려낸다.

부모와 자녀의 친근함이 제대로 표현한 것이 미국의 가족윤리학자인 렌츠(Elinor Lenz)는 그의 저서 『어제는 나의 아이, 오늘은 내 친구(Once my child, Now my friend)』이다. 여기서 렌츠는 부모들은 자녀들을 친구로 삼을 때 가장 오랫동안 함께 지낼 수 있음을 강조한다.[23]

그런데 친애의 효에 있어서 부모는 자녀와 모든 면에서 평등한 것은 아니다. 아리스토텔레스(Aristoteles)가 언급한 바와 같이[24] 친애의 효에서 부모의 위치는 평등함 속에서 주도력을 가지는 부모이다. 또한 밀러(John W. Miller)가 제대로 설명한 바와 같이 성경에 의한 친애의 효는 하나님 아버지의 명칭과 관련하여 볼 때, 하나님 아버지의 자비로우심과 부드러움 속에 우리 인간들을 인도하심과 같이 부모, 특히 아버지는 이러한 자비롭고 부드러움 속에 가족의 인도자로 위치함이 중요하고 자녀들도 이러한 부모의 위치를 제대로 섬기는 것이 중요하다.[25]

그런데 친애의 효를 실천함에 있어서 간혹 순종의 효와 갈등을 초래할 수 있다. 즉 이미 살펴본 바와 같이 자녀는 최대한 부모의 뜻을 따르는 것이 중요하다. 그러나 부모의 뜻이 자녀와 달라 충돌할 경우, 이를 해결하는 방법은 무엇인가? 예를 들어 자기가 사귀는 사람과 결

---

23) Elinor Lenz, *Once My Child, Now My Friend*, 을지번역실 역, 『어제는 나의 아이, 오늘은 내 친구』(서울: 을지출판사, 1983), 80.

24) 물론 부모와 자녀가 인격적 평등함이 있다고 하여 부모의 위치가 단지 자녀의 친구의 위치로 규정되지 않는다. 아리스토텔레스(Aristoteles)가 지적한 바와 같이 부모와 자녀의 친애는 불평등적 친애이다. 즉 친애 속에서 상황에 따라 필요한 경우 불평등적 관계가 관련된다는 것이다. 친애의 효에는 부모의 주도력이 인정된다는 것이다. 이렇게 부모의 주도력이 필요한 이유는 가족 간의 다양한 분쟁이 발생할 경우 이를 해결하는 권위적 배분이 필요하기 때문이다. 참조, Aristoteles, *Nicomachean Ethics*, 1108a 27, 1125b 19-25.

25) John W. Miller, *Calling God "Father"*(New York: Paulist Press, 1999), 3-7.

혼하려고 할 때 부모가 반대할 경우 자녀는 어떻게 처신해야 하는가? 우선 자녀는 그 무엇보다 자신을 위해 줄 사람인 부모와 진지하게 자신의 문제를 놓고 상의를 하는 것이 필요하다. 또한 부모도 자녀에게 이러한 문제들에 대해 무엇이 올바른지를 가르침을 줄 경우 에베소서 6잘 4절에 보다시피 결코 자녀를 분노케 하지 말아야 한다. 자녀를 분노케 하지 않는다는 말은 끝까지 자녀가 갈등하는 문제에 대해 양보를 하지 않는다면 자녀의 인격을 존중하여 자녀에게 양보를 하는 것이 필요하다는 의미이다.

이는 유교의 간언에는 부모가 자신의 의견을 듣지 않는 경우 자녀가 양보하여 울면서 부모를 따라야 한다고 하는 것과 대조적이다. 그러나 기독교 효에는 오히려 부모가 자녀의 의견을 존중하여 이를 수용한다는 것에서 유교의 효와 상이하다. 이렇게 부모가 자녀의 의견을 존중하여 결국 자녀가 하자는 대로 그대로 받아들여 부모가 양보하는 내용이 성경의 누가복음 15장 11-31절에 잘 나타난다. 흔히 '탕자의 비유'라고 하는 것으로 여기서 아버지는 자유분방한 아들이 자신의 유산을 미리 달라고 고집하여 결국 아버지는 아들의 분깃을 주어 집을 나가게 한다.

그러나 그 아버지는 무관심과 방임으로 이렇게 행하지 않는다. 오히려 아버지는 집을 나간 그 아들이 돌아오기를 매일 대문 앞에서 기다린다. 이는 언젠가 아들이 잘못을 깨닫고 돌아올 것을 기대하고 있는 것이다. 결국 그 아들은 아버지에게로 돌아온다. 중요한 것은 아버지와 아들이 헤어질 때 서로 심하게 다투거나 원망하며 헤어지지 않았음을 알 수 있다. 만일 그런 상태였다면 아들도 헤어질 때의 그 상처 때문에 쉽게 아버지에게 돌아갈 마음을 가질 수 없었을 것이고,

아버지도 또한 괘심한 아들이 돌아오는 것이 그리 반갑지 않았을 것이다. 여기서 이해하게 되는 것은 마치 다정했던 친구가 서로 원하는 바가 달라 비록 자기를 떠났지만 언젠가 다시 그 친구가 돌아오기를 바라며 마음에서 서로 인격적 존중 속에서 헤어지는 것이 중요함을 알 수 있다. 부모와 자녀는 서로 갈등하되 분노와 원망을 불러일으키는 것은 효 실천적 관점에서 보면 문제가 있다. 요즘 매스컴에 많이 제기되는 존속살인과 상해의 문제는 부모와 자녀 특히 장성한 자녀와의 상호 인격적 존중함이 배제된 것에서 발생하는 것으로 볼 수 있다. 한국의 부모자녀 관계에 의한 효 실천에는 이러한 친애의 효가 특히 강조되고 중시되어야 할 시점이다.

성경에서 친애의 효를 실천한 대표적 인물은 역시 예수다. 예수는 부모가 자신을 찾아 삼 일 만에 만났을 때 자신의 의사를 분명히 하며 자신의 행동을 정당화한다. 여기에는 순종의 효로써 설명할 수 없는 부모로서 요셉과 마리아 그리고 자녀로서 예수의 인격적 동등함을 보여준다. 하나님 앞에서 부모와 자녀는 동일한 하나의 인격체로서 있음을 알 수 있다. 예수의 친애의 효를 통해 비록 부모에게 힘든 일이지만 자녀가 자신의 필요를 채우기 위해 부모는 그로 인한 고통을 감내함이 타당함을 알 수 있다.

3) 존속의 효 실천변수

한편, 동서양의 효에 있어서 효를 행하는 자, 즉 순종과 친애의 효를 부모에게 행하는 자는 축복을 받게 되어 있음이 곳곳에 드러난다. 즉 성경의 효에 관한 내용에는 이 땅에서 잘 된다는 물질적 축복과 장수한다는 육체적 축복이 제시되어 있다.

또한 동양의 도교에서도 효자는 본인이나 그 부모 모두 장수한다는 축복을 역시 제시하고 있다. 즉『태평경』은 유교적 관념인 효를 중시함으로써 유교와 다름없는 사상을 보여주지만 효의 실천 이념을 장수에 두고 있는 점에서 차이가 나는데,『태평경』에 의하면 부모의 장수를 염려하는 것이 효의 일차적인 의미이지만 그러한 효의 실천을 통하여 자신의 장수를 얻을 수 있다는 효의 이차적 의미가 주어진다.26)

이러한 효자 축복의 분명한 내용은 에베소서 6장 3절에 잘 나타난다. 즉 효자는 이 세상에서 잘되고 장수한다는 것이다. 그런데 이러한 물질적 축복과 육체적 축복은 최소한 생명이 살아남아 이 땅에서 '존속'해간다는 의미를 내포하고 있다. 여기서 성경의 효 체계의 주요변수 중 하나로서 '존속'의 효가 드러난다.

그런데 엄밀한 의미에서 효자의 존속의 축복인 물질적 축복과 육체적 축복은 부모에 대한 물질적 봉양과 부모의 육체적 건강이나 장수를 위한 효자의 노력에서 비롯된다. 결코 무작위의 방관적 태도 속에서 이러한 물질적 그리고 육체적 축복이 주어지지 않는다. 따라서 자녀는 부모의 양구(養口), 즉 의식주의 물질적·경제적 필요를 채우도록 노력해야 할 것이며 또한 부모의 양체(養體), 즉 육체적 건강을 위한 노력을 게을리하지 말아야 한다.

그런데 이러한 양구와 양체는 부모의 마음을 평안하게 하는 양안(養安)과 상호 관련을 갖는다. 즉 양구와 양체의 외적인 봉양은 내적인 심리적 안정인 양안으로 연결되어 부모의 존속이 더욱 강화된다. 물론 존속의 효와 관련된 양구체안의 효행은 세속적 삶과 관련하여

---

26) "然, 上善第一孝子者, 念其父母且老去也, 獨居閒處念思之, 常痴下也"(券47, '上善臣子第子爲君父師得仙方訣', 134-135)

의미가 있다. 그러나 인간은 세속적 삶과 더불어 종교적 삶을 추구하기도 한다. 따라서 자기 부모의 종교적 삶을 섬기는 양영(養靈)의 효는 부모의 영적인 면을 보살피는 것으로써 효행의 중요한 또 한 측면을 구성한다. 부모가 내세를 잘 준비하고 영적인 평강을 누리게 도와주는 것은 보다 심층적인 효를 이룬다. 따라서 존속의 효는 양구체안영의 효를 실천하는 것이다.

지금까지 살펴본 양구와 양체의 효 그리고 양안과 양영의 효 이외에 이러한 효의 내용들 모두와 관계하는 존속의 효로써 양생의 효가 있다. 양생의 효에서 '생'은 하나님께서 창조하시고 지키시는 생명을 의미한다. 양생의 효는 부모의 생명을 대를 이어 지속시켜나가는 것을 의미한다. 물론 부모의 생명은 우리들의 조상으로부터 시작되었다. 이러한 생명은 우리에게 이어졌고 뒤에 우리의 후손에게 전해진다. 그리고 부모는 이러한 생명의 지속을 통해 이 세상 속에 계속 존속해간다. 우리는 이러한 생명의 지속을 위해 효를 실천함이 필요하다. 좀 더 자세히 살펴보면, 앞에서 이야기한 양구와 양체 그리고 양안과 양영의 효도 결국 양생의 효의 한부분임을 알 수 있다.

양생의 효에는 우선 결혼하여 자녀를 출생시켜 가문을 이어가게 하는 것이 중요하다. 물론 사정에 따라 결혼과 출생을 할 수 없을 경우가 있다. 그러나 특별한 경우를 제외하고 결혼을 통해 자녀를 양육하여 대를 이어가는 것이 자녀로서의 도리이다. 우리 옛 조상들은 이러한 양가(養家), 즉 가문을 이어가게 하는 효를 중시하여 자녀 특히 아들을 낳는 것을 매우 중시하였다. 그러나 아들이든 딸이든 생명을 이어갈 수만 있다면 양생의 효를 실천한다고 할 수 있다.

양생의 효를 실천해가는 데는 생명을 존속시키기 위해 생명의 그릇인 사회나 국가를 지켜가는 것도 필요하다. 따라서 사회나 국가를 위해 봉사하는 것도 궁극적으로 생명의 존속을 위한 양생의 효이다. 이런 의미에서 특히 애국심은 효심의 한 형태라 할 수 있다. 전통적으로 효는 충과 연결시켜 생각하였다. 그런데 여기서 충은 당시 나라의 임금을 섬기는 것이었다. 나라를 바로 임금 자신이라고 생각했던 것이다. 따라서 부모를 섬기는 마음을 임금을 섬기는 마음과 같은 것으로 보았다. 그러나 오늘날 충은 나라의 임금이 아니라 국가 그 자체이다. 따라서 과거로부터 지속되어 온 현재의 우리의 생명을 미래에도 지키기 위해 국가에 충성하는 것이 필요하다. 결국 충은 양생의 한 형태라고 봄이 타당하다.

양생과 관련하여 마지막 한 가지 더 고려해야 할 것은 자연을 사랑하는 것이다. 엄격히 말하면 우리가 살고 있는 환경은 우리의 생명을 보전시키는 것이다. 생명을 사랑하고 지켜나가고자 하는 양생의 효는 당연히 자연환경을 고려하지 않을 수 없다. 자연이 파괴되면 생명의 존속이 위협받게 된다. 이는 결국 생명을 지켜가고자 하는 존속의 효를 다하지 못하는 것이다. 생명사랑과 생명 존속을 중시하는 양생의 효는 자연환경을 보전하고 이를 깨끗이 사용하여 후손에게 잘 물려주는 것과 상호 관련 있음을 이해할 수 있다.

그런데 존속의 효가 내포하고 있는 효자가 이 세상에서 잘되고 장수한다는 하나님의 복의 내용은 성경적 효가 현대 민주사회의 가치관과 상통할 수 있음을 보여준다. 왜냐하면 전통적 효가 부모 중심적 또는 부모를 위한 효 체계로 구성된 것과 달리 성경적 효는 효하는 자녀 중심 그리고 그 자녀를 위한 효 체계임을 전제하고 있기 때문이다. 이는 성경적 효가 효를 받고자 하는 사람들에 의해 강압적으로 효를 강요하는 것보다 효하는 자의 인격을 존중하고 자율적으로 효를 행하도록 그들을 독려하고 장려하는 방법을 취하고 있기 때문이다. 이런 의미에서 성경적 효는 보다 현대적이고 민주적이다.

결국 존속의 효 내용과 관련된 에베소서 6장 2절의 '공경'에는 정신적인 것과 물질적인 것이 동시에 포함된다고 봄이 타당하다. 특히 현실적 문제와 관련하여 부모의 은혜를 보답하는 보은으로서 물질적인 것으로 보답하는 것을 결코 무시할 수 없다.

누가복음 2장 52절에 의하면 기독교 효의 모형으로서 예수는 그 부모를 잘 받들어 모셨음을 알 수 있다. 여기서 받든다는 것은 다양한 해석이 가능하지만 부모의 존속의 면이 보다 강하다고 할 수 있다. 왜냐하면 이미 앞에서 순종의 효가 제시되어 부모의 뜻을 잘 받든다는 의미로 해석하기에 무리가 있다. 예수는 부모의 육체적, 심리적 안정을 통한 존속에 기여했음을 이해할 수 있다. 이러한 예수의 존속의 효는 경제적 그리고 그 밖에 생활에 필요한 것들을 예수는 부모에게 제공했다고 볼 수 있다.

4) 대리의 효 실천변수

그런데 성경의 에베소서 6장 1절에 의하면, 부모에 대한 순종이나 친애 그리고 존속의 효 모두 '주' 안에서 행해져야 함이 강조되고 있다.27) 성경적 효가 갖는 또 하나의 특징으로서 '주' 안에서의 효는 어

---

27) '주 안에서'라는 공식구는 ℵ, A, K, vg, sy 사본에는 나오지만, B, D*, it, 사본과 Markion, Clemens v. Alexandreia, Tertullian의 책에는 나오지 않는다. 이 어구가 빠져 있었음을 가장 일찍 보여주는 것은 마르시온 사본인데, 아마도 마르시온은 이 어구를 삭제하였을 것이다. 왜냐하면 십계명의 제4계명과 주를 연결시키는 것은 그로서는 적절하지 않다고 생각하였기 때문이다. 하지만 Beare, Masson, Wette는 이 어구를 그대로 두는 것이 필요하다고 본다. 왜냐하면 이 어구는 이 구절 전체와 관련되며 단순히 부모와 관련되지 않는다고 보기 때문이다. 즉 자녀들은 주에 대한 믿음과 복종을 표현하기 위해 부모에게 복종하여야 한다는 것이다. 참조, Joachim Gnilka, 강원돈 역, 『국제성서주석』(서울: 국제신학연구소, 1971),

떻게 이해되어야 하는가?

우선 유대교에서 부모의 자녀에 대한 위치는 월터 카이저(Walter C Kaser)가 언급한 바와 같이[28] 하나님의 대리자이다. 따라서 부모에 대한 반역을 하나님에 대한 반역과 연관을 짓고 있다. 왜 부모는 하나님의 대리자인가? 이는 성경에 언급한 바와 같이 부모로부터 하나님의 법을 배우기 때문이다. 즉 하나님 말씀을 대변하는 부모에게 효를 행하지 않는 사람은 하나님의 말씀을 따를 수가 없게 된다.

그런데 이러한 하나님의 대리자로서 부모의 위치와 대응하여 에베소서 6장 1절은 자녀들도 '주' 안에서 효를 행할 것을 명령하여 자녀도 주님 즉 하나님의 대리자임을 분명히 한다. 이런 의미에서 유대교의 하나님의 '대리'로서 효 체계를 설명하는 틀은 기독교에도 동일하게 적용할 수 있다. 즉 기독교의 효 체계도 이 부분에서 구약의 유대교의 효 체계와 크게 차이가 나지 않기 때문이다. 다만 신약의 에베소서의 '주 안'은 카이저가 지적한 바와 같이 대리자로서 부모나 자녀가 하나님의 말씀을 대적하는 것을 금지하는 의미도 포함한다. 즉 자녀는 자신의 이익이나 감정에 의해서가 아니라 하나님의 뜻과 명령에 따라 효를 행하는 것이 진정한 효를 실천하는 것이다. 이런 의미에서 하나님의 뜻과 명령에 어긋나는 형태로 효를 행하는 것은 금지된다. 비록 부모라는 지위를 차지하는 인물이 그 어떤 사람이든 심지어 살인자라 할지라도 부모로서 인정하고 하나님의 뜻에 따라 효를 해야 하는 것이 바로 대리의 효가 지향하는 바이다.

물론 기독교를 믿지 않는 타 종교의 사람들도 그들의 종교가 제시

434-435.

28) Walter C. Kaser, 홍용표 역, 『구약성경윤리』(서울: 생명의 말씀사, 1990), 179.

하는 효의 원리에 따라 효를 행하는 것이 가능하며 그 밖에 사회의 관습이나 윤리와 같은 사회의 규범에 의한 효의 원리에 따라 효를 행하는 것도 가능하다. 이런 의미에서 유교의 효에 대한 원리나 불교의 효에 대한 원리들은 이러한 종교를 가진 사람들이 대리의 효를 행하는 데 행위의 기준이 된다.

대리의 효와 관련하여 누가복음 2장 52절에 보다시피 기독교 효의 모형인 예수는 부모에게 순종하고 친애하며 존속을 도모한 것들을 통해 사람과 하나님의 사랑을 받았다고 하고 있다. 이는 예수가 부모를 섬길 때에 하나님의 뜻을 잘 받들어 모셨음을 알 수 있다. 비록 세상 속의 인간인 부모이지만 그리고 자신에 비해 여러 가지로 부족한 부모이지만 하나님의 뜻 속에서 하나님의 대리자로서 부모를 섬겼음을 알 수 있다. 이러한 예수의 대리의 효가 세상 사람들에게 특이한 것은 아니었음은 사람들도 이러한 예수의 효에 대해 기뻐하고 그를 사랑했다고 한 것에서 알 수 있다. 여기서 예수의 대리의 효는 하나님과 이웃의 가르침을 동시에 수용하였고 여기에 서로 상충되는 것이 없었음은 기독교의 효와 다른 종교나 관습의 효 사이에 서로 공유되는 면이 있음을 부인할 수 없다.

IV. 기독교 효 실천체계의 윤리화

1. 기독교 윤리체계

효는 가족생활의 뿌리로서 기초를 이룬다. 또한 역사적으로 효는 인간행위의 도리로써 윤리나 도덕의 기초를 이루어왔다.29) 따라서 가족적 삶의 기초로서 기독교 효 실천원리는 자연스럽게 기독교 윤리의 기초로서 작동함을 이해하게 된다.

기독교 윤리는 사회생활을 함에 있어서 기본적으로 갖추어야 할 행동규범을 의미한다. 그런데 사회란 기독교 신자뿐만 아니라 비신자와 함께 삶을 살아가는 공간이다. 따라서 기독교 윤리는 기독교 신자에게 특수한 하나님과 인간관계에 의한 대신 계명(십계명의 제1-4계명) 이외에는 보편화된 규범을 지향한다. 이런 의미에서 십계명의 대인계명(제5-10계명)은 사회구성원 모두에게 적용 가능한 일반화된 윤리이다.

그렇다면 일반화된 윤리를 지향하는 기독교 윤리는 어떤 모습을 지니고 있는가? 여기에 대해 다양한 논의가 전개될 수 있다. 그러나 이러한 다양한 논의도 성경을 벗어나서 논하기에 한계가 있다. 따라서 성경의 틀 안에서 일반화된 윤리체계를 탐구하는 것이 필요하다.

그런데 성경의 틀 안에서 윤리체계를 탐구한다고 할 때 두 가지 접근법이 가능하다. 그 하나가 법칙론이고 또 하나가 덕목론이다. 이 두 접근법은 윤리체계를 구축하는 데 서로 대립적이었다. 그러나 이미 밝혀진 바와 같이30) 칸트(I. Kant) 철학을 중심으로 한 형식주의에 의한 법칙론은 자체 모순에 의해 제대로 윤리체계를 정립하는 데 실패

---

29) 원불교 『大宗經』 人道品 11章에도 효는 백행의 근본이라 하고 있다. 성경에도 십계명의 제5계명인 효계명을 대신계명(1-4계명) 이후 대인계명(5-10계명)의 제일 첫 번째에 두어 인간의 행실에 대해 기초가 됨을 보여준다.

30) 그러나 이러한 形式主義 도덕이론과 교육이론은 개인을 도덕적 진공상태에 있게 함으로써 즉 개인 각각이 도덕적 입법과 판단을 하게 함으로써 도덕적 아노미 현상이나 무정부적 상황을 초래한 것이다. 참조, 박철호, 「도덕교육의 목적으로서의 '보편적 삶의 형식' 연구」, 『효 윤리학』(인천, 도서출판 좋은세상, 2004), 119-151.

하고 말았다.

이러한 형식주의 도덕론이 갖고 있는 문제를 해결하기 위해서는 오크쇼트(M. Oakeshott)나 커크(R. Kirk) 등이 언급한 바와 같이 전통을 강조하는 윤리론이 필요하다. 이러한 전통적 관습의 도덕체계를 주요한 내용은 무규정적 도덕적 아노미 상태에서 해방하기 위해 개인에게 삶의 욕구와 의미를 가져다줄 수 있다. 이를 위해 개인에게 자신이 속하고 있는 공동체의 관습이나 법 등을 따르게 하여야 한다. 이런 의미에서 덕목론은 윤리체계를 구축하는 데 적합한 이론이다.[31]

위와 같은 의미에서 덕목론적 관점에서 성경적 틀 안에서 기독교 윤리의 덕목을 규명하는 작업이 필요하다. 이는 기독교 윤리의 덕목을 성경의 구절에서 도출하는 것이다. 이러한 면들을 고려하여 성경에서 기독교 윤리의 덕목들을 도출하는 작업을 수행하기에 가장 적절한 곳은 역시 미가서이다. 미가서에 나타난 윤리의 내용들은 성경의 신구약을 걸쳐 하나님께서 인간에게 구하는 선한 윤리 덕목을 가장 분명하게 제시하여 기독교 윤리의 내용을 압축적으로 드러내고 있다. 이런 의미에서 미가서는 덕목에 관한 기독교 윤리의 변수들을 제대로 도출할 수 있는 적절한 영역이다. 한마디로 성경에서 미가서만큼 기독교 윤리의 내용이 포괄적으로, 체계적으로 그리고 명시적으로 나타낸 곳은 없다. 성경에서 기독교 윤리의 덕목을 도출하는 데는 미가 6장 8절이 가장 적절하다.

미가 6장 8절은 "사람아, 주께서 선한 것이 무엇임을 네게 보이셨나니. 여호와께서 네게 구하시는 것이 오직 공의를 행하며 인자를 사

---

31) 보다 자세한 논의는 Ibid. 참조.

랑하며 겸손히 네 하나님과 함께 행하는 것이 아니냐"라 하고 있다. 여기에서 하나님은 인간에게 윤리적으로 선한 행위가 무엇인지를 보여주며 이것들이 또한 하나님이 요구하는 것임을 분명히 보여준다. 결국 하나님께서 모든 인간들에게 윤리의 덕목으로 요구하는 것은 바로 정의, 사랑, 겸손 그리고 청직이다. 여기서 중요한 것은 이러한 덕목들은 하나님을 믿는 백성들뿐만 아니라 하나님을 믿지 않는 비신자들도 포함한다는 사실이다.[32]

또 하나 여기서 되새겨둘 것은 이러한 윤리의 덕목들이 효 실천변수들과 깊은 관련을 갖는 점이다. 즉 이러한 윤리 덕목들은 효 실천의 변수들이 발현하여 구축된다. 이런 의미에서 효 실천의 변수들이 어떻게 윤리의 덕목들과 상호작용하면서 그 내용을 구축하는지에 대한 관심이 일어난다. 이제 기독교 또는 일반 윤리의 덕목을 살펴보면서 동시에 이러한 덕목들과 효 실천변수들의 상호작용관계를 살펴보기로 한다.

1) 겸손과 순종

우선 윤리의 덕목으로서 겸손은 성경의 열왕기상 3장 6-14절에서 보다시피 자기의 한계를 아는 것을 의미한다. 겸손한 사람은 자신의 한계를 알고 있기에 자기의 주장을 관철하기보다 남의 말을 경청한다.

겸손과 반대되는 교만에 대해 성경은 비판적이다. 잠언 11장 2절에는 "교만이 오면 욕도 오거니와 겸손한 자에게는 지혜가 있느니라"하였으며 잠언 16장 18절에는 "교만은 패망의 선봉이교 거만한 마음은

---

32) Artur Weiser · Karl Elliger, 강원돈 · 김판재 역, 『국제성서주석-소예언서』(수원: 한국신학연구소, 1990), 134.

넘어짐의 앞잡이니라"라고 한다.

겸손하지 못한 사람은 결국 타인의 지지를 얻지 못해 패망하게 된다는 것이다. 반대로 겸손한 사람은 다른 사람들로부터 신뢰를 얻어 영예를 얻게 된다고 한다. 이는 잠언 29장 23절의 "사람이 교만하면 낮아지게 되고 마음이 겸손하면 영예를 얻느니라"에서 잘 나타난다. 사회생활을 하는 데 있어서 교만은 다른 사람으로부터 미움을 받아 다른 사람과 조화로운 삶을 이끄는 데 실패하게 됨을 성경은 분명히 한다.

그런데 이러한 사회적 삶을 이끄는 중요한 덕목으로써 겸손은 효 실천에 있어서 순종의 변수와 깊은 관련이 있다. 이는 가정에서 부모에 대해 순종의 효를 행하면서 타인의 의견을 존중하는 겸손을 체득하게 된다. 성경의 창세기에 나오는 이삭은 자기 아버지 아브라함에게 죽음을 각오하고 순종한다. 이런 이삭은 겸손한 사람이 되어 당시 주변의 다른 부족에게 고난을 당하면서도 이를 이겨내는 과정이 있다. 결국 겸손한 자가 사회적 삶에서 성공함을 보여준다.[33] 물론 겸손 또한 순종의 효에 영향을 주어 순종을 더 강화함도 부인할 수 없지만 중요한 것은 겸손의 윤리는 그 기저인 순종의 효로부터 실천 에너지를 공급받으며 그 가동력을 증가시킨다는 점이다.

2) 사랑과 친애

미가서 6장 8절에 자비롭고 사랑이 많은 자를 선한 자라고 하나님은 칭하고 있다. 성경의 마태복음 22장 39절에는 남을 배려하고 자비

---

33) 성경의 베드로 전서 5장 5절에는 "젊은 자들아, 이와 같이 장로들에게 순복하고 다 서로 겸손으로 허리를 동이라. 하나님이 교만한 자를 대적하시되 겸손한 자들에게는 은혜를 주시느니라"라고 하여 겸손함이 하나님의 은혜로 잘됨을 보여준다.

를 베푸는 것을 자기 몸을 사랑하는 것과 같이하라고 하고 있다.[34]

여기서 사랑의 의미는 무엇인가? 사랑의 종류를 분류한 것으로 널리 알려진 사람은 역시 심리학자 리(J. A. Lee)이다.[35] 그는 사랑에 대한 6가지 유형으로 에로스(eros), 루더스(ludus), 스톨게(storge), 마니아(mania), 프락마(pragma), 아가페(agape)을 제시하였다.[36] 이러한 사랑의 종류들은 대상에 따라 각각 쓰임이 다르다. 리가 언급한 사랑 중에서 현실적으로 접근 가능한 것으로 현대사회의 공동체적 삶을 영위하는 데 가장 쉽게 수용하여 응용될 수 있는 윤리의 덕목은 역시 아리스토텔레스가 강조한 바와 같이[37] 스톨게적 사랑이다. 리가 지적한 바와 같이 스톨게 사랑은 친구 사이의 사랑으로 그 기저에는 친애(friendship)가 내포되어 있다. 때문에 이 사랑은 동료의식에 기초를 두어 사회적 삶의 중요한 기반이 되는 신뢰를 유지하게 한다. 이 사랑에 의해 배신적 행위가 배척 비난되며 이 사랑을 통해 상대방에 대한 인격적 존중을 통한 사랑을 하게 된다. 이러한 우정을 기초로 한 스톨게 사랑[38]

---

34) 마태복음 22장 39절, "둘째는 그와 같으니 네 이웃을 네 몸과 같이 사랑하라 하셨으니…."

35) Lee JA, "Love styles", in Barnes MH, Sternberg RJ., *The Psychology of love*(New Haven, Conn: Yale University Press, 1988), 38-67.

36) 에로스 사랑은 남녀 간의 사랑으로서 글자 그대로 미에 대한 사랑을 의미한다. 강력한 자극을 필요로 하는 관계로서 정서적 감정이 강하고, 신체적 관심과 육체에 대한 관계를 중요시한다. 루더스 사랑은 젊은 남녀 간의 일시적 사랑을 의미하며 이 사랑을 하는 사람들은 게이머이다. 즐기는 사랑이다. 스톨게 사랑은 친구 사이의 사랑이다. 스톨게 사랑은 우정으로부터 출발한다. 그리고 이 사랑은 동료의식에 기초를 둔다. 상대방과의 신뢰를 유지하기 위해 배신적 행위를 피하고자 한다. 이 사랑은 타인을 존경하며 이해하고자 하는 동기를 가지고 있다. 마니아 사랑은 자기 자존감이 약한 사람이 갖는 사랑의 형태이다. 이 사랑을 하는 사람은 상대방에게 지나치게 의존적이며 상대방의 사랑을 확인받고 싶어 하는 사랑이다. 프락마 사랑은 논리적이고 실용적인 사랑이다. 상대의 조건을 의식적으로 구체화해 두고 합리적으로 계산하고 평가해서 적절한 상대를 선택한다. 어울리는 상대를 구하는 데 노력을 다하는 것이 사랑에 있어 현실적으로 중요한 문제라고 본다. 마지막으로 아가페 사랑은 타인 중심적, 자기희생적 사랑 유형으로 모든 것을 받아들이는 사랑이다. 상대방이 고통을 당하지 않도록 하는 데 관심을 갖는 사랑이다. 이 사랑이 깨어지더라도 이 상대방이 돌아올 때까지 기다리는 사랑이다.

37) Aristoteles, 조대웅 역, 『니코마코스 윤리학』(서울: 돋을새김, 2008), 8권-9권 참조.

38) 스톨게 사랑은 우애, 즉 친구간의 사랑의 의미를 지닌다.

은 상대방을 이해하고 진정한 사회적 통합을 가능케 한다. 사회적 삶을 영위하는 데 있어서 사회공동체 구성원 사이의 윤리로서 스톨게, 즉 우애는 보다 심화되어 고차적인 윤리적 덕목인 자비와 헌신도 포함하게 된다. 일단 스톨게 즉 우애의 윤리에 의한 인간관계가 구축되고 나면 이 우애의 내용 속에 점차 자비와 헌신 그리고 보다 진전된 아가페적 사랑의 의미도 포함하게 된다. 이런 의미에서 우애는 자비와 헌신 그리고 아가페적 사랑의 내용까지 내포하는 윤리가 된다.[39] 결국 특수한 경우를 제외하고 사회관계의 삶을 위한 윤리의 덕목은 스톨게 사랑 즉 우애로서 친구간의 사랑이다.

효 실천변수 중 부모와 자녀 사이의 친애의 효는 바로 이러한 스톨게 사랑을 구축하는 원동력이 된다. 부모와 자녀가 친구로서 인격적 존중함을 통해 맺게 되는 인간관계의 도덕적 감각은 윤리의 스톨게 사랑의 덕목으로 전환되어 사회적 삶을 영위하는 데 주요한 기제가 된다. 어릴 때부터 부모와 친애의 효를 통해 진정한 사랑은 인격적 평등함 속에서 형성됨을 체득한 사람은 이러한 친애의 효로부터 사랑을 실천하는 힘과 능력을 공급받으며 그 실천력을 강화시켜간다. 물론 이러한 사랑의 윤리적 덕목은 또한 친애의 효에 긍정적 영향을 미침을 부인할 수 없다.

3) 정의와 존속

기독교 윤리의 덕목으로서 정의(justice)는 잠언 21장 3절에 의하듯 의와 공평을 행하는 것을 의미한다. 하나님은 이 정의를 제사를 드리

---

39) 간혹 친구를 위해 목숨까지 희생하는 경우가 있다.

는 것보다 더 당신을 기쁘게 하는 것이라고 한다.[40]

　또한 성경은 의와 공평으로서의 정의를 보다 분명히 정의하고 있다. 즉 로마서 13장 7절에 보다시피 "모든 자에게 줄 것을 주되 공세를 받을 자에게 공세를 바치고 국세를 받을 자에게 국세를 바치고 두려워할 자를 두려워하며 존경할 자를 존경하"는 것이라고 하여 마땅히 받을만한 자에게 그만큼 대가를 지불하는 것이라고 정의를 구체화하고 있다. 이는 『국가론』을 쓴 플라톤이 언급한 바와 같이[41] 정의(dikaiosynē)를 각자에게 제 몫을 주는 것이라고 한 것과 유질동상[42]이다. 더구나 성경은 높은 지위에 있는 자의 정의로운 행동을 또한 강조한다. 즉 정의는 로마서에서 보다시피 존경받는 자들에 대한 하층계층의 정의뿐만 아니라 상위계층에 속하는 자들도 하층 사람들에게 마땅히 돌려주어야 할 것을 주어야 함을 명확히 한다. 그래서 골로새서 4장 1절에는 "상전들아, 의와 공평을 종들에게 베풀지니 너희에게도 하늘에 상전이 계심을 알지어다"라고 하고 있다. 사회적 삶을 사는 데는 정의는 사회의 질서와 통합을 위해 주요기제이다. 성경은 사회적 삶의 주요한 하나의 기제로서 정의를 중요시하여 이러한 정의가 제대로 서지 못하면 생명의 위험이 있음을 경고하고 있다.[43] 그래서 사회구성원들은 윤리덕목으로서 정의를 추구하여 개인적 생명을 존속시키고 또한 하나님이 주신 땅에서 삶을 영위함이 필요하다.

　그런데 이러한 정의의 윤리적 덕목은 효 실천변수인 존속에서 비롯

---

40) 잠언 21장 3절.

41) Platon, 최현 역, 『국가론』(서울: 집문당, 2006), 335b.

42) 유질동상(Isomorphism)은 유사한 것은 유사한 성격을 지닌다는 뜻을 의미한다.

43) 참고, 신명기 16장 20절, "너는 마땅히 공의만을 좇으라. 그리하면 네가 살겠고 네 하나님 여호와께서 네게 주시는 땅을 얻으리라."

된다. 부모로부터 받은 은혜를 갚고자 하는 데서 윤리의 한 덕목인 정의가 구축된다. 마땅히 대가를 받아야 할 사람에게 그만한 대가를 지불하는 것이 정의라고 한다면 당연히 부모는 자녀에게 베푼 만큼 그것을 자녀로부터 되돌려 받는 것이 사회적 정의와 합치된다. 따라서 자녀가 부모로부터 받은 은혜를 갚기 위해 부모의 존속을 도모하는 것이 마땅하다. 이는 이미 살펴본 바와 같이 에베소서 6장 2절에 제대로 드러나 있다. 만일 부모가 경제적으로 그리고 육체적으로 어려움을 당하고 있는 데도 자녀가 이러한 부모를 위해 도움을 주지 않는다면 제도나 법으로 이러한 자녀에게 부모부양을 강제하는 것이 마땅하다. 2007년에 제정된 「효행장려 및 지원에 관한 법」에 이런 강제 규정을 보다 구체적으로 규정하는 것이 사회정의를 위해 필요하다.

어쨌든 존속의 효는 정의의 윤리적 덕목을 강화하는 원동력이며 사람들은 이러한 존속의 효에 의해 정의를 실천하려는 의지와 능력을 부여받게 된다. 정의로운 사회는 이러한 존속의 효를 실천하는 사람들이 이루어가는 사회이다. 이러한 정의의 덕목에 의한 윤리의식의 강화는 또한 자연스레 존속의 효를 강화시킨다.

4) 청직과 대리

엄격히 말해 미가 6장 8절의 정의, 사랑, 겸손의 윤리 덕목들은 하나님과 함께해야 한다는 절 마지막 부분에 의해 상호영향을 받는다고 봄이 타당하다. 기독교적 관점에서 보면 하나님과 함께하지 않는 정의나 사랑 그리고 겸손은 큰 의미가 없다. 결국 정의, 사랑, 겸손 그리고 청직은 서로서로 상호작용하는 관계를 이루고 있다.

미가 6장 8절에서 하나님과 함께 행한다는 것에서 도출된 것이 청직이다. 하나님과 함께 함은 하나님의 뜻에 따라 행함을 의미하는 것으로 청직의 윤리덕목과 연관된다. 그렇다면 청직이란 무슨 의미인가? 청직 또는 청지기(廳直己;Steward)는 주인을 대신하여 재산과 사람을 맡은 자를 의미한다. 마태복음 20장 8절에 보다시피 품꾼의 삯을 지불하는 청직은 주인의 대리자로서 일하는 자이다. 기독교 윤리적 관점에서 보면 하나님은 만물의 주인으로 창조주이시며 섭리자이시고 인간은 그의 청지기로 맡은 자이며 관리자이며 보관자이다. 따라서 인간은 자기의 이익이나 자기의 뜻대로 일을 처리하지 않는다.[44]

마태복음 25장 28절에 보다시피 청지기는 모든 것을 위임받은 자이다.[45] 하나님은 창세기에 보다시피 아담에게 에덴동산을 맡기시고 관리하고 보호하라는 책임을 위임했다. 따라서 청지기로서 우리 인간은 보관자일 뿐이다. 잠시 위임을 받았기 때문에 주인의 소유권을 인정해야 하며 인간은 임시로 점유하는 것뿐이다. 소유와 점유는 다르다. 결국 주인에게로 귀의하는 것이다. 그러므로 보관자로서 청지기는 내 것이란 주장은 정당하지 못하다.

또한 무엇보다 중요한 것은 청지기는 관리자라는 사실이다. 사회생활 중에 사람이나 재산을 관리하는 자는 관리의 인식이 철저해야 부정과 욕심을 억제할 수 있다. 관리인으로 우리 인간은 주인의 목적

---

44) 우주는 스스로 있는 것도 아니요, 진화되어 천지만물이 이룩된 것도 아니라 하나님이 창조하신 것이므로 우주의 주인은 하나님이시다. 요한복음 1장 3절에 의하면, "만물이 그로 말미암아 지은 바 되었으니 지은 것이 하나도 그가 없이는 된 것이 없다"고 하고 있다.

45) 누가복음 16장 1-8절에 보다시피 청지기는 종과는 달리 자유인이다. 청지기는 맡은 재산의 관리를 위하여 자기의 지혜와 재능을 활용할 자유가 있다. 자기에게 유익하도록 주인에게 유익하게도 할 자유가 있다. 그러나 그 자유를 낭비하거나 또는 직무유기를 할 때는 징계를 받는다. 왜냐하면 청지기는 자유를 가졌기에 책임감이 있어야 하기 때문이다. 반면 종은 주인의 뜻에 복종할 뿐이므로 책임이 없다. 이것이 청지기와 종의 다른 점이다. 또한 디모데전서 1장 2절에는 청지기는 신임을 받아 일을 맡은 자로서 창의력이 있어야 한다고 한다.

과 방침에 따라 사용해야 하며 남용, 임의 사용은 횡령이 된다. 이런 의미에서 청지기의 자격은 사명감이 있어야 한다. 그 사명감은 철저한 소명(召命)의식에서 나온다.[46] 이런 의미에서 막스 베버가 말한 소명론도 청직의 윤리에서 나왔다고 볼 수 있다.[47]

기독교 윤리의 중요한 하나의 축을 이루는 청직의 덕목은 기독교의 윤리뿐만 아니라 무소유를 주장하는 다른 종교에서도 충분히 받아들일 수 있는 윤리적 덕목이다. 이러한 청직의 윤리는 현대사회의 다양하고 복잡한 문제 즉 개인과 공동체 그리고 자연환경 등의 파괴현상에 대한 의미 있는 대안이라 할 수 있다. 자기가 현재 소유하고 있는 재산이나 물질 그리고 명예나 지위 등이 자기의 소유가 아니라 하나님이든 그 밖에 그 무엇이든 다른 존재의 소유라고 인정하고 자신은 단지 관리자로서 인식할 때 새로운 차원의 삶의 형식이 전개될 수 있다. 자본주의의 한계와 함께 현대 윤리의 덕목으로 주목받는 것이 바로 청직의 윤리이다.

이러한 윤리로서 청직의 덕목은 효 실천변수로 대리의 효에서 도출되고 또한 대리의 효에 의해 그 기능이 강화된다. 대리자로서 부모에게 효해야 한다는 의식은 당연히 청직의 윤리의식으로 전환된다. 즉 부모를 하나님께서 자기에게 맡겨주신 분이라 여기게 되면 그 부모님을 정성을 다해 보호하고 섬기게 된다. 이런 대리의 효 의식은 대리자로서 주어진 일에 충성을 다하는 청직에 의한 윤리의식에 에너지를 공급하게 된다. 또한 이러한 청직의 윤리의식의 확산과 강화

---

46) 모세는 호렙산에서 부름을 받았고, 사무엘은 세 번이나 반복된 부름을 받았고, 엘리사는 농장에서, 이사야는 성전에서, 예수의 제자들은 어장에서 부름을 받았다.

47) Max Weber, 김상희 역, 『프로테스탄트 윤리와 자본주의 정신』(서울: 풀빛, 2006).

는 대리의 효를 행하는 데 긍정적 영향을 미침을 부인할 수 없다.

V. 결론

효 실천은 인간 삶을 풍요롭게 하는 삶의 뿌리이다. 삶의 뿌리이기에 효는 외형적으로 쉽게 노출되지 않는다. 삶의 깊은 층을 이루고 있기에 인간의 여타 삶은 이 기층에 의해 기초를 두고 있다. 문제는 이 기층이 다양한 이유로 잠식당하는 경우이다.

현대사회는 삶의 기반인 효를 약화시키는 원인들로 위기를 초래하고 있다. 즉 개인들이 쉽게 약물중독이나 자살 등으로 파괴되며 가족을 비롯한 다양한 공동체들도 균열과 붕괴에 직면하고 있다. 자연환경 등도 인간의 욕구충족을 위해 심각한 위기를 맞고 있다.

이제 이런 위기를 극복하기 위해 윤리와 도덕을 재정립할 단계에 왔다. 이러한 위기극복을 위한 윤리는 앞에서 언급한 바와 같이 정의, 사랑, 겸손 그리고 청직이다. 이들은 따로 논할 수 있는 것들이 아니다. 서로 상호작용하며 그 의미를 구축한다. 즉 정의도 사랑과 겸손 그리고 청직이 함께해야 비로소 그 기능이 제대로 작동한다. 사랑도 마찬가지다. 정의와 겸손 그리고 청직이 함께하여야 한다. 겸손과 청직도 동일한 과정으로 설명될 수 있다.

그런데 이러한 윤리체계는 효를 기반으로 해야 제대로 그 가동력을 증대시킬 수 있다. 왜냐하면 이미 언급한 바와 같이 효 실천의 체계인 존속, 친애, 순종 그리고 대리에 의해 에너지를 공급받아야 하기 때문이다. 따라서 윤리의 기반이요 뿌리인 효 실천의 체계가 배제되거나 약화되면 상층의 윤리체계의 가동력 또한 약화되기 마련이다.

이런 의미에서 기독교 효 실천체계는 현대사회의 위기를 극복을 위한 대안으로 부각되는 기독교 윤리체계의 가동력을 증가시키는 동력으로 작동하기 위해서 효 실천을 위한 다양한 전략과 전술을 구축할 시점에 와 있다.

제10장 | 고령사회 대비를 위한 복지체계로서 효행법 연구
-성경적 효와 관련하여-

Ⅰ. 서론

1. 연구의 목적

2004년 서남아시아 해역에 덮친 쓰나미에 의한 피해는 충격적이었다. 그러나 따져보면 이러한 피해도 미리 경보가 발해지고 이를 대비할 시간과 대응전략이 충분했다면 그렇게 큰 피해는 없었을 것이다.

고령화의 진행은 마치 쓰나미와 같이 조용히 진행되지만 제대로 대응을 하지 못할 경우 막대한 피해를 가져올 수 있는 거대한 사회적 재앙의 동인이자[1] 시오노야가 지적한 바와 같이 절박한 과제가 되고 있다.[2] 즉 수명연장에 의한 노인인구의 증가와 출산율 하락이 동시에 나타나는 고령화는 필연적으로 생산인구와 연금의 문제를 제기한다. 따라서 고령화에 의해 생산인구가 줄어들어 경제활동이 위축되고 동시에 노인인구의 증가와 함께 폭발적으로 늘어나는 연금수요는 나라 살림을 심하게 압박하여 위기를 초래하게 된다.

---

1) 박동석 외, 『고령화 쇼크』(서울: 굿인포메이션, 2003), 10.
2) 塩野谷祐一, 박영일, 역, 『경제와 윤리-복지국가의 철학』(서울: 필맥, 2006), 449.

현재 우리나라의 고령화 속도는 세계 최고이다.[3] 통계청 장래인구
체계(2001)에 따르면 2000년에 유엔이 정한 고령화 사회(65세 이상 노
인이 전체 인구의 7% 이상을 차지)로 접어든 우리나라가 고령사회(65
세 이상의 노인이 전체인구의 14%)로 될 때까지 걸리는 시간이 19년
(2019)에 불과하다. 이는 지금까지 세계 역사상 가장 빠른 속도이다.[4]
그렇다면 고령화 사회를 넘어서 고령사회를 향한 이러한 고령화의
급속한 진행이 현재 우리 사회에 어떤 문제를 제기하는가?[5]

고령화가 우리 사회에 제기하는 문제에 대해서는 다양한 논의가
가능하지만 삼성경제연구소에서 지적하는 바와 같이[6] 크게 나누어
보면, 노인 부양에 대한 국민부담의 증가, 장기요양시설의 부족, 경제
성장률의 둔화, 노인 일자리의 부족, 노인의 사회와 가족으로부터의
소외 등을 들 수 있다. 이렇게 제기된 문제들을 제대로 해소하지 못
할 경우 국가적 위기가 초래된다.

여기서 우리의 관심은 국가적 위기와 관련되는 이러한 고령화의
문제에 대한 대응전략이 과연 무엇인가이다.[7] 그동안 논의를 통해 정
립된 고령화 대응전략으로 들 수 있는 것은 경제적이고 실제적인 차
원에서의 대응전략과 정서적이거나 윤리적 차원에서의 대응전략이다.

---

3) 고정민·정연승, 『고령화 사회의 도래에 따른 기회와 위협』(서울: 삼성경제연구소, 2002), 6.

4) 김동일, 「장수시대 노인문제에 대한 사회적 대응과 생존전략」, 『한국노인학』Vol. 21(2001).

5) 물론 고령화는 우리 사회에 긍정적인 면도 가져온다. 고령화가 가져오는 긍정적인 측면으로서 새로운 산업
   으로서 노인들의 욕구를 충족하기 위한 노인친화산업의 발달을 들 수 있다. 그리고 노인인구의 증가에 따
   른 문화와 규범적으로 성숙된 사회의 도래를 들 수 있다. 그러나 이러한 긍정적인 측면은 고령화의 부정적
   측면을 제대로 해소하는 것과 밀접한 관계가 있다.

6) 고정민·정연승, 『고령화 사회의 도래에 따른 기회와 위협』, 11-25.

7) 고령화는 저출산율과 동시에 진행된다. 따라서 고령화의 대응전략에는 출산율 증가전략이 포함될 수 있지
   만 여기는 이 부분에 관해서는 논의하지 않는다. 왜냐하면 본 논문의 주제는 노인인구의 증가와 관련된 효
   행장려의 내용을 주로 다루기 때문이다.

전자는 주로 경제성장과 관련하여 생산성 향상을 위한 고령화 대책이다. 후자는 노인들의 소외 등과 관련하여 이들의 정서적 안정을 구축하는 고령화 대응전략이다. 이러한 대응전략은 일본 경제학자 시오노야 유이치(塩野谷祐一)가 언급한 바와 같이 경제와 윤리의 통합으로 그 성격을 특징으로 잡을 수 있다.[8] 결국 고령화 대응전략은 실제적인 면(경제)과 정서적인 면(윤리)을 체계적으로 구축하는 데에 있다.

위와 같은 관점에서 본 연구는 고령화 사회 이후의 필연적으로 맞게 될 고령사회를 대비하기 위한 대응전략을 구축하는 과정으로 참여정부를 중심으로 한 현 우리사회의 고령사회 대응전략을 분석하고 이와 관련하여 효행장려법(이하 효행법이라 함)의 제정이 갖는 전략적 의의를 규명하는 데 연구의 목적을 둔다.

2. 연구의 방법

고령화와 같이 다양한 변수들이 작동하는 사회현상을 규명하기 위해서는 복합적 변수들을 포괄적으로 다루는 체계론적 접근법이 필요하다. 그동안 고령화 문제와 같이 복합적 현상을 다루는 데 있어서 한두 가지 변수로서 현상을 분석하는 데 한계가 있음이 드러났다. 다양한 변인들이 작동하는 현상을 규명하는 데에는 관련된 변인들의 상호작용관계를 복합적으로 분석하는 작업이 필요하다. 체계론적 접근은 바로 이러한 작업을 제대로 수행한다.

체계론적 관점에서 볼 때 고령화 현상의 위기분석과 대안마련을

---

8) 塩野谷祐一, 박영일 역, 『경제와 윤리―복지국가의 철학』(서울: 필맥, 2006), 17-30.

위한 전략을 규명하는 데는 관련된 변수로서 국가, 사회, 가족[9] 그리고 개인으로서 노인 자신을 들 수 있다. 이 네 변수들은 하나의 체계를 구축하고 있으며 이 네 변수들에 의해 우리는 고령화 현상에 의한 위기발생의 과정을 추적할 수 있고 또 위기극복의 대안을 구축할 수 있다.

고령사회로 진행하는 고령화의 구성요소인 국가, 사회, 가족 그리고 개인 등은 상호작용하는 하나의 망으로서 다음과 같은 체계를 구성하고 있다. 여기서 화살표는 상호작용의 방향을 의미한다.

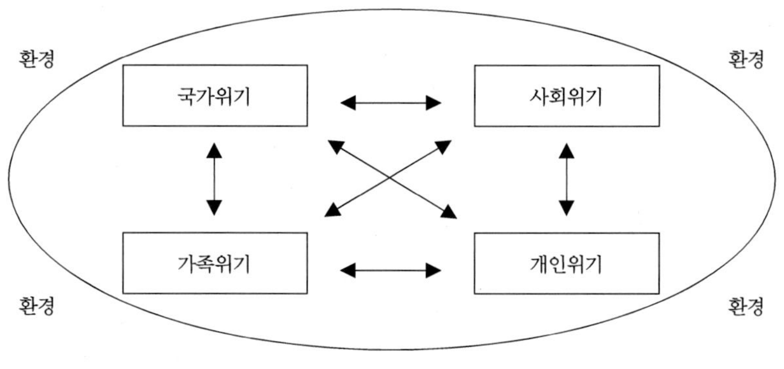

〈고령사회위기의 구성체계〉

---

9) 시오노야는 고령화 문제해결에 대한 복지체계의 특징으로 사회보장의 수혜자인 노인의 부담을 늘이고 가족의 역할을 증대시킬 것을 주장한다. 塩野谷祐一, 박영일 역, 『경제와 윤리—복지국가의 철학』(서울: 필맥, 2006), 458.

II. 고령사회 위기의 체계 분석

앞에서 언급한 바와 같이 우리 사회는 이미 고령화 사회를 통과하여 고령화가 진행되고 있다. 예측하기로 2019년에 고령사회로 접어들게 된다. 그렇다면 고령사회는 어떤 성격을 지니며 그에 따른 위기의 내용은 무엇인가?

고령사회의 위기는 앞에서 언급한 고령사회위기의 구성체계의 분석을 통해 규명할 수 있다. 먼저 고령사회의 국가적 위기는 크게 두 방향에서 제기된다. 첫째, 고령화에 의한 경제성장률의 둔화이다. 경제성장률의 둔화 원인은 무엇보다 노인인구의 비중이 증대하면서 전체적인 취업구조가 노령화되기 때문이다. 2001년에 나온 통계청 자료에 의하면 우리나라 생산가능 인구(15~65세)는 2016년을 고비로 감소세로 전환된다. 문제는 이러한 감소세의 전환 과정에서 50~64세의 고연령층의 비중은 더욱 가중된다는 점이다.

이것은 바로 기업의 생산성 저하로 직결된다. 즉 경력의 증대에 따라 기술축적이나 전문성 함양의 효과가 큰 특수한 직종을 제외하고 일반적으로 취업구조의 고령화는 곧 비용의 상승을 가져와 생산성이 저하된다.

또한 고령화로 인해 우리나라 경제활동 참가율은 한국개발연구원(KDI)에 의하면 2010년 64%를 정점으로 2030년에는 62.6%로 떨어진다. 이와 같이 비노동 노인인구의 증가와 동시에 출산율 감소 등으로 인해 전체 취업자 수도 2030 이후 하락할 것으로 전망된다. 이러한 취업구조의 노령화와 경제활동참가율의 저하는 급격한 생산성의 증가가 없다면 필연적으로 경제성장률의 저하로 연결된다.[10]

고령사회에서의 국가적 위기의 두 번째 내용은 시오노야가 지적한 바와 같이[11] 급격하게 증가하고 있는 노인부양과 의료보험 그리고 연금지급의 비용이다. 우선 노인인구가 급격히 증가하면서 경제활동인구 1명이 노인부양에 부담하는 비용이 크게 증가하면서 국가 전체적으로 재정적 위기를 압박하고 있다. 2001년도 통계청 자료에 의하면 지금의 추세라면 2010년에 경제활동인구 5.5명이, 2020년에는 3.9명이, 2030년에는 2.4명이 1명의 노인을 부양해야 한다. 또한 의료보험에 의한 노인의료비 증가가 국가의 위기를 가중시킨다. 보건복지부의 2000년 노인의료비 증가 추이에 대한 자료를 보면 전체 의료비에서 노인의료비가 차지하는 비율은 1989년 4.7%, 1990년 8.2%, 1995년 12.2%, 1998년 15.4%, 2006년 25.9%로 지속적으로 증가하고 있다.

연금의 경우에도 노령연금의 수령자가 늘어나면서 재정부담 증가가 불가피하게 된다. 2001년 약 60만 명이던 노령연금 수령자가 2005년에는 109만 명, 2010년에는 183만 명에 이르고 2028년에는 약 800만 명으로 예상되어 이에 따라 향후에는 연금재정 수입액보다 지출액이 많아 적자가 예상된다. 만일 국민연금을 매달 내고도 연금을 받지 못하는 경우가 발생하게 되면 삼성경제연구소도 동의하듯[12] 사회적으로 대란이 발생하는 것은 필연적이다.

이제 고령사회가 가져올 사회적 차원에서 위기를 분석해보면 무엇보다 폭발적으로 증가된 노인인구를 부양해야 하는 젊은 세대의 불만이 가져올 사회적 갈등이다. 고령사회의 노인부양은 젊은 세대의

---

10) 한국개발연구원(KDI)에 의하면 경제성장률이 2000년 8.8%, 2010년 5.2%, 2020년 3.2% 그리고 2030년 1.7%로 크게 떨어져 갈 것으로 예상하고 있다. 자료: 한국개발연구원, 『비전2011』(2002. 2).

11) 塩野谷祐一, 박영일 역, 『경제와 윤리―복지국가의 철학』, 453.

12) 고정민·정연승, 『고령화 사회의 도래에 따른 기회와 위협』, 15.

협조 없이 불가능하다. 그런데 연금의 성격상 젊은 세대는 자기 앞 세대를 위해 세금을 더 내면서 나중에 자신들은 혜택을 덜 받아야 할 처지가 되어 불만을 갖게 된다. 이는 결국 현재의 연금체제에 거부감을 갖는 원인이 된다. 이들은 손해를 볼 바에야 더는 세금을 못 내니 세금체제를 조정할 것을 요구하게 된다.

연금을 부담해야 할 세대와 수급세대 간의 갈등은 이미 유럽을 비롯한 선진국에서 사회 불안으로 확산되고 있다. 2003년 7월, 프랑스, 이탈리아, 오스트리아 등 유럽을 극도의 혼란 속에 빠지게 한 일련의 파업사태는 고령화에 의한 사회적 위기가 심각함을 극명하게 보여준다.[13] 연금과 퇴직문제로 발발한 프랑스의 파업사태는 1960년대 학원 봉기 후 최악의 경우였다. 이를 두고 「뉴스위크」지는 '장차 노장세대 간의 세금의 분배를 놓고 벌어질 많은 투쟁의 첫 단계'라고 했다.[14] 우리 사회도 조기 은퇴자의 수가 증가하면서 젊은 세대의 조세 부담도 증가하여 이에 대한 불만이 서서히 한국적 사회 위기의 한 부분을 점하고 있다. 2030년에는 65세 인구의 약 80%가 연금수혜자가 될 때에는 젊은 세대의 부담은 더욱 증가할 것이고 이에 대한 불만도 한층 고조될 것이다.

이러한 추세 속에 사회적 위기를 더욱 가중시키는 것은 청소년들의 노인에 대한 태도가 매우 부정적이라는 사실이다. 이는 2004년도 대한은퇴자협회가 조사한 바와 같이 세대 간 갈등이 점차 확산되어 있는 것을 의미한다. 젊은이들의 미래의 활동 영역에 마이너스적 요

---

13) 박동석 외, 『고령화 쇼크』, 29.

14) 유럽에서는 젊은이들이 소위 '세대의 사기'에 저항하여 조직적인 목소리를 내고 있다. 독일에서는 "미래 세대권리제단"이라는 단체가 설립되어 윗세대에 대해 투쟁을 전개하고 있다. 위의 책, 30.

인이 된다는 점에서 젊은이들은 노인층의 증가에 적대감을 갖는다.[15] 뿐만 아니라 정보화 등에서 세대 차는 더욱 증대되고 있다. 즉 급속한 정보기술 분야의 변화는 노인세대와 젊은 세대의 괴리를 더욱 커지게 한다. 이를 해소하기 위한 현 정부의 주요 정책 중 하나인 노인들에 대한 정보화 교육은 피상적이며 근본적인 해결방안이 될 수 없다. 왜냐하면 이러한 세대 차의 위기극복은 경제, 기술적 차원 그리고 정서적 차원을 포함한 보다 복합적 접근이 필요하기 때문이다.

고령사회는 가족에게도 위기를 초래한다. 무엇보다 고령화의 진행 속에 자녀의 노부모 부양부담은 더욱 늘어 가족의 위기를 가중시킨다. 다양한 이유로 여전히 우리 사회는 노인 부양이 가족에게 치우쳐 있다. 노인 또는 노부모 부양에 가족이 책임을 지는 것은 우리나라만의 특이한 실정이 아니다. 미국과 유럽 그리고 아시아를 포함한 거의 모든 나라들에 있어서 노인부양은 가족이 책임을 지고 있다.[16]

실제 한국보건사회연구원이 1994년 우리나라 노인의 부양실태를 조사한 바에 의하면 자녀에 의한 경제적 부양이 94.0%로 나타났으며 2001년 조사에 의하면 135개 시설에 수용 가능한 노인 수는 약 10,000여 명으로 전체 노인인구의 약 0.35%에 불과하다.[17] 이는 일부 독거노인을 제외하고 대다수의 노인들이 가족과 함께 생활하고 있음을 보여준다. 국가 재정과 노인인구의 급속한 증가를 고려할 때 이러한 현상이 고령사회에는 더욱 심화될 것으로 보인다. 더구나 손자들은

---

15) 중고등학생들의 노인에 대한 부정적인 인식 정도는 86.9점(100점 만점 기준)으로 매우 부정적이다(점수가 낮을수록 노인에 대해 긍정적임). 참고, http://blog.dt.co.kr/media/printpage. asp?uid.

16) 박재간 외, 『각국 노인의 가족부양 현황과 과제』(서울: 사단법인 한국노인문제연구소, 1977). 단지 예외적으로 덴마크는 가족에 의한 부양이 국가에 의한 것보다 약하다.

17) 선우덕, 「노인요양의 실태와 사회적 보호 필요성」, 노인요양의 실태와 사회적 보호방안 토론회, 2001. 9.

노인이 된 그들의 부모와 조부모을 동시에 모시는 사태까지 발생하여 노인 부양가족의 부담을 더욱 가중시켜 가족의 위기를 가져오게 된다. 특히 저출산율에 의해 자녀를 1명 또는 2명 정도 가진 가족이 대다수인 현 상황은 고령사회에 맞을 문제의 심각성을 더욱 부각시킨다.

문제는 이러한 가족에 의한 노인부양이 여성의 사회참여로 가족위기가 중첩으로 발생한다는 사실이다. 지금까지 노인 즉 노부모에 대한 부양은 주로 며느리이나 딸들이 담당하였다. 그러나 국가 사회적 필요성에 의해 여성들의 사회 진출이 용이해지면서 노부모의 수발 등을 행할 인력이 감소하게 되었다. 이는 노부모 등의 노인을 부양하는 가족들에게 부양 비용과 고통을 가중시켜 또한 위기를 증폭시킨다.

고령사회에서의 위기는 한 개인으로서 노인 당사자에게도 예외는 아니다. 고령사회에서의 노인은 그들의 3대 고통인 가난과 질병 그리고 소외 중에서 점차 소외를 통한 정서적 고통을 무엇보다 심각하게 받게 된다.

즉 노인들은 개인주의적 핵가족화에 따라 부부와 자녀 중심의 생활 방식에서 소외되며 사회적으로 세대별 문화의 격차로 소외된다. 세대별 격차는 단지 정보적인 것으로만 설명할 수 없다. 그리고 노인들이 정보화의 기술을 획득하는 것으로 고독과 소외의 문제가 해결되지 않는다. 노인에 대한 새로운 사회 인식이 강화되지 않는 한 이러한 소외현상은 쉽게 해결되지 않는다.

특히 노인층의 자살률이 젊은 세대보다 높은 이유는 이들의 소외현상이 심각함을 의미한다.[18] 이렇게 노인인구의 자살률이 많은 이유는 무엇인가? 그 이유에는 고령사회의 한 특징으로서 고령사회의

노인들의 고학력 수준을 들 수 있다. 즉 고령화와 동시에 학력이 높은 노인이 증가한다.[19]

이들은 자존심과 인지욕이 강한 노인층임을 이해할 수 있는데 이들에 대한 가족과 사회적 대우가 자신이 기대한 만큼 되지 못한다고 생각될 경우 이들이 갖는 수치심과 소외감은 결국 이들의 자살로 연결된다.

위의 관점에서 현재 고령화 사회의 30대와 40대의 연령군의 학력 수준이 현재의 65세 이상의 인구의 학력에 비해 현저히 높을 것으로 예상되어 고령사회의 노인들 개인적 위기는 매우 크다고 할 수 있다.

지금까지 논한 바와 같이 고령사회의 구성요소로서 국가, 사회, 가족 그리고 개인들은 상호작용의 과정을 통해 고령사회의 위기를 증폭하게 된다. 그렇다면 이러한 고령사회의 위기를 극복하고 바람직한 고령사회를 맞이하기 위해 어떤 대비전략을 구축할 것인가? 여기서 주지해야 할 것은 고령사회의 문제해결도 결국은 고령사회의 위기를 가져오는 고령사회의 구성요소인 국가, 사회, 가족, 그리고 노인 자신의 개인적 차원에서 위기극복의 대비전략을 구축해야 한다는 점이다.

---

18) 파이낸셜뉴스: 사회 2005.1.24.

19) 통계청 자료, 『2000년도 인구주택 총조사』, 2001.

Ⅲ. 고령사회 대비의 전략체계와 효행법

1. 고령사회 대비를 위한 대응전략의 기본원리

고령사회의 위기를 극복하기 위한 전략은 다양하게 설정될 수 있다. 그러나 고령사회가 위기의 증폭으로 붕괴되는 사태를 막기 위해 체계의 존속을 위한 기본원리를 제대로 파악하는 것이 필요하다. 하나의 체계로서 고령사회가 제대로 작동하기 위한 존속전략을 무엇인가?

체계론적 관점에서 볼 때, 모든 체계는 활발한 가동력을 가지고 작동하기 위해서는 우선 존속 방안을 제대로 구축하는 것이 필요한데, 첫째 들 수 있는 생존방안은 실현 가능한 전략을 구사하는 것이다. 실현 가능하다는 것은 체계가 처한 환경을 고려하여 전략을 세우는 것을 의미한다. 체계가 처한 환경으로서 문화나 가치체계를 중심으로 하는 정신적 환경과 자원과 기술을 포함한 물리적 환경을 충분히 고려함이 중요하다.

이런 의미에서 우리나라의 고령사회 대비전략은 우리 실정에 적합해야 한다. 단지 서구 등에서 시행된 것이거나 이론화된 것이라고 하여 그대로 우리 사회의 고령사회 문제해결책이라고 하기에는 무리가 있다.

둘째, 우리나라의 고령사회 대비책으로 들 수 있는 존속원리는 현재 이용할 수 있는 자원을 이용하는 것이다. 여기의 자원에는 물질적인 것과 비물질적, 즉 정신적 자원 모두를 포함한다.

지금 여기(now and here)에서 이미 체계가 가지고 있는 자원을 우선적으로 사용하는 것이 필요하다. 새롭게 자원을 구축하거나 외부로부터 도입하여 고령사회 대비책을 마련하는 것은 전략이 제대로 작동할 지에 대한 의문과 이에 따른 위험부담이 크다.

셋째, 고령사회 대응전략으로는 김태현이 지적한 바와 같이 실제적인 면(경제)과 정서적인 면(윤리)을 동시에 구축하는 것이 필요하다.[20] 여기서 실제적 대응전략은 정부나 기업 등의 물질적 자원을 동원하는 각종 시책들이 여기에 속한다. 정서적인 것은 앞에서 언급한 노인과 장년에 의한 세대 간의 정서적 차로 인한 갈등해결과 노인들의 소외 등을 해결하는 전략과 같은 것을 의미한다. 이는 시오노야가 통찰한 바와 같이 인간에 대한 능력의 개발과 자기실현이라는 탁월의 가치에서 사회보장제도를 재구축하는 것과 관련된다.[21]

이제 위와 같은 하나의 체계로서 고령사회가 내재한 위기를 극복하기 위한 대응전략의 기본원리를 우리 사회가 제대로 수용하여 시행하고 있는가를 규명할 차례이다. 이와 관련하여 현재 고령사회의 위기극복을 위한 대안들은 학계, 기업 그리고 정부 등에서 제시된 바 있다. 여기서는 현 참여정부가 마련한 소위 '고령화 및 인구대책기본법안을 중심으로 우리의 대응전략을 살펴보고자 한다. 이렇게 정부안을 중심으로 살펴보는 이유는 그동안 각종 학계나 각종 연구소 등이 마련한 대응전략은 대체로 정부안에 포괄적으로 수용되었기 때문이다.[22]

---

20) 김태현, 「고령화 사회에서의 가족과 지역사회」, 『고령화 사회 어떻게 대응할 것인가』(서울: 아산사회복지재단, 2003).

21) 塩野谷祐一, 박영일 역, 『경제와 윤리-복지국가의 철학』, 23, 45, 47, 52, 206, 215.

22) 참고, 아산사회복지재단, 『고령사회 어떻게 대응할 것인가?』(서울: 아산사회복지재단, 2003). 삼성경제연구소, 『고령화 사회의 도래에 따른 기회와 위협』(서울: 삼성경제연구소, 2002). 보건복지부, 「고령화 및 인구대책 기본법」, 2004. 보건복지부안은 2005년 초에 국회에서 통과되었다.

2. 대응전략으로써 고령화 및 인구대책기본법과 효행장려법

보건복지부가 고령사회를 대비한 대응전략으로 제시한 「고령화 및 인구대책기본법」(이하 기본법이라 칭함)은 급격한 고령화가 진행됨에 따라 제기되는 위기를 극복하기 위해 고령사회에 대한 정책 전반에 대한 각종 시책을 종합적으로 추진하는 데 목적을 두고 마련되었다.[23]

이 법안이 갖고 있는 의미를 제대로 분석하기 위해서는 앞에서 언급한 바와 같이 고령사회의 위기의 내용을 분석하기 위한 고령사회 위기의 구성체계를 중심으로 이 기본법안을 살펴보는 것이 논리 전개상 타당하다.

1) 국가위기에 대한 대응

먼저 고령사회 위기의 구성체계로서 국가의 위기와 관련하여 대응전략을 분석하면 일단 기본법은 국가의 위기를 극복하는 대안을 제대로 수립하고 있다. 그렇다면 위기극복을 위한 구체적인 대안의 내용은 무엇인가?

국가적 측면에서 고령사회의 위기는 앞에서 언급된 바와 같이 먼저 경제성장률의 둔화에 의한 위기이다. 경제성장률의 둔화의 원인으로 고령화에 의한 생산성 저하를 들 수 있다. 그런데 이러한 생산성 저하를 막기 위해서는 무엇보다 경제활동인구를 확보하는 길이다. 기본법은 경제활동인구를 확보하기 위한 방안으로 크게 3가지 방향 즉 출산율 상향과 고령자 고용증대 그리고 여성의 사회진출 확보이다.[24]

---

23) 보건복지부, 「고령화 및 인구대책 기본법」
24) 선한승, 「고령화 사회에서의 경제활동과 사회참여」, 『고령화 사회 어떻게 대응할 것인가』(서울: 아산사회

우선 국가와 지방자치단체는 자녀를 임신, 출산, 양육, 교육하는 국민의 권리를 존중하여 이를 보호하고 임산부 및 영유아에 대한 보건 서비스를 강화하여 출산 장려를 도모하고자 노력할 것을 규정하고 있다. 더욱 나아가 국가 및 지방자치단체는 위와 같은 출산율 증대와 관련된 내용을 교육하도록 하고 있다(기본법 제13조 ①항, 제14조 ②항).

또한 여성의 사회진출을 용이하게 하기 위해서 여성이 직장생활을 하면서도 출산과 육아를 할 수 있는 환경을 조성하고, 경제적 부담을 경감하는 등 사회적 지원책을 강구하고 있다. 동시에 보육시설을 확충하고 상담 등을 통해 양질의 보육 서비스를 받게 하고 있다(기본법 제13조 ②, ③항, 제14조 ①항).

한편 고령자 고용증대를 위해 국가와 지방자치단체는 일할 의욕과 능력이 있는 고령자가 최대한 일할 수 있는 환경을 조성하여야 함을 규정하고 있다. 노인이 적합한 일자리를 얻어 경제적으로 안정된 노후생활을 할 수 있도록 필요한 조치를 강구하도록 하고 있다(기본법 제15조).

위와 같이 기본법은 이러한 경제활동인구를 확보하기 위한 환경의 조성을 상당히 강조하고 있다. 여기서 염두에 둘 것은 기본법이 강조하는 출산율 증대와 여성취업 그리고 고령자 고용을 위한 환경조성에 있어서의 환경은 주로 내적 환경에 초점을 두고 있다는 점이다.[25] 즉 기본법에서 문제를 해결을 위해 규정한 내용은 바로 국가의 내적

복지재단, 2003).

[25] 체계론적으로 볼 때 체계의 환경은 내적인 것과 외적인 것이 있다. 고령사회 위기의 구성체계에서 국가의 외적 환경은 결국 다른 나라이고 경제활동인구의 부족에 의한 국가적 위기를 극복하기 위해서 외적 환경의 조성은 다른 나라로부터 이민을 받아들이는 것이다. 내적인 환경의 조성으로서 경제활동인구를 제대로 확보할 수 없다면 이민을 받아들이는 것도 필요하다.

환경인 사회적 위기, 가족적 위기 그리고 개인적 위기와 상관관계를 전제하고 있다. 따라서 저출산율 문제와 여성의 사회진출, 고령자 고용 등은 가족, 사회, 개인적인 문제 등에 대한 복합적 해결 없이 불가능함을 이해할 수 있다.

이런 의미에서 기본법이 국가 위기인 경제활동인구문제를 해결하기 위해 제대로 된 방향을 잡기 위해서는 국가적 위기와 맞물려 있는 내적 환경으로서 사회적 위기, 가족적 위기, 그리고 개인적 위기라는 변수와 앞에서 언급한 체계의 생존전략의 세 가지 기본원리(환경적합성, 실현가능성, 실제와 정서의 조화)를 상호 접합시켜 해결해가는 전략이 필요하다.

위와 같은 관점에서 관심을 갖게 되는 것이 기본법의 보강으로서 효행장려법(이후로 효행법이라 함)의 등장이다.[26] 효행법은 우리 사회가 가지고 있는 고령사회 위기를 극복하기 위한 가장 풍부한 자원으로써 효 사상을 근간으로 하고 있으며 한국적 실정에 적합하고 실현 가능하며 실제적인 것과 정서적인 것을 내포한 고령사회 위기의 대처방안을 제시하고 있다.[27] 따라서 효행법은 고령사회에 서로 얽혀 있는 국가, 사회, 가족, 개인의 위기들을 해결해가는 단초를 제공하고 있다. 그렇다면 국가적 위기를 극복하고자 기본법을 보강하는 효행법의 구체적 내용은 무엇인가?

국가적 위기로서 경제활동 인구의 감소를 해결하기 위해서는 우선

---

26) 효행장려법은 한국효학회와 성산효도대학원대학교가 중심이 되어 만든 법안으로 2005년 전반기에 국회에 발의되었다. 본 연구는 2005년 전반기에 국회의원 황우여(발의된 법안의 명칭은 '효행실천 및 지원에 관한 법')와 유필우(발의된 법안의 명칭은 '효행장려 및 지원에 관한 법')에 의해 발의된 내용을 기초로 분석한 것이다. 두 의원이 발의한 효행법의 내용은 유사하다. 본 연구는 내용을 좀 더 포괄적 내용을 가지고 있는 유필우 의원의 법안을 중심으로 논의를 전개한다.

27) 박철호, 「보편화 가능성의 효 윤리체계」, 『효 교육길라잡이』(인천: 인천시교육과학연구원, 2003).

여성의 사회진출을 용이하게 하는 것이 필요한데 이럴 경우 여성이 결혼 후에도 계속해서 경제활동을 할 수 있도록 함이 필요하다. 여성이 결혼 후에도 계속 직장생활을 하기 위해서는 육아와 노부모를 섬기는 압박에서 풀려나는 것이 선결문제이다. 우리나라는 앞에서 언급한 바와 같이 노부모 부양은 대부분 가족이 담당하고 있다. 그리고 이것은 여타의 나라들에 있어서와 같이 가족 문화로서 쉽게 변화되기 힘들다. 또한 현실적으로 전적으로 국가 부양으로 전환하는 것은 거의 불가능하다.

이러한 현실을 감안할 때 가족 중에서 노부모 부양을 담당하는 여성(며느리 또는 딸)을 경제활동인구로 전환하기 위해서는 우리 실정에 맞는 가족부양정책을 마련하는 것이 필요한데 효행법은 이러한 면을 잘 보강하고 있다.

효행법에는 노령이나 치매 등 병이나 장애로 인하여 자기 수발을 요하는 부모를 부양하는 자에게 간병 수당이나 적절한 수준의 수발(개호) 수당[28]을 지급하도록 하고 있다(효행법 20조). 그리고 국가와 지방자치단체는 부모를 부양하는 가정을 지원하기 위해 간병사나 효지도사를 파견하여 인력지원을 하게 하고 있다(효행법 제23조 ④항).[29] 이러한 인력의 지원은 일단 노부모를 부양하는 부담을 상당히 줄일 수 있다. 따라서 취업여성이 거동이 불편한 노부모를 돕는 것(ADL이든 IADL를 수행하는 것[30])에서 자유롭게 된다면 여성의 사회진출은

---

28) 일본의 개호보험은 일본의 가족문화를 수용하여 가정에서 노부모를 부양하도록 하고 있다. 이러한 개호보험은 국가의 재정 부담을 줄이면서 여성의 사회 진출과 노부모의 욕구를 동시에 해결하는 부양제도이다.

29) 이런 의미에서 한국의 효행법은 일본의 개호보험의 성격을 포함한다.

30) ADL(activities of daily living): 일상생활 수행의 신체적 부양.
   IADL(instrumental activities of daily living): 수단적 일상생활의 신체적 부양.

더욱 용이하게 된다.

또한 노부모를 가정에서 부양할 경우 부모들이 모두 직장생활을 함에 따른 공백을 조부모가 어느 정도 채워주기 때문에 자녀들이 재해와 범죄 등 각종 위험으로부터 보다 안정된 보호를 받을 수 있다. 스미스(Smith)가 지적한 바와 같이 조부모는 '가족의 파수꾼(family watchdog)'으로서 어린 세대의 위험을 막는 위상을 가진다.[31] 또한 적절한 교육과 인성함양을 받을 수 있는데 이는 기본법이 추구하는 내용이기도 하다(기본법 제14조).

또한 고령자의 취업과 관련하여 효행법은 주요한 기여를 한다. 고령자는 크게 두 분류로 나누어진다. 즉 젊은 노인(young elderly: 65세 이상 75세 이하)과 늙은 노인(old elderly: 75세 이상)으로 나누어진다.[32] 대체로 젊은 노인들은 취업을 지속할 수 있는 층이다. 그런데 이들은 또한 대체로 학력이 높은 노인들이다. 따라서 이들은 비록 높은 임금을 받지 못할지라도 명예와 자긍심 그리고 인지욕을 충족하고자 한다.[33] 이런 의미에서 노인을 이해하고 젊은 노인들이 일하는 것에 이해와 격려를 할 수 있는 문화를 마련하는 것이 중요하다. 이런 의미에서 효행법은 효 교육과 효 문화의 확산을 통해 노인과 함께 일하며 활동할 수 있도록 학교와 군 그리고 공공기관 등에서 노인이해와 효 사상을 고취할 수 있도록 하고 있다(효행법 제5조 내지 제17조). 특히 앞에서 언급한 바와 같이 우리나라 청소년들이 노인에 대해

---

31) Gregory C. Smith, E. Savage-Stevens Susan, & S. Fabian Ellen, How Caregiving Grandparents View Support Groups for Grandchildren in their Care, *Family Relations*, 51-3, 274.

32) 장현섭, 「영국의 노인과 가족정책」, 『각국 노인의 가족부양 현황과 과제』(서울: 사단법인한국노인문제연구소, 1997), 227.

33) F. Fukuyama, 이상훈 역, 『역사의 종말』(서울: 한마음사, 1992), 252.

갖는 있는 부정적 태도는 고령사회에 모든 분야에서 함께 해야 할 노인들의 사회 진출에도 부정적인 영향을 미친다. 따라서 청소년들에게 노인에 대한 올바른 이해와 노인들의 사회 활동에 대해 긍정적인 태도를 갖게 할 필요가 있다. 이를 위해서 효행법은 유치원과 초중고 등에서 효 교육을 실시할 수 있게 하고 있다(효행법 제6조).

2) 사회적 위기에 대한 대응

이제 고령사회의 사회적 위기와 관련된 대응전략을 살펴보기로 한다. 고령사회의 사회적 위기는 역시 앞에서 이미 언급된 바와 같이 연금 등과 관련된 노·장간의 갈등이다. 이 갈등이 제대로 해결되지 않는다면 연금체제의 위기와 함께 사회불안이 가속화된다. 여기서 필요한 것은 젊은 세대가 고령세대에 대해 긍정적 태도를 가지고 함께 문제를 해결해가는 인내와 노력이다. 엄격히 따져 본다면 고령사회의 노인들은 모두 자신들의 부모세대들이다. 이러한 부모들을 위해 젊은 세대가 자신들의 부담을 기꺼이 수용하는 태도가 없는 한 연금체제의 성격상 문제해결은 용이하지 않다.

또한 세대 간 갈등이 지속되는 한 노인들의 사회참여도 힘들게 된다. 이미 앞에서 언급한 바와 같이 고령사회일수록 노인들의 학력이 높아지는 상황에서 인격적 존중이 제대로 되지 않는 상태에서 노인들이 젊은이들과 함께 일하고자 하는 의욕이 제대로 형성되기는 힘들다. 또한 노인들도 젊은이들과 함께하기 위해서는 이들에 대한 이해를 필요로 한다. 이런 의미에서 세대 간 이해는 고령사회의 위기를 극복하는 매우 중요한 문제이다.

제17조에 효에 관한 내용을 담지하고 있는 기본법은 위와 같은 세

대 간의 갈등에 대해 관심을 가지고 이러한 갈등을 해소하는 내용을 규정하고 있다. 즉 기본법 제19조의 세대 간 이해증진에 관한 조항에는 "국가 및 지방자치단체는 노인을 존중하고… 세대 간 교류를 활성화하며 노인의 사회참여를 활성화하는 것을 통하여 세대 간 이해증진을 바탕으로 노인이 존경을 받으며 사회발전에 이바지할 수 있는 환경을 조성하여야 함"을 규정하고 있다. 그리고 제20조 2항에는 "세대 간의 정보의 격차를 해소하기 위해 정보화 교육, 프로그램 개발 및 장비 보급 등 필요한 시책을 강구할 것"을 규정하고 있다.

위와 같은 세대 간 이해증진을 도모할 것을 규정한 기본법은 세대 간 이해와 교류의 활성을 규정한 점에서 매우 중요한 시사점을 제시한다. 기본법이 제19와 20조 규정을 통하여 의도하는 것은 역시 시오노야가 지적한 바와 같이 연령통합사회를 구축하여[34] 노인들이 사회참여가 활성화되어 경제 분야를 비롯한 다양한 사회 분야에 노인들의 참여율을 높이는 데 있다. 이러한 목적을 위해 노인들과 젊은이들의 세대 간 격차를 해소하는 방안으로 정보화의 격차를 해소하는 방안을 구체화하고 있다.

위와 같은 기본법은 나름대로 세대 간의 갈등을 해소하는 방안을 제시하고 있지만 아쉬운 점은 노인이 제대로 존경받기 위해 정보화와 같은 지적인 격차의 해소뿐만 아니라 정서적인 면에서의 격차를 해소하는 방안도 동시에 강구될 필요가 있다는 것이 제외된 점이다. 이런 의미에서 젊은이들에게 우리 한국적 정서로서 세계적으로 인정받고 있는 효를 젊은 세대에게 교육과 실천 등을 통해 문화적으로 노

---

34) 塩野谷祐一, 박영일 역, 『경제와 윤리―복지국가의 철학』, 453.

인 존중감을 확산하는 방안이 필요하다. 이런 정서적인 교류가 세대 간 확산되어야 연금체제 등에 의한 갈등의 증폭이 가져올 위기를 해결할 수 있다.

이런 의미에서 효행법은 고령사회위기의 대응전략으로써 이러한 위기를 극복하는 방안을 내포하고 있다. 효(Hyo)의 개념에는 젊은이와 노인세대의 조화(Harmony of young and old)의 의미도 포함이 된다. 효행법에는 바로 젊은 세대와 노인세대가 함께 서로 이해하며 세대 간 갈등을 극복하는 방안을 포함하고 있다. 즉 효행법에 의하면 효문화센터를 운영하여(효행법 제11조), 이러한 노·소 갈등을 해결하고 있다. 이 센터에는 젊은이를 이해하는 노인교육과 노인세대를 정서적으로 이해하는 효 교육 그리고 지적 측면의 노인이해 교육이 이루어지며 정보화뿐만 아니라 정서적 격차를 해소하는 다양한 프로그램이 설치 운영된다. 효 문화센터에서 효 문화를 정착시키는 데 중시하는 것은 사회적 노인은 대부분 우리의 노부모라는 점이다. 따라서 사회적 노인을 대하는 데 이러한 효의 정서적 동의가 젊은 세대에 내면화되어 있지 않다면 많은 합리적 제도화나 법적인 조치도 세대 간 이해나 협력을 증진시키는 데 별 효과가 없다는 것을 의미한다.[35]

3) 가족의 위기에 대한 대응

이제 고령사회 위기와 관련하여 가족의 위기를 극복하는 대응전략을 살펴보자. 이미 앞에서 언급한 바와 같이 고령사회에 있어서 가족

---

35) 이밖에도 세대 간 교류와 이해 증진을 위해 효행법은 각 지방, 즉 시군구에 효행원을 설치하며 효 문화협의회를 통해 이를 운영하게 하고 있다. 또한 효 문화진흥협회를 통해 이러한 효 문화가 우리 사회에 정착하는 데 기여하고자 한다(효행법 제11조 내지 16조).

의 위기는 무엇보다 노부모를 부양하는 부담이 늘어나는 점이다. 따라서 가족의 부담을 줄이는 방안이 필요하다. 그런데 이러한 가족의 부담을 줄이는 것은 국가의 부담을 증가시키는 것과 상관관계를 갖는다. 즉 가족의 부담이 증가하면 국가의 부담이 줄어들고 가족의 부담이 줄어들면 국가의 부담이 늘어난다. 이미 앞에서 언급한 바와 같이 고령사회의 국가적 위기의 또 하나는 바로 노인에 대한 국가의 부양 부담이다. 따라서 국가는 재정 위기를 벗어나기 위해 부담을 줄이되 노인의 삶의 질을 고려하여 가족과 협력하여 노인부양을 실시하여야 한다. 즉 국가와 가족 양측의 적절한 조화가 필요하다.

노인 부양에 있어서 특히 문제가 되는 것은 역시 최중증으로 ADL (걷기, 앉았다 일어서기, 옷 갈아입기, 목욕하기, 화장실 이용하기, 식사하기)의 6개 모두 제한을 받는 노인이다. 이러한 장기요양 보호대상은 해마다 증가할 것으로 예상된다.[36] 즉 장기요양 보호대상이 2005년에 99,000명, 2010년에 200,000명, 2015년에 343,000명으로 크게 증가할 것으로 보인다.

이러한 장기요양 보호대상은 가족에게 커다란 부담을 주어 여성의 사회진출을 어렵게 하고 가족 간의 부양에 대한 갈등을 증폭시켜 위기를 가중시킨다. 현재 가정에서 장기요양보호를 받고 있는 노인은 635,000명이며 시설에 수용된 장기요양보호 노인 수는 6,000명 정도이다. 따라서 장기요양 보호대상인 노인 태반이 가정에서 보호를 받고 있는 실정이다.

결국 국가는 가정에서 보호를 받고 있는 장기요양 노인을 위해 방

---

36) 한국보건사회연구원, 「노인장기요양보호의 종합대책 수립방안 연구」, 2000. 12.

안을 강구하여야 한다. 현재 재가 장기요양 노인을 보호하기 위해 가정봉사원 파견시설, 주간보호시설, 단기보호시설 등이 있는데 2000년 말 조사에 의하면 252개 시설에서 12,963명이 서비스를 제공받는 것으로 되어 있다.[37] 한마디로 열악한 상황임을 알 수 있다.

이러한 상황에서 가족 위기를 극복하기 위한 방안으로 제시될 수 있는 것은 일본식 개호보험체제이다. 일본의 의료보험으로부터 분리된 개호보험 시행 목적의 하나는 사회적 입원을 감소시키고 재가보호를 확대하는 방안이다. 여기서 국가는 다양한 방법으로 재가노인들을 보호하는 시책을 강구한다. 이는 아직도 효를 중시하는 우리 실정에 맞는 보험체제라 할 수 있다.[38] 그렇다면 과연 기본법은 이런 실태를 어떻게 반영하고 있는가?

기본법은 고령사회의 가족의 위기를 극복하기 위해 평생건강관리체계를 구축할 것과 노인요양을 위해 필요한 시설과 인력을 확충하고 사회보장제도를 확립, 발전시키며 사회보장을 강화할 것을 규정하고 있다(기본법, 제16조). 이는 모법으로서 개략적인 내용을 규정한 것으로 볼 수 있다.

이런 기본법과 우리 상황을 고려하여 일본식 개호보험에 미치지 못하지만 효행법은 장기요양노인을 부양하는 가족의 위기를 해소할 수 있는 내용을 규정하고 있다. 즉 노령이나 치매 등 상병이나 장애로 인하여 장기수발을 요하는 부모를 부양하는 자에게 간병수당이나

---

37) 선우덕, 「노인요양의 실태와 사회적 보호 필요성」, 노인요양의 실태와 사회적 보호방안 토론회, 2001. 9.

38) 김태현, 「고령화 사회에서의 가족과 지역사회」, 『고령화 사회 어떻게 대응할 것인가』(서울: 아산사회복지재단, 2003). 김태현이 지적한 바와 같이 우리 사회가 산업화, 핵가족화 등으로 과거보다 가족부양체계가 약화된 것은 사실이지만 아직도 효는 생활원리로 남아 있다. 따라서 여전히 노인들에게 가장 중요한 지원체계는 가족지원체계이며 그 바탕은 애정과 정에 기초한 효의 가치이다.

적절한 수준의 수발(개호) 수당을 지급할 것을 규정하고 있다(효행법 제20조). 또 부모를 부양하는 가족을 지원(상담, 간병지도)하기 위하여 간병사 또는 효지도사 등의 전문인력을 지원하도록 규정하고 있다(효행법 제23조 제③항과 제④항). 그리고 부모를 부양하는 자 또는 장기의 간병, 요양, 개호를 요하는 부모를 수발하는 가족을 위해 상담 프로그램, 스트레스 경감 프로그램, 자조모임 등의 전문서비스를 받을 수 있게 하고 있다(효행법 제23조 제①항).

또한 이러한 상황에서 부모를 부양하는 자 중 최저생계비에 미달하는 어려운 사람들을 위해 생계지원을 강화하는 내용을 포함하여(효행법 제21조) 국가가 간접적으로 부모를 부양하는 사람에게 경제적 지원을 하는 방안을 구축하고 있다.

4) 개인의 위기에 대한 대응

이제 마지막으로 고령사회의 위기를 대처하기 위한 전략으로서 개인으로서 노인의 위기를 극복하는 방안을 살펴본다. 우선 앞에서 언급한 바와 같이 노인이 처한 고령사회의 위기는 소외와 고독에 의한 정서적 불안이다. 현재 노인들의 자살률이 높은 것은 이러한 위기에 대한 우리 사회의 대처능력에 문제가 있기 때문이다.

노인의 정서적 위기는 실제적인 것과 분리될 수 없다. 다만 실제적인 것은 이미 앞에서 가족의 위기와 관련하여 논했으므로 여기서 약한다. 여기서 관심을 갖는 것은 정서적인 소외와 고독 그리고 불안을 가진 개인으로서 노인문제이다. 시오노야가 지적한 바와 같이39) 인

---

39) 塩野谷祐一, 박영일 역, 『경제와 윤리-복지국가의 철학』, 472.

간에는 자본이 없이는 살아갈 가치를 상실하게 된다. 이런 의미에서 사회적 자본재 중에서도 가장 중요한 것이 바로 자존이다. 개인으로서 노인문제는 이러한 자존심의 상실과 이에 의해 제기된 마음의 상처 즉 치욕이 결정적이다.[40]

정서적인 소외와 고독 그리고 불안으로 위기에 몰린 노인들 중에는 무엇보다 독거노인이 다수를 차지한다. 독거노인이 발생하는 이유는 노인을 보호해야 할 가족이 생존해 있지 못한 경우와 가족이 생존해 있다고 하더라도 다양한 이유로 함께하지 못하기 때문에 발생하기도 한다. 여기서 염두에 둘 것은 가족이 없는 독거노인에 대한 국가의 실제적(경제적) 배려는 보다 충실히 행해져야 한다는 점이다. 그러나 보다 중시해야 할 점은 독거노인이 발생하지 않도록 하는 다양한 방안이 추진되어야 한다는 점이다. 특히 후자의 경우에 가족 간의 갈등이 이러한 문제를 발생시키는 경우가 많다. 따라서 가족 간의 갈등을 최소화하여 노인이 가족의 보호를 받으며 노후를 안락하게 보내도록 하는 것이 가족과 사회 그리고 국가를 위해서도 필요하다.[41]

기본법은 노인이 가족과 함께 노후를 보내는 것이 중요하다는 것에 기초하여 "노인을 존중하고 민주적이며 평등한 가족관계를 형성하여야 함"을 규정하고 있다(기본법 제19조). 또한 "자녀의 교육과 인성함양에 도움을 주는 사회 환경을 조성하고… 가족구성원의 협력의 중요성에 관한 교육을 실시하도록" 규정하고 있다(기본법 제14조 제②항).

기본법에 의하면 노인 즉 노부모를 존중하는 효와 관련하여 지금

---

40) John Rawls, *A Theory of Justice*(Cambridge, MA: Harvard University Press, 1999), 388-391.

41) 조부모가 손자녀와 함께할 때 권리나 책임 없이 순수한 사랑을 베풀 수 있다. 그리고 조부모는 손자녀에게 자신이 일생동안 쌓아온 지혜와 경험을 제공하고 손자녀 또한 조부모를 통해 노년기에 닥치는 사회심리적 문제를 미리 접하는 기회를 갖게 되어 노화에 대한 긍정적인 개념을 형성한다.

까지 우리 사회에서 내재되어 온 효 의식에 대해 새로운 의미를 부여한다. 즉 노부모공경의 효도 이제 민주적이며 평등한 가족관계를 형성하는 것과 모순되지 말아야 한다는 것이다. 이는 전통적인 권위주의적이며 단순히 부모를 우위에 두고 순종만을 강조한 유교적 봉건시대의 효를 거부하고 있다. 그리고 이러한 새로운 효 의식과 관련하여 자녀들도 교육과 인성함양을 통해 가족구성원으로서 협력할 것을 규정하여 자녀들이 부모에 대한 친애와 가족 존속을 위해 노력할 것을 제시한다. 물론 이러한 기본법의 효에 대한 새로운 해석은 이미 효학에 있어서 일반화된 내용이다.[42]

효행법은 기본법과 동일하게 개인으로서 노인의 정서적 고독과 소외문제를 해결하는 방안을 제시한다. 효행법에 의하면 효지도사 제도를 설치하여 노인들이 상담을 필요로 하는 경우 인력지원을 받을 수 있게 하였다(효행법 제23조 제③항). 이러한 상담의 통해 효지도사가 노인의 고통을 받게 되면 이를 관련된 가족과 상담하여 문제해결을 시도하도록 규정하고 있다(효행법 제23조 제①항).

효행법은 피치 못할 경우 가족과 노부모가 함께하지 못할 때 국가 및 지방자치단체는 효도주택을 공급하여 생계를 공동으로 하면서 정서적 갈등을 최소화하는 방안을 강구하고 있다(효행법 제24조 제③항). 즉 효도주택을 근거나 인거로 하여 경제적 신체적 부양을 하면서 정서적 갈등을 약화시키고자 한다.

지금까지 고령사회가 가져올 위기에 대한 대응전략으로서 기본법

---

42) 박철호, 「보편화 가능성의 효 윤리체계」, 『중·고등학교 효 교육길라잡이』.

과 효행법을 중심으로 살펴보았다. 결국 고령사회의 위기 극복은 기본법이 포괄적으로 규정한 내용을 보다 구체화시킨 효행법에 의해서다. 따라서 기본법과 효행법이 구체적으로 실천될 때 안정된 고령사회가 도래할 것이다. 이들의 관계를 그림으로 나타내면 다음과 같다.

IV. 성경적 효 사상에 의한 기본법과 효행법 분석

지금까지 고령사회를 대비한 기본법과 효행법 제정의 의의와 구체적인 내용을 규명하였다. 그렇다면 이러한 고령사회 대비를 위한 기본법과 효행법이 과연 기독교적 관점에서 어떻게 해석될 수 있는가가 우리의 관심이 된다.

이렇게 우리의 관심이 제기되는 이유는 고령사회 대비를 위한 기본법과 효행법의 내용에 기독교적 가치관이 제대로 담보되고 있는가를 살펴보는 것은 기독교의 효를 통한 한국사회의 토착화 전략에 관련이 되기 때문이다. 즉 만일 기본법이나 효행법이 기독교 가치관을 제대로 구축하고 있다면 이러한 법의 시행을 교회가 적극 앞장서서

고취하는 것이 필요하기 때문이다. 그렇다면 이제 기본법과 효행법의 내용에 기독교적 가치관이 내포되어 있는지를 규명하는 작업이 필요하다. 과연 어떤 준거 틀을 가지고 기본법과 효행법이 기독교적 가치관을 내포하고 있는지를 판단할 수 있는가?

이러한 작업을 위한 준거 틀로서 제시할 수 있는 것이 체계론에 의한 기독교 효의 체계 구축이다. 이와 관련하여 관심을 갖게 되는 것이 이미 연구된 기독교 효 체계의 분석틀이다.[43]

기독교 효 체계는 그 존재의 근거를 에베소서 6장 1절에서 4절에 있는 말씀에 기초하고 있다. 즉 기독교 효 체계는 에베소서 6장 1절에서 4절까지의 말씀으로 효의 내용을 구축하고 있다. 보다 구체적으로 기독교 효 체계를 규명하기 위해서 우선 기독교 효 체계의 내적 변수를 살펴보는 것이 필요하다.

기독교 효 체계의 내적 변수로서 들 수 있는 것이 순종, 친애, 존속, 대리의 4가지 덕목이다. 이 네 가지 덕목을 간략히 살펴보면 우선 순종은 부모의 뜻을 따르는 것을 의미한다. 그러나 순종을 지나치게 강조하면 봉건적 유교적 효에 보다시피 효가 억압적이고 전제적인 것이 되기 싶다. 따라서 부모의 뜻을 꼭 따라야 할 부분과 상대적으로 적절한 타협으로 부모의 뜻을 따르는 부분을 구별하는 것이 필요하다.[44] 그러나 염두에 둘 것은 되도록 자녀들이 부모의 뜻을 존중하고 이를 최대한 따르는 것이 중요하다.

다음은 친애의 덕목이다. 친애란 부모와 자녀가 인격적 동등한 속에 서로 사랑하는 것을 의미한다. 이런 의미에서 친애의 효는 민주사

---

43) 박철호, 『효 윤리학 Ⅱ』(인천: 도서출판 좋은세상, 2003), 81-83.
44) 위의 책.

회의 가치관에 잘 부합하는 효의 덕목이다.

기독교 효 체계의 세 번째 변수는 존속이다. 존속은 부모의 건강과 장수를 위해 경제적 물질적인 것과 아울러 정신적인 평안을 부모를 위해 마련하는 것을 의미한다. 특히 부모의 의식주와 관련된 경제적 그리고 물질적 부양을 제대로 하는 것이 효의 중요한 요소이다.

마지막으로 성경에 기초한 기독교 효 체계의 변수로서 들 수 있는 것이 바로 대리이다. 대리의 효는 하나님의 뜻을 대신하여 효한다는 의미이다. 자녀는 자기가 좋아서 효를 한다든가 감정이 상하여 효를 하지 않는다든가 하는 것은 잘못된 것이다. 대리의 효는 부모가 실제 자기에게 어떻게 대해주었던 마땅히 자녀로서 효를 행하여야 함을 강조한다.

이제 이러한 기독교 효 체계에 의해 고령사회를 대비한 기본법과 효행법의 내용을 규명해 보기로 한다. 우선 순종의 내용이 기본법이나 효행법에 전제되어 있는가?

물론 기본법과 효행법에 명백히 자녀들에게 순종을 강조하고 있는 법 조항은 없다. 다만 효행법 제2조 4항에 '경로'의 개념을 정의하면서 부모를 포함한 노인을 공경하는 것임을 분명히 하여 부모를 공경하기 위해 순종함을 전제하고 있다. 즉 공경에는 부모의 뜻을 제대로 따르는 것이 전제되지 않고는 공경을 언급할 수 없다. 또한 기본법 제17조의 가족관계와 세대 간 이해증진의 조항에는 노인이 가정과 사회에서 공경을 받을 수 있도록 한다고 규정하고 있다. 이는 앞에서 언급한 효행법 제2조 4항의 내용과 동일한 의미를 지닌다.

한편 효행법 제1조에는 효행법의 목적을 언급하면서 전통문화유산으로서 효행을 장려한다는 내용을 내포하고 있는데 이는 전통문화로서 효가 가지고 있는 부모에게 순종하는 덕목이 중요함을 드러내고 있다. 물론 전통문화 속의 효가 갖는 순종의 의미가 기독교 효가 가지고 있는 효의 의미가 완전히 일치하는 것은 아니다. 이런 의미에서 전통 효의 내용으로써 순종은 로버트 E. 웨버(Robert E. Webber)가 지적한 바와 같이[45] 기독교적 가치관에 의한 순종의 의미로 변형시킬 필요가 있다.

다음, 친애의 효이다. 과연 고령사회를 대비하기 위해 구축된 기본법과 효행법에 기독교 가치관을 내포한 친애의 효가 관련을 짓고 있는가? 기본법 제17조의 "가족관계와 세대 간의 이해증진"의 조항에는 "세대 간 이해를 증진함으로써 민주적이고 평등한 가족 관계가 형성되도록 필요한 사회환경을 조성하여야 한다"고 규정하고 있다. 이 조항이 의미하는 것은 부모자녀 관계도 민주적이고 평등한 측면이 있음과 이러한 관계가 구축되도록 장려하여야 한다는 것이다. 전통적으로 가족관계는 권위적이고 위계적이며 억압적인 봉건 유교적 요소가 강하였다. 이제 이러한 부모자녀 관계는 해소되어야 한다. 이런 의미에서 기본법에는 기독교적 친애의 효가 명백히 규정되어 있다. 그렇다면 효행법은 어떠한가?

효행법에는 명백한 기독교의 친애의 효가 적시되어 있지 않다. 다만 기본법에는 효행을 '장려함에는 민주적이고 평등한 가족관계가 전제됨'을 규정하여 효행을 장려하는 효행법도 그 모법이 되는 기본법에 의해 친애의 효가 전제됨을 인정할 수 있다.

한편 기독교 효 체계의 변수로서 존속의 효는 기본법과 효행법에

---

45) Robert E. Webber, 이승구 역, 『기독교 문화관』(서울: 도서출판 엠마오, 1998), 146-170.

모두 내재되어 있다. 우선 기본법부터 살펴보면 기본법 제11조와 제12조에는 노인들의 소득보장과 건강증진을 도모하는 내용을 규정하고 있다. 물론 이 규정에는 자녀가 노부모의 건강증진과 소득보장을 위해 노력하여야 함을 정하고 있지 않다. 이는 국가 및 지방자차단체가 이러한 노부모의 존속을 위한 자녀의 효를 지원할 수 있음을 규정한 것이다. 어쨌든 간접적이지만 존속의 효가 행해질 수 있는 여지를 둔 것으로서 의미가 있다.

효행법은 자녀의 부모의 경제적 삶의 보장과 건강을 위한 존속의 효를 제대로 행할 수 있게 규정을 마련하고 있다. 즉 효행법 제11조의 보모 등의 부양에 대한 지원조항과 제12조의 부모 등을 위한 주거시설 공급의 조항은 직접적으로 자녀가 부모의 존속을 위한 효를 행하는 데 도움을 주고자 한다. 이런 의미에서 효행법 제11조와 제12조는 기독교 효의 존속의 내용을 제대로 마련한 것으로 볼 수 있다.

끝으로 기독교 효 체계의 대리의 효는 어떻게 규정되어 있는가? 기본법과 효행법은 기독교 효의 기본전제인 하나님의 뜻을 대리한 자녀의 효의 내용은 규정되어 있지 않다. 다만 자녀 자신의 뜻이 아니라 사회규범이나 제도 등에 의해 효를 행한다는 의미로 대리의 효를 보다 확대할 경우 이에 해당하는 규정을 도출할 수 있다. 즉 효행법 제1조의 목적에 효행을 전통문화유산과 관련하여 행한다는 것을 규정하고 있는데 여기의 전통문화유산에 기독교적 전통문화유산도 포함할 경우 대리의 효가 전제될 수 있다.

기독교의 효가 한반도에 전래된 지 200여 년이 지난 것을 생각한다면 우리 사회의 전통문화유산으로서 기독교 문화를 인정하지 않을 수 없다. 전통문화의 자격으로 몇 천 년의 시간이 필요한 것은 아니다. 어느 정도의 시간이 경과하면서 하나의 문화로서 그 사회에 영향을 미치는 정도에 의해 전통문화가 형성된다. 이제 한국의 기독교 효도 전통문화의 유산으로서 자리 매김할 때라 할 수 있다.

위와 같은 분석을 통해 이해될 수 있는 것은 고령사회 대비를 위한 기본법과 효행법에는 기독교적 효의 가치관이 대체로 내포되어 있다는 사실이다. 이런 의미에서 기독교의 효는 기본법과 효행법의 제정을 통해 보다 기독교를 토착화하는 데 중요한 도구가 될 수 있음을 알 수 있다.

V. 결론

지금까지 살펴본 바와 같이 기본법은 고령사회의 위기를 극복하기 위한 대안을 제대로 제시하고 있다. 물론 기본법은 고령사회의 위기 극복에 부족한 점도 있다. 이를 효행법은 제대로 보강하고 있음을 앞에서 이미 지적하였다.

즉 기본법이 지나치게 실제적이고 지적으로 치우친 면을 효행법은 정서적이고 가치적인 면을 중시하여 이러한 불균형 문제를 해소하였다. 또한 고령사회 위기를 대비하기 위해 세대 간 괴리를 극복하는 교육적·문화적 측면에서 기반 조성하는 작업이 필요한데 실제 기본법에는 이러한 내용이 분명하게 드러나지 않았다.

효행법에는 이러한 교육적 문화적 측면에서 세대 간 간격을 해소하기 위해 효 교육이나 효 문화를 보다 자세히 규정하고 있다. 따라서 기본법은 하나의 모법으로서 고령사회 위기 대처의 중요한 대안인 이러한 효 교육적 그리고 효 문화적 내용을 예시적으로 규정하여 효행법의 기반을 강화하는 것이 필요하다.

효행법은 고령사회 대비와 관련하여 우리 사회의 가족체계를 존속시키는 주요한 기제임을 부인할 수 없다. 왜냐하면 효는 전통적 가치체계가 아니라 인간의 생활원리로서 보편적 가치체계이기 때문이다. 따라서 이혼의 증가와 호주제 폐지 등에 의한 현재 우리 가족체계의 급격한 변화 속에 가족의 지킴이(Family keeper)로서 효행법은 새로운 의미를 지니게 되고 있다.

즉 효행법은 이제 지금까지 부부나 부모 중심의 가족 존속의 원리에서 자녀 중심의 새로운 가족 존속의 모형을 제시하는 점에서 큰 의미를 지닌다. 따라서 정부는 고령사회를 대비하기 위한 구체적 전략으로서 경제활동인구의 확보를 통한 생산성 향상이나 노인친화산업의 개발과 같은 국가 경제적 이익을 고려하는 정책뿐만 아니라 실제 노인들이 정서적 그리고 심리적 안정을 지니고서 사회에 적극 참여하고 경제성장에 기여하는 환경을 조성하는 효 정책을 동시에 구축하는 작업이 필요하다.

이런 의미에서 김태현이 제대로 간파한 바와 같이 현 우리 사회통합의 기제로서 또 고령사회대비의 무한한 자원으로서 효를 활용하는 방안이 고령사회 위기극복의 시급한 과제임을 깨닫게 된다.[46]

마지막으로 염두에 둘 것은 시오노야가 언급한 바와 같이 21C에 있어서 복지체제는 가족이 복지의 제공 임무를 떠맡는 형태이다.[47] 이는 시장을 복지의 공급원으로 하는 자유주의적 복지체제나 국가를

---

46) 김태현, 「고령화 사회에서의 가족과 지역사회」, 『고령화 사회 어떻게 대응할 것인가』, 83.
47) 塩野谷祐一, 박영일, 역, 『경제와 윤리—복지국가의 철학』, 421.

복지공급의 주역으로 하는 사회민주주의 복지체제와 달리 가족 중심의 복지 체제로 전환됨을 의미한다. 즉 복지정책을 자유권이나 사회권과 같은 보편적 권리 중심이 아니라 혈연 등 가족주의, 가부장적 온정주의나 직업단체, 종교단체 등 공동체적 연대에 입각하고 있다. 이러한 보수주의 복지체제는 시오노야가 지적한 바와 같이 개개인의 신부의 분열, 계층화라는 시각에서 보면 조합주의(corporatism)에 해당한다.[48] 따라서 조합주의에서 국가는 이러한 공동체가 제대로 그 기능을 작동하지 못할 때 사회부조의 제공자로 등장한다. 국가의 탈가족화를 통한 사회보장은 편모가정이나 단신고령자 즉 독거노인에 제한된다. 이러한 제한적 영역에서 국가의 직접 지원이 가능하지만 일반적으로 가족에 의한 복지체제의 수립에서 국가는 간접적 지원으로 가족을 지원하여 가족을 지원하여 가족 중심의 복지체제를 지속시켜 나간다.

결국 기본법과 이와 관련한 효행법은 시오노야가 동의하듯[49] 가족에 의한 돌봄의 윤리학에서 지적하는 복지체제의 권리에서 의무의 전환과 노부모들도 자존을 위한 사회적 실천과정에서 탁월 기준을 충족할 수 있도록 노력할 의무감을 갖는 것을 강조한 면에서 새로운 복지체제의 근간이 될 것이다.

---

48) 위의 책, 429-434.
49) 위의 책, 434.

I. 서론

2011년에 한국사회의 큰 이슈가 되었던 사건 중 하나가 12월에 있었던 대구의 한 중학생의 자살이었다. 그런데 그 중학생의 유서 내용 중에 불효를 더 이상 하지 않기 위해 자살을 한다는 문구가 있었다. 자살한 이유 중에 중요한 부분을 차지한 것은 가해학생들이 자살학생의 부모를 욕하는 것에 충격을 받고 자기가 사는 것이 부모에게 불효를 한다는 것이었다. 여기에서 과연 불효를 더 이상 하지 않기 위해 자기의 목숨을 끊는 것이 타당한지에 깊은 논의가 필요하다. 이제 효를 단편적으로 이해하기보다 생명의 문제와 직결될 수 있음을 인식하고 효의 문제 즉 부모와 자녀 관계의 문제에 대한 깊은 논의가 한국사회에 필요하다는 것이다.

한편, 현대한국사회에서 제기되는 존속에 대한 범죄 소위 패륜범죄가 과거에 비해 급속히 증가하고 있고[1] 또한 전체 범죄 중 존속에 대한 범죄가 차지하는 비율이 서구 다른 국가에 비해 상대적으로 높은 점도 효에 대한 논의의 필요성을 더욱 부각시킨다.[2] 더구나 2001

---

1) 경찰청에 의하면 1997년 이후 매년 평균 32% 정도로 패륜범죄가 증가하고 있다. 참고, 유지현, 「존비속살인의 평가에 영향을 미치는 문화적 변인-효를 중심으로-」, 석사학위논문, 고려대학교 대학원, 2004.

2) 특히 국내의 존속살인 발생 빈도가 외국에 비해 상대적으로 높다. 전체 살인사건에서 존속살인이 차지하는 비율은 미국 2%, 영국 1%, 프랑스가 2.8%인 반면 국내는 연평균 50건 내외, 약 5% 전후로 높은 편이다. '묻지

년에 있었던 이은석 사건에서 보다시피3) 기독교 가정에서도 존속살인과 같은 패륜사건이 얼마든지 있을 수 있다는 점에서 부모와 자녀의 관계에 대한 보다 구체적인 접근이 필요함을 이해할 수 있다.

패륜사건의 원인은 무엇보다 부모와 자녀 간에 심각한 갈등관계에서 비롯된다. 2010년 10월 21일 거의 모든 신문에 크게 부각되었던 존속살해 방화사건도 결국은 그 원인이 아들의 진로문제에 대한 부자간의 갈등이었다. 그런데 여기서 지적할 것은 이러한 효와 관련하여 제기되는 문제들은 부모와 그 자녀 어느 일방이나 주변의 환경에게 원인을 돌릴 수 없다는 사실이다. 여기에는 부모와 자녀 간의 상호복합적 요인과 환경적 요인이 깊이 관련되어 있음을 파악하는 것이 중요하다. 이러한 의미에서 위기의 가족문제를 해결하기 위해 부모자녀 관계망과 그 환경에 대한 보다 복합적인 요인들을 고려한 체계적 접근법이 필요하다.

위와 같은 관점에서 본 연구는 변수간의 상호작용을 중심으로 하는 체계론적 연구방법론을 동원하여 성경적 효의 분석틀을 구축하고 이러한 성경적 효의 분석틀을 통해 제대로 된 효의 실천을 위해 성경 속의 인물을 중심으로 효의 모형을 도출하여 기독교 가족체계에 있어 바람직한 부모자녀 관계의 망을 마련하는 데 연구의 목적을 둔다.

마 살인' 등 엽기적, 가학적 범죄를 일명 '서구형 범죄'로 규정짓는 가운데 오히려 심각한 반인륜적 행위인 존속살인만큼은 한국이 더 빈번하다. 경찰청 범죄통계에 따르면 2008년 1월부터 지난해 6월까지 18개월 간 전국에서 총 1,734건의 살인사건이 발생했다. 이 가운데 존속살인은 2008년 44건, 지난해 6월까지 28건 등 총 72건이다. 이는 전체 살인사건의 4.2%에 해당하는 수치다. 참고, 「일요서울」837호, 사회 18. 인터넷주소 http://ilyoseoul.co.kr/show.php?idx=87955&table=news_society&table_name=news_society&news_sec=004

3) 이훈구, 『미안하다고 말하기가 그렇게 어려웠나요』(서울: 이야기, 2001).

II. 성경적 효 체계

　기독교적 관점에서 바람직한 부모자녀 관계로서 효의 모형을 도출하기 위해서는 성경에서 그러한 모형의 도출을 위한 분석의 틀을 마련하는 작업이 필요하다. 성경에서 효의 내용을 포함하고 있는 곳이 대표적으로 십계명을 포함하고 있는 구약의 출애굽기 20장, 신명기 5장, 신약의 에베소서 6장, 골로새서 3장, 디모데전서 5장 등이 있다. 이 중에서 특히 에베소서는 구약과 신약에 있어서 자녀의 부모에 대한 윤리인 효에 대한 내용을 포괄하고 있다. 이런 의미에서 성경적 효의 체계의 구축에는 에베소서를 중심으로 함이 논리적으로 타당하다. 그렇다면 에베소서를 통해 성경적 효 체계는 어떻게 구축되는가?

　우선 하나의 분석틀로서 성경적 효 체계를 구축하기 위해서는 관련된 변수들의 상호작용을 근거로 하는 체계론적 접근이 필요하다. 그리고 이러한 체계론에 의한 분석틀의 구축은 두 가지 작업을 통해 완성되는데 그 첫 번째 작업은 성경에서 효를 도출하는 작업이며 그 다음 작업은 이렇게 도출된 성경적 효의 하위체계를 하나의 틀로 묶는 작업이다. 이 두 작업은 분리되어 진행되는 것이 아니라 동시에 복합적으로 작동하여 분석의 틀을 구축하게 된다. 즉 성경에서 효의 내용을 담지하고 있는 부분에서 변수들을 밝히고 이 하위변수들이 상호복합적으로 작동하는 틀을 구성하는 것이다.

　그렇다면 우선 성경적 효의 변수들을 어떻게 도출할 수 있는가? 성경적 효를 제대로 규명하기 위한 성경적 효의 하위변수들을 도출하는 작업으로서 우선 성경적 효가 내재되어 있는 성경으로 돌아가는 것이 중요하다. 물론 성경에 드러난 효와 관련된 내용들은 복잡하며 복합적이다. 이런 이유로 성경적 효를 제대로 파악하기 위해 '추상화'[4] 혹은 '선별화'의 과정을 필요로 한다.[5] 즉 복합적 관계망 가운데 몇 가지 '의미 있는' 가능성들이 선택되어 그에 따라 하나의 체계가 이루어지게 된다. 여기서의 의미는 선별 선택의 기준으로서 연관 가능성이 있는 특정한 요소들을 선택하고 불확실하거나 지나치게 광범위한 주변적인 것들은 배제시키는 기능을 한다. 이러한 의미화(process of meaning)의 과정을 통해 체계의 관련 변수가 도출된다. 이렇게 의미화의 과정을 통해 선별된 특정한 요소 즉 변수들은 성경적 효의 내용을 포괄적으로 수용하는 것으로 볼 수 있다.

그렇다면 이처럼 성경적 효를 보다 포괄적으로 포함하고 있는 변수들을 묶어내는 개념적 구도 또는 체계는 구체적으로 어떻게 구축할 것인가? 이는 성경적 효의 하위변수들이 보다 밀접하게 상호관계의 망을 형성하여 포괄적으로 성경적 효의 내용을 담고 있는 성경의 부분을 밝혀내는 작업에서 비롯된다. 이러한 작업을 통해 개념적 구도를 구축하는 방법은 비트겐슈타인(Ludwig Wittgenstein)의 '가족 유사성(family resemblance)'의 논리에서 보다시피[6] 단편적이고 산발적인 성경적 효의 개별적 개념들을 압축하여 성경적 효를 전체적으로 조망하는 접근법이다.[7]

이러한 두 가지 접근법을 통해 성경에서 효의 변수들을 도출하고

---

4) 여기서 추상화란 하나의 체계와 관련된 다양한 변수들을 통합하여 보다 추상적 개념으로 단순화시키는 작업을 의미한다.

5) 최재정, 「니클라스 루만의 '체계이론'과 그 교육학적 수용의 문제」, 『교육철학』 제29집, 2003, Vol. 29. 7.

6) Ludwig Wittgenstein, translated by G.E.M. Anscombe, *Philosophical Investigation*(Oxford: A Blackwell Paperback, 1978), 32.

7) 이는 산발적으로 그리고 단편적으로 흩어져 있는 성경 일부분에서의 효의 개념들을 묶어 개념적 구도를 마련하는 것도 역시 비트겐슈타인의 가족 유사성의 논리에 의해 해결 가능하다. 참조, 위의 책.

이를 묶는 작업을 수행하기에 가장 적절한 곳은 역시 앞에서 언급한 바대로 에베소서이다. 에베소서에 나타난 효의 내용들은 구약의 출애굽기, 신명기에서 드러난 십계명의 효의 내용이 압축되어 포함하고 있을 뿐만 아니라 신약의 예수와 관련한 효의 내용도 포함하고 있다. 이런 의미에서 에베소서 6장 1절에서 4절은 신구약의 효의 변수들을 통합적으로 도출하고 이를 묶어 체계화할 수 있는 가장 적절한 영역이다.

위와 같은 사항을 고려하여 에베소서의 효 관련 구절인 6장 1-4절은 우리의 관심을 끈다. 에베소서 6장의 첫 4개의 절에서 성경적 효 체계의 변수를 도출하고 그 변수들을 체계화하여 하나의 분석틀을 구축할 수 있기 때문이다. 에베소서 6장 1-4절에서 도출되는 효 체계의 네 가지 변수들은 순종, 친애, 존속, 대리 등이다.

이러한 4개의 절에서 먼저 순종의 효를 규명해 보자. 에베소서 6장 1절에는 동서양의 효의 일반원리인 부모에 대한 '순종'이 강조되고 있다. 이러한 부모에 대한 복종 또는 순종은 동서양의 효에 있어서 대표적으로 강조되는 내용이다.[8]

그런데 순종의 효를 제대로 이해하기 위해서는 부모의 성격을 파악하는 것이 필요하다. 아우구스티누스(Augustinus)의 삼위일체론에 나타난 성부와 성자의 개념을 원용한[9] 브리태니커 사전에 의한 바와

---

8) 유교에서는 가장 기본적인 인간관계는 부모자녀 관계이고 따라서 순종의 효를 『효경』 등을 통해 지극히 강조하고 있다. 이해영, 「유학이란 무엇인가?」, 『강좌 한국철학』(서울: 예문서원, 2001), 30. 도교에서는 유교의 효와 거의 일치하여 순종의 효를 강조한다. 이러한 사실은 무엇보다도 사회를 구성하는 기본단위로 가족을 강조하는 『태평경』에 잘 나타난다. 참조, 윤찬원, 『도교의 철학학』(서울: 돌베개, 1998), 181. 불교도 『부모은중경』을 통해 유대교도 10계명을 통해 순종의 효를 강조하고 있다.

9) 브리태니커 사전에 나타난 부모 개념으로서 pater와 genitor는 아우구스티누스의 『삼위일체론』에 의한 성부와 성자의 개념에서 원용되었다. 아우구스티누스는 성부 하나님을 Pater와 Genitor라 하고 이와 관련하여 예수님의 명칭을 Filius와 Genitus로 하고 있다. 참조, Augustinus, De trin. II, 1, 2; De fide et sym. IX, 16.

같이[10] 전통적으로 부모는 페이터(pater)적 성격과 제니터(genitor)적 성격을 동시에 가지고 있고 바로 이러한 부모의 성격에 따라 자녀의 도덕적 내용 즉 효의 내용도 달리함을 보여준다.[11]

여기서 페이터적 부모는 자녀와의 불평등 관계에 의해 권위적이고 명령적이다. 이 유형의 부모의 위치는 자녀의 도덕적 불완전성과 위법 가능성에 기초하여 자녀에게 도덕성을 내면화하는 작업과 깊이 관련된다. 왜냐하면 자녀들이 페이터적 부모의 뜻에 순종함으로써 사회질서를 존중하고 이를 준수하는 기본적 사회질서 의식을 갖기 때문이다.

이러한 페이터적 부모에 대해 갖추어야 할 자녀의 효의 내용은 한마디로 복종으로서 성경적 효 체계의 하위변수인 '순종'이다.[12] 순종은 전통적으로 양지(養志)의 효로서 설명될 수 있다. 양지란 부모님의 뜻이나 의지에 따라 섬기는 것이며 단순히 부모의 뜻을 수용하여 이에 따른다는 의미보다 적극적으로 부모의 뜻을 받들어 나아가는 것을 의미한다.[13] 이런 의미에서 순종의 효는 동양의 유교에서도 특히

---

10) *Encyclopaedia Britannica*, Ⅶ(1973-1974), 754.

11) 페이터적 부모의 성격은 자녀를 훈육하여 사회화를 통해 공동사회의 구성원으로 자라게 하는 것을 의미한다. 이러한 부모는 가부장제(patriarchy)에서 보다시피 권위적이고 위계적이다. 반면 제니터(genitor)로서 부모의 성격은 자녀와 수평적 관계를 유지하면서 인격적인 애정과 친애의 성격을 지니는 부모를 의미한다. 참조, 박철호, 『효학』(인천: 도서출판 좋은세상, 2000), 69.

12) 본 글에서는 순종과 복종을 엄격하게 구별하지 않고 혼용한다.

13) 부모의 뜻을 적극적으로 따른다는 것에는 다시 두 가지 형태 즉 절대적으로 부모의 뜻을 따르는 것과 부모의 뜻에 따르면 좋지만 따르지 않는다 하더라도 불효의 허물을 벗을 수 있는 상대적인 효가 있다. 전자 즉 절대적인 효는 자녀라면 누구나 지켜야 할 효이다. 따라서 이러한 절대적인 효는 일반적으로 부모라면 누구나 자녀들이 지키기를 원하는 것이다. 이러한 절대적 효는 십계명의 6-10계명에 해당하는 바와 같이 살인, 도둑질, 사기 등의 죄를 범하지 않는 것이다. 따라서 반사회적 행위로 부모의 명예를 떨어뜨리는 것이 여기에 해당한다. 이러한 절대적인 효는 최소한의 효로서 자녀라면 최소한 반사회적 범죄를 짓지 않는 것을 의미한다. 그런데 부모의 뜻에는 위와 같은 절대적인 효가 있을 수 있지만 지키면 좋고 비록 지키지 못하더라도 불효자로서 낙인이 되는 것이 아닌 효의 유형이 있다. 이 효의 형태는 부모의 뜻과 자녀의 뜻이 비록 어긋나더라도 반사회적 문제를 일으키는 것이 아닌 경우이다. 예를 들어 진로문제나 결혼문제에서 부모가 원치 않는 결정을 자녀가 하는 경우이다. 물론 자녀는 부모의 뜻에 자기의 뜻을 부합시키게 되

중시하는 덕목이다. 이런 유사성에 의해 성경의 효와 유교의 효가 순종의 덕목에 의해 대화가 가능함을 이해할 수 있다. 순종의 효를 중심으로 유교와 기독교의 효를 서로 유사한 것으로 분석한 사람이 윤성범이다.[14]

다음은 친애의 효를 살펴보자. 브리태니커 사전에 의한 바와 같이 부모와 자녀의 관계에는 페이터적 부모와 자녀 관계 외에 제니터적 부모와 자녀의 관계가 있다. 제니터적 부모와 자녀 관계는 원칙이나 약속 앞에 상호평등적으로 이루어지는 관계이다. 따라서 부모자녀 관계는 수평적이고 인격 존중적이며 애정과 사랑의 성격을 지닌다. 동일한 인격체로서 서로 존중하며 친구와 같은 우정을 나누는 것이 제니터적 부모와 자녀의 관계이다.[15] 이는 부모와 자녀 관계에 있어서 상호주의적 대응관계를 구축하고자 한 것에서 비롯된다. 이러한 제니터적 부모와 자녀관계에 의한 효의 덕목은 '친애'이다. 친애의 효는 순종의 효가 수직적이며 권위적인과 대조적으로 보다 자율적이고 수평적인 면에서 차별성이 있다.[16]

면 효를 더욱 잘 행하는 것이다. 바로 최대의 효를 지향하게 된다. 그러나 상대적인 효의 문제로 부모와 의견일치를 보지 못해 자녀가 자신의 결정을 밀고 나간다고 하더라도 이것이 자녀의 인격과 자유를 보장하는 의미에서 사회 통념상으로 수용함이 타당하다.

14) 윤성범, 『孝』(서울: 대한기독교서회, 1977).

15) 제니터란 '생산자'의 의미를 가지고 있다. 부모는 자녀의 생산자이다. 그러나 이 부모는 자기 자녀가 생산자로의 위치에 있게 되면 서로 간 생산자로서 동등한 성격을 지니게 된다. 이런 의미에서 궁극적인 생산자이며 창조주인 하나님 즉 진리 앞에서 양자는 동등하고 평등한 위치를 갖게 된다. 따라서 이러한 부모와 자녀가 동등하고 평등한 관계에 의한 '친애'의 정서를 서로 교환하는 시기는 대체로 자녀가 결혼하여 또 다른 생산자로 위치할 때이다. 물론 결혼하지 않는 자녀도 성인으로서 이러한 관계를 갖게 된다. 위의 책, 68.

16) 부모와 자녀의 인격적 상호평등과 관련하여 부르스(F. F. Bruce)는 에베소서 6장 2절의 '공경'은 부모의 삶을 통해 얻어진 존경과 비례한다고 한다. 불명예스럽고 부정직하며 법을 지키지 않는 부모는 자녀에게 자신이 지키지 않는 원칙과 명령을 강요할 수 없다는 것이다. 참조, F. F. Bruce, *The Epistle to the Ephesians*, 1984, 121. 술주정뱅이 아버지가 아들에게 금주를 강요할 수 없듯 정숙하지 못한 어머니가 딸에게 순결을 강요할 수 없다는 것이다. 참조, 웨슬리주석번역위원회, 『Wesleyan Commentary』(서울: 임마누엘, 1992), 194.

에베소서 6장 4절의 내용은 바로 부모가 자녀를 인격적 관계로 대하는 친애의 효를 뚜렷하게 드러내고 있다. 즉 부모가 자녀의 분노를 일으키는 것은 무엇보다 비인격적 대우에 기인한다. 따라서 에베소서 6장 4절은 부모와 자녀 간에 서로 동등한 인격적 인간관계가 존재함을 드러낸 것이다. 그리고 이러한 제니터적 부모에 대한 자녀의 효의 내용은 친구 사이에 맺어지는 우정의 성격을 지니는 '친애'인 것이다. 따라서 자녀는 부모를 친애로서 효도할 때가 필요하고 부모도 이를 통해 기쁨을 누리게 된다.[17]

이런 성경적 친애의 효는 거의 한국 전통 사회에서 찾아보기 힘든 효의 내용이다. 이 친애의 효는 순종의 효가 대가족사회에서 주로 행해진 것과 달리 핵가족적이며 현대 민주사회에 잘 부합하는 효의 내용이다.[18] 성경의 효가 다른 종교나 사회규범의 효와 가장 큰 차이를 두는 성격이 있다면 바로 이러한 친애의 효이다.

특히 친애의 효의 특징은 전통사회의 순종의 효가 부모 중심적 효체계인 것과 대조적으로 자녀 중심적 효 체계이다. 즉 자녀가 어떻게 효를 해야 할 것인가에 초점을 둔 것이다. 자녀의 측면에서 효를 어떻게 이해하며 효를 행하는가에 초점을 둔다. 이런 의미에서 성경적 효의 특징인 친애의 효는 자녀가 부모와 오랫동안 친근하게 지내며 효를 행하도록 하는 것에 관심을 가지고 있다. 미국의 가족윤리학자인 렌츠(Elinor Lenz)는 그의 저서 『어제는 나의 아이, 오늘은 내 친구』에서 부모들은 자녀들을 친구로 삼을 때 가장 오랫동안 함께 지낼 수 있음

---

17) 박철호, 「체계윤리의 가족화 검증의 논리에 의한 효 연구」, 『효 윤리학』(인천: 도서출판 좋은세상, 2000), 33-37.

18) 윤태림, 「충효사상론」, 『동서양의 명논설문』(서울: 성지, 1985), 115.

을 강조한다.[19]

그런데 친애의 효에 있어서 부모는 자녀와 모든 면에서 평등한 것은 아니다. 아리스토텔레스(Aristoteles)가 언급한 바와 같이[20] 친애의 효에서 부모의 위치는 평등함 속에서 주도력을 가지는 부모이다. 존 밀러(John W. Miller)가 제대로 설명한 바와 같이 성경에 의한 친애의 효는 하나님 아버지의 명칭과 관련하여 볼 때, 하나님 아버지의 자비로우심과 부드러움 속에 우리 인간들을 인도하심과 같이 부모 특히 아버지는 이러한 자비롭고 부드러움 속에 가족의 인도자로 위치함이 중요하고 자녀들도 이러한 부모의 위치를 인정하여 섬기는 것을 의미한다.[21]

결국 친애의 효를 제대로 실천하기 위해서는 자녀들은 데이빗 이스턴(David Easton)이 언급한 바와 같이[22] 부모에 대해 지지(support)를 충실히 하면서도 또한 적절한 요구(demand)를 할 필요가 있다. 요구는 부모에게 직언을 통해 하나님의 뜻을 실천하는 것이다. 지지가 부모가 하는 일에 적극적으로 협력하고 돕는 것을 의미한다고 볼 때 지지와 요구를 통해 부모자녀 관계가 보다 견고한 통합을 이루게 된다.

다음으로 존속의 효를 살펴보자. 동서양의 효에 있어서 효를 행하는 자는 복을 받게 되어 있음이 곳곳에 드러난다. 즉 성경의 효에 관

---

19) Elinor Lenz, Once My Child, Now My Friend, 을지번역실 역, 『어제는 나의 아이, 오늘은 내 친구』(서울: 을지출판사, 1983), 80.

20) 물론 부모와 자녀가 인격적 평등함이 있다고 하여 부모의 위치가 단지 자녀의 친구의 위치로 규정되지 않는다. 아리스토텔레스(Aristoteles)가 지적한 바와 같이 부모와 자녀의 친애는 불평등적 친애이다. 즉 친애 속에서 상황에 따라 필요한 경우 불평등적 관계가 관련된다는 것이다. 친애의 효에는 부모의 주도력이 인정된다는 것이다. 이렇게 부모의 주도력이 필요한 이유는 가족 간의 다양한 분쟁이 발생할 경우 이를 해결하는 권위적 배분이 필요하기 때문이다. 참조, Aristoteles, *Nicomachean Ethics*, 1108a 27, 1125b 19-25.

21) John W. Miller, *Calling God "Father"*(New York: Paulist Press, 1999), 3-7.

22) David Easton, *A Framework for Political Analysis*(Chicago: The University of Chicago Press, 1962).

한 내용(십계명, 에베소서 등)에는 효하는 자가 이 땅에서 잘 된다는 물질적 축복과 장수한다는 육체적 축복이 제시되어 있다.

또한 동양의 도교에서도 효자는 본인이나 그 부모 모두 장수케 한다는 축복을 역시 제시하고 있다. 즉 『태평경』은 유교적 관념인 효를 중시함으로써 유교와 다름없는 효 사상을 보여주지만 효의 실천이념을 장수에 두고 있는 점에서 차이가 난다. 『태평경』에 의하면 부모의 장수를 염려하는 것이 효의 일차적인 의미이지만, 그러한 효의 실천을 통하여 자신의 장수를 얻을 수 있다는 효의 이차적 의미가 주어진다.[23]

이러한 효자 축복의 분명한 내용은 에베소서 6장 3절에도 명확히 나타난다. 즉 효자는 이 세상에서 잘되고 장수한다는 것이다. 여기서 성경의 효 체계의 주요변수 중 하나로서 '존속'의 효가 드러난다.

엄밀한 의미에서 효자 존속의 축복인 물질적 축복과 육체적 축복은 부모에 대한 존속과 깊은 연관이 있다. 왜냐하면 부모의 육체적 건강이나 장수를 위한 자녀의 물질적 또는 육체적 봉양은 자녀의 물질적 또는 육체적 축복이 없다면 논리적으로 불가능하기 때문이다.

다시 말해 하나님의 효자에 대한 축복은 제5계명의 전체적 맥락을 전제하면 효자에 대한 이러한 장수와 만사형통의 축복은 부모의 장수와 물질적 복지를 위해 주어진 것으로 봄이 타당하다. 즉 하나님의 효자에 대한 축복이 단지 자녀 중심의 장수와 형통으로만 볼 수 없다. 오히려 자녀는 이러한 축복을 통해 부모의 양구(養口), 즉 의식주의 물질적 경제적 필요를 채우도록 노력해야 할 것이며 또한 부모의 양체(養體), 즉 육체적 건강을 위한 노력을 게을리하지 말아야 한다는

---

23) "然, 上善第一孝子者, 念其父母且老去也, 獨居閒處念思之, 常痴下也"(券47, '上善臣子第子爲君父師得仙方訣'), 134-135.

뜻을 내포하고 있다고 봄이 타당하다. 도교에서 효하는 자가 자신의 장수뿐만 아니라 이를 통해 부모의 장수 복이 구축됨을 분명히 하여 성경의 존속의 효에서 하나님의 뜻이 무엇인지를 유추하게 하는 면에서 도교의 존속의 효의 내용은 성경의 존속의 효 해석의 준거 틀이 된다.

존속의 효의 실천으로서 이러한 양구와 양체는 부모의 마음을 평안하게 하는 양안(養安)과 상호 관련을 갖는다. 즉 양구와 양체의 외적인 봉양은 내적인 심리적 안정인 양안으로 연결되어 부모의 존속이 더욱 강화된다. 물론 존속의 효와 관련된 양구체안의 효행은 현세적 삶과 관련하여 의미가 있다.

그러나 인간은 현세적 삶과 더불어 종교적 삶을 추구하기도 한다. 따라서 자기 부모의 종교적 삶을 섬기는 양영(養靈)의 효는 부모의 영적인 면을 보살피는 것으로써 효행의 중요한 또 한 측면을 구성한다. 부모가 내세를 잘 준비하고 영적인 평강을 누리게 도와주는 것은 보다 심층적인 효를 이룬다. 따라서 존속의 효는 양구체안영의 효를 실천하는 것이다.

한편, 양구, 양체, 양안 그리고 양영의 효 이외에 이러한 효의 내용들 모두와 관계하는 존속의 효로서 양생(養生)의 효가 있다. 양생의 효에서 '생'은 하나님께서 창조하시고 지키시는 생명을 의미한다. 양생의 효는 부모의 생명을 대를 이어 지속시켜나가는 것을 의미한다. 물론 부모의 생명은 우리들의 조상으로부터 시작되었다. 이러한 생명은 우리에게 이어졌고 뒤에 우리의 후손에게 전해진다. 그리고 부모는 이러한 생명의 지속을 통해 이 세상 속에 계속 존속해간다. 양생의 효에는 우선 결혼하여 자녀를 출생시켜 가문을 이어가게 하는 것을 의미한다. 물론 사정에 따라 결혼과 출생을 할 수 없는 경우가 있다. 그러나 존속의 효의 내용은 특별한 경우를 제외하고 결혼을 통해 자녀를 양육하여 대를 이어가는 것이 자녀로서의 도리로 규정한다. 우리 옛 조상들은 이러한 양가(養家) 즉 가문을 이어가게 하는 효를 중시하여 자녀 특히 아들을 낳는 것을 중시하였다. 그러나 아들이든 딸이든 생명을 이어갈 수만 있다면 양생의 효를 실천한다고 봄이 타당하다.[24]

네 가지 변수 중 마지막으로 대리의 효에 대해 살펴보자. 에베소서 6장 1절에 의하면 부모에 대한 순종이나 친애 그리고 존속의 효 모두 '주 안에서 행해져야 함을 분명히 한다.[25] 여기서 성경적 효가 갖는 또

---

24) 양생의 효를 실천해 가는 데는 생명을 존속시키기 위해 생명의 그릇인 사회나 국가를 지켜가는 것도 필요하다. 따라서 사회나 국가를 위해 봉사하는 것도 궁극적으로 생명의 존속을 위한 양생의 효이다. 이런 의미에서 특히 애국심은 효심의 한 형태라 할 수 있다. 전통적으로 효는 충과 연결시켜 생각하였다. 그런데 여기서 충은 당시 나라의 임금을 섬기는 것이었다. 나라를 바로 임금 자신이라고 생각했던 것이다. 따라서 부모를 섬기는 마음을 임금을 섬기는 마음과 같은 것으로 보았다. 그러나 오늘날 충은 나라의 임금이 아니라 국가 그 자체이다. 따라서 과거로부터 지속되어 온 현재의 우리의 생명을 미래에도 지키기 위해 국가에 충성하는 것이 필요하다. 결국 충은 양생의 한 형태라고 봄이 타당하다. 양생과 관련하여 마지막 한 가지 더 고려해야 할 것은 자연을 사랑하는 것이다. 엄격히 말하면 우리가 살고 있는 환경은 우리의 생명을 보전시키는 것이다. 생명을 사랑하고 지켜나가고자 하는 양생의 효는 당연히 자연환경을 고려하지 않을 수 없다. 자연이 파괴되면 생명의 존속이 위협받게 된다. 이는 결국 생명을 지켜가고자 하는 존속의 효를 다하지 못하는 것이다. 생명사랑과 생명존속을 중시하는 양생의 효는 자연환경을 보전하고 이를 깨끗이 사용하여 후손에게 잘 물려주는 것과 상호관련 있음을 이해할 수 있다. 그런데 존속의 효가 내포하고 있는 효자가 이 세상에서 잘되고 장수한다는 하나님의 복의 내용은 성경적 효가 현대 민주 사회의 가치관과 상통할 수 있음을 보여준다. 왜냐하면 전통적 효가 부모 중심적 또는 부모를 위한 효 체계로 구성된 것과 달리 성경적 효는 효하는 자녀 중심 그리고 그 자녀를 위한 효 체계임을 전제하고 있기 때문이다. 이는 성경적 효가 효를 받고자 하는 사람들에 의해 강압적으로 효를 강요하는 것보다 효하는 자의 인격을 존중하고 자율적으로 효를 행하도록 그들을 독려하고 장려하는 방법을 취하고 있기 때문이다. 이런 의미에서 성경적 효는 보다 현대적이고 민주적이다.

25) '주 안에서'라는 공식구는 ℵ, A, K, vg, sy 사본에는 나오지만, B, D*, it. 사본과 Markion, Clemens v. Alexandreia, Tertullian의 책에는 나오지 않는다. 이 어구가 빠져 있었음을 가장 일찍 보여주는 것은 마르시온 사본인데, 아마도 마르시온은 이 어구를 삭제하였을 것이다. 왜냐하면 십계명의 제4계명과 주를 연결시키는 것은 그로서는 적절하지 않다고 생각하였기 때문이다. 하지만 Beare, Masson, Wette는 이 어구를 그대로 두는 것이 필요하다고 본다. 왜냐하면 이 어구는 이 구절 전체와 관련되며 단순히 부모와 관련되지 않는다고 보기 때문이다. 즉 자녀들은 주에 대한 믿음과 복종을 표현하기 위해 부모에게 복종하여야 한다는 것이다. 참조, Joachim Gnilka, 강원돈 역, 『국제성서주석』(서울: 국제신학연구소, 1971),

하나의 특징으로서 '주 안'에서의 효는 어떻게 이해되어야 하는가?

우선 유대교에서 부모의 자녀에 대한 위치는 월터 카이저(Walter C Kaser)가 언급한 바와 같이[26) 하나님의 대리자이다. 따라서 부모에 대한 반역을 하나님에 대한 반역과 연관을 짓고 있다. 왜 부모는 하나님의 대리자인가? 이는 성경에 언급한 바와 같이 부모로부터 하나님의 법을 배우기 때문이다. 즉 하나님 말씀을 대변하는 부모에게 효를 행하지 않는 사람은 하나님의 말씀을 따를 수가 없게 된다.

그런데 이러한 하나님의 대리자로서 부모의 위치와 대응하여 에베소서 6장 1절은 자녀들도 '주 안'에서 효를 행할 것을 명령하여 자녀도 하나님의 대리자임을 분명히 한다. 이런 의미에서 유대교의 하나님의 '대리'로서 효 체계를 설명하는 틀은 기독교에도 동일하게 적용할 수 있다. 기독교의 효 체계도 이 부분에서 구약의 유대교의 효 체계와 크게 차이가 나지 않는다. 다만 신약의 에베소서의 '주 안'은 카이저가 지적한 바와 같이 대리자로서 부모나 자녀가 하나님의 말씀을 대적하는 것을 금지하는 의미도 포함한다. 즉 자녀는 자신의 이익이나 감정, 자기의 의지에 의해서가 아니라 하나님의 뜻과 명령에 따라 효를 행하는 것이 진정한 효를 실천하는 것이다. 이런 의미에서 하나님의 뜻과 명령에 어긋나는 형태로 효를 행하는 것은 금지된다.

물론 기독교를 믿지 않는 타 종교의 사람들도 그들의 종교가 제시하는 효의 원리에 따라 효를 행하는 것이 가능하며 그 밖에 사회의 관습이나 윤리와 같은 사회의 규범에 의한 효의 원리에 따라 효를 행하는 것도 가능하다. 이런 의미에서 유교의 효에 대한 원리나 불교의

____

434-435.

26) Walter C. Kaser, 홍용표 역, 『구약성경윤리』(서울: 생명의 말씀사, 1990), 179.

효에 대한 원리들은 이러한 종교를 가진 사람들이 대리의 효를 행하는 데 행위의 기준이 된다고 볼 수 있다.

이제 성경에 등장하는 효의 실천자 중에서 이러한 성경적 효 체계의 분석틀에 의해 분석할 경우 성경적 효의 모형으로 드러나는 인물로서 주목받을 수 있는 사람은 바로 창세기에 등장하는 아브라함의 아들 이삭이다. 물론 이삭이외에 성경에 등장하는 효자는 요셉과 마리아의 아들 예수, 사울의 아들 요나단, 나오미의 며느리 룻, 그리고 예레미아가 칭찬한 레갑의 아들 요나답의 후손들 등이 있다.

그러나 이들 중에서 특히 한국교회가 효자로서 자주 인용하는 인물이 이삭이다. 여기서 우리가 관심을 갖는 것은 이삭의 효행이 과연 앞에서 언급한 성경적 효 체계의 관점에서 효자로서 어떤 성격을 갖는가이다. 이는 앞에서 제시된 성경적 효 체계의 분석틀에 의해 규명될 수 있다.[27]

III. 성경적 효 체계에 의한 이삭의 효 분석

1. 순종

우선 이삭은 순종의 사람이었다. 창세기 22장 1-19절에 보다시피 이삭은 아버지 아브라함의 뜻에 순종하여 자기의 목숨을 아끼지 않

---

27) 성경적 효의 모범으로서는 성경적 효 체계의 네 가지 변수가 제대로 드러난 곳은 요나단의 효이다. 요나단의 효의 내용은 사무엘상 14장부터 31장까지 산재되어 있다. 이러한 장들에서 드러난 요나단의 효는 성경적 효 체계의 변수인 순종, 친애, 존속, 대리의 효 내용을 두루 포함하고 있다. 참조, 박철호, 「성경적 효 체계에 의한 요나단의 효 분석–기독교 윤리학적 관점에서–」, 『長神論壇』 제39집(서울: 장로회신학대학교 출판부, 2010), 252–272.

는다. 창세기의 이 부분은 흔히 아브라함의 하나님에 대한 순종을 시
험하는 것으로 주로 논해진다.28) 그러나 아브라함의 하나님에 대한
순종에 의해 은폐된 이삭의 순종은 더욱 강렬하다. 왜냐하면 자기 목
숨을 내어 놓은 순종이었기 때문이다. 이런 면에서 이삭의 순종의 효
는 아브라함의 하나님에 대한 순종에 비해 결코 소홀히 될 수 없는
것이다.

아버지 아브라함에 대한 이삭의 순종이 얼마나 철저한 지를 좀 더
자세히 살펴보자. 우선 아브라함이 일찍 일어나 이삭을 데리고 여행
을 떠난다. 이때 이삭은 아침 일찍 일어나라는 아버지의 명령에 별다
른 거부 없이 침묵으로 순종을 한다. 골든 벤함(Golden Wenham)이 지
적한 바와 같이29) 생기발랄한 청소년들30) 대부분은 일찍 일어나는
것이 쉽지 않다. 비록 일찍 일어나는 문제는 생활에 있어서 큰일은
아니지만 이런 작은 일에 순종하는 것은 순종하는 마음이 제대로 터
로서 잡히지 않으면 실천하기 힘들다.

이삭의 순종의 효가 절정에 이른 것은 창세기 22장 9-10절에 보다
시피 이삭이 제물이 되어 묶인 채로 장작더미 위에서 아버지 아브라
함의 칼에 의해 살해되려는 순간이다. 벤함이 제대로 해석하듯31) 이
때 만약 이삭이 원하기만 했다면 그의 아버지로부터 도망을 칠 수 있

---

28) Gerhard von Rad, *Das erste Buch Mose: Genesis*, 한국신학연구소 역, 『국제성서 주석: 창세기』(서울:
　　한국신학연구소, 1983), 269.

29) Gordon Wenham, *Word Biblical Commentary*: Genesis 16–50(Library of Congress Cataloging–in– Publication
　　Data, 1994), 108–109.

30) 이삭이 젖 뗀 후 어느 정도 세월이 흘렀는지는 성경에 직접적인 언급이 없다. 그러나 이삭이 이제는 어린
　　아이가 아니라는 것을 몇 가지 사건에서 유추할 수 있다. 즉 이삭이 번제를 드리는 데 무엇이 필요한지
　　알고 있으며 장작 짊어질 수 있다는 점에서 이삭이 결코 유년기는 아님을 알 수 있다. 참조, Gerhard von
　　Rad, *Das erste Buch Mose: Genesis*, 한국신학연구소 역, 『국제성서 주석: 창세기』, 261.

31) Gordon Wenham, *Word Biblical Commentary*: Genesis 16–50.

었다. 왜냐하면 당시 아브라함의 나이는 많았고 이삭은 장작더미를 질 정도로 힘이 많았던 나이였기 때문이다. 충분히 아버지를 밀치고 도망을 칠 수 있었다. 그러나 이삭이 이런 행동을 하지 않는 것은 그가 거의 완벽한 순종의 효를 실천했기 때문이다. 이런 면에서 이삭의 아버지에 대한 순종의 효는 거의 절대적이다.

그렇다면 이삭의 이러한 거의 완벽한 순종의 실천은 어디에서 비롯되는가? 여기에 대해 먼저 언급할 것은 아브라함의 순종의 동기이다. 폰 라트(Gerhard von Rad)는 창세기 22장 12절에 의해 아브라함의 하나님에 대한 순종을 두려움[32]에서 찾는다.[33] 이삭도 아버지의 이러한 하나님과의 수직적 관계에서 비롯되는 두려움에 의한 순종을 보고 배웠다고 볼 수 있다. 페이터적인 수직적 관계로서 부에 대한 순종의 효는 아버지의 권위에 대한 두려움이 잠재되어 있다.

2. 친애

두 번째로 친애의 효에 대해 살펴보자. 이미 순종의 효에서 살펴보았듯이 지나치게 권위적이고 수직적이며 가부장적인 페이터적 부모는 자녀와 인격적 존중함 속에 친구애와 같은 감정의 공유를 갖기 힘들다. 아브라함에 대한 이삭의 관계도 엄격한 아버지에 대한 두려움이 내포된 관계였다.[34]

---

32) 여기서 두려움은 구약에서 나타날 때 특별한 영적 격동의 결과와 관련되지 않고 그런 격동의 결과 복종과 관련된다(창 20:11; 42:18; 왕하 4:1; 사 11:2; 잠 1:7; 욥 1:18). 특히 욥기 1장 18절에서 하나님에 대한 두려움이 복종으로 나타나는 모범적 사례를 찾아 볼 수 있다.

33) Gerhard von Rad, *Das erste Buch Mose: Genesis*, 한국신학연구소 역, 『국제성서 주석: 창세기』, 266.

34) 아브라함의 하나님에 대한 순종과 이삭의 아브라함에 대한 순종이 '두려움'에 의한 것이라는 것과 달리 벤함은 아브라함과 이삭의 관계가 사랑과 신뢰에 의한 강한 친애의 효가 있음을 주장한다. 그러나 벤함의

이런 관계에서는 제대로 된 대화의 장이 마련되지 못한다. 일방적인 지시와 명령 그리고 여기에 대한 수용만이 용납되기 때문이다. 여기서는 자녀가 주체적인 의사 결정을 하고 이를 실현하기 위한 노력이 배제된다. 단지 소극적이고 수동적인 자녀의 모습만 드러나게 된다.

폰 라트가 지적한 바와 같이[35] 아버지 아브라함과 이삭 두 사람의 대화는 쉽게 단절되고 목적지에 도달할 때까지 침묵이 계속된다. 이런 면에서 이삭의 아버지 아브라함에 대한 친애의 효는 거의 탈락된 부분임을 알 수 있다.

이삭은 아브라함에게 자기와 관련하여 일어날 수 있는 것에 대해 묻고 또 이와 관련하여 서로 의논하며 자기의 의견과 감정을 드러내 놓는 것을 못하고 있다. 따라서 자기가 원하는 것을 아버지에게 요구하지도 못하고 있다. 이런 이유로 이삭은 아브라함이 구해줄 때까지 자신의 배우자를 스스로 찾지 못한 채 나이 40이 되었던 것이다. 경제적인 이유뿐만 아니라 종교적인 이유로 아버지 아브라함이 이삭의 배우자를 직접 구하는 상황이 초래되었다. 이는 이삭의 아들 에서가 그의 부모의 반대에도 불구하고 이방 여자를 아내로 택한 것과 대조적이다. 왜 이런 일이 벌어졌는가?

왜냐하면 친애의 효를 제대로 행하지 못한 이삭은 아버지 아브라함처럼 능동적이고 권위적인 부의 모습을 지니지 못했기 때문이다. 이삭은 지나치게 수동적이고 주체성이 약한 부의 모습을 지니게 되어 결국 창 26장 34-36절에 보다시피 이삭의 아들 에서가 독단으로

주장은 무리가 있다. 왜냐하면 벤함이 자기주장의 근거를 22장 6-8절에 나타나는 "두 사람이 함께 갔다"는 것에 두고 있지만 논리적 근거로 인정하기에 무리가 있기 때문이다. 참조, Gordon Wenham, *Word Biblical Commentary*: Genesis 16-50.

35) 위의 책.

이방여자를 아내로 맞게 되는 일이 벌어지게 된 것이다. 또한 야곱도 그의 어머니와 함께 아버지를 속이는 일도 벌이게 되었다. 아버지의 권위가 추락되어 자녀들이 아버지를 무시하는 현상이 초래된 것이다. 친애의 효는 부모와 자녀가 서로 상호작용하는 면을 강화하여 상호 간의 관계를 더욱 친밀하게 하는 면이 있다. 이러한 점에서 이삭은 아브라함에 대한 친애의 효를 제대로 실천하지 못해 자녀와의 유대가 약화되어 자녀로부터 친애의 효를 제대로 받지 못하는 후유증을 앓게 되었다.

결론적으로 말해 이삭은 아브라함에 대해 친애의 효를 제대로 실행하지 못했음을 부인할 수 없다. 이런 면에서 한국의 교회는 이삭의 효 중에서 친애의 효가 부족함을 인식하여 성경 속의 인물로서 이삭을 효자의 모형으로 설명할 때마다 친애의 효가 부족함을 일깨워 한국사회가 가족구성원 간의 상호인격존중을 통해 민주적 사회질서의 구축함을 통한 가족통합을 마련하는 작업이 필요하다.

이는 아직도 한국사회의 가족관계에서 부모와 자녀 간의 관계가 전통적인 가부장적 권위주의 관습에 억매인 것을 고려한다면 한국교회는 친애의 효를 성경 속의 또 다른 효자인 예수나 요나단 등의 친애적 효행을 통해 구체적으로 드러내는 작업이 필요하다. 이 친애의 효를 통해 부모와 자녀 관계의 재정립을 통해 청소년의 문제를 해결하는 단서를 발견할 수 있을 것이다.

3. 대리

이삭의 자신의 뜻이나 고집을 가지고 부모를 모시고자 한 것은 아니다. 그가 아브라함에게 순종한 것은 단지 아브라함의 뜻과 명령에 순종한 것보다 더 나아가 하나님의 뜻에 따를 것을 각오한 것에서 비롯되었다고 봄이 타당하다.

이미 순종의 효에서 규명했듯 이삭은 손과 발이 묶여 제단 위에 놓일 때 그는 하나님의 제물이 되는 것에 동의했고 그 하나님을 그가 공경했기에 하나님께 자기가 제물이 되어야 하는 명령에 순종하였다. 아버지 아브라함의 뜻과 함께 하나님의 뜻을 또한 그가 깨달았던 것이다. 이삭의 부모에 대한 순종은 하나님에 대한 순종에서 흘러나온 것이다. 하나님의 뜻을 깨달았기에 아버지 아브라함에 대해 순종을 할 수 있었다.

벤함이 지적하듯 구약 어디에도 짐승을 제물로 바칠 때 손과 발을 묶는 경우는 없었다.36) 만약 이삭은 제물이 되는 것에 거부감이 있었다면 아브라함은 그를 제어할 방법이 없었을 것이다. 이미 이삭은 청년으로서 아버지를 압도할 힘을 갖추고 있었기 때문이다. 그럼에도 이삭은 하나님에 대한 두려운 마음과 함께 성령으로 마음을 다스려 아브라함에게 순종하였던 것이다. 이삭의 아버지 아브라함에 대한 효는 하나님의 뜻과 연결된 것으로 하나님의 뜻과 무관한 효행을 이삭은 억제하였다. 즉 그는 자신의 욕심이나 욕구 그리고 의지에 의해 효를 행하지 않았다.

한편, 효를 행함에 있어 중요한 것은 단지 부모라는 이유로 하나님의 뜻에 어긋나는 것을 요구할 경우 자녀는 어떻게 처신해야 할 것인가의 문제이다. 유교의 효에는 간언이라는 것이 있다. 이 간언에 의하면 자녀는 부모의 뜻이 올바르지 못할지라도 울면서 그 부모의 뜻을

---

36) 위의 책.

따라야 한다.[37] 그러나 기독교의 효는 유교의 효와 달리 이 경우 하나님의 뜻에 순종하여 부모의 뜻을 거역하는 것이 타당하다. 대리의 효를 행한다는 것은 부모를 모시는 것이 하나님의 뜻, 즉 '주 안'에서 행하는 것을 의미한다.

여기서 짚고 넘어갈 문제는 이삭은 '아브라함이 하나님의 뜻을 실천하기 위해 자신을 제물로 바친다는 사실을 알고 있었을까'라는 문제이다. 물론 알고 있었다고 볼 수 있다. 왜냐하면 평소 하나님의 뜻에 순종하는 아버지 아브라함을 인식하고 있었기 때문이다.

만일 아브라함이 하나님의 뜻과 어긋나게 자신의 뜻으로 이삭을 제물로 바친다고 할 때 이런 사실을 알고 있는 이삭은 어떻게 행동해야 할 것인가? '주 안'에서 효를 행한다는 것을 전제할 때 이삭은 아버지의 요구를 거부하고 도망을 치는 것이 타당하다고 볼 수 있다. 이것이 바로 대리의 효를 행하는 자녀의 자세이다.

4. 존속

존속의 효는 부모의 건강을 보살피고 또 장수하게 하며 가문을 이어가는 것을 내용으로 한다. 우선 창세기 24장에 보다시피 이삭은 리브가와 결혼하여 가문을 이어가도록 한 면에서 존속의 효의 한 부분인 양가의 효를 행하였다. 그래서 아브라함이 죽기 전에 손자로서 야곱과 에서가 태어났던 것이다.[38]

또한 이삭은 아버지 아브라함을 양구체로 잘 봉양하고 그래서 아

---

37) 참고, 『孝經』, 諫爭章.
38) 아브라함이 죽을 때 야곱과 에서의 나이는 열네 살이었다.

브라함이 평안하게 장수하여 자연사할 정도로 존속의 효를 행하였다. 창세기 25장 7-8절에 의하면 아브라함은 나이가 많아 즉 장수하여 죽었다. 특히 아브라함은 기운이 진할 때까지 향수한 것은 그의 죽음이 복된 것임을 알 수 있다. 이는 이삭이 아버지 아브라함에 대해 뛰어난 존속의 효를 실천했음을 보여준다.

이삭은 기운이 진할 정도의 상황에 처한 아브라함의 존속을 위해 노력했다. 그래서 아브라함은 백발이 되도록 삶을 충분히 누렸다는 것은 아브라함이 충만한 삶을 누린 것으로 볼 수 있다. 나이가 들어 만족한 삶을 누린다는 것은 자녀의 헌신적 봉양이 없으면 불가능하다.

이삭이 아브라함의 마음에 들 정도로 존속의 효를 제대로 행했다는 사실은 아브라함이 그의 소유를 다 이삭에게 주었다는 창세기 25장 7-8절에서 잘 나타난다. 만일 이삭이 제대로 존속의 효를 행하지 않았다면 아브라함은 그의 모든 소유를 죽기 전에 주는 것을 꺼려했을 것이고 더구나 그의 서자들이 자기 생전에 자기를 떠나 멀리 가는 것을 꺼려했을 것이다.

그러나 아브라함은 자기의 전 소유를 이삭에게 주었을 뿐만 아니라 그의 서자들은 자기 생전에 자기 앞을 떠나 멀리 동방으로 가게 만들었다. 이는 이삭이 아버지의 존속을 위한 효가 아브라함이 만족할 정도였음을 알 수 있다.

IV. 결론

앞에서 언급한 바와 같이 지금 한국사회는 가족체계의 위기시대라 할 수 있다. 이혼이나 가출 그리고 존속 상해와 살해 등에 의해 가족 해체현상이 심각한 수준이다. 특히 자녀들에 의한 부모유기나 상해 그리고 살인의 문제는 한국사회의 윤리적 기초가 균열을 일으키고 있음을 보여준다. 과거 20세기 초와 비교하여 한국사회는 경제적으로 풍족함을 인정할 수 있지만 가족의 결속력이 약해져 있음을 보여준 다. 이러한 현상의 원인은 다양하게 추적할 수 있지만 자유주의 이데 올로기의 확산 속에 전통적 가치 규범의 퇴영과 깊이 관련된다.

이러한 환경 속에 모든 인간관계 중에서 가장 친밀하고 가까워야 할 부모자식 간의 관계가 상해나 살인으로 붕괴되는 현상은 그동안 부모자녀 관계를 지탱해온 윤리체계가 제대로 그 기능을 구축하지 못했음을 보여준다.

그동안 한국사회는 전근대적이고 가부장적이며 권위주의 이데올 로기에 의한 가족윤리나 효 체계가 가족문화 속에 내재되어 왔다. 특 히 가부장적 문화에 의한 효는 부모자녀 관계를 억압적이며 자녀의 순종만을 강조하는 편협한 규범의식에 의해 지배당하게 하여 가족체 계에 위기를 부추겼다.

이러한 억압적이고 편협한 효를 보다 상호관계적이고 복합적인 효 체계로 전환하는 것이 필요한데 성경적 효 체계는 바로 이러한 전근 대적 가부장적 효를 대체하는 현대 한국사회의 새로운 효를 마련하 는 기틀을 제공한다.

이러한 성경적 효 체계에 비추어 그동안 한국교회가 효자의 모델 로 부각된 이삭의 효는 성경적 효 체계를 한국사회에 확산하는 데 관 심을 갖게 한다. 그런데 성경을 기초한 보편화 가능성의 효 체계의 틀에 의해 분석을 해보면 이삭의 효는 대리의 효와 존속의 효를 포함하지만 특히 순종의 효를 강하게 드러내어 친애의 효가 지나치게 약화되어 있음을 알 수 있다. 이런 의미에서 한국교회는 단순히 이삭을 효자로 강조하여 순종의 효를 내재화하기보다 이삭의 효에서 약화된 것이지만 현대사회의 가족문제를 해결하는 중요한 효 체계의 변수인 친애의 효를 강화하는 작업이 한국교회에 더욱 필요하다.

제12장 | 기독교 효 문화에 의한 선교전략 연구

Ⅰ. 서론

1. 연구의 목적

임성빈 교수가 지적한 바와 같이[1] 21세기 한국교회의 과제는 이전과 다른 새로운 차원의 하나님나라 운동을 요청하고 있다. 즉 유교, 불교, 무교, 도교 등의 복합적 종교 상황 속에서 한국기독교가 제대로 된 역량을 갖추고 이 사회의 존속을 위한 하나님의 뜻을 구체적으로 구현하는 작업이 필요하다.

그동안 한국기독교는 수많은 의료사업과 교육사업, 교회확장과 성도 수의 증가로 한국사회의 주요한 사회가동력의 변인으로 작동하였다. 이러한 과정 속에 한국사회에 대한 기독교의 문화적 영향력 또한 증대되었음을 부인할 수 없다. 이는 각종 문서 출판, 음악, 미술, 영화, 연극, 등 예술 분야뿐만 아니라 다양한 교육활동과 기업활동 등을 통해 기독교 문화가 나름대로 한국사회에 내면화된 것이다.[2]

여기서 우리의 관심을 끄는 것은 기독교 문화가 한국사회에 내면화하는 과정 속에 비기독교 문화와의 조우에 의해 제기되는 선교문

---

1) 임성빈, 『21세기 문화와 기독교』(서울: 장로회신학대학교 출판부, 2004), 163.
2) 위의 책.

제이다. 특히 한국사회의 유력한 전통종교인 유교나 불교, 도교, 무속
신앙 등은 나름대로 문화적 틀을 구축하고 있기에 이와 관련한 한국
기독교의 문화와 관련된 선교전략은 한국기독교 토착화 문제와 관계
하여 주요한 관심의 대상이 된다. 물론 이러한 비기독교적 문화에 대
한 선교문제는 한국사회에 한정되지 않는다. 즉 여타 비기독교적 국
가나 사회에 대한 선교전략과도 연관이 있다. 어쨌든 제대로 마련된
비기독교 문화에 대한 기독교의 선교전략은 한국뿐만 아니라 세계
여러 곳에서 행해지는 선교에 하나의 준거점이 될 수 있음을 부인할
수 없다.

위와 같은 관점에서 본 연구는 비기독교를 기독교화하는 방안 마
련과 관련하여 한국사회를 비롯한 세계 여러 나라의 비기독교적 종
교 속에 내재된 효 문화를 대상으로 기독교적 효 문화의 선교전략을
구축하는 데 연구의 목적을 둔다.

2. 연구의 방법

그동안 문화선교3)에 대한 다양한 논의들은 문화선교를 환원론적
또는 단편적인 변수로서 설명해왔다. 이는 칼 뮬러(Karl Mueller)가 제

---

3) 임성빈 교수는 문화의 영역에 새로운 선교적 열정을 가지고 참여하여야 한다는 당위성에서 이러한 실천을
문화선교라고 명한다. 임성빈, 『21세기 문화와 기독교』, 170. 그러나 이러한 문화 선교의 정의는 보다 구체
적으로 그 의미를 구현하는 작업이 필요하다. 이런 의미에서 폴 E. 히버트가 지적한 바와 같이 복음을 전달
하는 데는 인간의 사고 유형과 언어와 상관없이 그것을 전달할 방법이 없다. 참조, Pual G. Hiebert, 채은수
역, 『문화속의 선교』(서울: 총신대출판부, 1984), 33. 왜냐하면 복음 자체가 문화 형태 안에서 이해되고 표
현되기 때문이다. 이런 의미에서 선교의 문제들은 복음과 문화 간의 관계에 기인하기 때문에 선교는 문화
를 배제하고 논할 수 없다. 따라서 선교는 아돌프 엑셀러(Adolf Exeler)가 제안하는 바와 같이 타문화 사이의
신학적 대화(the intercultural theological dialogue)이기에 문화선교는 선교학의 주요한 연구 대상의 하나로서
선교를 위해 탐구되는 문화의 한 영역을 의미한다. 참조, Karl Mueller, 김영동 · 김은수 · 박영환 역, 『현대선
교신학』(서울: 한들출판사, 2001), 17.

대로 지적한 바다.4) 이런 의미에서 문화선교와 같이 다양한 요소들이 관련된 복합적 개념구도는 단순한 한두 가지 변수들로 분석하고 규명하기에는 한계가 있다. 따라서 문화선교를 하나의 체계로 규명함이 타당하다.

문화선교를 체계로 규명한다함은 체계론적 접근을 시도함을 의미한다. 체계론은 문화선교와 같이 복합적이고 다차원적인 개념 구도를 분석하고 문화선교가 하나의 체계로서 존속하는 과정과 그 변화과정을 분석하는 데 적합하다. 왜냐하면 체계론은 지속적 존속을 목적으로5) 외부환경과의 상호관계를 통해 정체성을 마련하며6) 내적으로 하위변수들의 복합적 상호 작동을 통해 통합성을 구축하는 과정을 제대로 규명하는 데 있어서 여타 접근법보다 탁월하기 때문이다.

본 연구는 위와 같은 관점에서 효와 연관한 문화선교가 한국사회에서 그리고 여타 국가에서 선교전략의 한 방안으로 구축되는 과정이 어떻게 진행되었는가를 규명하기 위해 효 문화의 일반화된 체계의 변수 4가지(순종, 친애, 존속, 대리)를 도출하고 이를 통해 비기독교 효 문화를 기독교 효 문화로 변혁하는 원리를 규명하는 작업을 시도한다. 이를 위해 비기독교 효 문화의 기독교 효 문화로 변혁하는 방안과 관련된 체계의 구도로서 효 문화 선교체계를 다음 그림과 같이 그려낼 수 있다. 여기서 화살표는 상호작용의 과정을 의미한다.

---

4) Karl Mueller, 김영동 · 김은수 · 박영환 역, 『현대선교신학』, 21. 여기서 뮬러는 선교에 복음주의와 에큐메니칼이 선교를 이해하는 그칠 줄 모르는 논제라고 지적한다.

5) C. West Churchman, *The Systems Approach*(New York: Dell, 1972), .29.

6) Arther Koestler, *Janus*(London; Hutchinson, 1978), 57. Fritjof Capra, *The Turning Point*, 43.

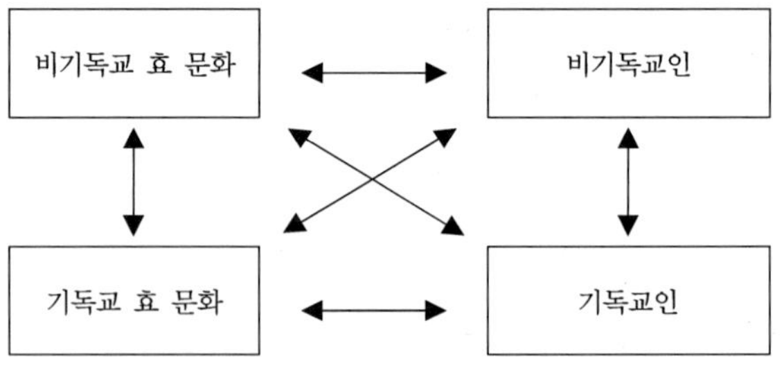

〈효 문화 선교체계〉

보다 구체적인 연구의 진행과정은 우선 선교전략과 관련하여 비기독교인이 가지고 있는 비기독교 효 문화를 분석하기 위한 도구로서 성경에서 도출한 4가지 변수를 중심으로 기독교 효 문화체계를 구축하고, 다음 이러한 기독교 효 문화체계를 분석틀로 하여 비기독교 효 문화체계를 분석한 후 이를 기초로 하여 비기도교인의 선교전략을 마련한다.

II. 기독교 효 문화체계

기독교 효 문화체계는 로버트 히버트(Pual G. Hiebert),가 제시한 바와 같은[7] 인식적·감성적·평가적 차원을 모두 포함하는 체계이다. 기독교 효 문화체계는 효와 관련된 성경의 내용을 중심으로 문화의 인식적·감성적·평가적 측면을 포함한 복합적 의미체계가 구축된다. 그렇다면 먼저 성경의 어떤 내용이 기독교 효 문화체계의 의미를 구축하는가? 바로 바울의 서신으로서 에베소서이다.

---

7) Pual G. Hiebert, 채은수 역, 『문화속의 선교』, 34-40.

에베소서 6장 1절에서 4절에는 인간 중심적 효의 내용과 신 중심적 효의 내용에 동시에 적용될 수 있는 효의 변수들이 적시되고 있다. 따라서 에베소서 6장 1-4절에 의해 효의 일반원리로서 보편화될 가능성이 있는 기독교 효 문화체계를 마련할 수 있다.[8]

이러한 에베소서 6장 1절부터 4절에서 기독교 효 문화체계를 구성하는 변수들이 구축되는데 먼저 동서양의 효에 일반적으로 언급되는 부모공경과 부모에 대한 '순종'의 변수를 도출할 수 있다(1절-2절). 이러한 부모에 대한 복종 또는 순종은 동서양의 효에 있어서 대표적으로 강조되는 내용이다.[9]

에베소서에서 염두에 둘 것은 부모에 대한 효로서 부모공경이나 부모에 대한 순종을 강조하면서 부모의 자녀에 대한 도덕적 의무를 또한 강조하고 있다는 점이다(4절). 이는 부모와 자녀 관계에 있어서 상호주의적 대응관계를 구축하고자 한 것이다.[10]

이러한 부모와 자녀 관계에 의한 도덕적 의무의 양면성은 부모의 일반적 성격에 따라 제시되었다. 즉 브리태니커 사전에 의한 바와 같이[11] 전통적으로 부모는 페이터(pater)적 성격과 제니터(genitor)적 성격이 있고[12] 바로 이러한 부모의 성격에 따라 도덕적 내용을 달리하

---

8) 박철호, 『성경적 효 윤리의 이해』(인천: 도서출판 좋은세상, 2001).

9) 유교에서는 가장 기본적인 인간관계는 부모자녀 관계이고 따라서 순종의 효를 『효경』 등을 통해 지극히 강조하고 있다. 「이해영, 유학이란 무엇인가?」, 『강좌 한국철학』(서울: 예문서원, 2001), 30. 도교에서는 유교의 효와 거의 일치하여 순종의 효를 강조한다. 이러한 사실은 무엇보다도 사회를 구성하는 기본단위로 가족을 강조하는 『태평경』에 잘 나타난다. 참조, 윤찬원, 『도교의 철학』(서울: 돌베개, 1998), 181. 불교도 『부모은중경』을 통해 유대교도 10계명을 통해 순종의 효를 강조하고 있다.

10) 박철호, 『성경적 효 윤리의 이해』, 123.

11) *Encyclopaedia Britannica*, Ⅶ(1973-1974), 754.

12) 페이터적 부모의 성격은 자녀를 훈육하여 사회화를 통해 공동사회의 구성원으로 자라게 하는 것을 의미한다. 이러한 부모는 가부장제(patriarchy)에서 보다시피 권위적이고 위계적이다. 반면 제니터(genitor)로서 부모의 성격은 자녀와 수평적 관계를 유지하면서 인격적인 애정과 친애의 성격을 지니는 부모를 의미한

고 있기 때문에 부모와 자녀 관계의 양면성이 존재하게 된다.

페이터적 부모는 자녀와의 불평등 관계에 의해 권위적이고 명령적이다. 왜냐하면 이러한 부모의 위치는 자녀의 도덕적 불완전성과 위법 가능성에 기초하여 자녀에게 도덕성을 내면화하는 작업과 관련되기 때문이다.[13]

이를 통해 자녀들이 페이터적 부모의 훈육 즉 육효(育孝)[14]에 순종함으로써 이를 통해 사회질서를 존중하고 이를 준수하는 기본적 사회질서 의식을 갖게 된다. 이러한 페이터적 부모에 대해 갖추어야 할 자녀의 효의 내용은 한마디로 공경이요 복종이며 '순종'이다.

그러나 제니터적 부모와 자녀의 관계는 페이터적 부모자녀 관계와 달리 원칙이나 약속 앞에 상호 평등적으로 이루어지는 관계이다. 따라서 부모자녀 관계는 수평적이고 인격적이며 사랑의 애정이 깊이 관련된다. 여기서 기독교 효 문화체계의 또 하나의 변수인 '친애'의 성격이 도출된다.

페이터적 부모에 대한 순종의 효에는 위계적이고 권위적인 것이 있지만 동일한 인격체로서 서로 존중하며 친구와 같은 우정을 나누는 제니터적 부모와 자녀의 관계에서는 바로 친애의 효가 내재된다.[15] 에베소서 6장 4절의 내용에서 바로 부모가 자녀를 인격적 관계로 대하는 친애의 효가 도출된다. 특히 기독교 가족문화의 한 부분으로서

다. 참조, 박철호, 『효 윤리학』(인천: 도서출판 좋은세상, 2000), 69.

13) 위의 책, 68.

14) 박철호, 「효학의 학문적 기반 구축을 위한 체계론적 연구」, 『효학개론』(인천: 성산효도대학원대학교, 2001), 44.

15) 제니트란 '생산자'의 의미를 가지고 있다. 부모는 자녀의 생산자이다. 그러나 이 부모는 자기 자녀가 생산자로의 위치에 있게 되면 서로 간 생산자로서 동등한 성격을 지니게 된다. 이런 의미에서 궁극적인 생산자이며 창조주인 하나님 즉 진리 앞에서 양자는 동등하고 평등한 위치를 갖게 된다. 따라서 이러한 부모와 자녀가 동등하고 평등한 관계에 의한 '친애'의 정서를 서로 교환하는 시기는 대체로 자녀가 결혼하여 또 다른 생산자로 위치할 때이다. 물론 결혼하지 않는 자녀도 성인으로서 이러한 관계를 갖게 된다. Ibid., 68.

기독교 효 문화에서 특히 강조될 수 있는 것이 바로 친애의 효이다. 이 친애의 효는 다른 종교의 효 문화에서 찾아보기 힘든 덕목이다.

사실 따지고 보면 부모가 자녀의 분노를 일으키는 것은 무엇보다 비인격적 대우에 기인하는 경우가 많다. 따라서 에베소서 6장 4절은 부모와 자녀 간에 서로 동등한 인격적 인간관계가 존재함을 드러낸 것이다. 이러한 제니터적 부모에 대한 자녀의 효의 내용은 친구 사이에 맺어지는 덕목인 '친애'인 것이다. 즉 자녀는 부모를 친애로서 효할 때가 필요하고 부모도 이를 통해 기쁨을 누리게 된다.16)

한편, 성경에는 효를 행하는 자, 즉 순종과 친애의 효를 부모에게 행하는 자는 축복을 받게 되어 있음이 곳곳에 드러난다. 즉 성경의 구약과 신약에 있어서 효 윤리에 관한 내용에 이 땅에서 잘 된다는 물질적·정신적 축복과 장수한다는 육체적 축복이 제시되어 있다.

물론 동양의 도교에서도 효자는 본인이나 그 부모 모두 장수한다는 축복을 역시 제시하고 있다. 즉 도교의 경전인『태평경』은 유교적 관념인 효를 중시함으로써 유교와 다름없는 사상을 보여주지만 효의 실천 이념을 장수에 두고 있는 점에서 차이가 난다.『태평경』에 의하면 부모의 장수를 염려하는 것이 효의 일차적인 의미이지만 그러한 효의 실천을 통하여 자신의 장수를 얻을 수 있다는 효의 이차적 의미가 주어진다.17)

이러한 효자의 축복의 내용은 에베소서에서도 잘 나타난다. 즉 이 세상에서 잘 되고 장수한다는 것이다(에베소서 6장 3절). 그런데 이러

---

16) 박철호,「체계윤리의 가족화 검증의 논리에 의한 효 연구」,『효 윤리학』(인천: 도서출판 좋은세상, 2000), 33-37.

17) "然, 上善第一孝子者, 念其父母且老去也, 獨居閒處念思之, 常痴下也"(券47, '上善臣子弟子爲君父師得仙方訣'), 134-135.

한 물질적 축복과 육체적 축복은 최소한 생명이 살아남아 바로 이 땅에서 '존속'해 간다는 의미를 내포하고 있다. 따라서 기독교 효 문화체계에 있어서 또 하나의 변수인 '존속'이라는 변수가 포함된다. 그런데 엄밀한 의미에서 효자의 축복인 물질적 축복과 육체적 축복은 부모에 대한 물질적 봉양과 부모의 육체적 건강이나 장수를 위한 효자의 노력에서 비롯된다. 결코 무작위의 방관적 태도 속에서 이러한 물질적 그리고 육체적 축복이 주어지지 않는다. 따라서 자녀는 부모의 양구(養口), 즉 의식주의 경제적 필요를 채우도록 노력해야 할 것이며 또한 부모의 양체(養體), 즉 육체적 건강을 위한 노력을 게을리하지 말아야 한다.

그런데 이러한 기독교 효 문화체계 구성의 기반이 되는 에베소서 6장 1절에서 4절까지의 내용에서 드러난 것은 부모에 대한 공경 즉 '순종'이나 부모와의 '친애' 그리고 이를 통한 '존속'도 '주' 안에서 행해진다고 하여 예수 그리스도 중심의 효 문화체계가 구축되고 있다. 이렇게 주 안에서 효를 행한다는 것, 주를 대신하여 효를 행한다는 것은 무엇을 의미하는가?

유대교에서 부모의 자녀에 대한 위치는 월터 카이저(Walter C. Kaser)가 언급한 바와 같이[18] 하나님의 대리자이다. 따라서 부모에 대한 반역을 하나님에 대한 반역과 연관을 짓고 있다. 왜 부모는 하나님의 대리자인가? 이는 성경에 언급한 바와 같이[19] 부모로부터 하나님의 법을 배우기 때문이다. 이러한 이유로 자녀는 하나님의 대리자

---

18) Walter C Kaser, 홍용표 역, 『구약성경윤리』(서울: 생명의 말씀사, 1990), 179.

19) "오늘날 내가 네게 명하는 이 말씀을 너는 마음에 새기고 네 자녀에게 부지런히 가르치며 집에 앉았을 때에든지 길에 행할 때에든지 누웠을 때에든지 일어날 때에든지 이 말씀을 강론(대화)할 것이며…"(신 6:6-7).

인 부모에게 '순종'하여야 하며 이를 보다 확대하여 보면 자녀도 역시 하나님의 대리자로서 부모를 섬기기 위해 '순종', '친애' 그리고 '존속' 으로서 효를 행하여야 한다는 것이 당연시된다. 따라서 기독교 효 문화에는 에베소서 6장 1절에 보다시피 효는 하나님의 명령에 의해 마땅히 행해야 함을 강조하게 된다.

이러한 유대교의 하나님의 '대리'로서 효를 설명하는 틀을 동일하게 적용한 기독교의 효 문화체계도 유대교의 효와 크게 차이가 나지 않는다. 다만 신약의 에베소서의 '주 안'은 카이저가 지적한 바와 같이[20] 대리자로서 부모나 자녀가 하나님의 말씀을 대적하는 것을 금지하는 의미도 포함한다.[21]

그런데 여기서 구축되는 효 문화체계에서의 '순종'과 '친애' 그리고 '존속'이 '주 안'과 맺는 관계를 어떻게 이해할 것인가? 체계론적 관점에서 보면 상호작용에 의한 관계의 망을 형성하는 네 개의 변수들은 상황에 따라 그리고 분석의 수준에 따라 다양한 형태를 지니게 된다.

즉 기독교 효 문화체계의 네 변수가 서로 관련을 맺되 서로의 관계는 소위 막스 베버(Max Weber)의 '선택적 친화력'(elective affinity)[22]의 관계와 유사한 형태가 된다. 즉 '순종', '친애', '존속' 그리고 '주 안'은 각각 보편화 가능성의 효 윤리체계의 하부체계로서 서로 간 필요와 관심

---

20) Walter C Kaser, 『구약성경윤리』.

21) 몰트만(J. Moltmann)이 언급한 바와 같이 기독교적 관점에서 보면 '대리' 행위에 의해 인간 역사와 사회의 윤리적 기초가 형성되었다. 왜냐하면 바로 그리스도의 '대리' 행위 속에 새로운 인류사가 시작되었고 교회공동체의 개인적이며 사회적인 구조가 근거하고 있기 때문이다. 즉 그리스도의 대리행위에 의해 모든 인간의 대리행위가 의미를 갖는다. 왜냐하면 이러한 그리스도의 대리행위는 모든 인간의 대리행위의 전형적인 모형이 되기 때문이다. 참조. J. Moltmann, 김균진 역, 『본회퍼의 社會倫理』(서울: 대한기독교서회, 1993), 39.

22) H. H. Gerth and C. Wright Mills, *From Max Weber*(London and Boston: Routledge & Degan Paul Ltd., 1974), 62.

(interest)에 따라 그리고 상황에 따른 친화력의 정도에 따라 '인식의 망
을 달리 형성하게 된다.

이제 이러한 기독교 효 문화체계를 하나의 분석틀로 하여 비기독교
효 문화체계에 적용하여 그 차이를 규명하여 비기독교 문화를 변혁시
켜 비기독교인을 기독교인으로 개종시키는 전략을 탐구하기로 한다.

III. 기독교 효 문화체계의 변혁전략

1. 기독교 문화의 변혁전략

기독교 문화의 변혁전략은 비기독교적 인간 삶의 구조를 복음을
통해 현재나 미래에 변화시키는 것을 중요시한다. 이는 로버트 웨버
(Rober E. Webber)가 제대로 지적한 바다[23]. 웨버가 지적한 것은[24] 기
독교 문화와 이 세상 문화와의 관계에서 분리주의자들이 강조하는
것처럼 은둔이나 도피의 견해도, 동일시주의자들이 심취하는 적응의
견해도 모두 거부되어야 한다는 것이다. 오히려 기독교 문화가 갖는
도전적 입장을 견지하여 기독교적 역사관과 인생관의 핵심으로 이
세상을 변혁하는 것이 중요하다.[25] 왜 기독교 문화로 이 세상을 변혁
시키는 것이 중요한가?

여기에는 몇 가지 근거가 있다. 우선 성경적으로 볼 때 하나님에

---

23) Robert E. Webber, 이승구 역, 『기독교 문화관』(서울 : 도서출판 엠마오, 1984), 16.
24) 위의 책, 146-156.
25) 위의 책.

의해 선하게 창조된 이 세상이 타락하였다는 점이다. 그 후의 문화는 창조질서와 함께 타락한 인간의 본성을 반영한다. 그리고 예수의 죽으심과 부활은 인간과 피조계의 타락한 상태를 역전시켰으며, 기독교인들의 희망은 사람과 피조계가 모두 죄의 굴레에서 완전히 벗어나 새롭고 완전한 창조의 세계에로 옮기는 것이 무엇보다 중요하다는 사실이다.26) 이것이 기독교 문화의 변혁논리의 근거이다.27) 기독교 문화의 변혁논리를 보다 자세히 알기 위해 우선 오거스틴의 변혁이론을 살펴볼 필요가 있다.

비록 완벽한 변혁이론을 제시하지 못하지만 오거스틴의 변혁주의가 문화선교를 위해 시사하는 바가 크다.28) 즉 오거스틴의 변혁주의에 내포된 신의 도성에서 드러나듯 우선 하나님의 도성은 그들이 교회 안에 있건 밖에 있건 간에 참 하나님을 따르는 사람들로 구성된다. 사람의 도성도 그들이 교회 안에 있건 간에 거짓 신들을 섬기는 사람들로 구성된다. 따라서 오거스틴에 의하면 하나님의 나라는 선택된 자들과 동일하다. 결국 기독교 문화 변혁에서 주요한 것은 외형적인 것이 아니라 내면적으로 예수 그리스도를 믿고 따른다는 것이다. 이런 의미에서 오거스틴의 변혁이론에 의한 기독교 문화 선교는 하나님의 나라인 선택된 자들로 비기독교인들을 개종하는 작업을 의미한다.

변혁모델이 제대로 구축된 것은 웨버도 동의한 바와 같이29) 캘빙에

---

26) 이는 전형적인 기독교 세계관의 핵심체계이다. 참조, Brian J. Walsh and J. Richard Middleton, 김항안 역, 『기독교 세계관이란 무엇인가』(서울: 글로리아, 1992).

27) 아담은 죄와 사망과 정죄를 가져오게 한 것이다. 그의 이런 행동의 결과는 피조계에 사망이라는 징표로 나타났다. 그래서 문화는 하나님의 심판아래 있게 되었다. 둘째 아담은 이런 인류의 상황을 역전시켰다. 의와 생명과 칭의를 가져다준 것이다. 이것이 그리스도께서 우주적 의미에서 하신 일이다.

28) Robert E. Webber, 이승구 역, 『기독교 문화관』, 149-156.

29) Webber, 157-168.

의해서이다. 과연 캘빙은 어떤 의미에서 변혁주의자인가? 무엇보다 캘빙은 하나님의 절대주권을 강조하기 때문이다. 즉 캘빙주의는 삶의 모든 측면을 하나님의 주권과 그의 말씀아래 있는 것으로 파악한다. 따라서 캘빙주의는 하나님 중심으로 비기독교적 문화의 기초를 붕괴시켜 새로운 문화 즉 기독교 문화로 거듭나게 하는 문화의 변혁이론이다. 이런 면에서 캘빙은 오거스틴보다 급진적임을 알 수 있다.

한편 변혁모델의 변형으로서 분리모델이나 동일시 모델을 변혁모델과 혼합시켜 더 나은 모델을 구축하려고 시도할 수 있다. 그러나 따지고 보면 분리모델처럼 격리된 상황에서 비기독교 문화와 기독교 문화를 혼합하여 비기독교인을 개종한다는 것은 쉬운 일이 아니다. 이는 분리모델이 비기독교 문화와 접촉하는 것을 거부하는 배타적 성격을 지니기 때문이다.

또한 동일시 모델과 변혁모델의 혼합도 문제가 발생한다. 상이한 종교가 함께 혼재할 경우 학문상으로 연구의 대상이 되고 생활의 이익을 위해 혼재가 가능하지만 선교문제를 다룰 때에는 모순과 갈등이 발생하지 않을 수 없다. 왜냐하면 서로 상이한 종교들이 선교의 목적을 가지고 접근하기 때문이다.

결국 하나님 나라를 확장하기 위한 문화선교로서 가장 적절한 모델은 역시 변혁주의이다 변혁주의에 의해 문화선교의 최대 목적이 예수 그리스도의 복음을 전파하여 비기독교인들을 개종시키도록 전략을 구축하는 작업이 중요하다.[30]

이제 기독교 문화의 변혁주의에 의해 이미 앞에서 언급한 효 문화를

---

30) J. H. Bavincker, 권순태 역, 『기독교 선교와 세계 문화』(서울: 성광문화사, 1990), 13.

통해 비기독교 문화에 대한 선교전략을 규명해 보기로 한다.

2. 비기독교 효 문화에 대한 변혁전략

변혁주의에 의해 기독교 효 문화를 통한 비기독교 문화의 변환전략을 구축하기 위해서는 우선 비기독교 효 문화의 성격을 규명하는 작업이 선결과제이다. 그렇다면 비기독교 효 문화는 어떤 성격을 지니고 있는가?

비기독교 효 문화의 이해와 관련하여 우선 염두에 둘 것은 비기독교 효 문화를 구축하는 데 배경이 되는 다양한 종교의 경전을 살펴보는 것이 중요한데 왜냐하면 불교의『父母恩重經』, 유교의『孝經』, 도교의『太平經』등에 나타나는 효에 관한 내용들이 비기독교 효 문화를 이해하는 데 기초가 되기 때문이다. 여기서는 연구의 한계로서 주로 유교 경전을 중심으로 한 효 문화를 대상으로 선교전략으로서 변혁의 문제를 살펴보기로 한다. 이렇게 유교의 효 문화를 중심으로 선교문제를 다루는 것은 바빙크가 언급한 바와 같이[31] 동양사회에 있어서 유교나 불교 그리고 도교 등은 유사한 토착문화로서 기독교와 상이한 문화적 특질을 서로 공유하고 있기 때문이다. 유교가 비기독교 효 문화 형성에 중요한 변수로서 작동했음을 부인할 수 없다.

비기독교 효 문화의 변혁논리를 전개하기 전에 우선 우리의 관심을 끄는 것은 바로 '효'라는 용어의 사용문제이다. 변혁의 논리로 본다면 복음을 토착 용어로 해석하는 것에 문제가 있다. 왜냐하면 그

---

31) 위의 책, 77.

변조된 용어는 복음의 진리와 토착문화 간의 타협의 형태를 지니기 때문이다. 문화 선교적 차원에서 우리가 염두에 두는 것은 타협이 아니라 하나님의 말씀으로 말미암아 토착문화의 윤리적·정신적 유산을 점유하는 것이다.

물론 유교적 효는 중국 민족에게 오랜 역사 동안에 각인되어 왔었다. 즉 부모에 대한 자녀의 공경심을 명예스럽게 여겨왔다. 중국 민족에게 끼친 이러한 영향력은 결코 과소평가될 수 없다. 중국의 철학, 윤리, 사상 등에 있어서 효는 하나의 큰 줄기가 된 것이다.

그러나 기독교적 시각에서 보면 유교의 효는 성경의 말씀으로 침례를 받아야 하며 중생되어야 한다. 이제 구체적으로 유교의 효 문화가 기독교 효 문화체계에 의해 어떻게 분석될 수 있는지를 살펴본다.

우선 기독교 효 문화체계의 4가지 변수 중에서 유교의 효에 내재된 순종에 대해 살펴본다. 순종은 부모님의 뜻을 잘 따르는 것을 의미한다. 이를 흔히 養志라고도 한다. 그런데 이 양지는 기독교 효 문화체계의 순종과 상이하다. 유교의 효에 의한 순종은 일정한 한계가 전제되지 않고 부모의 뜻을 따르도록 하고 있다. 이런 이유로 부모의 이름을 가진 사람들 특히 시부모 등이 불효의 굴레로 자녀나 며느리를 억압하는 경우가 허다하였다. 이러한 유교적 순종의 효는 어떠한 근거를 지니고 있는가?

바빙크가 제대로 지적한 바와 같이[32] 이러한 유교를 비롯한 비기독교의 효 문화가 가지고 있는 순종의 근거는 집단적 자기 신성화에 있다. 이는 원시부족 구성원들이 신성한 선조의 명령을 엄격히 지키

---

32) J. H. Bavincker, 권순태 역, 『기독교 선교와 세계 문화』, 82-83.

려는 성실과 열정과 관련된다. 이러한 자기 신성화를 통해 부족의 통일성을 강하게 하고자 하는 목적이 구축된다. 이러한 집단의 자기 신성화의 연장으로 부모에 대한 순종이 강조된다.

이런 면에서 기독교 효 문화에 있어서 순종은 유교의 효 문화에 의한 순종과 다르다. 즉 기독교 효 문화의 순종은 하나님께서 자녀들에게 부모의 권위에 순종할 것을 명했기 때문에 가능하다. 따라서 부모의 권위는 하나님의 종으로서 하나님의 권위를 덧입고 있다고 할 수 있다. 그러므로 자녀들은 하나님의 뜻에 어긋난 부모의 뜻에 대하여 순종하지 않는다고 하더라도 불효의 멍에는 매지 않게 된다.

그렇다면 보다 구체적인 하나님의 뜻이 내포된 부모의 뜻은 무엇인가? 바로 십계명의 제6계명 이하의 계명들이다. 이러한 계명들을 부모라면 누구나 자녀들이 지키도록 요구하는 것들이다. 따라서 자녀들은 이러한 부모의 뜻을 따르도록 노력하여야 한다. 이렇게 십계명에 의한 부모의 뜻 이외에는 자녀는 부모와 자유롭게 의견을 교환하고 타협을 통해 부모의 뜻을 따르는 것이 바로 기독교 효 문화의 순종이다. 결코 기독교 효는 억압적이거나 가부장적인 것이 아니다. 여기서 비기독교 효 문화의 순종의 내용은 이러한 기독교 효 문화의 순종으로 변혁시켜야 필요성이 제기된다.

다음, 존속의 효와 관련하여 비기독교 효 문화 특히 유교의 효는 부모에 대한 養口體의 효를 강조한다. 최소한 부모의 의식주 문제는 제대로 해결하는 것이 효라는 것이다. 다른 비기독교적 효 문화가 가지고 있는 존속의 효들도 대체로 건강과 장수를 중요하게 생각한다.[33]

---

33) 『태평경』에서 효와 관련하여 주목할 것은 부모의 장수를 염려하는 것이 효의 일차적 의미이지만, 그러한 효의 실천을 통하여 자신의 장수도 얻을 수 있다는 것이다. 왜 효하는 사람이 장수를 하게 되는가? 여기

그러나 기독교 효 문화의 존속은 이러한 비기독교 효 문화가 가지고 있는 존속과 추구하는바가 상이하다. 왜냐하면 비기독교 효 문화의 존속은 부모의 현세적 삶에 초점을 맞추고 있지만 기독교 효 문화의 존속은 영생을 기반으로 하기 때문이다. 따라서 비기독교 효 문화의 존속은 인본주의 관점에서 부모가 육체적으로 건강하고 장수하면 자녀들은 효의 도리를 제대로 행한 것으로 인정받게 된다.

그렇지만 기독교 효 문화의 존속은 영원한 생명을 얻는 것이 진정한 존속이다. 비록 육체적으로 병들고 또 오래 살지 못한다 하더라도 부모가 예수 그리스도를 믿어 구원을 얻었다는 확신 속에 살아가도록 자녀가 養靈의 효를 했다면 이로써 충분하다. 물론 영생의 확신하며 육체적으로 건강하게 장수할 수 있다면 금상첨화라 할 수 있지만. 결국 자녀는 우선적으로 비기독교인으로서의 부모가 있다면 그 부모에게 영생의 복을 얻도록 구원을 하는 것이 무엇보다 중요하다.

다음으로 살펴볼 것이 친애의 효이다. 친애는 앞에서 언급한 바와 같이 부모를 사랑하며 친구처럼 가깝게 지내는 것을 의미한다. 비기독교 효 문화로서 유교의 부자유친(父子有親)에서 보다시피 부모와 자녀가 친하게 지내는 것을 중시한다. 그리고 불교에도 부모와 자녀 간에 애틋한 사랑이 잘 드러나고 있다.

그러나 유교나 불교 등 비기독교 효 문화에서의 친애와 기독교 효 문화에서의 친애 사이에 상이함이 존재한다. 그 상이함이 무엇일까?

에 대해 『태평경』은 언급하기로 천지는 성스러운 밝음에 힘쓰는 곳과 함께 하며 이를 행하는 것은 당연히 크게 얻는 것이 있게 된다. 수와 효는 급함을 이룬다. 수는 천지와 더불어 같이 걱정하는 것이다. 효는 천지와 더불어 힘을 함께하는 것이다. 따라서 수한 사람은 오래 살고 하늘과 더불어 정을 같이 한다. 또한 효는 아래에서 그 위를 이어 따르고 땅과 더불어 소리를 같이 한다는 것이다. 참고, "天地與聖明所務, 當推行而大得者, 壽孝爲急 壽者, 乃與天地同優也. 孝者, 與天地同力也. 故壽者 長生. 與天同精. 孝者, 下承順其上, 與地同聲"(鈔 戊部 卷73-85, 310).

기독교 효 문화에서의 친애는 부모와 자녀간의 인격적 동등함이 전제된다. 에베소서 6장 4절에 의하면 부모는 자녀를 훈계할 때 자녀가 분을 내지 않도록 하라고 한다. 당시 엄격한 가부장적 그레코 로마 문화의 환경 속에서 이러한 바울의 가르침은 가히 혁명적이다.

바울의 이러한 부모와 자녀의 철저한 인격적 동등함의 강조는 비기독교적 효 문화에서 감히 상상할 수 없는 것이다. 비록 비기독교적 효 문화에서의 친애가 언급되지만 이러한 친애에는 어느 정도의 인격적 불평등함이 전제되어 아리스토텔레스가 언급한 바와 같이 불평등 속의 친애가 행해진다.34)

이렇게 부모와 자녀가 인격적 동등함 속에서 서로 사랑하며 우정을 나눌 수 있는 것은 바로 '주 안'에서 부모와 자녀의 관계가 구축되기 때문이다. 주를 섬기는 기독교인으로서 부모와 자녀는 주님의 뜻에 따라 상호 인격적 존중을 통해 사랑함이 필요하다는 것이다.

이러한 부모와 자녀의 주 안에서의 인격적 동등함은 누가복음 8장 21절에 보다시피 하나님을 전제하지 않고는 생각할 수 없다. 아무리 인간적으로 가까운 부모와 자녀 관계일지라도 하나님이 관여하지 않는 관계는 의미가 없다.

마지막으로 대리의 효를 살펴보기로 한다. 이 대리의 효에서 기독교 효 문화와 비기독교 효 문화는 첨예하게 대립한다. 비기독교 효 문화로서 유교는 효를 행하는 이유로서 하늘의 통치자, 즉 上帝를 전제한다. 그런데 이 상제는 결코 영원하신 능력의 창조주 하나님이 아니다. 허다한 비기독교들이 하나님께 예배드리고 있는 듯이 보이지만

---

34) *Nicomachean Ethics*, 1108a 27, 1125b 19-25.

실상 그들이 섬기는 하나님은 실제의 하나님이 아니다.[35] 이는 고린
도 전서 10장 20절에 보다시피 대체로 비기독교인들이 하는 제사는
귀신에게 하는 것이요, 하나님께 하는 것이 아니다.

유교의 효 문화에 의하면 부친들과 선조들은 신들의 영광에 동참
하거나 어떤 의미로 이들 스스로가 신들이다.[36] 이들이 부모에게 순
종하고 천상의 존재로 조상을 섬기는 것은 죽은 이들에 대한 두려움
과 복이 밀접하게 연관된다. 그러나 이러한 부모공경과 조상숭배는
이기심과 우상숭배적이다. 이는 중국 고대 철학 연구가인 호적(胡適)
이 제대로 분석한 바와 같이[37] 유교는 효의 종교로서 부모를 상제나
귀신과 다름없이 섬긴다. 비록 유교는 귀신을 믿지 않는다고 하지만
인간이 귀신을 만들어내어 숭배하는 것을 당연시한다.[38]

이러한 비기독교 효 문화의 대리의 측면은 주 안에서 효를 행해야
한다는 기독교 효 문화의 대리와 대비된다. 즉 기독교 효 문화의 주
안에서 효를 행한다는 것은 보은의 기초가 십자가의 구속의 은혜에
있다는 의미이다. 즉 십자가의 피 흘리심을 통한 예수의 구속의 은혜
속에 예수와의 인격적 만남이 이루어지고 예수를 구주로 구체적으로
인식하며 받아들이는 것에서 모든 것에 대한 감사가 넘치고 이것이
육신의 부모에 대한 효를 연결된다. 따라서 기독교인은 성령의 인도

---

35) J. H. Bavincker, 권순태 역, 『기독교 선교와 세계 문화』, 110.

36) 胡適, 송긍섭, 함홍근, 민두기 역, 『중국고대철학사』(서울: 대한교과서주식회사, 1962), 145.

37) 위의 책, 148.

38) 불교 효의 대리적 근거가 되는 브라마(Brama)는 역시 바빙크가 지적한 바와 같이 식물을 성장케 하고 동
물들을 살게 하는 원인이 되는 신비한 힘이다. 하지만 그를 인격적으로 알고 그 특질을 아는 것은 불가능
하다. 여기에는 빛과 어두움, 죽음과 삶, 선과 악 사이에는 별다른 차이가 없다. 이는 완전히 하나이며 접
근이 불가능하다. 이는 중국의 신성한 힘을 나타내는 天과 비슷하다. 브라마와 천은 모두 비인격적이고
불가해한 존재이다. 우주의 반대세력들에게 균형을 주고 균형이 깨어질 위기에서 질서의 균형을 회복시키
는 역할을 한다. 참고, J. H. Bavincker, 권순태 역, 『기독교 선교와 세계 문화』, 111.

하심에 의해 십자가의 죄 사함, 즉 탕감을 체득하지 않으면 보은, 즉 효가 제대로 행해지지 않는다. 이러한 탕감보은의 효를 통해 기독교 효 문화가 제대로 그 모습을 갖게 된다.

위와 같은 의미에서 비기독교 효 문화는 바빙크의 주장과 같이[39] 성령과 예수 그리스도를 통해 침례를 받아야 하며 중생되어야 한다. 즉 하나의 관습과 제도로서 비기독교 효 문화는 거부될 것이 아니라 기독교 효의 기초로서 새로운 의미를 갖는 것이 필요하다. 또한 기독교 효 문화는 이러한 비기독교 효 문화가 새롭게 변혁되도록 선교전략을 구체화하여야 한다.

IV. 결론

기독교의 효는 중생의 효이다. 물론 여기서 중생이란 예수의 십자가에 의한 죄 사함을 통해 기독교인으로 됨을 의미한다. 기독교의 효는 바로 예수의 십자가의 구속을 기초로 하여 구축된 효로서 기존의 우리 사회에 존재했던 유교나 불교 등의 효와 기본적인 차이를 지닌다.

전통적인 한국의 효는 중생되지 않는 효이었기에 인본주의적이고 현세적이며 불완전하였다. 이러한 이유로 한국사회에 널리 퍼졌던 유교의 효는 제대로 존속을 하지 못하고 균열과 붕괴의 위기를 맞았다.

기독교 효는 이러한 상황에서 한국사회에 새로운 효의 터전을 구축하고 한국사회에 효 정신과 효 문화의 중핵으로 자리 잡을 수 있는

---

39) 위의 책, 78.

기회를 맞게 되었다. 기독교는 효의 종교로서 한국사회에 있어서 기독교의 인식을 새롭게 구축할 수 있게 된 것이다.

이제 기독교 효는 이제 한국사회의 중생의 효이며 한국사회의 윤리적 위기를 극복하고 이에 대한 새로운 대안을 구축하는 하나의 메커니즘이 될 것이다. 이러한 의미에서 앞에서 언급한 기독교 효 문화 체계의 네 가지 덕목은 기독교 효로서 중생의 효의 성격을 구체화시키는 도구가 된다. 따라서 이를 보다 확충하는 작업이 필요하며 이를 통해 한국사회에 있어서 기독교 효에 의한 선교작업이 제대로 형성될 것이다.

이러한 노력은 결국 한국사회에 효를 통한 기독교의 토착화 작업이 제대로 이루어지게 하는 계기를 마련할 것으로 본다. 이는 기독교를 그동안 외래종교라고 비판했던 일부의 목소리를 잠재우고 한국사회의 삶에 기초한 기독교 효 문화를 구축할 것이다.

제13장 | 성경적 효 윤리체계에 의한 요나단의 효 분석

Ⅰ. 서론

기독교 윤리학적 관점에서 볼 때, 오늘날 부모와 자녀 관계에 대해 깊은 논의가 필요한 시기이다. 그 이유는 현대 한국사회에서 제기되는 존속에 대한 범죄 소위 패륜범죄가 과거에 비해 급속히 증가하고 있고[1], 또한 전체 범죄 중 존속에 대한 범죄가 차지하는 비율이 서구 다른 국가에 비해 상대적으로 높기 때문이다.[2] 한국사회가 그동안 효를 중시하는 것으로 인식되어 온 것을 생각하면 이렇게 존속에 대한 범죄행위의 증가와 외국과 비교하여 상대적으로 높은 범죄율은 아이러니라 하지 않을 수 없다.

더구나 2001년에 있었던 이은석 사건에서 보다시피[3] 기독교 가정에서도 존속살인과 같은 패륜사건이 얼마든지 있을 수 있다는 점에서 부모와 자녀의 관계에 대한 기독교 윤리학적 접근이 필요함을 이

---

1) 경찰청에 의하면 1997년 이후 매년 평균 32% 정도로 패륜범죄가 증가하고 있다. 참고, 유지현, 「존비속살인의 평가에 영향을 미치는 문화적 변인-효를 중심으로-」, 석사학위논문, 고려대학교 대학원, 2004.

2) 특히 국내의 존속살인 발생빈도가 외국에 비해 상대적으로 높다. 전체 살인사건에서 존속살인이 차지하는 비율은 미국 2%, 영국 1%, 프랑스가 2.8%인 반면 국내는 연평균 50건 내외, 약 5% 전후로 높은 편이다. '묻지 마 살인' 등 엽기적, 가학적 범죄를 일명 '서구형 범죄'로 규정짓는 가운데 오히려 심각한 반인륜적 행위인 존속살인만큼은 한국이 더 빈번하다. 경찰청 범죄통계에 따르면 2008년 1월부터 지난해 6월까지 18개월 간 전국에서 총 1734건의 살인사건이 발생했다. 이 가운데 존속살인은 2008년 44건, 지난해 6월까지 28건 등 총 72건이다. 이는 전체 살인사건의 4.2%에 해당하는 수치다. 참고, 「일요서울」 837호, 사회 18, 인터넷 주소 http://ilyoseoul.co.kr/show.php?idx=87955&table=news_society&table_name=news_society&news_sec=004

3) 이훈구, 『미안하다고 말하기가 그렇게 어려웠나요』(서울: 이야기, 2001).

해할 수 있다.

패륜사건은 원인은 무엇보다 부모와 자녀 간에 심각한 갈등관계에서 비롯된다. 2010년 10월 21일, 거의 모든 신문에 크게 부각되었던 존속살해 방화사건도 결국은 그 원인이 아들의 진로문제에 대한 부자간의 갈등이었다. 그런데 여기서 지적할 것은 이러한 갈등의 원인은 부모와 그 자녀 어느 일방에게 돌릴 수 없다는 사실이다. 여기에는 부모와 자녀 간의 상호복합적 요인이 깊이 관련되어 있다. 이러한 의미에서 위기의 가족문제를 해결하기 위해 부모자녀 관계에 대한 보다 복합적인 요인들을 고려한 관계의 망을 재구성하는 작업이 필요하다.

위와 같은 관점에서 본 연구는 변수 간의 상호작용을 중심으로 하는 체계론적 연구방법론을 동원하여 기독교 윤리학적 접근을 통해 성경적 효의 의미를 구축하고 이러한 성경적 효의 실천을 위해 성경 속의 인물을 중심으로 효의 모형을 도출하여 기독교 가족체계에 있어 바람직한 부모자녀 관계의 망을 마련하는 데 연구의 목적을 둔다.

II. 성경적 효 윤리체계

기독교적 관점에서 바람직한 부모자녀 관계로서 기존에 없는 새로운 효의 모형을 도출하기 위해서는 성경에서 그러한 모형의 도출을 위한 분석의 틀을 마련하는 작업이 필요하다. 성경에서 효의 내용을 포함하고 있는 곳이 대표적으로 십계명을 포함하고 있는 구약의 출애굽기 20장, 신명기 5장, 신약의 에베소서 6장, 골로새서 3장, 디모데전서 5장 등이 있다. 이 중에서 특히 에베소서는 구약과 신약에 있어서 자녀의 부모에 대한 윤리인 효에 대한 내용을 두루 포함하고 있다. 따라서 성경적 효 윤리의 체계를 구축하기 위해서는 에베소서를 중심으로 함이 타당하다. 이제 에베소서를 중심으로 성경적 효 윤리체계를 마련해 보기로 한다.

우선 성경적 효 모형을 도출하기 위한 분석틀로서 성경적 효 윤리체계를 구축하기 위해서는 관련된 변수들의 상호작용을 근거로 하는 체계론적 접근이 필요하다. 변수들의 상호작용을 중심으로 하는 체계론에 의한 분석틀을 제대로 마련하기 위해서는 두 가지 작업이 필요한데 우선 성경에서 효를 도출하는 작업이며 다음, 이렇게 도출된 성경적 효의 하위체계를 하나의 틀로 묶는 작업이다. 이 두 작업은 분리되어 진행되는 것이 아니라 동시에 복합적으로 작동하여 분석의 틀을 구축하게 된다. 즉 성경에서 효의 내용을 담지하고 있는 부분에서 변수들을 밝히고 이 하위변수들이 상호복합적으로 작동하는 틀을 구성하는 것이다. 그렇다면 우선 성경적 효의 변수들을 어떻게 도출할 수 있는가? 성경적 효를 제대로 규명하기 위한 성경적 효의 하위변수들을 도출하는 작업으로서 우선 성경적 효가 내재되어 있는 성경으로 돌아가는 것이 중요하다. 물론 성경에 드러난 효와 관련된 내용들은 복잡하며 복합적이다. 이런 이유로 성경적 효를 제대로 파악하기 위해 '추상화'[4] 혹은 '선별'의 과정을 필요로 한다.[5] 즉 복합적 관계망 가운데 몇 가지 '의미 있는' 가능성들이 선택되어 그에 따라

---

4) 여기서 추상화란 하나의 체계와 관련된 다양한 변수들을 통합하여 보다 추상적 개념으로 단순화시키는 작업을 의미한다.

5) 최재정, 「니클라스 루만의 '체계이론'과 그 교육학적 수용의 문제」, 『교육철학』제29집, 2003, Vol. 29. 7.

하나의 체계가 이루어지게 된다. 여기서의 의미는 선별선택의 기준으로서 연관 가능성이 있는 특정한 요소들을 선택하고 불확실하거나 지나치게 광범위한 주변적인 것들은 배제시키는 기능을 한다. 이러한 의미화(process of meaning)의 과정을 통해 체계의 구조화가 구축된다. 이렇게 의미화의 과정을 통해 선별된 특정한 요소들은 성경의 효의 내용을 포괄적으로 수용하게 된다.

그렇다면 이처럼 성경적 효를 보다 포괄적으로 포함하고 있는 변수들을 묶어내는 개념적 구도 또는 체계는 구체적으로 어떻게 구축할 것인가? 이는 성경적 효의 하위변수들이 보다 밀접하게 상호관계의 망을 형성하여 포괄적으로 성경적 효의 내용을 담고 있는 성경의 부분을 밝혀내는 작업에서 비롯된다. 이러한 작업을 통해 개념적 구도를 구축하는 방법은 비트겐슈타인(Ludwig Wittgenstein)의 '가족 유사성(family resemblance)'의 논리에서 보다시피[6] 단편적이고 산발적인 성경적 효의 개별적 개념들을 압축하여 성경적 효를 전체적으로 조망하는 접근법이다.[7]

이러한 방법을 통해 성경에서 효의 변수들을 도출하는 작업을 수행하기에 가장 적절한 곳은 역시 앞에서 언급한 바대로 에베소서이다. 에베소서에 나타난 효의 내용들은 출애굽기, 신명기에서 드러난 십계명의 효의 내용이 압축되어 포함하고 있을 뿐만 아니라 신약의 예수와 관련한 효의 내용도 포함하고 있다. 이런 의미에서 에베소서 6장 1절에서 4절은 신구약의 효의 변수들을 제대로 도출할 수 있는

---

6) Ludwig Wittgenstein, translated by G.E.M. Anscombe, *Philosophical Investigation*(Oxford: A Blackwell Paperback, 1978), 32.

7) 이는 산발적으로 그리고 단편적으로 흩어져 있는 성경 일부분에서의 효의 개념들을 묶어 개념적 구도를 마련하는 것도 역시 비트겐슈타인의 가족 유사성의 논리에 의해 해결 가능하다. 참조, 위의 책.

가장 적절한 영역이다.

위와 같은 사항을 고려하여 성경적 효 체계의 개념구도를 구축과정을 규명하기 위한 분석틀을 에베소서의 효관련 구절인 6장 1-4에서 네 가지 변수 즉 순종, 친애, 존속, 대리 등을 중심으로 구축할 수 있다.[8]

먼저 순종의 효를 살펴보자. 에베소서 6장 1절에는 동서양의 효의 일반원리인 부모에 대한 '순종'이 강조되고 있다. 이러한 부모에 대한 복종 또는 순종은 동서양의 효에 있어서 대표적으로 강조되는 내용이다.[9]

이와 관련하여 아우구스티누스(Augustinus)의 삼위일체론에 나타난 성부와 성자의 개념을 원용한[10] 브리태니커 사전에 의한 바와 같이[11] 전통적으로 부모는 페이터(pater)적 성격과 제니터(genitor)적 성격이 있고 바로 이러한 부모의 성격에 따라 자녀의 도덕적 내용 즉 효도 달리함을 보여준다.[12]

여기서 페이터적 부모는 자녀와의 불평등 관계에 의해 권위적이고

---

8) 순종, 친애, 존속, 대리 등의 변수들 간의 상호작용을 규명하여 분석틀을 마련하는 작업도 가능하다. 그러나 이러한 분석 작업의 틀을 구체적으로 도출하는 작업은 지나치게 복잡한 관계로 본 연구의 범위를 넘어선다. 본 연구에는 다만 구체적 사례를 분석하는 과정에 부분적으로 각 변수 간의 상호작용 내용이 언급하게 될 것이다.

9) 유교에서는 가장 기본적인 인간관계는 부모자녀 관계이고 따라서 순종의 효를 『효경』 등을 통해 지극히 강조하고 있다. 이해영, 「유학이란 무엇인가?」, 『강좌 한국철학』(서울: 예문서원, 2001), 30. 도교에서는 유교의 효와 거의 일치하여 순종의 효를 강조한다. 이러한 사실은 무엇보다도 사회를 구성하는 기본단위로 가족을 강조하는 『태평경』에 잘 나타난다. 참조, 윤찬원, 『도교의 철학』(서울: 돌베개, 1998), 181. 불교도 『부모은중경』을 통해 유대교도 10계명을 통해 순종의 효를 강조하고 있다.

10) 브리태니커 사전에 나타난 부모 개념으로서 pater와 genitor는 아우구스티누스의 『삼위일체론』에 의한 성부와 성자의 개념에서 원용되었다. 아우구스티누스는 성부 하나님을 Pater와 Genitor라 하고 이와 관련하여 예수님의 명칭을 Filius와 Genitus로 하고 있다. 참조, Augustinus, *De trin.* II, 1, 2; *De fide et sym.* IX, 16.

11) *Encyclopaedia Britannica,* VII(Encyclopaedia Britannica, Inc. 1973~1974), 754.

12) 페이터적 부모의 성격은 자녀를 훈육하여 사회화를 통해 공동사회의 구성원으로 자라게 하는 것을 의미한다. 이러한 부모는 가부장제(patriarchy)에서 보다시피 권위적이고 위계적이다. 반면 제니터(genitor)로서 부모의 성격은 자녀와 수평적 관계를 유지하면서 인격적인 애정과 친애의 성격을 지니는 부모를 의미한다. 참조, 박철호, 『효 윤리학』(인천: 도서출판 좋은세상, 2000), 69.

명령적이다. 왜냐하면 이러한 부모의 위치는 자녀의 도덕적 불완전성과 위법 가능성에 기초하여 자녀에게 도덕성을 내면화하는 작업과 관련되기 때문이다.

이를 통해 자녀들이 페이터적 부모의 뜻에 순종함으로써 사회질서를 존중하고 이를 준수하는 기본적 사회질서 의식을 갖게 된다. 이러한 페이터적 부모에 대해 갖추어야 할 자녀의 효의 내용은 한마디로 복종이며 성경적 효 체계의 하위변수인 '순종'이다. 순종은 전통적으로 양지(養志)의 효로서 설명될 수 있다. 양지란 부모님의 뜻이나 의지에 따라 섬기는 것이며 단순히 부모의 뜻을 수용하여 이에 따른다는 의미보다 적극적으로 부모의 뜻을 받들어 나아가는 것을 의미한다.13) 이런 의미에서 순종의 효는 동양의 유교에서도 가장 중시하는 덕목이다. 이런 의미에서 성경의 효와 유교의 효가 순종의 덕목에 의해 대화가 가능함을 이해할 수 있다.

다음은 친애의 효를 살펴보자. 브리태니커 사전에 의한 바와 같이 부모와 자녀의 관계에는 페이터적 부모와 자녀 관계 외에 제니터적 부모와 자녀의 관계가 있다. 제니터적 부모와 자녀 관계는 원칙이나 약속 앞에 상호 평등적으로 이루어지는 관계이다. 따라서 부모자녀

---

13) 부모의 뜻을 적극적으로 따른다는 것에는 다시 두 가지 형태 즉 절대적으로 부모의 뜻을 따르는 것과 부모의 뜻에 따르면 좋지만 따르지 않는다 하더라도 불효의 허물을 벗을 수 있는 상대적인 효가 있다. 전자 즉 절대적인 효는 자녀라면 누구나 지켜야 할 효이다. 따라서 이러한 절대적인 효는 일반적으로 부모라면 누구나 자녀들이 지키기를 원하는 것이다. 이러한 절대적 효는 십계명의 6-10계명에 해당하는 바와 같이 살인, 도둑질, 사기 등의 죄를 범하지 않는 것이다. 따라서 반사회적 행위로 부모의 명예를 떨어뜨리는 것이 여기에 해당한다. 이러한 절대적인 효는 최소한의 효로서 자녀라면 최소한 반사회적 범죄를 짓지 않는 것을 의미한다. 그런데 부모의 뜻에는 위와 같은 절대적인 효가 있을 수 있지만 지키면 좋고 비록 지키지 못하더라도 불효자로서 낙인이 되는 것이 아닌 효의 유형이 있다. 이 효의 형태는 부모의 뜻과 자녀의 뜻이 비록 어긋나더라도 반사회적 문제를 일으키는 것이 아닌 경우이다. 예를 들어 진로문제나 결혼문제에서 부모가 원치 않는 결정을 자녀가 하는 경우이다. 물론 자녀는 부모의 뜻에 자기의 뜻을 부합시키게 되면 효를 더욱 잘 행하는 것이다. 바로 최대의 효를 지향하게 된다. 그러나 상대적인 효의 문제로 부모와 의견일치를 보지 못해 자녀가 자신의 결정을 밀고 나간다고 하더라도 이것이 자녀의 인격과 자유를 보장하는 의미에서 사회 통념상으로 수용함이 타당하다.

관계는 수평적이고 인격적이며 애정과 사랑의 성격을 지닌다. 동일한 인격체로서 서로 존중하며 친구와 같은 우정을 나누는 것이 제니터 적 부모와 자녀의 관계이다.14) 이는 부모와 자녀 관계에 있어서 상호 주의적 대응관계를 구축하고자 한 것에서 비롯된다. 이러한 제니터적 부모와 자녀관계에 의한 효의 덕목은 '친애'이다. 친애의 효는 순종의 효가 수직적이며 권위적인과 대조적으로 보다 자율적이고 인격적이 며 수평적인 성격을 지닌다.15)

에베소서 6장 4절의 내용도 바로 부모가 자녀를 인격적 관계로 대 하는 친애의 효를 내포하고 있다. 즉 부모가 자녀의 분노를 일으키는 것은 무엇보다 비인격적 대우에 기인한다. 따라서 에베소서 6장 4절 은 부모와 자녀 간에 서로 동등한 인격적 인간관계가 존재함을 드러 낸 것이다. 그리고 이러한 제니터적 부모에 대한 자녀의 효의 내용은 친구 사이에 맺어지는 우정의 성격을 지니는 '친애'인 것이다. 따라서 자녀는 부모를 친애로서 효도할 때가 필요하고 부모도 이를 통해 기 쁨을 누리게 된다.16)

이런 성경적 친애의 효는 거의 한국 전통 사회에서 찾아보기 힘든

---

14) 제니터란 '생산자'의 의미를 가지고 있다. 부모는 자녀의 생산자이다. 그러나 이 부모는 자기 자녀가 생산 자로의 위치에 있게 되면 서로 간 생산자로서 동등한 성격을 지니게 된다. 이런 의미에서 궁극적인 생산 자이며 창조주인 하나님 즉 진리 앞에서 양자는 동등하고 평등한 위치를 갖게 된다. 따라서 이러한 부모 와 자녀가 동등하고 평등한 관계에 의한 '친애'의 정서를 서로 교환하는 시기는 대체로 자녀가 결혼하여 또 다른 생산자로 위치할 때이다. 물론 결혼하지 않는 자녀도 성인으로서 이러한 관계를 갖게 된다. 위의 책, 68.

15) 부모와 자녀의 인격적 상호 평등과 관련하여 부르스(F. F. Bruce)는 에베소서 6장 2절의 '공경'은 부모의 삶을 통해 얻어진 존경과 비례한다고 한다. 불명예스럽고 부정직하며 법을 지키지 않는 부모는 자녀에게 자신이 지키지 않는 원칙과 명령을 강요할 수 없다는 것이다. 참조, F. F. Bruce, *The Epistle to the Ephesians*(Pickering & inglis, 1961), 121. 술주정뱅이 아버지가 아들에게 금주를 강요할 수 없듯 정숙하 지 못한 어머니가 딸에게 순결을 강요할 수 없다는 것이다. 참조, 웨슬리주석번역위원회, 『Wesleyan Commentary』(서울: 임마누엘, 1992), 194.

16) 박철호, 「체계윤리의 가족화 검증의 논리에 의한 효 연구」, 『효 윤리학』(인천: 도서출판 좋은세상, 2000), 33-37.

효이다. 이 친애의 효는 순종의 효가 대가족사회에서 주로 행해진 것과 달리 핵가족적이며 현대 민주사회에 잘 부합하는 효의 내용이다.[17] 성경의 효가 다른 종교나 사회규범의 효와 가장 큰 차이를 두는 성격이 있다면 바로 이러한 친애의 효이다.

특히 친애의 효의 특징은 전통사회의 순종의 효가 부모 중심적 효 체계인 것과 대조적으로 자녀 중심적 효 체계이다. 즉 자녀가 어떻게 효를 해야 할 것인가에 초점을 둔 것이다. 자녀의 측면에서 효를 어떻게 이해하며 효를 행하는 가에 초점을 둔다. 이런 의미에서 성경적 효의 특징인 친애의 효는 자녀가 부모와 오랫동안 친근하게 지내며 제대로 효를 행하도록 하는 것에 관심을 가지고 있다. 미국의 가족윤리학자인 렌츠(Elinor Lenz)는 그의 저서 『어제는 나의 아이, 오늘은 내 친구』에서 부모들은 자녀들을 친구로 삼을 때 가장 오랫동안 함께 지낼 수 있음을 강조한다.[18]

그런데 친애의 효에 있어서 부모는 자녀와 모든 면에서 평등한 것은 아니다. 아리스토텔레스(Aristoteles)가 언급한 바와 같이[19] 친애의 효에서 부모의 위치는 평등함 속에서 주도력을 가지는 부모이다. 존 밀러(John W. Miller)가 제대로 설명한 바와 같이 성경에 의한 친애의 효는 하나님 아버지의 명칭과 관련하여 볼 때, 하나님 아버지의 자비

---

17) 윤태림, 「충효사상론」, 『동서양의 명논설문』(서울: 성지, 1985), 115.

18) Elinor Lenz, *Once My Child, Now My Friend*, 을지번역실 역, 『어제는 나의 아이, 오늘은 내 친구』(서울: 을지출판사, 1983), 80.

19) 물론 부모와 자녀가 인격적 평등함이 있다고 하여 부모의 위치가 단지 자녀의 친구의 위치로 규정되지 않는다. 아리스토텔레스(Aristoteles)가 지적한 바와 같이 부모와 자녀의 친애는 불평등적 친애이다. 즉 친애 속에서 상황에 따라 필요한 경우 불평등적 관계가 관련된다는 것이다. 친애의 효에는 부모의 주도력이 인정된다는 것이다. 이렇게 부모의 주도력이 필요한 이유는 가족 간의 다양한 분쟁이 발생할 경우 이를 해결하는 권위적 배분이 필요하기 때문이다. 참조, Aristoteles, *Nicomachean Ethics*, 1108a 27, 1125b 19-25.

로우심과 부드러움 속에 우리 인간들을 인도하심과 같이 부모 특히 아버지는 이러한 자비롭고 부드러움 속에 가족의 인도자로 위치함이 중요하고 자녀들도 이러한 부모의 위치를 제대로 섬기는 것이 중요하다.[20]

결국 친애의 효를 제대로 실천하기 위해서는 자녀들은 데이빗 이스턴(David Easton)이 언급한 바와 같이[21] 부모에 대해 필요한 요구(demand)를 하면서도 또한 지지(support)를 충실히 할 필요가 있다. 요구는 부모에게 직언을 통해 진리이신 하나님의 뜻을 세우는 것이며 지지는 부모가 하는 일에 적극적으로 협력하고 돕는 것을 의미한다. 지지와 요구를 통해 부모자녀 관계는 더욱 굳건한 통합을 이루게 된다.

다음으로 존속의 효를 살펴보자. 동서양의 효에 있어서 효를 행하는 자는 축복을 받게 되어 있음이 곳곳에 드러난다. 즉 성경의 효에 관한 내용(십계명, 에베소서 등)에는 효하는 자가 이 땅에서 잘 된다는 물질적 축복과 장수한다는 육체적 축복이 제시되어 있다.

또한 동양의 도교에서도 효자는 본인이나 그 부모 모두 장수한다는 축복을 역시 제시하고 있다. 즉『태평경』은 유교적 관념인 효를 중시함으로써 유교와 다름없는 사상을 보여주지만 효의 실천이념을 장수에 두고 있는 점에서 차이가 나는데『태평경』에 의하면 부모의 장수를 염려하는 것이 효의 일차적인 의미이지만 그러한 효의 실천을 통하여 자신의 장수를 얻을 수 있다는 효의 이차적 의미가 주어진다.[22]

이러한 효자 축복의 분명한 내용은 에베소서 6장 3절에 잘 나타난

---

20) John W. Miller, *Calling God "Father"*(New York: Paulist Press, 1999), 3-7.

21) David Easton, *A Framework for Political Analysis*(Chicago: The University of Chicago Press, 1962).

22) '上善臣子第子爲君父師得仙方訣',『太平經』券47; "然, 上善第一孝子者, 念其父母且老去也, 獨居閒處 念思之, 常痴下也".

다. 즉 효자는 이 세상에서 잘 되고 장수한다는 것이다. 여기서 성경의 효 체계의 주요변수 중 하나로서 '존속'의 효가 드러난다. 왜냐하면 엄밀한 의미에서 효자의 존속의 축복인 물질적 축복과 육체적 축복은 부모에 대한 물질적 봉양과 부모의 육체적 건강이나 장수를 위한 효자의 노력에서 비롯된다.

다시 말해 하나님의 효자에 대한 축복은 제5계명의 전체적 맥락을 전제하면 효자에 대한 이러한 장수와 만사형통의 축복은 부모의 장수와 물질적 복지를 위해 주어진 것으로 봄이 타당하다. 즉 하나님의 효자에 대한 축복이 단지 자녀 중심의 장수와 형통으로만 볼 수 없다. 오히려 자녀는 이러한 축복을 통해 부모의 양구(養口), 즉 의식주의 물질적 경제적 필요를 채우도록 노력해야 할 것이며 또한 부모의 양체(養體), 즉 육체적 건강을 위한 노력을 게을리하지 말아야 한다는 뜻을 내포하고 있다.

존속의 효의 실천으로서 이러한 양구와 양체는 부모의 마음을 평안하게 하는 양안(養安)과 상호관련을 갖는다. 즉 양구와 양체의 외적인 봉양은 내적인 심리적 안정인 양안으로 연결되어 부모의 존속이 더욱 강화된다. 물론 존속의 효와 관련된 양구체안의 효행은 세속적 삶과 관련하여 의미가 있다. 그러나 인간은 세속적 삶과 더불어 종교적 삶을 추구하기도 한다. 따라서 자기 부모의 종교적 삶을 섬기는 양영(養靈)의 효는 부모의 영적인 면을 보살피는 것으로써 효행의 중요한 또 한 측면을 구성한다. 부모가 내세를 잘 준비하고 영적인 평강을 누리게 도와주는 것은 보다 심층적인 효를 이룬다. 따라서 존속의 효는 양구체안영의 효를 실천하는 것이다.

한편, 양구, 양체, 양안 그리고 양영의 효 이외에 이러한 효의 내용들 모두와 관계하는 존속의 효로서 양생의 효가 있다. 양생의 효에서 '생'은 하나님께서 창조하시고 지키시는 생명을 의미한다. 양생의 효는 부모의 생명을 대를 이어 지속시켜나가는 것을 의미한다. 물론 부모의 생명은 우리들의 조상으로부터 시작되었다. 이러한 생명은 우리에게 이어졌고 뒤에 우리의 후손에게 전해진다. 그리고 부모는 이러한 생명의 지속을 통해 이 세상 속에 계속 존속해간다. 우리는 이러한 생명의 지속을 위해 효를 실천함이 필요하다. 좀 더 자세히 살펴보면 앞에서 이야기한 양구와 양체 그리고 양안과 양영의 효도 결국 양생의 효의 한부분임을 알 수 있다.

양생의 효에는 우선 결혼하여 자녀를 출생시켜 가문을 이어가게 하는 것이 중요하다. 물론 사정에 따라 결혼과 출생을 할 수 없을 경우가 있다. 그러나 특별한 경우를 제외하고 결혼을 통해 자녀를 양육하여 대를 이어가는 것이 자녀로서의 도리이다. 우리 옛 조상들은 이러한 양가(養家), 즉 가문을 이어가게 하는 효를 중시하여 자녀 특히 아들을 낳는 것을 매우 중시하였다. 그러나 아들이든 딸이든 생명을 이어갈 수만 있다면 양생의 효를 실천한다고 할 수 있다.23)

---

23) 양생의 효를 실천해가는 데는 생명을 존속시키기 위해 생명의 그릇인 사회나 국가를 지켜가는 것도 필요하다. 따라서 사회나 국가를 위해 봉사하는 것도 궁극적으로 생명의 존속을 위한 양생의 효이다. 이런 의미에서 특히 애국심은 효심의 한 형태라 할 수 있다. 전통적으로 효는 충과 연결시켜 생각하였다. 그런데 여기서 충은 당시 나라의 임금을 섬기는 것이었다. 나라를 바로 임금 자신이라고 생각했던 것이다. 따라서 부모를 섬기는 마음을 임금을 섬기는 마음과 같은 것으로 보았다. 그러나 오늘날 충은 나라의 임금이 아니라 국가 그 자체이다. 따라서 과거로부터 지속되어 온 현재의 우리의 생명을 미래에도 지키기 위해 국가에 충성하는 것이 필요하다. 결국 충은 양생의 한 형태라고 봄이 타당하다. 양생과 관련하여 마지막 한 가지 더 고려해야 할 것은 자연을 사랑하는 것이다. 엄격히 말하면 우리가 살고 있는 환경은 우리의 생명을 보전시키는 것이다. 생명을 사랑하고 지켜나가고자 하는 양생의 효는 당연히 자연환경을 고려하지 않을 수 없다. 자연이 파괴되면 생명의 존속이 위협받게 된다. 이는 결국 생명을 지켜가고자 하는 존속의 효를 다하지 못하는 것이다. 생명사랑과 생명존속을 중시하는 양생의 효는 자연환경을 보전하고 이를 깨끗이 사용하여 후손에게 잘 물려주는 것과 상호 관련 있음을 이해할 수 있다. 그런데 존속의 효가 내포하고 있는 효자가 이 세상에서 잘되고 장수한다는 하나님의 복의 내용은 성경적 효가 현대 민주사회의 가치관과 상통할 수 있음을 보여준다. 왜냐하면 전통적 효가 부모 중심적 또는 부모를 위한 효 체계로 구성된 것과 달리 성경적 효는 효하는 자녀 중심 그리고 그 자녀를 위한 효 체계임을 전제하고 있기 때문이다.

네 가지 변수 중 마지막으로 대리의 효에 대해 살펴보자. 에베소서 6장 1절에 의하면 부모에 대한 순종이나 친애 그리고 존속의 효 모두 '주' 안에서 행해져야 함이 강조되고 있다.[24] 성경적 효가 갖는 또 하나의 특징으로서 '주' 안에서의 효는 어떻게 이해되어야 하는가?

우선 유대교에서 부모의 자녀에 대한 위치는 월터 카이저(Walter C Kaser)가 언급한 바와 같이[25] 하나님의 대리자이다. 따라서 부모에 대한 반역을 하나님에 대한 반역과 연관을 짓고 있다. 왜 부모는 하나님의 대리자인가? 이는 성경에 언급한 바와 같이 부모로부터 하나님의 법을 배우기 때문이다. 즉 하나님 말씀을 대변하는 부모에게 효를 행하지 않는 사람은 하나님의 말씀을 따를 수가 없게 된다.

그런데 이러한 하나님의 대리자로서 부모의 위치와 대응하여 에베소서 6장 1절은 자녀들도 '주' 안에서 효를 행할 것을 명령하여 자녀도 주님 즉 하나님의 대리자임을 분명히 한다. 이런 의미에서 유대교의 하나님의 '대리'로서 효 체계를 설명하는 틀은 기독교에도 동일하게 적용할 수 있다. 즉 기독교의 효 체계도 이 부분에서 구약의 유대교의 효 체계와 크게 차이가 나지 않기 때문이다. 다만 신약의 에베소서의 '주 안'은 카이저가 지적한 바와 같이 대리자로서 부모나 자녀

이는 성경적 효가 효를 받고자 하는 사람들에 의해 강압적으로 효를 강요하는 것보다 효하는 자의 인격을 존중하고 자율적으로 효를 행하도록 그들을 독려하고 장려하는 방법을 취하고 있기 때문이다. 이런 의미에서 성경적 효는 보다 현대적이고 민주적이다.

24) '주 안에서'라는 공식구는 ℵ, A, K, vg, sy 사본에는 나오지만, B, D*, it, 사본과 Markion, Clemens v. Alexandreia, Tertullian의 책에는 나오지 않는다. 이 어구가 빠져 있었음을 가장 일찍 보여주는 것은 마르시온 사본인데, 아마도 마르시온은 이 어구를 삭제하였을 것이다. 왜냐하면 십계명의 제4계명과 주를 연결시키는 것은 그로서는 적절하지 않다고 생각하였기 때문이다. 하지만 Beare, Masson, Wette는 이 어구를 그대로 두는 것이 필요하다고 본다. 왜냐하면 이 어구는 이 구절 전체와 관련되며 단순히 부모와 관련되지 않는다고 보기 때문이다. 즉 자녀들은 주에 대한 믿음과 복종을 표현하기 위해 부모에게 복종하여야 한다는 것이다. 참조, Joachim Gnilka, 강원돈 역, 『국제성서주석』(서울: 국제신학연구소, 1971), 434-435.

25) Walter C. Kaser, 홍용표 역, 『구약성경윤리』(서울: 생명의 말씀사, 1990), 179.

가 하나님의 말씀을 대적하는 것을 금지하는 의미도 포함한다. 즉 자녀는 자신의 이익이나 감정에 의해서가 아니라 하나님의 뜻과 명령에 따라 효를 행하는 것이 진정한 효를 실천하는 것이다. 이런 의미에서 하나님의 뜻과 명령에 어긋나는 형태로 효를 행하는 것은 금지된다.

물론 기독교를 믿지 않는 타종교의 사람들도 그들의 종교가 제시하는 효의 원리에 따라 효를 행하는 것이 가능하며 그 밖에 사회의 관습이나 윤리와 같은 사회의 규범에 의한 효의 원리에 따라 효를 행하는 것도 가능하다. 이런 의미에서 유교의 효에 대한 원리나 불교의 효에 대한 원리들은 이러한 종교를 가진 사람들이 대리의 효를 행하는 데 행위의 기준이 된다.

Ⅲ. 성경적 효의 구현으로서 요나단의 효 분석

이제 성경에 등장하는 효의 실천자 중에서 성경적 효 체계의 분석틀에 의해 분석할 경우 성경적 효의 모형으로 드러나는 인물로서 주목받을 수 있는 사람은 바로 요셉과 마리아의 아들 예수와 사울의 아들 요나단이다. 물론 이밖에 성경에 등장하는 효자로서 아브라함의 아들 이삭, 나오미의 며느리 룻, 그리고 예레미아가 칭찬한 레갑의 아들 요나답의 후손들 등이 있다.

그러나 이들은 모두 예수와 요나단과 달리 성경적 효 실천의 분석틀에 의해 분석할 경우 한두 가지 변수만 강조된 효의 실천이었다. 예를 들어 이삭의 순종은 매우 강조되었지만 친애의 효 실천이 약하였다. 그리고 룻은 순종과 존속의 효를 실천한 모델이 되지만 역시 친애와 대리의 효가 약한 면이 있다. 또한 레갑 자손의 효도 순종의 효가 지나치게 강조되었기에 다른 효의 내용이 드러나지 못하고 있다.[26]

성경적 효의 모범으로서 성경적 효 체계의 네 가지 변수가 제대로 드러난 곳은 예수의 효[27]와 요나단의 효이다. 여기서는 성경적 효 체계의 네 가지 변수가 보다 분명히 드러나고 있는 요나단의 효를 분석하기로 한다.[28]

1. 순종

우선 요나단은 순종의 사람이었다. 사무엘 상 14장 43절에 보면 절제 서원을 명한 아버지 사울의 명을 알지 못하고 그 서원을 어긴 일로 처분을 받을 때 요나단은 "내가 다만 내 손에 가진 지팡이 끝으로 꿀을 조금 맛보았을 뿐이오나 내가 죽을 수밖에 없나이다"라고 하면서 아버지가 정한 법에 따라 죽는 것에 순종하기로 결단하고 있다.

프리츠 스톨쯔(Fritz Stolz)가 지적한 바와 같이[29] 군사적인 성공은 아들인 요나단이 거두었고 아버지 사울은 스톨쯔가 재차 강조하듯 하는 일마다 되는 일이 없는 사람이었다.[30] 뒤에 보다시피 여호와도

---

26) 물론 문서에 다른 효의 변수가 제대로 표기되지 못했을 가능성도 있다. 그러나 문서상에서 평가를 할 때 순종이 강하게 드러나지만 다른 변수의 내용이 없어 성경적 효의 모형으로 보기에 한계가 있다.

27) 예수의 효가 제대로 드러난 곳은 누가복음 2장이다. 이 장에서 성경적 효 체계의 변수인 순종, 친애, 존속, 대리가 내포되어 있다.

28) 요나단의 효의 내용은 사무엘상 14장부터 31장까지 산재되어 있다. 이 장들을 중심으로 요나단의 효를 분석하기로 한다.

29) Fritz Stolz, *Das erste und zweite Buch Samuel*, 박영옥 역, 『국제성서 주석: 사무엘 상하』(서울: 한국신학연구소, 1991), 148.

30) 위의 책.

포기한(15:11) 실패의 아버지 사울이지만 요나단은 묵묵히 그 아버지를 따랐던 것이다. 사실 요나단은 아버지의 명령을 전혀 알지 못했다. 또한 아버지 사울이 명한 절제 서원은 아주 불합리한 것이다.[31) 그리고 요나단 자신도 사무엘상 14장 29절에 보다시피 이러한 아버지의 절제 서언이 부당함을 인식하였다.

그럼에도 요나단은 아들로서 아버지가 자신의 권위를 지키기 위해 아들을 죽이겠다는 말에 어떤 변명이나 항의 없이 순순히 죽음을 각오하는 순종의 극치를 보여준다. 이는 마치 아브라함이 자신을 제물로 바치려고 했을 때 이에 순종했던 이삭보다 더 높은 순종의 효를 드러낸다. 왜냐하면 이삭은 아버지 아브라함에게 임한 여호와의 명령에 순종했지만 요나단은 잘못된 판단에 의한 아버지의 명령임에도 그 아버지의 명예를 위해 죽기로 각오했기 때문이다.[32)

2. 대리

어떻게 불합리한 극한상황 속에서 요나단은 순종의 효를 행할 수 있었는가? 사무엘상 14장 44절에 보다시피 그리고 스톨쯔도 동의한 바와 같이[33) 요나단과 사울 사이에 극단적 대립이 있었다. 제비뽑기 과정을 통해 요나단이 장본인으로 판명되었을 때 아버지가 고통스러워했다는 보도가 없었다는 사실이 이를 증명한다.

---

31) 위의 책. 사무엘상 14장 27절에 보다시피 꿀을 조금 먹었는데도 "눈이 밝아졌다"는 것은 모든 군사들을 충분히 먹이면 도처에서 성공을 거둘 수 있었을 것이다.

32) 물론 하나님께서 직접 이삭의 죽음을 막았지만 요나단은 주위 사람들의 만류로 살아난다. 이때 이스라엘 사람들은 종교법에 따라 일정한 금액을 지불해서 처벌을 면했다고 볼 수 있다. 위의 책. 158.

33) 위의 책. 157.

이런 아버지에게 순종할 수 있었던 것은 그가 성령의 사람이었기 때문이다. 즉 그는 하나님의 뜻을 충실히 실천하고자 하였기에 부모에게 순종하라는 하나님의 명령을 따랐다고 볼 수 있다.

요나단이 성령의 사람으로서 자기의 의지에 의해 효를 행하지 않고 하나님의 뜻에 순종하여 부모를 섬긴 것은 대리의 효를 충실히 이행했다고 판단할 수 있다. 아무리 못난 부모라도 부모의 위치를 점하는 자는 하나님이 그 지위를 부여했다는 것을 인정하는 것이 대리의 효이다.[34]

요나단이 대리의 효를 철저히 실천했던 사람임을 알 수 있는 것은 다윗이 자기를 대신하여 왕이 될 것이라는 사실을 알았을 때이다. 그러나 그는 이것이 하나님의 뜻이라면 기꺼이 수용한 사람이었다. 그래서 사무엘상 20장 30-34절에 보다시피 사울은 다윗이 지기의 가문을 대신하여 왕이 되는 것을 거부하며 다윗을 죽이려고 하지만 요나단은 아버지 사울의 뜻을 벗어나 오히려 다윗을 살려준 것은 진정한 효란 진리이신 하나님의 뜻을 이루는 것임을 보여준다. 그는 자기의 이익이나 부모의 뜻을 포기하고 하나님의 뜻으로 부모를 섬기고자 하였다. 성경적 효는 성령에 따라 행하는 것이다. 육신의 아버지를 제대로 섬기는 것은 성령을 따라 섬길 때이다. 비록 일시적으로 육신의 아버지의 뜻에 불순종하는 것처럼 보이나 성령에 따라 대리의 효를 행하는 것이 최선으로 부모에게 효도하는 것이다. 물론 성령에 의한 대리의 효는 순종의 효나 뒤에 언급할 친애와 존속의 효를 실천하는 데도 적용된다. 이제 친애와 존속을 살펴보기로 한다.

---

34) 요나단이 성령의 사람이 된 것은 사무엘상 14장 8-10절에 보다시피 여호와의 도움이 있어야만 전쟁에 성공할 수 있다고 생각하였기 때문이다.

3. 친애

또한 요나단은 아버지에 대해 요구 즉 올바른 것을 직언하는 친애의 효를 실천한 사람이었다. 그는 사무엘상 14장 29-31절에 보다시피 또한 스톨쯔가 동의한 바와 같이 "개화된"[35) 인물로서 합리적이고 현실적 사람이었기에 분명한 판단력을 소유하고 있었다. 따라서 필요할 경우 아무리 아버지이지만 잘못한 것에 대해 비판을 주저하지 않고 수정을 요구하였다.

사무엘상 19장에는 요나단이 그의 아버지 사울에게 다윗을 칭찬하며 이유 없이 다윗을 죽이려는 것에 반대한다. 심지어 자기 목숨이 위태한 지경에 처할지라도 올바른 것을 아버지에게 직언하는 친애의 효를 고수한다. 다윗을 죽이려는 아버지 사울에 대해 "그가 죽을 일이 무엇이니이까 무엇을 행하였나이까"했으며 이 때문에 "사울이 요나단에게 단창을 던져 죽이려 한지라 요나단이 그의 아버지가 다윗을 죽이기로 결심한 줄 알고 심히 노하여 식탁에서 떠나고"하고 있다.

이미 앞의 분석틀에서 언급했지만 친애의 효를 실천하는 데는 요구(demand)만 있는 것은 아니다. 지지(support)가 필요하다. 특히 부모가 하는 일을 돕는 것이 친애의 지지에 해당한다.[36) 요나단은 사울이 싸우는 곳에 함께하였다. 비록 다윗을 추격하는 데에 동행하지 않았겠지만 그 밖의 전쟁에는 항상 아버지 사울과 동행했을 가능성이 높다. 그는 마지막 전투에서 끝까지 아버지 사울을 도와 싸웠고 그리고

---

35) Fritz Stolz, 『국제성서 주석: 사무엘 상하』, 154.

36) 이런 지지와 요구를 조화시킨 요나단을 사울은 신뢰하고 대소사를 요나단과 의논할 정도로 친밀한 관계를 유지하였다. 이것은 요나단의 효가 친애의 효의 전형임을 보여준다.

아버지 사울과 함께 죽음을 맞았다. 사무엘상 31장에 "사울과 그의 세 아들과 무기를 든 자와 그의 모든 사람이 다 그날에 함께 죽었다" 라고 하고 있다. 이런 면에서 요나단은 친애의 효를 철저히 실천한 사람으로 인정하지 않을 수 없다.

4. 존속

요나단은 아버지와 그리고 자식의 존속을 통한 가문의 존속을 도모하는 매우 현실적이고 합리적 사람이었다. 성령이 충만하다고 하여 비합리적인 사람이 나 비현실적인 사람이 되지 않음을 잘 보여준다.

우선 요나단은 다윗이 왕이 되는 것을 인정하고 그를 도와주는 것이 바로 자기 아버지와 자기 자식을 살리고 그래서 사울 가문을 보존하는 길이라 생각했다. 그래서 그는 보다 현실적이고 합리적인 선택을 행하였다. 사무엘상 20장 13절에 보면 "그러나 만일 내 아버지께서 너를 해치려 하는데도 내가 이 일을 네게 알려 주어 너를 보내어 평안히 가게 하지 아니하면 여호와께서 나 요나단에게 벌을 내리시고 또 내리시기를 원하노라. 여호와께서 내 아버지와 함께하신 것 같이 너와 함께하시기를 원하노니"에서 요나단은 자신의 아버지 사울에게 하나님이 함께하시기를 기원하여 아버지 사울의 존속에 대한 하나님의 은혜를 간구하고 있다. 여기에서 스톨쯔가 지적한 바와 같이[37] 요나단은 다윗에게 왕위가 넘어 갈 가능성을 인정했기에 다윗이 비록 왕위를 차지한다고 하더라도 그의 아버지 사울에 대한 안전

______

37) Fritz Stolz, 『국제성서 주석: 사무엘 상하』, 227.

을 보장할 것을 넌지시 암시한다.

또 계속해서 14절에 보면 요나단은 "너는 내가 사는 날 동안에 여호와의 인자하심을 내게 베풀어서 나를 죽지 않게 할 뿐 아니라 여호와께서 너 다윗의 대적들을 지면에서 다 끊어버리신 때에도 너는 네 인자함을 내 집에서 영원히 끊어버리지 말라"고 하고 있다. 요나단은 자기 자식의 존속을 도모하여 아버지 사울의 가문이 지속되는 존속의 효를 분명하게 보여주고 있다.

이처럼 요나단의 효는 성경적 효 윤리체계의 네 가지 변수를 제대로 실천한 성경적 효의 전형이 된다고 할 수 있다.

IV. 결론

앞에서 언급한 바와 같이 지금 한국사회는 가족체계의 위기 시대라 할 수 있다. 이혼이나 가출 그리고 존속상해와 살해 등에 의해 가족해체 현상이 심각한 수준이다. 특히 자녀들에 의한 부모 유기나 상해 그리고 살인의 문제는 한국사회의 윤리적 기초가 균열을 일으키고 있음을 보여준다.

모든 인간관계 중에서 가장 친밀하고 가까워야 할 부모자식 간의 관계가 상해나 살인으로 붕괴되는 현상은 그동안 부모자녀 관계를 지탱해온 윤리체계에 문제가 있음을 보여준다. 특히 여기서 관심을 갖는 것은 그동안 한국사회에 만연한 유교적이고 가부장적이며 권위주의 이데올로기에 의한 효 윤리이다. 유교적·가부장적 효 윤리는 부모자녀 관계를 억압적이며 자녀의 순종만을 강조하는 편협된 윤리의식이 지배하였다.

이제 이러한 억압적이고 편협한 효 윤리를 보다 상호관계적이고 복합적인 효 윤리체계로 전환하는 것이 필요하다. 성경적 효 윤리체계는 바로 이러한 유교적·가부장적 효 윤리를 대체하는 현대 한국 사회의 새로운 효 윤리라 할 수 있다. 성경적 효 윤리체계의 네 가지 변수, 즉 순종, 친애, 존속 그리고 대리는 부모자녀 간의 상호관계적이고 복합적인 성격을 제대로 반영한 효 윤리체계이다. 그리고 이러한 성경적 효 윤리체계에 비추어 제대로 이 네 가지 변수를 가지고 효를 행한 인물이 요나단임을 이미 살펴보았다.

이제 이러한 성경적 효 윤리체계와 요나단 같은 인물을 모델로 한 효 윤리가 실천될 수 있도록 한국교회가 노력함이 필요하다. 이를 위해 성경적 효 윤리를 교육할 수 있는 교재 등의 개발과 교육방법의 개발이 시급하다.

제14장 | 양생(養生)의 효에 의한 유전자 치료의 정당성 연구

Ⅰ. 서론

1. 연구 목적

유전자 치료(gene therapy)에 대한 관심이 높아지고 있다. 즉 그동안 난치병으로 불리던 암과 에이즈 등을 극복할 수 있는 새로운 돌파구를 유전자 치료가 가져올 것으로 기대되기 때문이다.[1]

유전자 치료는 치료대상에 따라 체세포 유전자 치료(somatic cell gene therapy)와 생식세포 유전자 치료(germline gene therapy)로 나뉜다. 그런데 유전자 치료와 관련하여 문제가 제기되기도 하는데 주로 생식 유전자 치료이다.

왜냐하면 체세포 유전자 치료는 그 효과가 1대에 한정되지만 발달 초기의 수정란 단계에서 유전자를 변화시켜 유전자의 표현형(phenotype)을 바꾸는 생식세포 유전자 치료는 개체뿐만 아니라 그 자손들에게까지 영향을 미친다.

---

[1] 기존의 방사선 요법(gene expression)이나 화학요법(chemotherapy)이 환자에게 여러 가지 불편과 부작용을 야기할 뿐 아니라 기존의 치료 방법이 한계에 도달했다는 인식에 의해 의과학자들 사이에 유전자 치료가 대안으로 부상하고 있다. 참고, 구영모, 「유전자 치료와 인간의 미래」, 한국방송통신대학교 교양과정부 공개교양강좌(2001. 5. 4).

생식세포의 유전자 치료의 연구는 아직 동식물에서 수행되고 있지만 사람들에게 적용되고 있지 않다. 하지만 생식세포 유전자 치료를 인간에게 적용시킬 것인가의 문제에 관하여는 강미정이 언급한 바와 같이[2] 찬반 논란이 제기되고 있다. 이러한 찬반의 논쟁 속에서 특히 효학의 연구 대상인 양생의 효를 규명하는 것에 관심을 갖게 된다. 왜냐하면 생식세포 유전자 치료는 유아기 때 부모에 의해 행해지고 부모들이 가지고 있는 가족공동체 존속의 가치관은 생식세포 유전자 치료에 주요한 의미를 지니기 때문이다.[3]

위와 같은 관점에서 본 연구는 생식세포 유전자 치료와 양생의 효의 상호관계를 분석하여 양생의 효의 관점에서 생식세포 유전자 치료의 윤리적 정당성을 규명하는 데 연구의 목적을 둔다.

2. 연구 방법

본 연구가 동원하는 '유전자 치료'나 '양생의 효' 등의 개념들은 복합적 개념 구도를 갖고 있다. 따라서 단순히 한두 가지 변수로서 설명하기에 한계가 있다. 왜냐하면 유전자 치료과정은 지속적으로 환경과의 상호작동을 통해 유전자 치료체계를 구축하는 복합적 개념구도를 내포하기 때문이다. 그렇다면 이러한 다차원적이고 복합적인 환경 속에서의 유전자 치료체계를 제대로 분석하기 위해 어떤 접근법이 필요한가? 바로 체계론적 접근법이다.

홀(A. D. Hall)과 패건(R. E. Fagan)이 정의한 바와 같이 체계란 대상

---

2) 강미정, 「유전자 치료에 대한 윤리적 고찰」, 『생명윤리』(한국생명윤리학회, 2000. 1), 79–91.
3) 양생의 효는 가족의 생명으로서 가문의 존속과 밀접한 관련을 갖는다.

들(objectives) 또는 대상들의 속성들(attributes) 사이의 관계에 의한 세트(set)이다.4) 즉 체계란 상호작용 인식의 관계망이다. 하나의 체계와 그 속성들은 지속적으로 환경으로부터의 투입 또는 자극과 이에 대한 산출 또는 대응으로 그 존속을 유지한다.

이런 의미에서 유전자 치료의 정당성을 구축하기 위해 양생의 효 체계를 외부환경으로 하는 유전자 치료는 환경인 효 체계와 상호작용을 통해 그리고 유전자 치료의 내적 구성요소 간의 상호작용을 통해 '유전자 치료 정당성 체계'를 구축하게 된다. 그렇다면 유전자 치료 정당성 체계를 구성하는 요소로서 주요변수들에는 어떤 것이 있는가?

유전자 치료 정당성 체계를 구축하는 내적 체계의 구성요소를 설정하는 데에는 다양한 방법이 가능하다. 그러나 생식세포 유전자 치료의 정당성과 관련하여 가장 관심을 갖게 되는 것이 조지타운의 케네디연구소의 구성원들이 만들어낸 의료윤리의 원칙이다.5) 이 의료윤리원칙은 하나의 체계로서 크게 네 가지 변수가 작동한다. 그 변수들을 살펴보면 자율성 존중의 원칙(The Principle of Respect for autonomy)(자율)6), 피해회피 원칙(The Principle of Non maleficence)(회피), 선행의 원칙(The Principle of Beneficence)(선행) 그리고 정의의 원칙(The Principle of Justice)(정의)이다.

이제 유전자 치료의 정당성 체계의 내적 체계로서 네 가지 변수와

---

4) A. D. Hall and R. E. Fagen, "Definition of System," Revised introductory chapter of *Systems Engineering* (New York: Bell Telephone Laboratories, 1956), 18-28.

5) 참조, Tom L. Beauchamp & Mames F. Childress, *Principles of Biomedical Ethics*, 5th Edition(Oxford University Press, Inc., 2001).

6) (자율)의 명칭은 앞의 자율성의 원칙을 약칭한 것이다. 뒤에 나오는 원칙들에 대해서 약칭을 사용한다. 다만 피해 회피의 원칙의 약칭은 해를 막는다는 '회피'로 한다.

이러한 변수들과 외적 환경과의 상호작용 관계를 유전자 치료 중 특히 생식세포 유전자 치료의 정당성과 관련하여 논하여 보기로 한다.

II. 생식세포 유전자 치료의 정당성 체계

양생의 효에 의해 생식세포 유전자 치료의 내용을 제대로 분석하기 위해서는 분석의 체계를 구축하는 것이 필요하다. 이러한 분석체계의 구축작업은 우선 양생의 효와 생식세포 유전자 치료의 의미를 밝혀내는 것이 선결과제다. 먼저 생식세포 유전자 치료의 의미를 분석하기로 한다.

1. 생식세포 유전자 치료의 의의

유전자 치료란 해당 질환의 치료에 요구되는 단백질을 코딩(coding)하는 유전자를 그 유전자의 발현을 필요로 하는 세포에 삽입하여 세포의 생물학적인 결함을 제거하거나 또는 세포로부터 생체에 필요한 성분을 생산하게 하고 타기관이 이를 이용함으로서 질병을 치료하거나 예방하는 방법을 말한다.[7]

유전자 치료는 체세포나 생식세포를 표적으로 삼는다. '체세포 유

---

7) 유전자 치료를 시도하는 경우 'in vivo'와 'ex vivo'가 있다. in vivo 유전자 치료란 벡터를 직접적으로 환자의 몸속에 주입하는 것을 말하며, ex vivo 유전자 치료란 치료유전자가 도입된 바이러스 벡터를 세포에 도입한 후 약물 내성 유전자를 이용하여 치료유전자가 발현되는 세포를 증폭시키고 다시 이 세포를 환자의 몸속에 주입하는 방법을 말한다. 유전자 치료의 성패를 좌우하는 중요한 요인은 효과적인 유전자 전달, 정상적인 기능유전자의 개체에 대한 안정성, 적절한 세포에서의 계속적인 유전자 발현 등이다. 지난 세기 동안 유전자 치료로 인체 발병을 치료하기 위하여 포유동물 세포에 효과적인 유전자 전달을 위한 운반체들이 개발되어 왔다.

전자 치료(somatic cell gene therapy)'는 출생 후 성체에 대한 유전자 치료를 의미한다. 따라서 체세포 유전자 치료에 있어서 수여자의 게놈(genome)[8]은 변화되지만 그 변화는 다음 세대에 전해지지 않는다. 즉 체세포 유전자 치료는 결함을 가진 환자의 체세포 유전자를 다른 정상 혹은 우수한 소질의 유전자로 대체하는 것이며 치료의 효과는 당대에 국한된다. 그러나 생식세포 유전자 치료(germ-line cell gene therapy)는 유전자 치료의 단계에서 정자와 난자의 단계에서 치료가 행해지는 것을 말한다. 따라서 생식세포 유전자 치료에 있어서는 부모의 난자와 정자세포는 자손에게 전해진다. 생식세포 유전자 치료를 통해 결함 있는 유전자를 정상적 혹은 우수한 소질의 유전자로 대체한다.

하지만 생식세포 유전자 치료는 정자, 난자 혹은 배아상태에서의 결함을 가진 유전자를 정상 혹은 우수한 유전자로 대체하는 것이기 때문에 성인으로 자라 후손을 낳게 되면 후대에까지 그 영향을 준다.[9]

2. 생식세포 유전자 치료의 정당성 체계

앞에서 언급한 바와 같이 생식세포 유전자 치료는 체세포 유전자 치료와 달리 후대에까지 그 영향이 항구적으로 미친다.[10] 따라서 생

---

8) 게놈(genome)은 한 생명체가 가지고 있는 전체 DNA 또는 염색체를 말하는 것으로서 '지놈'이라고도 발음한다. genome은 gene(유전자)과 chromosome(염색체)의 합성어이다. 우리말로 '유전체'라고 번역한다. '게놈'이 하나의 소설이라면 '염색체'는 그 소설의 한 장에 해당하고, '유전자(gene)'는 그 각 장 속의 문장이다. '염기(base)'는 그 문장을 구성하는 문자로 생각하면 될 것이다. 노영상, 『기독교 생명윤리 개론』(서울: 장로회신학대학교 출판부, 2004), 220.

9) A. M. DeWachter, "Ethical Aspects of Human Germ-line Gene Therapy," *Bioethics*(1993. 7), 166-167. 재인용. 위의 책, 240-241.

10) 위의 책, 166-167.

식세포 유전자 치료에 대해 문제를 제기하며[11] 반대하는 논리들이 있다.[12] 그런데 그동안 생식세포 유전자 치료에 대한 찬반 논리들이 있었지만 나열적이고 비체계적이어서 제대로 그 정당성을 규명하기에 한계가 있었다. 이와 관련하여 생식세포 유전자 치료의 정당성 문제를 보다 체계적으로 규명하는 작업[13]이 필요한데 이제 이를 시도해 보기로 한다.

생식세포 유전자 치료의 정당성을 규명하기 위해 여기서 관심을 갖는 것은 정당성이라는 윤리적 문제와 관련하여 그동안 생명윤리의 정당성 기준으로서 제시된 '의료윤리의 4원칙(Principles of Biomedical Ethics)'은 우리의 관심을 끈다. 왜냐하면 '의료윤리의 4원칙'은 조지타운의 케네디연구소의 구성원들이 만들어낸 의료윤리의 원칙[14]으로서 미국의 의료윤리를 이끄는 데 선두적인 위치를 차지하고 있기 때문이다.[15] 이제

---

11) 유전자 치료에 대한 기독교적 논란은 1979년 세계교회협의회(World Council of Churches)에서 본격화되었다. 이 회의에서 세계교회협의회는 유전 질환 치료 중 체세포 유전자 치료만 윤리적으로 용납될 수 있으며 질병의 예방 혹은 치료를 위한 생식세포 유전자 치료는 윤리적으로 용납될 수 없다고 하였다. 참고, E. Juengst and L. Walters, "Gene Therapy: Ethical and Social Issues", *Encyclopedia of Bioethics*, 914–917.

12) 생식세포 유전자 치료에 반대하는 측의 논리는 첫째, 생식세포 유전자 치료 과정에 대한 과학적 불확실성과 임상적 위험이 따른다는 것이다. 둘째, 인간의 종의 개량이 야기할지 모르는 우생학적 미끄러운 경사(slippery slope)의 위험이 따른다는 것이다. 이는 한번 이러한 시도가 행해지고 나면 걷잡을 수 없는 사태가 발생할 수 있다는 것이다. 셋째, 체세포 유전자 치료가 가능하기 때문에 구태여 생식세포 유전자 치료가 필요하지 않다는 것이다. 넷째, 생식세포 유전자 치료에 대해 미래 세대가 동의할 것인지에 대해 불확실하다는 것이다. 다섯째, 자원할당 문제가 있다는 것이다. 즉 생식세포 유전자 치료의 혜택을 필요한 사람 모두에게 제공되는 것이 불가능하기에 할당의 문제가 제기되는 것이다. 이 밖에 생식세포 유전자 치료가 갖는 문제로서 유전적 세습의 총체성을 저해한다는 것과 유전적 변이의 양을 감소시킨다는 것이다.

13) 지금까지 제시된 생식세포 유전자 치료에 대한 찬성의 논리적 근거는 다음과 같다. 첫째, 생식세포 유전자 치료가 의학적 유용성을 가지고 있다는 것이다. 즉 생식세포 유전자 치료는 체세포 유전자 치료가 제대로 효과를 보지 못하는 영역에도 의학적으로 도움을 준다는 것이다. 둘째, 생식세포 유전자 치료는 병을 예방하는 데 효율적이라고 본다. 이는 미래에 발생할 수도 있는 질병을 미리 치료하는 효과를 가져 온다는 것이다. 셋째, 생명윤리의 원칙으로서 자율성의 원칙과 관련하여 부모가 원한다면 그 자율성을 존중하여야 한다는 것이다. 넷째, 과학의 발전과 관련하여 과학에게는 연구의 자유가 허락되어야 한다는 것이다. 다섯째, 미래의 세대의 행복을 위해 그들의 생을 개선하는 일은 필요하다는 것이다.

14) 참조, Tom L. Beauchamp & Mames F. *Childress, Principles of Biomedical Ethics* 5th Edition(Oxford University Press, Inc., 2001).

이 4원칙 즉 자율성 존중의 원칙, 피해회피의 원칙, 선행의 원칙, 정의의 원칙을 자세히 살펴보기로 한다.[16] 그런데 여기서 염두에 둘 것은 이 4원칙이 하나의 체계를 이루고 있다는 사실이다. 즉 이 4원칙은 상호작용을 하면서 의료윤리의 정당성의 기준으로 작동한다는 것이다. 따라서 이 4원칙은 다음과 같은 체계의 망으로 그려낼 수 있다. 이 그림은 이미 서론 부분에서 언급된 내용이다.

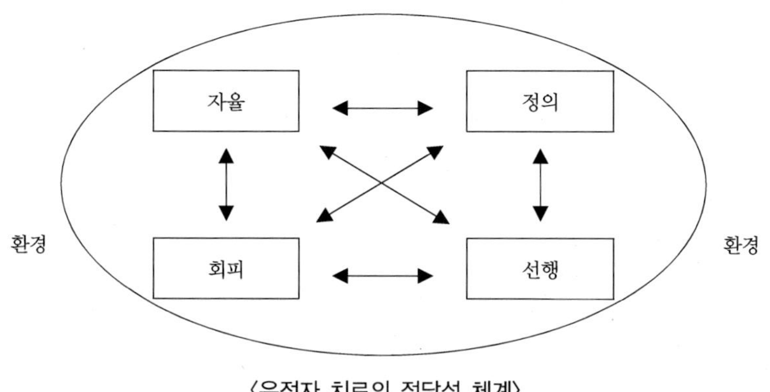

〈유전자 치료의 정당성 체계〉

1) 유전자 치료의 정당성 체계의 내적 변수

가. 자율성 존중의 원칙[17]

이 원칙의 배후에는 개인은 누구나 자신의 일을 결정할 자율권을 가지고 있으며 그것이 타인에게 피해를 주지 않는 한 어느 누구도 그 권리를 침해받아서는 안 된다는 원리가 전제되어 있다. 이러한 일반

---

15) 김일순 · 손명세 · 김상득, 『의료윤리의 네 원칙』(서울: 계축문화사, 1999), 4.

16) 이제 소개할 생명윤리 또는 의료윤리의 4가지 원칙은 주로 위의 책을 참고로 하였다.

17) 김일순 · 손명세 · 김상득, 『의료윤리의 네 원칙』, 15-46.

원리 또는 원칙이 '자율성 존중의 원칙'이다.[18] 오늘날 의료윤리지침은 진료행위나 실험을 하기 전에 반드시 환자나 실험의 대상자로부터 동의를 얻도록 규정하고 있다.

김일순 등이 지적한 바와 같이 의료행위의 자율성 존중의 원칙은 일차적으로 진료행위나 실험과정에서 발생할 수 있는 피해로부터 환자나 실험대상자를 보호하는데 그 목적이 있지만 이러한 원칙의 배후에는 인간존중의 사상이 내포되어 있다.[19] 이는 한 사람의 자율적 선택을 존중하지 않고서는 그 사람을 존중한다고 말하기 힘들기 때문이다. 이는 인간이 환경과 상관없이 독립적인 가치를 갖는다는 의미이다. 이러한 인간존중과 인간의 자율성 존중을 역설한 대표적인 학자로서 임마누엘 칸트(Immanuel Kant)[20]와 존 슈트어트 밀(John Stuart Mill)[21]이다.

그런데 이러한 자율성 존중의 원칙도 타인이 존중해주지 않는다면 자기결정권은 무의미하다. 결국 자율성 존중의 원칙이란 타인의 자율

---

18) 자율성은 개인의 의사결정이다. 즉 자신의 욕구와 가치관에 따라 자신의 삶을 결정할 수 있는 자유를 의미한다. 원어적 의미로는 자기규범(self-law)을 의미하기도 한다. 더 나아가 자율성은 독립, 자기신뢰 등을 포함하며 때로는 간섭을 받지 않은 채 자신의 삶을 추구할 수 있는 권리인 '소극적 자유'를 의미하기도 한다. 의료에서 자율성 개념은 환자를 위해 의사결정을 내리는 의사의 온정주의적 특권에 반대하여 환자가 자신의 생명과 치료에 관해 스스로 결정을 내릴 수 있는 권리를 말한다. Scott B Rae and Paul M. Cox, 김상득 역, 『생명윤리학』(서울: 살림, 2004), 316.

19) 김일순·손명세·김상득, 『의료윤리의 네 원칙』, 16.

20) 칸트는 『도덕 형이상학의 근본원리(Fundamental Principle of Moral Metaphysics』에서 개인의 사적인 행위 지침인 준칙(Maxim)이 도덕규칙(moral rule)이 되기 위해 갖추어야 할 형식적 원리로서 정언명법(categorical imperative)을 언급한 바 있다. 이 정언명법을 3가지 차원에서 나누어 설명하면서 그는 인간의 자율성이 존중되어야 한다고 역설하고 있다. 즉 모든 인간은 무조건적 가치를 지니며 나아가 자신의 운명은 자신이 스스로 결정할 능력을 갖기에, 한 개인을 목적이 아니라 단지 수단으로 다루는 것은 이러한 개인의 자율성을 침해하게 된다는 것이다.

21) 밀은 그의 저서 『자유론(On Liberty』에서 공리주의 원리에 근거하여 자유를 옹호하는 논리를 펴고 있다. 그는 자유를 사상의 영역과 행위의 영역으로 나누어 서로 다른 기준을 제시한다. 즉 사상의 영역에서 개인은 절대적인 자유를 누리는 반면, 행위의 영역에서는 타인에게 폐를 끼치지 않는 범위에서 자유가 허용된다는 것이다.

적인 자기결정을 존중하라는 윤리원칙을 일컫는다. 즉 외적 환경을 무시하지 말아야 한다는 것이다.

의료윤리에서의 자율성 존중의 원칙은 환자가 비록 몸이 불편해서 혹은 건강상의 이유로 도움을 요청하고 있지만, 환자는 여전히 자율성을 지닌 인격적 존재이기 때문에 환자 개인의 자율적인 결정을 존중해주어야 한다는 것이다.

그런데 자율성 존중의 원칙이 개인의 지율성이 무조건 존중되어야 한다는 것을 의미하지 않는다. 일반적으로 어린 아이처럼 자기 의사를 온전하게 결정할 수 없는 개인의 경우, 자율성 존중의 원칙이 그대로 적용되지 않는다. 실제로 모든 인간이 자기 결정 능력을 지니는 것은 아니다. 자율성 존중의 원칙은 어디까지나 자기 결정 능력을 지닌 인격적 존재의 자발적인 결정을 존중하라는 원칙이기에 이런 사람에게는 적용되지 않는다.

여기서 어린 아이의 자율적 선택 능력과 관련하여 대리인(surrogate)의 의사 결정 능력에 대해 관심을 갖게 된다. 환자와 의사와의 자유로운 의사소통이 어려울 때 대리인의 결정이 중요하기 때문이다.

대리인의 결정 기준틀은 세 가지 입장이 있다.[22] 첫째, 대리판단 기준(substitute judgement standard)이다. 환자가 현재 능력이 없는 경우에도 역시 자율적 결정권을 지니기에 결코 이 권리를 빼앗을 수 없다. 그래서 다른 의사결정권자가 그 환자를 대신하여 판단을 내리는 것으로 볼 수 있다. 따라서 그 환자의 개인적 욕구와 필요, 가치관에 근거하여 대리인은 판단을 대신 내린다. 이 경우 "환자를 위해 대리인

---

22) 김일순·손명세·김상득, 『의료윤리의 네 원칙』, 43-46.

자신이 무엇을 원하는가?"의 물음이 아니라, "이 환자가 이 상황에서 무엇을 원하는가?"에 대해서 결정을 내려야 한다.[23] 둘째, 순수자율성 기준(pure autonomy standard)을 고려한다. 이 표준은 자율적 결정이나 의사를 표명한 자율적이었지만 현재는 자율적 결정이 곤란한 환자에게 적용된다. 이전의 자율적 결정은 받아들여져야 한다. 그러나 많은 경우 당시의 환자의 의사를 확인하는데 이용되는 증거물의 신뢰가능성이 문제된다. 셋째, 환자의 최고의 이익 기준(patient's best interests standard)이다. 이는 이용 가능한 대안들이 환자에게 미치는 이해득실을 따져 환자 본인에게 가장 이익이 되는 것을 대리인이 결정해야 한다는 것이다. 즉 환자의 복지를 고려한다는 점에서 생명의 질(quality-of-life)의 기준이라고 부른다. 일반적으로 자녀를 대신하여 부모가 대리의 결정을 내리는 경우 부모는 자녀에게 최선의 이익이 되는 결정을 내려야 한다. 그리고 최선의 이익이라고 할 때 그 범위는 어디에 둘 것인가의 어려움이 발생한다. 즉 신체적 고통과 아픔에 한정할 것인지, 이해득실의 기준은 무엇인지 등이 해결되어야 제대로 된 대리의 결정이 수립된다.

그런데 환자의 자율성 존중의 원칙이 지켜져야 할 이유는 어디에 있는가? 그 이유는 무엇보다 소비자 운동이 의료계에도 확산되어 환자 중심의 의료가 서서히 자리를 잡아가고 있기 때문이다. 즉 환자는 오늘날 과거와 달리 자신의 건강에 대해 문외한이 아니다. 인터넷 등을 통해 의학정보를 손쉽게 얻을 수 있게 되었다. 따라서 자기 몸에

---

23) 그러나 대리인 결정 표준은 이전에 자율적 능력을 한 번도 가져보지 못한 자에게는 적용되기 어렵다. 또한 이 표준은 능력은 없으나 의식이 있는 환자의 경우에 사용될 때 많은 문제가 발생한다. 이전에 명시적으로 자신의 자율적 의사를 표명하였고 또 의사(意思)를 확인할 수 있는 상황에서는 대리 판단이 적용되어서는 안 된다.

대해 환자 스스로가 책임질 수 있는 것을 인정해야 한다.

또한 의사는 어디까지나 현실적으로 가능한 여러 치료 대안들 가운데 환자에게 최선의 이익이 되는 의술을 베풀어야 하지만 새로운 의료기술의 대두 및 삶의 질에 대한 관심 증가로 인해 무엇이 환자에게 최선의 이익인지 확연하지 않는 경우가 많게 되었다. 이 경우 의사는 자신의 의학적 판단에 의해서만 치료를 강행하기가 어렵다. 이러한 상황에서는 이제 환자 스스로에게 결단을 맡기자고 하는 것이 자율성 존중의 원칙이 추구하는 바다. 이는 환자 자신의 입장에서도 자기 삶의 주체로서 자기 신체와 생명에 관해 자율인으로서 존중받는 일이요, 의사의 입장에서도 한 인간의 생사와 같은 중요한 물음을 결단하는 딜레마로부터 벗어날 수 있게 해준다.

그렇다면 기독교인들에게 자율성 존중의 원칙은 어떤 의미를 지니는가?[24] 어떤 의미에서 기독교인들에게 자율성은 문제가 있는 것으로 보인다. 왜냐하면 기독교인은 하나님의 절대주권의 지배아래 자신의 인생을 살아가는 존재이기 때문이다. 그러나 신약성경은 구약성경의 율법이 명하는 바를 '자발적'으로 실천할 것을 가르친다. 초대교회의 성도들은 초기 기독교 공동체의 이익을 위해서 개인의 자유를 자발적으로 제한하였다. 예를 들어 사도행전 전반부를 보면 초대교회 성도들은 재산을 공유하면서 그들 중 필요한 사람이 누구든지 그 사람에게 물건을 나누어주었다(행 2:42-47, 4:32-37).

이는 초대교회 성도들이 공동선을 배려한 나머지 자신의 개인적 자유를 어떻게 절제하고 있었는지를 잘 보여준다. 사도들은 신앙공동

---

24) 이러한 신학적 관점에 근거하여 의료의 자율성 문제를 발전시킨 논의의 글은 John H. Frame, *Medical Ethics*(Phillipsberg, N. J.: Presbyterian and Reformed Publishing Co., 1988)를 참조.

체 안팎에서 두루 다른 사람들의 선을 위하여 자기 자신을 희생할 것을 초지일관 주장하였다(롬 15:1-2, 빌 2:4, 갈 5:13). 즉 공동체와 공동선에 대한 관심에 따라 개인의 자율성은 제한되고, 궁극적으로는 하나님의 절대 주권에 의해 제한된다. 결국 개인은 하나님의 주권아래 공동체를 위해 자신의 자유나 권리를 제한 받는 것이 타당하다. 공동선을 위해 개인적 욕망을 억제하거나 절제 조절하는 것이 필요하다.

자율성의 존중원칙과 관련하여 또 하나 우리의 관심을 갖게 되는 것은 하나님의 주권 아래 공동체를 위해 자신의 자유와 권리를 제한시킬 뿐만 아니라 경우에 따라서 자신을 위해서 자유를 추구하는 것도 필요하다는 것이다. 즉 자신의 몸에 질병이 있는 경우, 이를 가능한 극복하고 이겨내며 치료할 수 있도록 하라는 것이다(갈 5:1).

나. 피해 회피의 원칙[25]

"타인에게 해악을 끼치지 말라"는 원칙은 예부터 도덕적 요구 사항으로 간주되어 왔다. 이렇게 소극적(negative)인 자연의 의무(natural duty)는 함무라비 법전의 동태복수법 이래 인간의 가장 기초적이고 간명한 표현의 양태로서 도덕적 직관과 감정으로 자리잡아왔다. 이러한 도덕적 직관에 의해 생명윤리와 관련한 '피해 회피의 원칙'은 환자에게 해악을 입히거나 상태를 악화시키지 말아야 한다는 것으로 정의할 수 있다. 피해 회피의 원칙은 악행금지의 원칙으로 정의되기도 한다.

여기서 알아야 할 것은 피해 회피의 원칙은 절대적이지 않고 조건부적(prima facie)이라는 점이다. 즉 환자가 동의한다면 항암요법의 예

---

25) 김일순 · 손명세 · 김상득, 『의료윤리의 네 원칙』, 47-79.

처럼 죽음을 막기 위해서 극약 처방이 가능하고 그에 따른 치료 상의 상당한 피해가 정당화될 수 있다. 이는 큰 해악을 피하기 위해서 작은 해악을 감수할 수밖에 없는 것으로 신체 각 부분은 신체 전체의 선을 위하여 존재한다는 '총체성의 원칙(principle of totality)'에 따라 행하는 것으로 피해 회피의 원칙에 어긋나지 않는다.

피해의 개념에는 넓게는 신체나 심리적 훼손을 포함하여 명예, 재산, 사생활, 자유 등의 훼손을 의미하나, 좁게는 신체적·심리적 훼손만을 의미한다. 어느 것이 생명윤리에 해당하는가의 논란이 가능하지만 인권적 차원에서 그리고 피해의 복합성을 고려하여 보다 확대된 개념으로 이해하는 것이 필요하다.

인간에게 피해를 끼치지 않을 의무가 있다는 것은 "타인으로부터 자신의 신체, 생명, 재산에 대하여 침해를 당하지 않을 자연적인 존엄성과 인격과 권리"를 가지고 있다는 것을 의미한다. 이런 의미에서 피해 회피의 원칙은 자연인으로서의 인간만이 아니라 의료인을 포함해서 모든 사회적 직위와 직책에 따른 사회적 책무(social obligation)를 수행해야만 하는 사회인으로서의 인간도 준수해야만 하는 원칙이다.

다. 선행의 원칙26)

선행(beneficence)이란 일상적으로 자비로운 행위, 친절한 행위, 동정적인 행위 등을 의미하며, 이타주의, 사랑 등도 선행의 일종으로 여긴다. 가장 넓게는 타인에게 이득을 주려는 모든 형태의 행동이 선행에 속한다고 할 수 있다. 선행은 자선(benevolence)과 다르다. 자선은 타인

---

26) 위의 책, 79-138.

에게 선을 베풀고자 하는 마음의 성향으로 하나의 덕목이지만 선행은 실천을 의미한다.

선행의 대표적인 예는 신약성경 누가복음에 나타난 선한 사마리아인이다. 어떤 사람이 예루살렘에서 여리고로 가다가 강도를 만나 반죽음 상태로 거리에 쓰러져 있었다. 제사장과 레위인은 이를 보고 그냥 지나간다. 하지만 사마리아인은 이를 측은히 여겨 상처를 싸매주고 여관으로 데려가 간호를 부탁하고 치료비까지 지불한다. 이러한 사마리아인의 행동은 일상적인 도덕의 수준을 넘어선 것으로 선행의 예가 된다.

환자가 의사를 찾는 이유는 질병 치료를 위해서이며 이는 다시 자신의 이익에 부합하는 치료를 받기 위해서라고 이해될 수 있다. 의사는 환자가 자신을 찾는 이유를 파악하고 있으므로 환자를 치료하겠다는 결정을 내린다는 사실을 묵시적으로 체결했다는 의미로 보아야 한다. 계약관계가 성립되었다는 것은 의사가 환자가 선택할 수 있는 모든 것에 대해 설명을 하고 의사 자선이 최선책이라고 하는 것을 환자에게 권유할 의무를 안았다는 의미를 지닌다. 이는 곧 의사로부터 자신이 선택할 수 있는 모든 것에 대하여 설명을 들을 환자의 권리를 적극적으로 보호하겠다는 의사표시로 이해될 수 있다.

선행에는 일반적 선행(general beneficience)과 특별한 선행(specific beneficience)이 있다. 일반적 선행이란 특정한 관계를 넘어서 모든 사람들에 대한 선행을 말한다. 특정한 선행이란 적어도 자식이나 친구 혹은 부모 등 특별한 관계에 있는 사람들에게 이득이 되도록 행위해야 한다는 것이다. 특별한 선행의 배후에는 특별한 도덕적 관계 내지는 역할이나 약속과 같은 특별한 입장 표명이 전제되어 있다. 특별한 도덕적 관계나 역할

관계에 있어서 선행의 의무는 당연하다. 따라서 특히 부모는 자식의 질병을 치료하기 위해 질병의 치료를 위해 선행을 베풀어야 할 의무가 있다.

그렇다면 선행의 근거는 어디에 있는가? 밀과 같은 공리주의자들은 선행의 의무가 유용성의 원리에 근거하고 있다고 주장하며 의무론자인 칸트나 로스는 선행 그 자체가 일반적인 도덕의 일부분이라고 주장한다. 반면 데이빗 흄(David Hume)은 선행을 베풀어야 할 의무는 사회적인 상호작용(social interaction)에서 나온다고 주장한다. 즉 사회에 좋은 일을 해야 하는 우리의 의무는 호혜적인 것을 함축하고 있다. 다시 말해, 내가 사회로부터 혜택을 받았기 때문에 나는 사회의 이익을 향상시켜야 한다는 것이다.

호혜성이란 받은 만큼 돌려주는 행위 내지 관행이다. 우리가 남으로부터 도움을 받은 적이 있고 또 앞으로 받게 될 것이므로 적어도 부분적으로 우리는 다른 사람을 도와야 한다. 개인이 이러한 의무를 지지 않는다면 우리는 선행을 타인에게 베풀 의무가 없을 것이다. 사회적 존재로서 우리 인간은 '주고받기(give-and-take)'에서 벗어날 수 없기에 선행이 우리에게 의무로 부과될 수 있다.

라. 정의의 원칙[27]

존 롤스(John Rawls)의 『정의론』(A Theory of Justice)에 의하면 정의의 개념(concept)은 모든 정의론에 공통적이지만 정의관은 다를 수 있다고 주장한다.[28] 그렇다면 정의란 무엇인가? 정의(Justice)의 정의

---

27) 위의 책, 139-168.
28) 참조, 박은정, 『생명공학 시대의 법과 윤리』(서울: 이화여자대학교 출판부, 2000), 106.

(Definition)는 '각자에게 제 몫을 주는 것'이다.

그렇다면 각자에게 제 몫을 주는 방법은 무엇인가? 우선 "같은 것은 같게 취급하고 다른 것은 다르게 취급하라(Equal must be treated equally and unequal must be treated unequally)"는 것이다. 이는 아리스토텔레스가 말한 형식적 정의의 원칙이다. 따라서 서로 같다면 각자의 몫이 동등하여 평등주의 정의관이 될 것이고 서로 같지 않다면 각자의 몫이 다른 차등적인 정의관이 성립할 것이다.

그러나 각자에게 몫을 나누어주는 실질적인 기준이 제시되지 않는 한 이런 형식적 정의는 아무런 쓸모가 없다. 따라서 불평등을 정당화해주는 실질적 분배의 기준, 즉 정의의 실질적 원칙들이 요구된다.[29] 이러한 실질적 분배의 문제와 관련하여 정의의 이론들이 등장한다.[30]

그 새로운 이론들을 살펴보면 다음과 같다.

① 공리주의 이론

공리주의(utilitarianism)는 행위의 옳고 그름이 유용성(principle of utility)에 의해 결정된다는 윤리이론을 말한다. 공리주의에서는 이 유용성의 원칙이 모든 행위나 제도의 궁극적인 판단기준이 되므로 정의의 이념 자체도 하나의 독자적인 원칙으로 기능할 수 없고 유용성의 원칙에 의해 정당화된다. 즉 한 사회가 정의의 이념을 고수하는

---

29) 전통적인 정의론이 분배의 기준으로 제시한 것은. 1) 능력에 따른 분배, 2) 성과에 따른 분배, 3) 투여된 노력에 따른 분배, 4)필요에 따른 분배 등이다.

30) 고전적 정의의 기준들은 의료 재화와 서비스의 분배에 적용할 경우 정확한 답을 구할 수 없다. 왜냐하면 진료나 의료자원의 분배의 경우 어느 기준을 적용하느냐의 물음이 제기될 뿐 아니라 실제에 있어서 여러 기준이 동시에 적용되어 기준들 사이에 상충문제가 발생한다. 왜냐하면 고전적 기준들은 이를 해결할 상위원칙들을 제시하고 있지 않기 때문이다. 이러한 상충문제를 해결하기 위해서 이러한 고전적 원칙들 배후에 들어가서 하나의 이론을 발전시켜야 한다. 이렇게 발전된 이론으로서 공리주의, 자유주의, 공동체주의, 평등주의 등이 있다.

것은 그렇게 함으로써 그 사회의 유용성이 극대화되기 때문이라는 것이다. 한마디로 공리주의는 사회 전체의 유용성이 극대화되는 방향으로 의료 서비스가 분배될 때 정의가 실현된다고 본다.

② 자유주의 이론

자유방임주의(Libertarian)는 개인의 자유를 최대한 허락하려는 것으로 외부적 강제 없이 자유시장에 의해 거래가 이루어지면 그것이 모두 정의롭다고 주장한다. 이러한 이론의 밑바탕에는 인간의 합리성이 전제된다. 즉 인간은 합리적이기 때문에 모든 거래는 아담 스미스가 말한 대로 보이지 않는 손에 의해 공정성을 유지한다는 것이다. 이를 생명윤리에 적용하여 보면 보건의료 서비스와 의료자원의 분배는 시장기능에 맡겨두는 것이 가장 낫다는 것이다.

이런 관점에서 보면 정의는 분배의 결과가 아니라 분배의 과정이 얼마나 공정한가에 달려 있게 된다. 즉 대표적인 자유방임주의자인 노직(Rober Nozick)은 정의에 관한 자격이론(entitlement theory)을 제창하고 있다. 즉, 개인은 자신의 노동에 의해 획득한 것에 대해서 합당한 소유권을 지니므로 국가의 간섭은 오직 이 권리를 보호하는 경우에만 합당하게 된다. 재화에 대한 개인의 사유재산권은 이러한 획득뿐만 아니라 자유로운 계약에 의한 재산의 양도에 의해서도 얻어진다. 노직은 정당한 재산의 획득, 합법적인 재산의 양도, 부당한 착취에 대한 시정 등은 자유시장 절차를 떠나서는 결코 정의를 생각할 수 없다는 절차적 정의관을 수립하였다.

자유방임주의에서는 모든 의료 서비스는 환자의 구체적인 지불능력을 전제로 한 병원 내지 의사와 개인 환자 간의 계약에 의해 제공

된다. 개인은 자기가 원하는 의료보험을 자유롭게 선택하도록 제도적 장치가 마련되어야 한다.

③ 공동체주의 이론

공동체주의(communitarian theory)는 인간관계를 권리와 계약에 근거하여 단일의 정의이론을 구성하려는 자유주의자 밀, 롤즈, 노직 등의 입장에 반대한다. 반면에 이들은 근본적으로 도덕 공동체의 다양성을 인정하므로 선(the good)에 대한 입장도 공동체에 따라 달라질 수밖에 없다고 본다. 그래서 단일의 정의이론을 구성하는 것은 불가능하고, 공동체에 따라 서로 다른 다양한 정의관이 가능하다고 본다. 공동체주의에 따르면 개인의 권리도 그 개인이 속한 공동체의 표준에 따라 내용이나 범위가 다르게 된다.

공동체주의는 보건의료서비스나 의료자원이 개인의 자유계약에 의해 분배되어야 한다는 입장에 반대할 수도 있다. 즉 자유계약이 그 공동체의 공공선이나 공동체의 가치를 증진하면 허용되고, 그렇지 않으면 허용되지 않는다.

④ 평등주의 이론

평등주의(egalitarian)의 정의이론은 자유와 평등의 조화를 꾀하되 평등에 우선성을 두고 자유를 수용하려는 입장이다. 이 이론의 대표자인 롤즈는 기존의 자유방임주의나 공리주의적 정의론을 비판하면서 새로운 정의론을 제시하고 있다. 롤즈에 의하면 기존의 정의론은 정의로운 결과를 산출하는데 관심을 가지고 있지만 '정의로운 결과'가 무엇인지 밝혀져야 한다는 것이다. 그래야 그러한 결과를 산출하는 방법을 찾을 수 있다는 것이다. 그런데 롤즈에 의하면 이러한 결과를 알 수 없기 때문에 방법을 찾는 시도도 실패로 끝난다는 것이다.

롤즈는 여기에 대한 대안으로 순수 절차적 정의론을 내세운다. 즉 분배기준을 정하는 절차가 정의로우면 그 결과는 모두 정의롭다는 것이다. 따라서 정의는 정의로운 절차에서 확립되기 때문에 롤즈는 정의로운 절차를 찾고자 한다. 롤즈에 의하면 무지의 베일을 통한 원초적 입장에서 '최소 극대화(maximin)' 원칙에 의해 다음과 같은 두 가지 원칙이 만들어진다.

제1원칙: 개인은 모든 사람에 대한 유사한 자유와 양립될 수 있는 기본적인 자유에 대해 평등한 권리를 가진다. 이를 '평등한 자유의 원칙'이라 한다.

제2원칙: 사회적·경제적 불평등은 다음과 같은 두 조건을 만족시키도록 해야 한다. ① 최소 수혜자에게 최대의 이득이 되고, 이를 '차등의 원칙'이라 한다. ② '기회 균등의 원칙' 하에 모든 이에게 직책과 직위가 개방되어야 한다. 가장 우선할 것이 평등한 자유의 원칙이고 다음이 기회균등의 원칙이며 마지막이 차등의 원칙이다.

이러한 롤즈의 정의의 원칙을 보건의료서비스나 의료자원의 배분에 있어서 많은 시사점을 던져준다. 롤즈 정의론의 특징은 위의 두 원칙에서 알 수 있듯이 기본적인 재화는 균등하게 배분되어야 하지만 그 밖의 재화는 최소 수혜자에게 이득이 간다면 차등 있게 배분되어도 좋다는 것이다.

롤즈의 정의론은 필요에 의한 분배 원칙이기 때문에 의료서비스나 의료자원의 배분에 있어서 기본적인 것은 모든 사람들에게 평등하게 배분하여야 하지만 그렇지 않는 부분에 있어서는 차등을 허용한다.

롤즈에 따르면 의료 서비스는 개인에 따라 차등이 있을 수 있지만 그 기회는 누구에게나 공정하게 주어져야 한다. 그렇다면 공정한 기회란 무엇인가?

공정한 기회의 문제와 관련하여 제기되는 것은 정의로운 분배를 하기 어려운 속성을 가진 것들을 어떻게 볼 것인가이다. 예를 들어 성별, 인종, IQ 등이 그러하다. 이러한 것들은 대체로 개인들에게 책임이 없고, 또 개인의 노력 여하에 의하여 달라지지 않는다.

공정한 사회 규칙은 어느 누구나 받을 수 없는 유리한 속성을 근거로 하여 사회적 이득이 부여되어서는 안 된다고 규정한다. 왜냐하면 어느 누구도 그러한 속성의 취득에 대해서 책임이 없기 때문이다. 한마디로 운에 의해 분배된 자질을 근거로 사람을 차별해서는 안 된다는 것이다. 따라서 앞에서 언급된 성별, 인종, IQ 등은 개인의 노력과 상관없이 이미 태어날 때 개인에게 주어진다. 이러한 속성들은 도덕적으로 관련이 없는 속성이기 때문에 이를 근거로 분배하는 것은 공정한 기회의 규칙을 어기는 것이 된다.

개인에게 책임을 물을 수 없는 것을 기초로 특정 개인을 차별할 수 없다는 것이다. 여기서 되새겨둘 것은 기능장애를 지닌 사람은 특정 능력이 부족하기 때문에 인생에 있어서 공정한 기회를 얻자면 의료 혜택을 받을 필요가 있다. 장애에 대한 책임이 그 개인에게 있다면 의료 서비스를 받을 자격이 없겠지만 그렇지 않다면 공정한 기회규칙에 의해 이런 장애인들은 우연에 기인한 불행한 사태를 개선하는 데 도움이 되는 의료 서비스를 받아야 한다.[31]

---

31) 한 걸음 더 나아가 나이가 들어 신체적 기능이 약화된 노년의 경우는 어떠한가? 보건 의료 서비스와 의료 자원의 분배에 대한 공공정책은 공정한 분배를 어떻게 해석하는가에 달려 있다. 이는 자신에게 전혀 책임

타고난 불운은 여러 가지이다. 쉰 목소리, 못난 용모, 서투른 언변 등으로 인해 개인은 불리한 처지에 놓일 수 있고 그로 인해 공정한 기회가 주어지지 않기도 한다. 모든 능력과 무능력은 '타고난 운(matural lottery)'이거나 '사회적 운(social lottery)'이다. 타고난 운은 탄생에 의해 생겨나는 것이며, 사회적 운은 가족, 부의 축적, 학교 제도 등에 의해 생겨나는 것이다.

유전적 질병이 그 병을 앓고 있는 사람의 잘못이 아닌 것처럼 우리는 우리의 재능과 능력에 대해 책임이 없다. 결국 공평한 기회 규칙의 목표는 이런 불공평한 분배를 보상하여 더 나은 평등의 방향으로 나아가는 것이다. 자기 책임이 아닌 불우한 조건을 극복하기 위해 이 규칙에 의해 불우한 자질을 가진 사람에게 보상하여야 한다. 롤즈는 이러한 방법으로 핸디캡을 고르게 하는 것이 정의의 핵심이라고 한다. 롤즈는 개인이 태어날 때 갖게 된 재능에 대해 모든 특권을 인정하지 않는다. 내가 태어날 때 갖게 된 IQ, 건강, 용모, 재능 등으로 인해 생기는 혜택을 나는 받을 자격이 없다는 것이다. 따라서 이런 자연적인 자질로 인한 불평등을 최소한으로 줄이는 제도나 정책이 정의롭다고 하겠다.

2) 유전자 치료 정당성 체계의 외적 변수로서 양생의 효

지금까지 유전자 치료의 정당성 체계의 내적 변수로서 4가지 원칙들을 살펴보았다. 그런데 이러한 내적 변수들이 유전자 치료의 정당성을 판단하는 데 중요한 기여를 하지만 진정한 유전자 치료의 정당

성은 내적 변수로서 4가지 원칙들로만 판단하기가 어렵다.

즉 앞에서 살폈듯이, 보첨과 칠드리스의 네 원칙은 어떤 구체적인 상황에 어떤 원칙을 적용시켜야 하는가에 대한 구체적인 결정방법을 갖고 있지 않다. 또한 4원칙이 충돌했을 경우 예를 들어, 선택과 자율성 원칙이 동시에 적용되어야 하는 상황에서 우리는 어떤 원칙을 먼저 적용시킬 것인가, 원칙의 적용과 판단은 누가해야 하는가 하는 물음들에 대해서도 명확한 답을 제시하지 못한다.

위와 같은 관점에서 생명윤리의 구체적 상황으로서 양생의 효에 있어서 4가지 원칙의 정당성은 어떻게 작동하는지에 대해 본 연구와 관련하여 관심을 갖게 된다. 즉 유전자 치료 그중에서 특히 생식유전자 치료는 양생의 효와 관련하여 그 정당성은 어떻게 확보할 수 있는가를 이제 살펴보기로 한다. 이러한 작업은 우선적으로 유전자 치료의 정당성 체계의 외적 환경으로서 양생의 효가 무엇인지 규명하고 난 후, 양생의 효에 의한 생식유전자 치료의 정당성을 규명해 보기로 한다. 양생의 효는 과연 무엇인가?

양생(養生)의 효는 부모님에 대한 존속의 효를 행함에 있어서 또 하나의 중요한 효의 형태이다. 양생의 효에서 '생'은 생명을 의미한다. 양생의 효는 부모님의 생명을 대를 이어 지속시켜나가는 것을 의미한다. 물론 부모님의 생명은 우리들의 조상님으로부터 시작되었다. 이러한 생명은 우리에게 이어졌고 뒤에 우리의 후손에게 전해진다.

부모님은 이러한 생명의 지속을 통해 이 세상 속에 계속 존속해 가신다. 우리는 이러한 생명의 지속을 위해 효를 실천함이 필요하다. 좀 더 자세히 살펴보면 앞에서 이야기한 양구와 양체 그리고 양안과 양영의 효도 결국 양생의 효의 한 부분임을 알 수 있다.[32]

양생의 효에는 우선 결혼하여 자녀를 출생시켜 가문을 이어가게 하는 것이 중요하다. 물론 사정에 따라 결혼과 출생을 할 수 없을 경우가 있다. 그러나 특별한 경우를 제외하고 결혼을 통해 건강한 자녀를 양육하여 대를 이어가는 것이 자녀로서의 도리이다. 우리 옛 조상들은 이러한 양가(養家), 즉 가문을 이어가게 하는 효를 중시하여 자녀 특히 아들을 낳는 것을 매우 중시하였다. 그러나 아들이든 딸이든 생명을 이어갈 수만 있다면 양생의 효를 실천한다고 할 수 있다.[33]

양생의 효는 무엇보다 건강한 생명을 지키고 후손에게 그 생명을 전해주는 것이다. 건강한 생명이란 우리 몸을 건강하게 하는 것이다. 이는 몸의 질병을 치료하여 자신뿐만 아니라 후손에게도 그러한 질병을 전해주지 않도록 하는 것이 필요하다. 그렇다면 양생의 효와 관련한 유전자 치료는 그 정당성은 어떻게 확보하는가?

Ⅲ. 양생의 효에 의한 유전자 치료의 정당성 분석

체계론적으로 양생의 효에 의한 유전자 치료의 정당성을 분석하기 위해 앞에서 제시한 유전자 치료의 정당성치계와 양생의 효 그리고 생식유전자 치료를 연계한 도식을 그려보면 다음과 같다.

---

32) 박철호, 『기독교도덕형성체계연구』(서울: 홍익재, 2004).

33) 양생의 효를 실천해가는 데는 생명을 존속시켜나가기 위해 생명의 그릇인 사회나 국가를 지켜가는 것도 필요하다. 따라서 사회나 국가를 위해 봉사하는 것도 궁극적으로 생명의 존속을 위한 양생의 효이다. 이런 의미에서 특히 애국심은 효심의 한 형태라 할 수 있다.

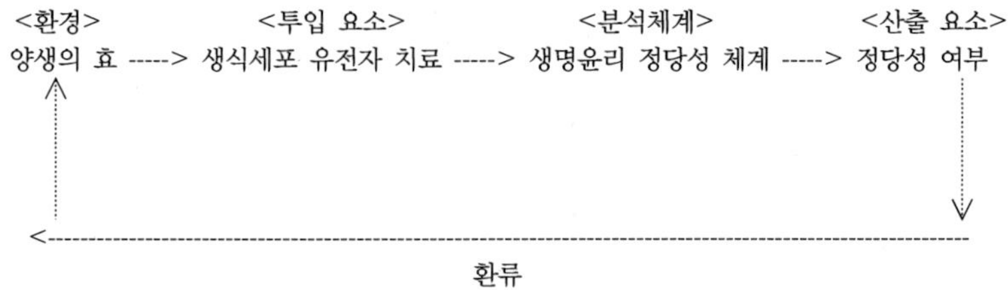

이러한 모형에 따라 이제 생식세포 유전자 치료의 정당성을 분석해 보기로 한다. 우선 환경으로서 양생의 효는 이미 앞에서 그 개념은 언급하였다. 여기서 환경으로서 생식유전자 치료와의 관계를 살펴보면, 양생의 효는 생식세포 유전자 치료가 유전자 치료 정당성 체계에 투입요소로 구체화되는 과정에서 환경으로서 생식세포 유전자 치료의 성격을 형성하고 구체화한다.[34] 즉 유전자 치료의 정당성 여부는 유전자 치료가 행해지는 구체적 상황으로서 환경의 영향을 받게 마련이다. 따라서 생식세포 유전자 치료의 정당성을 규명하기 위해 앞에서 언급한 4가지 원칙과 양생의 효의 복합관계를 중심으로 분석해 보기로 한다.

1) 자율성 존중의 원칙과 생식세포 유전자 치료

앞에서 언급한 바와 같이 이 원칙의 배후에는 개인은 누구나 자신의 일을 결정할 자율권을 가지고 있으며 그것이 타인에게 피해를 주

---

34) 양생의 효에 의해 그 성격이 규정된 생식세포 유전자 치료는 양생의 효와 상호작용하면서 그 정당성을 구축한다. 양생의 효에 의해 생식세포 유전자 치료는 우선 생식세포 유전자 치료를 통해 질병을 당대뿐만 아니라 후대에까지 영향을 끼치고자 한다. 양생의 효는 육체적 그리고 정신적으로 건강한 후손을 갖고자하는 욕구가 작동한다. 따라서 양생의 효에 의해 생식세포 유전자 치료는 보다 긍정적으로 볼 수 있게 된다. 이러한 생식세포 유전자 치료에 대한 관점은 이 치료를 통해 부모가 가지고 있는 질병의 원인을 제공하는 유전자를 사전에 치료하고자 한다. 한 가문이 가지고 있는 이러한 질병을 치료하여 그 가문의 번영과 그 구성원들의 행복을 찾고자 한다. 효가 가지고 있는 특성 중 존속의 효의 성격과 관련하여 보면 이러한 생식세포 유전자 치료는 효에 합당한 행위가 된다.

지 않는 한 어느 누구도 그 권리를 침해받아서는 안 된다는 원리가 전제되어 있다.[35]

이런 의미에서 양생의 효에 의한 생식세포 유전자 치료의 자율성 문제는 당사자가 자신의 유전적 결함 때문에 발생하는 암, ADIS와 같은 치사성 유전질환 등을 치유할 의도가 있으면 당연히 행할 수 있다는 결론을 얻게 된다.[36] 양생의 효의 관점에서 볼 때 유전자 치료는 상당히 좋은 현상이다. 세대를 이어가는 질병의 고통을 이겨낼 수 있기 때문이다. 이런 의미에서 양생의 효 관점에서 볼 때, 의사가 생식세포 유전자 치료를 환자의 자율적 결정에 반하여 거부하는 것은 문제가 있다.

그런데 만일 치료를 받아야 할 환자가 미성년자일 경우 부모의 대리로 치료가 가능한가가 논의의 대상이 될 수 있다. 양생의 효의 관

---

35) Scott B Rae and Paul M. Cox, 김상득 역, 『생명윤리학』, 316.

36) 여기서 관심을 갖는 것은 어떤 질병에 대해 유전자 치료법을 사용할 것인가이다. 생식세포 유전자 치료의 정당성 분석의 유전자 질환은 먼저 암이나 에이즈 등 치명적인 질병에 대해 유전자 치료법을 기초로 논리를 전개한다. 이러한 치명적 질환 이외의 문제인 성별, 인종, 피부색 등을 변화시키기 위한 유전자 치료, 경미한 비만이나 비뚤어진 코, 보통보다 큰 귀 등도 유전자 치료, 류머티스 관절염이나 고혈압과 같이 만성적인 질병의 유전자 치료, 지적능력(예: 기억력) 향상, 노화방지, 신체기능 향상 등을 목적으로 유전자 치료 등에 대해서는 뒤에 정의의 원칙과 관련하여 논한다. 왜냐하면 치명적 유전질환 이외는 정의의 문제와 깊은 관련이 있기 때문이다. 어쨌든 현재의 세계적 추세는 암, 유전질환, AIDS와 같은 치사성 질환에 한정하여 유전자 치료를 허용하고 있다. 국제올림픽위원회(IOC), '유전자 치료 오용 대책추진', 「한겨레신문」, 2001. 1. 26.
다음은 유전자 치료 오용 사례이다: 날로 지능화되는 운동선수의 약물복용에 당하기만 하던 국제올림픽위원회(IOC)가 사상 처음으로 유전자 치료법 오용과의 전쟁에 돌입한다. IOC 산하 세계반도핑기구(WADA)는 …… 운동선수들의 유전자 치료 오용 가능성을 막기 위한 대책회의를 열고 구체적인 대처방안을 협의한다. 체육행정가와 약물검사 요원, 유전학자 등 전문가 30~35명이 참여할 이번 회의는 비공식 워크숍 형태로 운동선수의 기력과 지구력 향상을 위한 유전자 이식을 방지하는 방안에 초점이 맞춰질 것으로 보인다. 이번 조치는 치료용 단백질을 생산하는 새로운 유전자를 신체에 주입, 질병을 일으키는 요인을 차단하는 기법 등 최근 들어 유전자 치료부문에서 괄목할 만한 진전이 이루어지면서 자칫 운동경기에서의 우위확보를 위해 이런 유전자 치료를 이용하는 사례가 발생할지 모른다는 우려가 제기된 데 따른 것이다. 실제로 전문가들은 유전자 조작을 거쳐 기량이 우수한 선수를 만드는 구상이 전혀 불가능하지 않을 것이라는 의견을 내놓고 있다. WADA 의료연구위원회 소속의 세계적인 유전자 치료전문가 데어도어 프리드먼은 질병치료를 위한 유전자 기법이 자칫 인간의 다른 특성을 조작하는 기법으로 전용될 수 있을 것이라는 우려가 상존했다며 스포츠 부문에서 유전자 치료가 오용되는 사례를 경계했다.(런던 AP/연합뉴스)

점에서 보면 부모의 뜻은 후손들이 질병에서 자유를 얻는 것이다. 이런 의미에서 부모에게 미성년자를 대리하여 치료를 허락하는 것은 당연하다. 이것은 부모가 가족이나 가문의 존속 내용인 양생의 효를 실천한 것이다.

그러나 만일 부모가 유전적 결함을 치료할 수 있는 데도 제대로 이에 대한 인식을 하지 못하거나 기타의 사연으로 이를 거부할 경우에 문제가 있게 된다. 이 경우 의사는 다른 가족 즉 성년이 된 자녀나 직계 혈족 등의 동의를 통해 이러한 문제를 해결하게 하는 것이 필요하다.37)

물론 기독교인들은 하나님의 절대주권 지배하에 공동체를 위해 살아간다. 따라서 개인은 하나님의 주권 아래 공동체를 위해 자신의 자유나 권리를 제한받는 것이 타당하다. 즉 공동선을 위해 개인적 욕망을 억제하거나 절대 조절하는 것이 필요하다.

그러나 경우에 따라서 자신을 위해 자유를 추구하는 것도 필요하다. 즉 자신의 몸에 치사성의 질병이 있는 경우 이를 가능한 치유하고 후세에까지 질병을 유전시키지 않는 것 또한 하나님의 뜻이다(갈 5:1). 따라서 생식세포 유전자 치료와 관련하여 자율성 존중의 원칙은 기독교인이나 비기독교인에게 크게 다르지 않다.

2) 피해 회피의 원칙과 생식세포 유전자 치료

앞에서 언급한 바와 같이 피해의 개념에는 넓게는 신체나 심리적

---

37) 1997년 유네스코 총회는 〈인간 게놈과 인권에 관한 보편선언〉에서 관련 당사자의 자유의사에 의한 사전 인지된 동의를 얻어야 한다고 선언하였다. 그리고 만일 관련 당사자가 동의할 수 없을 경우 당사자의 최대한의 이익에 근거하여 법에 의해 규정된 바대로 동의 또는 인가를 얻을 수 있음도 정하였다. 여기서 드러나는 대로 당사자의 최대한의 이익이라는 것이 무엇보다 중요하다. 따라서 치사성 질환과 관련된 생식 세포 유전자 치료는 되도록 치료가 행해지게 하는 것이 중요하다. 참조, 1997년 10월 유네스코 제29차 총회에서 채택된 “Universal Declaration on the Human Genome and Human Right”.

훼손을 포함하여 명예, 재산, 사생활, 자유 등의 훼손을 의미하나, 좁게는 신체적·심리적 훼손만을 의미한다. 어느 것이 생명윤리에 해당하는가의 논란이 가능하지만 인권적 차원에서 그리고 피해의 복합성을 고려하여 보다 확대된 개념으로 이해하는 것이 필요하다.

인간에게 피해를 끼치지 않을 의무가 있다는 것은 '타인으로부터 자신의 신체, 생명, 재산에 대하여 침해를 당하지 않을 자연적인 존엄성과 인격과 권리'를 가지고 있다는 것을 의미한다. 이런 의미에서 피해 회피의 원칙은 자연인으로서의 인간만이 아니라 의료인을 포함해서 모든 사회적 직위와 직책에 따른 사회적 책무(social obligation)를 수행해야만 하는 사회인으로서의 인간도 준수해야만 하는 원칙이다.

양생의 효에 의한 생식세포 유전자 치료에서 피해 회피는 중요한 의미를 지닌다. 인간은 인간에 대해 피해를 끼치지 않을 의무가 있다. 따라서 치사성 유전질환을 가지고 있는 사람들은 다른 사람에게 유전을 통해 이러한 질환을 갖지 않게 할 필요가 있다. 후손을 건강하고 안정된 삶을 살 수 있게 하는 양생의 효 관념에는 이러한 유전질환이 전수되어가는 것에 문제를 제기하게 된다. 따라서 부모인 사람들은 이러한 유전질환이 후손에게 전해져 손해를 끼치게 되는 것을 미연에 방지하는 것이 필요하다. 따라서 피해 회피의 원칙에 의해 후손인 타인에게 해악을 끼치지 않게 생식세포 유전자 치료를 하는 것은 정당하다.

3) 선행의 원칙과 생식세포 유전자 치료

앞에서 언급한 바와 같이 선행에는 일반적 선행(General beneficience)과 특별한 선행(Specific beneficience)이 있다. 일반적 선행이란 특정한 관계를 넘어서 모든 사람들에 대한 선행을 말한다.

일반적 선행과 관련하여 양생의 효에 의한 생식세포 유전자 치료를 분석하면 모든 사람에게 선을 베푼다는 의미에서 치사성 유전질환으로 고통 받는 사람을 위해 치료를 행하는 것은 당연하다. 그리고 그러한 고통을 후세의 사람들에게도 똑같이 베풀어야 한다는 것은 선행의 일반적 성격에 부합한다. 따라서 의사는 이러한 자선의 원칙에 의해 비록 이러한 질병을 가지고 고통 받는 사람이 분명한 의사표명을 하지 않더라도 환자를 설득하여 이러한 치료를 받게 하는 것이 필요하다.

특정한 선행이란 적어도 자식이나 친구 혹은 부모 등 특별한 관계에 있는 사람들에게 이득이 되도록 행위해야 한다는 것이다. 특별한 선행의 배후에는 특별한 도덕적 관계 내지는 역할이나 약속과 같은 특별한 입장 표명이 전제되어 있다. 특별한 도덕적 관계나 역할 관계에 있어서 선행의 의무는 당연하다.

양생의 효 관점에서 볼 때, 유전자 치료방법을 사용할 경우 잠재적 또는 예상되는 이득(benefit)이 있어야 한다. 만약 유전자 치료법이 환자에게 심각한 해악을 가하지 않지만 환자한테나 그 후세에게 별 이득 또한 주지 않는 경우, 이러한 유전자 치료법은 허용될 수 없다.

선행의 원칙은 우리에게 적극적인 선(good)을 행할 것을 요구한다.[38] 즉, 하나의 판단이나 행위가 윤리적인 것이 되기 위해서는 이 선행의 원칙이 필요조건으로서 만족되어야 한다. 만약 유전자 치료법이 환자에게 심각한 해악을 가하지 않지만 환자한테 별 이득 또한 주지 않는

---

38) 김일순 · 손명세 · 김상득, 『의료윤리의 네 원칙』, 79-138.

경우 그 치료는 선행의 원칙에 의거하여 비윤리적인 것이 된다. 왜냐하면, 유전자 치료가 윤리적인 행위가 되기 위해서는 그 치료가 환자나 그 후손에게 이득(beneficience)이 되어야 하기 때문이다. 예를 들어, 별 이득도 예상되지 않는 실험적 치료법을 단지 연구자의 지적 호기심을 충족시킬 목적으로 환자에게 행한다면 그것은 비윤리적인 행위가 된다. 따라서, 유전자 치료법이 허용되기 위해서는 안전성이 확보되어야 할 뿐만 아니라 환자에게 이득을 줄 수 있어야 하고, 적어도 후세에게 이득을 줄 가능성이 있어야 한다.

여기에 덧붙여, 유전자 치료법은 과학적으로 탁월하게 설계되어야만 하는데, 그 이유는 지금 유전자 치료를 받는 환자로부터 얻어진 데이터가 나중에 후세들이 유전자 치료법을 받게 될 때 이득을 주어야만 하기 때문이다. 유전자 치료가 허용되기 위해서는 이 질문에 대해서도 긍정적인 대답이 주어져야만 한다.

4) 정의의 원칙과 생식세포 유전자 치료

정의의 원칙에 의해 생식세포 유전자 치료의 정당성을 분석하는 과정은 앞에서 언급된 나머지 원칙들과 비교하여 보다 복합적이고 복잡한 과정을 지닌다. 왜냐하면 앞에서 언급한 3가지 원칙은 유전자 치료와 유전자 조작에 동시 가능한 원칙들이지만 정의의 원칙은 유전자 치료와 조작 모두에 동시 적용하기 때문이다.

우선, 양생의 효의 관점에서 생식세포 유전자 치료의 정당성을 정의의 원칙과 관련하여 논하기 위해 생식세포 유전자 치료의 대상들을 유형화하는 작업이 필요하다. 왜냐하면 분석 과정의 복잡성을 보다 단순화할 수 있기 때문이다.

유전자 치료의 유형은 크게 3가지로 나누어 볼 수 있다. 우선 치사성 유전자 치료의 대상이 되는 질환으로서 암, 백혈병, 에이즈(AIDS) 등이 있으며 다음, 치사성 질병처럼 위협적이지는 않지만 고통을 지속적으로 가중시키는 질병으로서 경성[39] 유전자 치료의 대상인 류머티스 관절염이나 고혈압과 같이 만성적인 질병 그리고 마지막으로 성별, 인종, 피부색, 경미한 비만, 비뚤어진 코, 보통보다 큰 귀 등과 신체적 교정문제와 지적능력(예: 기억력) 향상, 노화방지, 신체기능 향상 등 기능 강화와 같이 유전자 조작의 문제가 있다. 마지막 유형은 유전자 치료의 문제가 아니라 유전자 조작의 문제라고 할 수 있다.

우선 관심이 되는 것이 정의의 원칙과 관련하여 바로 치사성 유전자 치료의 정당성 문제이다. 치사성 유전자 치료에 속하는 질병은 암, 백혈병, AIDS 등이다. 이러한 질병을 치료하는 것과 정의의 문제에 대해서 앞에서 언급한 생명윤리의 기초가 되는 거대이론을 중심으로 분석하기로 한다.

먼저 공리주의는 유용성의 관점에서 사회의 유용성이 극대화되는 방향으로 의료 서비스가 행해질 것을 주장한다. 이러한 공리주의에 의하면 치사성 유전질환을 치료하는 것을 당연히 공리주의의 원칙에 부합한다. 즉 유전질환을 치료하는 것은 개인의 고통을 해소할 뿐만 아니라 불필요한 사회적 비용을 감소시킬 수 있기 때문이다. 더구나 후세까지 그 범위를 넓힐 경우 유용성은 매우 크게 된다.

자유방임주의 역시 보건 의료 서비스를 시장의 논리에 의해 해결하고자 하기 때문에 환자의 구체적인 경제적 여력이 허락하는 한 치

---

39) 여기서 경성이란 치사성과 비교하여 그 위험성이 낮은 것을 의미한다.

사성 유전자 치료를 자유롭게 행하도록 허용한다. 따라서 자유방임주의의 관점에서는 치사성 유전자 치료를 반대할 이유가 없다.

공동체주의는 도덕공동체의 다양성을 인정하여 공동체에 따라 선에 대한 입장도 달라진다고 본다. 이런 의미에서 공동체주의는 개인의 권리도 그 개인이 속한 공동체의 표준에 따라 내용과 범위가 다르게 된다. 그러나 모든 공동체가 갖고 존속의 성향은 치사성 유전자의 생식세포 치료를 공동체 존속을 위해 필요한 것으로 인정하여 치사성 유전자 치료를 정당한 것으로 인정하게 된다.

롤즈를 중심으로 하는 평등주의는 어떠한가? 마찬가지로 최소 수혜자에게 혜택을 주는 한 이 치료는 가능하다. 그러나 만인 이 치료를 위해 부담해야 하는 비용이 치료를 하지 않는 것보다 결국 최소 수혜자에게 손해를 끼칠 경우가 문제이다. 이 경우 롤즈는 치료를 중단할 것을 요구하게 된다. 그러나 이 치료가 생식세포 유전자 치료일 경우 문제가 다르게 된다. 왜냐하면 유전자 치료를 통해 오랜 세월 동안 후세가 누리는 혜택에 의한 사회적 이익은 결국 최소 수혜자의 이익을 치료의 중단에 의한 이익보다 크게 만든다. 따라서 치사성 유전자 치료는 행해져야 한다. 그러나 생식세포 유전자 치료가 아닌 체세포 유전자일 경우 비용의 산출문제는 보다 복잡해지며 체세포 유전자 치료에 드는 비용이 최소 수혜자가 누리는 이익보다 클 경우 이 치료는 중단될 수 있다.

결국 가족의 양생을 중시하는 양생의 효 관점에서 보면 치사성 유전자 치료는 당연히 행해져야 한다. 따라서 치사성 유전자의 생식세포 치료에 대해 양생의 효 관점이 큰 문제없이 채택할 수 있는 거대 생명윤리이론은 공리주의와 공동체주의 그리고 자유방임주의이론

등이다. 다만 평등주의는 최소 수혜자의 이익과 관련하여 이들의 이익을 어떻게 산출하는가에 논란이 예상된다. 그렇지만 당대보다 후세의 자손들이 누릴 수 있는 이익을 고려한다면 평등주의의 논리도 양생의 효를 수용할 수밖에 없다.

여기서 짚고 갈 것은 자유방임주의는 국민의 복지적 차원에서 이러한 질병을 치료하는데 국가가 비용을 부담하는 것에 반대한다는 점이다. 그러나 양생의 효 관점에서 보면 복지적 차원에서 가족공동체가 지속적으로 누리는 치료를 통한 행복을 고려한다면 이 주장은 문제가 있다. 따라서 필요하다면 국가적으로 양생의 효를 진작할 수 있는 정책을 실시하는 것이 필요하다.

이제 치사성 유전질환은 아니지만 고통을 지속적으로 가중시키는 질병으로서 경성 유전자 치료의 대상인 류머티스 관절염이나 고혈압과 같이 만성적인 질병의 경우이다. 이러한 병을 생식세포 유전자 치료를 통해 치료하는 것에 대해 생명윤리이론은 어떻게 대답하는가?

우선 공리주의는 치사성 유전자 치료와 마찬가지로 경성 유전자 치료가 갖는 유용성이 크기 때문에 허락하는 방향으로 결정될 가능성이 높다. 다만 앞에서 언급한 바와 같이 유전자 치료에 들어가는 사회적 비용이 클 경우 이 치료는 포기될 수 있다. 그러나 이 경우 치료에 의한 후세들에 의한 이익의 축적은 당장 들어가는 사회적 비용을 능가할 것이기에 공리주의적 관점도 궁극적으로 이 질병의 생식세포 유전자 치료를 찬성하게 된다.

자유방임주의는 경성 유전자 치료에 대해서도 앞에서 언급한 시장의 논리에 의해 가진 사람들이 그들의 비용부담이 허락하는 한 이 치료를 실시해도 무방하다고 하겠다. 이러한 치료를 할 수 없는 극빈자

들에게 국가의 국민 복지적 보장을 실시하는 것에 대해 자유방임주의는 반대한다.[40]

공동체주의는 하나의 영역 주권의 공동체로서 모든 공동체가 존속 유지해가는 것에 관심을 갖는다. 따라서 경성의 질병이라도 유전자 치료를 통해 공동체가 가동력을 높이며 존속해가도록 하는 방안에 찬성하게 된다.

한편 평등주의는 경성 질병의 유전자 치료가 최소 수혜자에게 얼마나 도움을 주는가에 관심을 갖는다. 따라서 경성의 유전자 치료의 비용이 치료 이후에 가져오는 이익과 비교하여 얼마나 큰가가 중요하다. 만일 상호비교를 통해 비용보다 최소 수혜자에게 돌아가는 이익이 크다면 이 치료방법은 허용된다. 그러나 앞에서 언급한 바와 같이 질병치료를 통한 후세의 이익을 고려한다면 이 치료법은 허용됨이 타당하다.

양생의 효의 관점에서 보면 이 치료를 통해 생명의 존속이 더욱 안정되게 보장되며 더구나 이를 통한 효의 가동력도 더 강화된다. 이런 관점에서 보면 공리주의나 자유방임주의, 공동체주의 그리고 평등주의 모두를 지지할 수 있다. 다만 앞에서 언급한 바와 같이 자유주의가 국가의 복지권 행사를 제한하는 점과 평등주의가 최소 수혜자의 원칙을 가지고 이 치료를 거부하는 것에 대해 문제를 제기한다. 즉 후세의 이익을 고려해야 한다는 것이다.

이제 마지막으로 성별, 인종, 피부색, 경미한 비만, 비뚤어진 코, 보통보다 큰 귀 등에 의한 신체적 교정문제와 지적능력(예: 기억력) 향

---

40) 김일순·손명세·김상득, 『의료윤리의 네 원칙』, 148.

상, 노화방지, 신체기능 향상 등 기능강화를 위한 유전자 조작 문제에 대해 생명윤리의 기초이론들은 어떤 대답을 하고 있는가?

공리주의는 이 문제를 사회적 유용성의 관점에서 볼 것이다. 따라서 신체적 교정문제에 대해서는 큰 의미를 두지 않게 된다. 신체적 교정을 통해 이익을 얻는 것은 개인들이지 사회적으로 그다지 유익성이 없기 때문이다. 그러나 기능강화의 문제에 있어서는 이를 통한 사회적 유용성이 기대되므로 거부감이 덜하다.

자유방임주의는 신체교정이나 기능강화의 유전자 조작 등에 대해 찬성하게 된다. 즉 그러한 유전적 조작의 가능 여부를 시장의 논리에 따르게 하기 때문이다. 이러한 조작을 할 수 있는 경제능력이 있다면 이러한 조작도 얼마든지 가능하다는 것이다. 그러나 이러한 것을 위해 국가의 복지적 비용 부담을 거부한다.

공동체주의는 이러한 조작이 영역 주권에 의해 공동체의 성격에 따라 다를 것으로 본다. 예를 들어 시장의 논리에 충실한 기업공동체 등에서는 자유주의 논리에 따라 이러한 조작을 가능하다고 볼 것이다. 하지만 가족공동체는 우선 신체교정을 위한 유전자 조작에 반대할 것이다. 왜냐하면 신체적 유전자 조작은 가족의 존속을 위한 정체성을 위협하기 때문이다. 즉 하나의 가족에게는 가족 유사성이 존재한다. 만일 유전자 조작을 통해 가족의 유사한 이미지가 사라진다면 가족의 정체성은 위협받고 공동체 존속 역시 위협을 받게 된다.

그러나 공동체주의는 기능강화의 유전자 조작에 대해 기업과 마찬가지로 가족공동체도 이를 찬성할 것이다. 왜냐하면 이러한 조작은 가족공동체의 존속을 강화하고 발전하게 할 것이기 때문이다.

마지막으로 평등주의는 이러한 신체교정이나 기능강화를 위한 유전자 조작은 우선 기회의 균등이라는 것에 문제를 제기하는 것으로 본다. 즉 이들은 유전자 치료가 아닌 유전자 조작은 현재의 신체나 기능에 의해 문제가 되는 빈부의 격차를 더욱 심화시킬 것으로 보기 때문이다. 최소 수혜자를 포함하여 모두에게 기본적으로 평등하게 배분시킬 수 없는 신체나 기능의 요소를 능력 있는 자들이 이를 이용하여 더욱 그들의 이익을 강화하기 때문이다. 따라서 평등주의는 이를 거부하게 된다. 이들의 논리에 따르면 치료는 약자를 회복하는 것이지만 조작은 강자를 더욱 강하게 하는 것이 된다.

그러나 의료 윤리학자인 니콜라스 애거(Nicholas Agar)가 지적한 바와 같이[41] 유전자 조작을 통한 소질의 강화에 대해 전향적인 입장을 취하는 것도 가능하다. 즉 인간 유전자 조작 문제에 대해 기존의 이분법적 윤리적 접근 즉 치료와 조작의 접근법의 한계를 벗어나 윤리적으로 유전자 조작의 허용 가능성을 타진해 볼 수 있다.

즉 애거가 언급한 바와 같이[42] 개체의 발전에는 환경과 유전자가 동시에 영향을 미친다고 전제할 수 있다. 따라서 부모가 자녀의 성장에 중요한 영향을 미치는 환경을 개선하는 일에 부모가 적극적으로 개입하는 것이 윤리적으로 허용되듯 부모가 유전자 조작을 통해 자녀의 선천적 능력을 증강시키는 것에 개입하는 것(genetic input)이 가능하게 된다.

양생의 효의 관점에서 보면 유전자 조작은 공리주의나 자유방임주의와 같이 유전자 조작 모두를 허락하는 방향으로 나갈 수 없다. 왜

---

41) Nicholas Agar, "Designing Babies: Morally Permissible Ways to Modify the Human Genme", *Bioethics*(1995), Vol. 9, 7–8. 재인용. 노영상, 『기독교생명윤리개론』, 248.

42) 위의 책.

냐하면 조작문제는 사항에 따라 달리 취급해야 하기 때문이다. 즉 신체교정은 공동체주의가 지적한 바와 같이 가족의 정체성과 관련된 가족 유사성을 상실하지 않는 범위에서 조작하는 것은 가능하다. 가족의 정체성을 일체감은 얼굴이나 피부 등 외적 요소에 의해 영향을 받기 때문이다.[43]

그렇다면 지능이나 노화방지의 조작과 같은 경우는 어떻게 해야 하는가? 지적인 기능을 강화하는 것에 대한 논란은 특히 심각하다. 왜냐하면 다른 유전자 조작 유형보다 지적 기능의 강화를 위한 유전자 조작은 불평등의 심화를 초래할 것으로 보기 때문이다. 즉 유전자 조작은 부자들만이 혜택을 누릴 수 있는 고비용의 서비스이기에 부의 사회적 불평등 환경에 유전적 불평등이 추가될 경우 부의 사회 불평등을 더욱 심화시킨다는 것이다.

양생의 효 관점에서 보면 지적 기능의 강화를 통한 가족공동체의 생명력을 강화시키는 작업은 가능하다. 왜냐하면 지적 기능 등의 강화는 가족공동체의 가동력을 증가시키며 이를 통한 사회적 유익의 확대는 최소 수혜자의 혜택도 가능하게 하기 때문이다. 즉 애거가 지적한 바와 같이[44] 환경과 유전 양자를 동일한 종류의 문제로 파악하고, 부의 편재와 같은 환경적 불평등 문제를 다루는 기존의 유전적 방식을 동일하게 적용하여 유전적 불평등 문제를 다루면 될 것이다. 결국 부의 불평등을 허용하는 사회는 유전적 불평등도 허용할 수밖에 없는 것이다.

---

43) 이런 의미에서 신체의 가족 유사성은 기독교적 의미에서 창조질서에 속한다.

44) Nicholas Agar, "Designing Babies: Morally Permissible Ways to Modify the Human Genme", *Bioethics*, 243.

문제는 필립 키처(Philip Kitcher)가 동의한 대로[45] 우리 사회가 유전자에 대한 정보를 획득하게 되면 어떤 형태로든 가족 우생학의 실행은 불가피하게 될 것이라는 전제로부터 이 문제를 출발하여야 한다. 따라서 문제의 핵심을 적절히 고려하여 최소 수혜자들이 보다 큰 이익을 누릴 수 있게 하는 것이 중요하다.

IV. 결론

지금까지 생식세포 유전자 치료의 정당성을 양생의 효의 관점에서 논하였다. 생식세포 유전자 치료는 대체로 양생의 효의 관점에서 보면 정당성을 가진다. 그러나 모든 유전자 치료나 조작이 가능한 것은 아니다. 즉 사례에 따라 치료의 허용 범위가 달라진다.

양생의 효는 건강한 가족체계를 지속시켜 인류의 번영과 행복을 증진시키며 고통을 해소하는 데 중요한 의미가 있다. 이는 우리뿐만 아니라 우리의 후손들에게도 이런 혜택을 갖고자 한다.

현재 우리나라에서 유전자 치료로 허가될 수 있는 것의 범위는 암, AIDS, 유전질환 등 생명을 위협하거나 심각한 장애를 초래하는 질환 치료이다.[46] 그러나 사람생식세포의 유전적 변형을 이용한 치료와

---

45) Philip Kitcher, *The Lives to Come: The Cenetic Revolution and Human Possibilities*(The Penguin Press, 1996), 197-200.

46) 관련 규정은 두 가지이다. 〈유전자 치료제 허가 및 임상시험관리지침〉 (식품의약품안전청고시 제2000-61호, 2000. 12. 4)과 〈의약품등의 안전성 유효성심사에 관한 규정〉 (식품의약품안전청고시 제1999-60호, 1999. 12. 22)이 그것이다. 전자의 지침은 유전자 치료제의 허가범위, 안전성 유효성 심사자료 범위, 독성시험기준, 기시법 작성요령 등을 그 내용으로 하고 있고, 후자에는 세포치료제의 정의 및 제출자료 범위, 신속심사제도 및 선허가 후임상 제도에 관한 내용이 포함되어 있다.

생식세포의 유전적 변이를 초래할 우려가 있는 치료는 우리나라에서 허가가 제한된다.[47]

그러나 생식세포 유전자 치료는 조금씩 확대할 필요가 있다. 이는 배아줄기세포를 이용한 치료보다 안정적이며 윤리적이다. 따라서 애거가 지적한 바와 같이 유전자 치료를 통한 부작용 특히 빈부의 심화는 유전자 치료의 인정여부를 통해 해결하기보다 사회정책적으로 문제해결을 시도하는 것이 타당하다.

유전자 치료는 유아기 때 행해지기 때문에 부모에 의한 가족공동체의 유지 존속적 가치관에 큰 영향을 미친다. 이런 의미에서 생식세포 유전자 치료는 거의 양생의 효의 가치관을 기초로 하여 행해질 것이다. 이런 의미에서 앞으로 양생의 효와 생식세포 유전자 치료의 연구는 계속 추진되어야 한다.

---

47) 2002년 현재 준비 중인 보건복지부의 생명과학보건안전윤리법(안)은 유전자 치료에 대해 다음과 같이 규정하고 있다.1) 1) 유전자 치료의 시술을 하고자 하는 의료기관의 장은 보건복지부령에 따라 국립보건원장으로부터 기관의 지정을 받아야 한다. 2) 승인 받은 유전자 치료시술을 행하는 경우 국립보건원장에게 그 결과를 보고하여야 한다. 다만 생식세포를 대상으로 한 유전자 치료의 시술은 승인하지 아니한다. 3) 유전자 치료기관의 장은 치료기술의 안전하고 윤리적 시술을 위하여 보건복지부령으로 정하는 사항을 준수하여야 한다. 또한, 과학기술부 생명윤리자문위원회의 〈생명윤리기본법(가칭)〉의 기본골격(2001. 7. 10)은 유전자 치료에 관해 다음과 같이 규정하고 있다. 1) 생식세포, 수정란, 배아 및 태아에 대한 유전자 치료는 금지한다. 이를 위배한 경우, 해당기관 및 그 책임자와 행위자는 형사·행정상으로 처벌한다. 2) 암, 유전질환, 후천성면역결핍증 등 사망률이 높고 난치성인 질환과 다른 확실한 치료방법이 없는 만성질환의 경우, 체세포에 대한 유전자 치료는 허용될 수 있다. 3) 유전자 치료 국가관리기관은 관련 법령에 따라 유전자 치료의 안전성과 윤리성을 심사평가하여 허용 여부를 결정하고 그 결정 내용과 유전자 치료의 관리 현황을 국가생명윤리위원회에 보고하여야 한다.

참고문헌

〈국내문헌〉

강대석, 『그리스철학의 이해』, 서울: 한길사, 1988.

강미정, 「유전자 치료에 대한 윤리적 고찰」, 『생명윤리』, 한국생명윤리학회, 2000.

高橋進, 「효의식의 역사적 변천과 현대에 있어서의 변용」, 『효사상과 미래사회』, 성남: 한국정신문화연구원, 1995.

고영환, 『우리민족제일주의』, 평양: 평양출판사, 1989.

고유환, 「북한의 체제 변화와 남북한 관계 개선 전망」, 『남북한 관계의 분야별 현황과 과제: 쟁점과 대책』, 한국정치학회 통일문제 특별학술회의 자료집(1997. 11. 8).

고정민·정연승, 『고령화사회의 도래에 따른 기회와 위협』, 서울: 삼성경제연구소, 2002.

권오석, 『父母恩重經』, 서울: 홍신신서, 1990.

김경재, 『하늘과 땅의 변증법』, 서울: 한신대학교 출판부, 1980.

김광수, 「기독교 전래에 따른 조상제사의 문제」, 『빛과 소금』(1985. 9).

김동일, 「장수시대 노인문제에 대한 사회적 대응과 생존전략」, 『한국노인학』, Vol.21(2001).

김승혜, 「사천성 도교의 위치와 특성」, 『한국도교문화학회』, 서울: 도교문화연구원, 1997.

김영재, 『한국교회사』, 서울: 개혁주의신행협회, 1994.

김유혁, 「효의 본질」, 『충효사상 −현대적 윤리관의 정립−』, 서울: 단국대학교 출판부, 1977.

김익달, 『세계문화사: 고대사회와 고전 문명의 형성 II』, 서울: 학원사, 1970.

김일순·손명세·김상득, 『의료윤리의 네 원칙』, 서울: 계축문화사, 1999.

김정일, 「사회주의 건설의 력사적 교훈과 우리 당의 총로선」(조선로동당 중앙위원회 책임일군들과 한 담화(1992. 1. 3))

김정일, 「주체사상 교양에서 제기되는 몇가지 문제에 대하여(당중앙위 책임일군들과 한 담화, 1986, 7. 15)」, 『친애하는 지도자 김정일동지의 문헌집』, 평양: 평양로동당출판사, 1992.

김정일, 「주체사상에 대하여(위대한 수령 김일성 동지 탄생 70돐 기념 전국 주체사상 토론회에 보낸 론문, 1982. 3. 31)」, 『친애하는 지도자 김정일동지의 문헌집』, 1992.

김정일, 「주체사상의 고양에 제기되는 몇 가지 문제에 대하여」, 『근로자』 1987년 7호,

김정일, 「주체의 혁명관을 튼튼히 세울 데 대하여(노동당 중앙위원회책임일꾼들과 한 담화, 1987. 10. 10)」, 『근로자』 1988년 12호

김철영, 『정의와 공동체 생활』, 서울: 장로회신학대학교 출판부, 2000.

김태현, 「고령화사회에서의 가족과 지역사회」, 『고령화사회 어떻게 대응할 것인가』, 서울: 아산사회복지재단, 2003.

김평일, 『올리효도 내리사랑』, 서울: 고려원, 1997.

나학진, 「자연법과 윤리」, 박봉배 외 7인, 『기독교 윤리학개론』, 서울: 대한기독교출판사, 1987.

노영상, 『경건과 윤리』, 서울: 성광문화사, 1994.

노영상, 『기독교 생명윤리 개론』, 서울: 장로회신학대학교 출판부, 2004.

노치준, 「뒤르케임과 베버의 종교사회학」, 『사회학 연구』, 다섯째 책, 1987,

노희원, 「십계명의 편집사 연구」, 『구약논단』, 서울: 대한기독교서회, 1995.

류순찬, 「수령에 대한 충실성은 공산주의 도덕의 최고 표현」, 『근로자』, 1989년 3월호.

민경배, 『한국기독교회사』, 서울: 대한기독교출판사, 1990.

민석홍 외, 『세계문화사』, 서울: 서울대학교 출판사, 1988.

박근원, 『기독교와 관혼상제』, 서울: 전망사, 1984.

박동석외, 『고령화 쇼크』, 서울: 굿인포메이션, 2003.

박봉량, 『그리스도교의 비종교화』, 서울: 대한기독교서회, 1998.

박봉량, 『그리스도교의 비종교화』, 서울: 대한기독서회, 1998.

박봉배, 『기독교 윤리와 한국문화』, 서울: 성광출판사, 1983.

박석무, 「효를 통한 인간성 회복」, 『논문집』, 인천: 성산효도대학원대학교, 1999.

박아론, 「한국적 신학에 대한 이론」, 『기독교 사상』 제17권 8호(1973, 8월호)

박영철, 『수령에 대한 충실성과 사회정치적 생명체』, 평양: 조선로동당출판사, 1990.

박은정, 『생명공학 시대의 법과 윤리』, 서울: 이화여자대학교 출판부, 2000.

박일봉 편저, 『孝經』, 서울: 육문사, 1989.
박재간 외, 『각국 노인의 가족부양 현황과 과제』, 서울: 사단법인 한국노인문
　　　제연구소, 1977.
박철호 편저, 『세계의 효』, 서울: 도서출판 좋은세상, 2002.
박철호, 「도덕교육의 목적으로서의 보편적 삶의 형식 연구」, 『사회와 사상』,
　　　서울: 서울대국민윤리 교육과, 1993.
박철호, 「보편화가능성의 효윤리체계」, 『효교육길라잡이』, 인천: 인천시교육
　　　과학연구원, 2003.
박철호, 「북한 정치체제의 존속가능성과 변화 가능성 분석」, 『통일문제와 국
　　　제관계』, 인천: 인천대 학교평화통일연구소, 1995.
박철호, 「상대적 효와 절대적 효」, 『성산학보』, 인천: 성산효도대학원대학교,
　　　2001.
박철호, 「효학의 학문적 기반 구축을 위한 체계론적 연구」, 『효학개론』, 인천:
　　　성산효도대학원대학교, 2001.
박철호, 『성경적 효윤리의 이해』, 인천: 도서출판 좋은세상, 2000.
박철호, 『체계론에 의한 성경 연구』, 서울: 홍익재, 2002.
박철호, 『효윤리학』, 인천: 도서출판 좋은세상, 2000.
백주상, 「수령에게 충실하는 것은 혁명하는 사람들의 도덕적 관계」, 『철학연
　　　구』, 1990.
변정자, 『교류분석』, 서울: 예림출판사, 1995.
보건복지부, 『고령화 및 인구대책 기본법』, 2004.
삼성경제연구소, 『고령화사회의 도래에 따른 기회와 위협』, 서울: 삼성경제연
　　　구소, 2002.
선한승, 「고령화사회에서의 경제활동과 사회참여」, 『고령화사회 어떻게 대응
　　　할 것인가』, 서울: 아산사회복지재단, 2003.
송영배, 『유교적 전통과 중국 혁명』, 서울: 철학과 현실사, 1992.
송현호, 『신제도이론』, 서울: 민음사, 1999,
신광휴, 「싱가포르의 부모부양법에 관한 연구」, 『효도법 제정을 위한 학적 고찰』,
　　　인천: 성산효도대학원대학교, 2003.
신규탁, 「중국 불교의 효사상」, 『논문집』, 인천: 성산효도대학원대학교, 1998.
신득렬, 『교육사상가 연구』, 대구: 계명대학교 출판부, 1980.
아산사회복지재단, 『고령사회 어떻게 대응할 것인가?』, 서울: 아산사회복지재단,
　　　2003.
안찬일, 『주체사상의 종언』, 서울: 을유문화사, 1997.

안춘근, 「E. Brunner의 창조질서 개념과 D. Bonhoeffer의 위임사상 비교연구」, 부천: 서울신학대학교 신학대학원, 1975.

양병우, 『아테네 민주정치사』, 서울: 서울대학교 출판부, 1980.

양영자, 「한국 다문화교육의 개념 정립과 교육과정 개발 방향 탐색」, 이화여자대학교 대학원 박사학위 논문, 2007.

어인의, 「한국민법상 부모에 대한 자녀의 의무」, 『효사상과 미래사회』, 성남: 한국정신문화 연구원, 1995.

여성한국사회연구회, 『한국가족문화의 오늘과 내일』, 서울: 사회문화연구소, 1994.

塩野谷祐一, 박영일 역, 『경제와 윤리-복지국가의 철학』, 서울: 필맥, 2006.

오일환·정순원, 『김정일시대의 북한정치경제』, 서울: 을유문화사, 1999.

웨슬리주석번역위원회, 『Wesleyan Commentary』, 서울: 임마누엘, 1992.

유인균, 「효의 인식과 가족환경, 가족관계 및 성격적 특성의 상관관계」, 서울대학교 대학원 의학박사 학위논문, 1997. 2.

유지현, 「존비속살인의 평가에 영향을 미치는 문화적 변인-효를 중심으로-」, 석사학위논문, 고려대학교 대학원, 2004.

유홍렬, 『한국천주교회사』, 서울: 가톨릭출판사, 1962.

윤명노, 「과학의 개념」, 『사회과학의 철학: 사회과학총서 7』, 서울: 민음사, 1980.

윤성범, 『孝』, 서울: 대한기독교서회, 1977.

윤찬원, 「후한시대 초기도교철학사상에 관한 연구」, 『도교문화연구』 제14집, 서울: 도서출판 동과서, 2000.

윤찬원, 『도교의 철학』, 서울: 돌베개, 1998.

윤천주, 『한국정치 체계 서설』, 서울: 문우당, 1962.

윤태림, 「충효사상론」, 『동서양의 명논설문』, 서울: 성지, 1985.

이을호, 「현대사회에 있어서의 충효사상」, 대한교육문화연구소 편, 『현대인의 충효사상』, 서울: 대한교육문화연구소, 1977.

이장식, 「기독교와 충효사상」, 『현대인의 충효사상』, 서울: 대한교육문화연구소, 1977.

이장식, 「효도와 순종」, 『세계와 선교』(1977. 5).

이장식, 『기독교 사상사』 제2권, 서울: 대한기독교서회, 1978.

이조용관, 「북한의 가정문화정책과 가정윤리」, 『북한 및 통일연구 논문집』, 제2권(1994).

이종성, 『복된 말씀』(1972, 12).

이주철, 『김정일의 생각 읽기』, 서울: 지식공작소, 1992.

이헌경, 「북한의 유교문화 실태 연구」, 『통일과 북한 사회문화(하)』, 서울: 민족통일연구소, 1995.

이현덕, 『벼꽃』, 평양: 문예출판사, 1986.

이훈구, 『미안하다고 말하기가 그렇게 어려웠나요』, 서울: 이야기, 2001.

인천광역시교육과학연구원, 『효교육길라잡이』, 인천: 인천광역시교육과학연구원, 2003.

任繼愈 主編, 『中國道敎史』, 上海: 上海人民出版社, 1990.

任繼愈, 권덕주(역), 『중국의 유가와 도가』, 서울: 동아출판사, 1993.

임성빈, 「가속화되는 세계화와 그리스도인의 사회윤리적 과제」, 『장신논단』 제15집, 서울: 장로회신학대학교 출판부, 1999.

임성빈, 『21세기 문화와 기독교』, 서울: 장로회신학대학교 출판부, 2004.

장덕진, 「가족경영의 제도적 논리」, 『경제와 사회』 통권 제51호(2001, 가을호).

장철수, 『한국의 관혼상제』, 서울: 집문당, 1995.

장현섭, 「영국의 노인과 가족정책」, 『각국 노인의 가족부양 현황과 과제』, 서울: 사단법인한 국노인문제연구소, 1997.

정범모, 「학문의 성질」, 『교육과 교육학』, 서울: 배영사, 1976.

조영환, 『매우 특별한 인물 김정일』, 서울: 지식공작소, 1996.

조요한, 「그리이스 철학의 정의관」, 『정의의 철학』, 서울: 영학출판사, 1984.

주재용, 「효의 한국교회사적 고찰」, 『세계와 선교』, 제40호(1977. 4)

차주환, 『한국의 도교사상』, 서울: 동화출판사, 1984.

차흥봉, 「효행장려지원법과 노인복지정책의 과제」, 『효행장려지원법과 국가현안 과제』, 서울: 한국효운동단체총연합회, 2009.

최명관 편저, 『카시러의 철학』, 서울: 법문사, 1985.

최성규 편, 『효학개론』, 인천: 성산효도대학원대학교, 2001.

최성규, 『성령에 사로잡힌 사람』, 서울: 규장문화사, 1998.

최재정, 「니클라스 루만의 ‘체계이론’과 그 교육학적 수용의 문제」, 『교육철학』 제29집, 2003.

통계청 자료, 『2000년도 인구주택총조사』, 2001.

통일원, 『김정일 주요논문집』, 서울: 통일원, 연대미상.

한국개발연구원, 『비전2011』(2002. 2).

한국보건사회연구원, 『노인 장기요양보호의 종합대책 수립방안 연구』, 2000.

한국정신문화연구원 편, 『효사상과 미래사회』, 성남: 한국정신문화연구원, 1995.

한국정신문화연구원, 『국민윤리학』, 서울: 박영사, 1983.
한국철학사상연구회, 『강좌 한국철학』, 서울: 예문서원, 2001.
한국효학회, 『현대복지체계와 효』, 인천: 성산효도대학원대학교, 2003. 12.
한국효학회, 『효도법제정을 위한 학적 고찰』, 인천: 성산효도대학원대학교,
　　　2003, 6.
한국효학회, 『효도법제정을 위한 학적고찰(II)』, 인천: 성산효도대학원대학교,
　　　2003. 9.
胡適, 송긍섭, 함홍근, 민두기 역, 『중국고대철학사』, 서울: 대한교과서주식회
　　　사, 1962.
홍강의, 박선자, 「발달학적 측면에서의 효의 기능과 의미」, 『소아-청소년 정
　　　신의학』, 1991. 2.
황장엽, 『개인의 생명보다 귀중한 민족의 생명』, 서울: 시대정신, 1999.
『내외통신』 10317호.
『대한그리스도회보』, 제2권 32호(1898년 8월 10일자).
『로동신문』 1995년 11월 26일자.
『시사정경』 (1995, 12).
『조선말 대사전』, 평양: 사회과학출판사, 1992.
『죠선그리스도인회보』, 제1권 7호(1897. 3, 17).
『철학연구』 (1996. 10).
『파이낸셜뉴스』 사회 2005. 1. 24.
『효행장려 및 지원에 관한 법률』.

〈국외문헌〉

Althaus Paul, 이희숙 역, 『마틴 루터의 윤리』, 서울: 컨콜디아사, 1989.
Anderson Hugo, 고일선 역, 『뉴인터내셔널 성경주석: 에베소서』, 서울: 생명의
　　　말씀사, 1983.
Aquinas Thomas, Trans. T. C. O'brien, *Summa Theologia* Vol.41, Blackeriars, 1972.
Arendt H., *Past and Future,* New York: Penguin Books, 1968.
Aristoteles, *Nicomachos Ethics,* 최명관 역, 『니코마코스 윤리학』, 서울: 서광사,
　　　1984.
Aristoteles, *Politics*, 이병길·최옥수 역, 『정치학』, 서울: 박영사, 2003.
Augustinus, *De trin.* II, 1, 2; *De fide et sym.* IX.
Bakhtin M. M., V. Liapunov, trans., *Art and Answerability: Early Philosophical Essays,*

Austin: University of Taxas Press, 1981.

Banks J. A., *An introduction to multicultural education*(3nd ed.), Boston: Allyn and Bacon, 2002.

Banks J. A., *Race, Culture and Education,* NY: Routeldge, 2006.

Bavincker J. H., 권순태 역, 『기독교 선교와 세계 문화』, 서울: 성광문화사, 1990.

Bavincker J. H., 권순태 역, 『기독교 선교와 세계 문화』, 서울: 성광문화사, 1990.

Beauchamp Tom L. & Mames F. Childress, *Principles of Biomedical Ethics,* 5th Edition, Oxford University Press, Inc., 2001.

Bertalanffy Ludwig, *General System Theory*, 현승일 역, 『일반체계이론』, 서울: 민음사, 1990.

Bonhoeffer Dietrich, 고범서 역, 『옥중서간』, 서울, 대한기독교서회, 1990.

Bonhoeffer Dietrich, 손규태 역, 『기독교 윤리학』, 서울: 대한기독교서회, 2000.

Bonhoeffer Dietrich, *Ethics,* New York: Macmillan Press Company, 1949.

Brody E., "Parent Care as a Normative Family Stress", *Gerontologist*, 1985.

Brunner Emi, trans, Olive Wyon, *The Divine Imperative,* London: Lutter Worth Press, 1953.

Brunner Emil, 전택부 역, 『정의와 사회질서』, 서울: 대한기독교서회, 1954.

Capell William(hrsg.), *Die Vorsokratiker,* Stuttgart, 1963.

Capra Fritjof, *The Turning Point*, 이성범 · 구윤서 역, 『새로운 과학과 문명의 전환』, 서울: 범양사출판부, 1990.

Chazan B. and Solitis J., eds., *Moral Education,* New York: Teachers College Press, 1974.

Churchman C. West, *The Systems Approach,* rev. ed., New York: Dell, 1972.

Cicero Marcus Tullius, *Rhetorica* II.

Commons J. R., *Legal Foundations of Capitalism,* reprinted ed., New Brunswick: Transaction Publishers, 1995.

Conzelmann Hans, *Die Mitte der Zeit. Studien zur Theologie des Lukas,* Tuebingen: J.C.B. Mohr, 1954.

Coser Lewis A., "Some Functions of Deviant Behavior and Normative Flexibility", *American Journal of Sociology* 68(September 1962).

Creel H. G., 이동인 외 역, 『중국사상의 이해』, 서울: 경문사, 1981.

Curran Charles E., *Contemporary Problems in Moral Theololgy,* Notre Dame Press, 1970.

Davis Kingsley, *Human Society,* New York: Macmillian, 1948.

Dawson R. E, *Political Socialization,* 정세구 역, 『정치사회화』, 서울: 법문사, 1983.

de Bary W. T., 『유교적 효 사상에 대한 소고』, 성남: 한국정신문화연구원, 1997.

Dicken Peter, *Global Shift: the internationalization of economic activity*, 2nd ed., London: Paul Chanpman, 1992.

Dickinson Richard, *Economic Globalization: Deepening Challenge for Christians,* Geneva: WCC, 1998.

Doutte E., *Magie et religion dans l'Afrique du Nord,* 1909.

Drucker Peter F., 이재규 역, 『자본주의 이후의 사회』, 서울: 한국경제신문사, 1993.

Dunn Samuel, 김득용 역, 『요한칼빈의 신학진수』, 서울: 성광출판사, 1985.

Durkheim Emile, *Elementary Forms of Religious Life,* New York: Collier Book, 1961.

Easton David, *A Framework for Political Analysis,* Chicago: The University of Chicago Press, 1962.

Edgerton Robert B., "전통적인 믿음과 관습들—어떤 것은 다른 것보다 더 나은 가?", Samuel P. Huntington, 이종인 역, 『문화가 중요하다』, 서울: 김영사, 2001.

Esler Philip Francis, *Community and Gospel in Luke-Acts,* Cambridge: Cambridge University Press, 1987.

Evans Robert A., "The Quest for Community", Union Seminary Quarterly Review, XXX.

Fitzmyer Joshep A., The Gospel according to Luke 1-9, *Anchor Bible,* Garden Cuty, NY: Doubleday &Co., 1981.

Foster Charles R., 『신앙공동체를 위한 교육』, 서울: 한국장로교출판사, 1995.

Frame John H., *Medical Ethics,* Phillipsberg, N. J.: Presbyterian and Reformed Publishing Co., 1988.

Friedman Jonathan, "Global system, Globalization and the paraeters of Modernity", Mike Featherstone(eds.), *Global culture: nationalism, globalization, and modernity: a Theory, culture & society special issue,* London, Newbury Park: Sage Publications, 1990.

Fukuyama F., *The End of History,* 이상훈 역, 『역사의 종말』, 서울: 한마음사, 1992.

Fukuyama Francis, 구승회 역, 『트러스트』, 서울: 한국경제신문사, 1996.

Gerth H. H. and Mills C. Wright, *From Max Weber*, London and Boston: Routledge & Degan Paul Ltd., 1974.

Giddens Anthony, *Capitalism and Modern Society Theory*, London: Cambridge University Press, 1971.

Gill Robin, *A Textbook of Christian Ethics*, Edinburgh: T.& T. Clark, 1966.

Gilligan C., Ward J. and Taylor J.(eds.), *Mapping the Moral Domain*, Cambridge: Harvard University Press, 1988.

Gleick James, 박배식 · 성하운 역, 『카오스』, 서울: 동문사, 1987.

Gnilka Joachim, 강원돈 역, 『국제성서주석』, 서울: 국제신학연구소, 1971.

Goode William J., *The Family*, 서울: 삼성미술문화재단, 1982.

Gordon Wenham, *Word Biblical Commentary*; Genesis 16-50, Library of Congress Cataloging-in-Publication Data, 1994.

Gottfried Martin, *Sokrates*, Hamburg: Rowohlt, 1967.

Green Keith, "Cognition & reasoning, Emotions, Self", *Journal of Religious Ethics*, Vol.35, 2007.

Greenhlgh Susan, "Families and networks in Taiwan's economic development", in Edwin A. Winckler and Susan Greenhalgh(eds.), *Contending Approaches to the Political Economy of Taiwan*, Armonk, N.Y.: M. E. Sharpe, 1988.

Hall A. D. and Fagen R. E., "Definition of System", Revised Introductory Chapter of *Systems Engineering*, New York: Bell Telephone Laboratories, 1956.

Hall A. D. and R. E. Fagen, "Definition of System," Revised introductory chapter of *Systems Engineering*, New York: Bell Telephone Laboratories, 1956.

Hamberg D. A., A perceptive on coping behavior, *Archives Gen. Psychiatry*, 7(2), 1967.

Hanson M., "Developmental Concepts of Voice in Case Studies of College Students: The Owned Voice and Authoring", Unpublished doctoral dissertation, Graduate School of Education, Harvard University, 1986.

Harris M.D Thomas A., *I'M OK-YOU'RE OK*, New York: Harper & Row, Publishers, 1969.

Harvey David, *The Condition of Postmodernity*, Oxford: Blackwell, 1989.

Hattori Tamio, "The relationship between Zaibatsu and family structure: The Korean case", in Akio Okochi and Shigeaki Yasuoka(eds.), *Family Business in the Era of Industrial Growth: Its Ownership and Management*, Proceedings of the Fuji

Conference, Tokyo: University of Kokyo Press, 1984.

Hauerwas Stanley and Jones L. Gregory, eds., *Why Narrative,* Mich.: Wm. B. Eerdmans Publishing co., 1989.

Hendriksen William, *The Banner of Truth Trus,* Great Britain, 1979.

Hirsch E. D., *Cultural Literacy: What every American needs to know,* Boston: Houghton Mifflin, 1987.

Huizinga Johann, *Homo Ludens: A Study of the Play Element in Culture,* Boston: Beacon Press, 1950.

Inglehart Ronald, 이종인 역, "문화와 민주주의", 『문화가 중요하다』, 서울: 김영사, 2001.

JA Lee, "Love styles", in Barnes MH, Sternberg RJ., *The Psychology of love,* New Haven, Conn: Yale University Press, 1988.

Jerome, *Epistola* 14(*Ad Heliodorum*).

Johnson Stefen, *Emergency,* 김한영 역, 『이머전스』, 서울: 김영사, 2004.

Jonas Hans, "Technology and Responsibility: Reflections on the New Tasks of Ethic", *Social Research,* Vol.40, 1973.

Kaltenmark Max, "The Ideology of the T'ai-p'ing ching", Hlmes Hinkely Welch & Anna Seidel(eds.), 윤찬원 역, 『도교의 세계』, 서울: 사회평론, 2001.

Kant Immanuel, 백종현 역, 『순수이성비판』, 서울: 아카넷, 2006.

Kaser Walter C, 홍용표 역, 『구약성경윤리』, 서울: 생명의 말씀사, 1990.

Kelsen Hans, 변종필·최희수 역, 『순수법학』, 서울: 길안사, 1999.

Kim Chong-Soon, *The Culture of Korean Industry: The Ethnography of Poongsan Cororation,* Tucson and London: University of Arizona Press, 1992.

Kitcher Philip, *The Lives to Come: The Cenetic Revolution and Human Possibilities,* The Penguin Press, 1996.

Kluckhohn C. and Leighton D., *The Navaho,* Rev. ed. Garden City, NY: Doubeday, 1962.

Koestler Arther, *Janus,* London; Hutchinson, 1978.

Kuhn Thomas S, *The Structure of Scientific Revolution,* The University of Chicago, 1975.

Küng Hans, *A Global Ethic for Global Politics and Economics,* New York: Oxford Press, 1998.

Lamprecht S. P., *Our Philosophical Tradition,* 김태길·윤명로 공역, 『서양철학사』, 서울: 을유문화사, 1981.

Lenz Elinor, *Once My Child, Now My Friend*, 을지번역실 역,『어제는 나의 아이, 오늘은 내 친구』, 서울: 을지출판사, 1983.

Lines Timothy Arthur, *Systemic Religious Education*, Birmingham: Religious Education Press, 1987.

Locke John, 이극찬 역,『시민정부론』, 서울: 연세대학교 출판부, 1980.

Lohfink Gerhard, 정한교 역,『예수는 어떤 공동체를 원했나』, 서울: 분도출판사, 1985.

Lohfink N., *Kircentraueme. Reden gegen den Trend*, Freiburg I. Br. 1982.

MacIntyre Alasdair, *After Virtue*, 이진우 역,『덕의 상실』, 서울: 문예출판사, 1997.

Mander Jerry & Smith Gold, 윤길순 · 김승욱 공역,『위대한 전환』, 서울: 동아일보사, 2001.

Mander Jerry, *Four Arguments for the Elinination of Television*, New York: Morrow, 1977.

Martiniello M., *Sortir desghettos culturels*, 윤진 역,『현대사회와 다문화주의』, 서울: 한울, 2002.

Maturana, H. R., *Erkennen Die Organisation und Verkoerperung von Wirklichkeit*, Wiesbaden: Brunschweig-Wiesbaden, 1982.

McLaren P., White terror and oppositional agency: towards a critical multiculturalism, In D. T. Goldberg(ed.), *Multiculturalism: a critical reader*, Boston: Blackwell, 1994.

Merelman Richard M., "The Development of Political Ideology: A Framework for the Analysis of Political Socialization", *American Political Science Review*, LXIII, 1969.

Mill John Stuart, *Utilitarianism*, gopher://gopher.vt.edu:10010/02/122/3.

Miller John W., *Calling God "Father"*, New York: Paulist Press, 1999.

Moltmann J., 김균진 역,『본 휘퍼의 社會倫理』, 서울: 대한기독교서회, 1993.

Montesquieu Charles,『법의 정신』, 서울: 대양서적, 1973.

Mueller Karl, 김영동 · 김은수 · 박영환 역,『현대선교신학』, 서울: 한들출판사, 2001.

Nelson James B., *Moral Nexus*, Philadelphia: The Westerminster press, 연대미상.

Niebuhr Reinhold, *An Interpretation of Christian Ethics*, New York: Meridian Books, 1960.

Nisbet Robert A, *The Social Bond*, 이시준 역,『현대사회학』, 서울: 도서출판 한글, 1995.

Noddings N., "Conversation as moral education", *Journal of moral Education*, 23. 1994.

Palmer Richard E., *Hermeneutics,* 이한우 역, 『해석학이란 무엇인가』, 서울: 문예 출판사, 1998.

Paul J. DiMaggio, and Powell Walter W., "Introduction", in Walter W. Powell and Paul J.・DiMaggio(eds.), *The New Institutionalism in Organizational Analysis,* Chicago, IL: University of Chicago Press, 1991.

Platon, 최문홍 역, 『법률』, 서울: 상서각, 1983.

Platon, *Republic,* 조우현 역, 『국가론』, 서울: 삼성출판사, 1977.

Polkinghorne Donald E., *Narrative Knowing and the Human Sciences,* Albany: State University of New York Press, 1988.

Pual G. Hiebert, 채은수 역, 『문화속의 선교』, 서울: 총신대출판부, 1984.

Puca B., "Commentary", *Human Development*, 39, 1996.

Rad Gerhard von, *Das erste Buch Mose: Genesis,* 한국신학연구소 역, 『국제성서 주석: 창세기』(서울: 한국신학연구소, 1983.

Rae Scott B and Paul M. Cox, 김상득 역, 『생명윤리학』, 서울: 살림, 2004.

Rawls John, *A Theory of Justice,* Cambridge, MA: Harvard University Press, 1999.

Robertson Roland, "Globalization as a problem", *Globalization,* Sage Publications, 1992.

Roeland J., *Autopoiesis and Configuration Theory: New Approaches to Societal Steering,* Dordrecht: Kluwer Academic Publishers, 1992.

Rostovtzeff M., *Gesellschaft und Wirtschaft im Remischen Kaiserreich.,* Leipzig, 1931.

Sahakian William S., *Ethics,* N.Y: A Division of Harper & Row. Publishers, 1974,

Schlesinger A. M., *The disuniting of America: reflection on a multicultural society,* New York: W.W. Norton, 1998.

Schrey H. H., 손규태 역, 『개신교사회론입문』, 서울:대한기독교출판사, 1985.

Sherif M., O. J. Harvey,Hyt B. J., Hood W. R., and Sherif C. W., *Intergroup Conflict and Cooperation: the Robbers Cave Experiment,* Norman: University of Oklahoma Book Exchange, 1961.

Sherwin Michael S., *By Knowledge And By Love: Charity And Knowledge In The Moral Theology of St. Thomas Aquinas,* Washington: Catholic University of America, 2005.

Skinner B. F., 차재호 역, 『자유와 존엄을 넘어서』, 서울: 탐구당, 1990.

Smith Gregory C., E. Savage-Stevens Susan, & S. Fabian Ellen, How Caregiving Grandparents View Support Groups for Grandchildren in their Care, *Family Relations*, 51-3.

Stolz Fritz, *Das erste und zweite Buch Samuel,* 박영옥 역,『국제성서 주석: 사무엘 상하』, 서울: 한국신학연구소, 1991.

Tannehill Robert C., *The Narrative Unity of Luke-Acts* Vol. 1, Philadelphia: Fortress Press, 1986.

Tappan M. and Brown L., "Stories told and lessons learned: Toward a narrative approach to moral development and moral education", *Harvard Educational Review,* 59, 1989

Tappan M. and Packer M., eds., *Narrative and storytelling: Implications for understanding moral development,* San Francisco: Jossey-Bass, 1991.

Tappan M., "Hermeneutics and moral development: Interpreting narrative representations of moral experience", *Developmental Review,* 10, 1990

Taylor Charles, *Sources of the self the making of the modern identity,* Cambridge, MA: Harvard University Press, 1989.

Ukken Wilson, "Turn to the Subject: A Study for the Formation of the Christian Moral Person in the Writings of James M. Gustafson", Ph.D. Dissertation, Rome: Academia Alfonsiana, 1979.

Ulrich Werner, "Critical Systems Thinking and Ethics: The Role of Contemporary Practical Philosophy for Developing an 'Ethics of Whole System'" in Bela H. Banathy and Bela A. Banathy (eds.), *Toward A Just Society for Future Generations,* Vol.1, Portland, Oregon: International Society for The Systems Science, 1990.

Waddams Herbert, *A New Introduction to Moral Theology,* London:SCM Press, 1965.

Walter H. Capps, 김종서 외 역,『현대종교학 담론』, 서울: 까치, 1977.

Warfield J. N., "Thinking About Systems", *Systems Practice,* Vol.4, No.4, 1987.

Webber Robert E., 이승구 역,『기독교 문화관』, 서울 : 도서출판 엠마오, 1984.

Weber Max, 이상률 역,『유교와 도교』, 서울: 문예출판사, 1996.

Weber Max, *Economy and Society,* New York: Bedminster Press, 1963.

Weber Max, *The Protestant Ethic and the Spirit of Capitalism,* London: George Allen & Unwin, 1976.

Wellhausen J., *Prolegomena to the History of the Israel,* New York: Meridian Books, 1957.

Welzel Hans, 박은정 역,『자연법과 사회적 질서』, 서울: 삼영사, 2002.

White Hayden, "The value of narrativity in the representation of reality", in W. Mitchell, ed., *On narrative,* Chicago: University of Chicago Press, 1981.

Wittgenstein Ludwig, translated G.E.M. Anscombe, *Philosophical Investigation,* Oxford: A

Blackwell Paperback, 1978.

Wong Siu-Iun, "Chinese family firm: A model", *British Journal of Sociology* 54, 1985.

Wuthnow Robert, *Meaning and Moral Order,* Berkeley: University of California Press, 1987.

Yue, Ying-shih, "Life and Immortality in the Mind of Han China", *Harvard Journal of Asiatic Studies*, Vol.25, Cambridge, 1965.

〈인터넷 주소〉

http://blog.dt.co.kr/media/printpage.asp?uid
http://www.godislove.net/wwwb/data/s20001201823/
http://srch.chosun.com/cgi-bin/www/search/did=1230816&op=5 2003-07-16.

〈경전〉

『父母恩重經』
『聖經』
『太平經』
『孝經』

박철호

서울대학교 대학원 박사과정 졸업(교육학 박사)
장로회신학대학교 박사과정 수료
서울대학교 대학원 석사과정 졸업(교육학 석사)
현) 성산효대학원대학교 교수
    한국효학회 편집위원장

『세계의 효』,『효 윤리학』,『체계론에 의한 성경연구(성경적 효와 관련)』,
『기독교도덕형성체계연구』,『민주주의와 다문화교육』,『효학의 이론과 실천』(2011년 대한민국학술원 우수학술도서),『성경 속의 일곱가족』(번역)

『기독교윤리학개론』(공저),『초등학교 효 교육 길라잡이』(공저),『중고등학교 효 교육 길라잡이』(공저),『효교실』(공저),『현대이데올로기』(공역)

기독교 효학의
이론과 실천

초판인쇄 | 2012년 4월 9일
초판발행 | 2012년 4월 9일

지 은 이 | 박철호
펴 낸 이 | 채종준
펴 낸 곳 | 한국학술정보㈜
주　　소 | 경기도 파주시 문발동 파주출판문화정보산업단지 513-5
전　　화 | 031) 908-3181(대표)
팩　　스 | 031) 908-3189
홈페이지 | http://ebook.kstudy.com
E-mail | 출판사업부　publish@kstudy.com
등　　록 | 제일산-115호(2000. 6. 19)

ISBN　　978-89-268-3281-3　93230 (Paper Book)
　　　　　978-89-268-3282-0　98230 (e-Book)

내일을여는지식 은 시대와 시대의 지식을 이어 갑니다.